中公新書 2546

山之内克子著

物語　オーストリアの歴史

中欧「いにしえの大国」の千年

中央公論新社刊

はじめに——各州の歴史でめぐるオーストリア

ヨーロッパ屈指の観光都市ウィーンで、ここ一〇年あまり、静かな話題を呼び続けるアイテムがある。いわゆる「ご当地Tシャツ」で、「野生動物飛び出し注意」の警戒標識を思わせる黄色の菱形のなかにカンガルーのシルエットを配し、「オーストリアにカンガルーはいない」という句を添えている。「オーストリア」という国名が、あまりにもしばしば、地球の反対側に位置する「オーストラリア」と間違えられ、混同されることへの苛立《いらだ》ちを自嘲《じちょう》した、少しばかりブラックなジョークにほかならない。

この心情は、オーストリアに何がしかの関わりを持つ人には、しみじみ共感できるものだろう。日本の郵便局でも、ウィーン宛ての国際郵便を預ける窓口で、「オーストラ、、、リアじゃなく、、、リアのほうですね」と念を押されることはよくある。しかし、実際、南半球にのみ生息する有《ゆう》袋類《たいるい》をわざわざ引き合いに出さなければならないほど、オーストリアは存在感の薄い国なのだろうか。たしかに、ヨーロッパを旅する日本人にとってウィーンは、パリやロンドン、ローマに勝るとも劣らない強い魅力を放ち、また、ティロルからスイス国境にかけて広がるオーストリア・アルプスは、いまも昔もアルピニストの憧《あこが》れの地であり続けている。だが、「オーストリアとは、どんな国なのか」と問いかけられると、「ヨーロッパ通」を自称する人びとですら、一瞬、答えに窮するのではないだろうか。

ハプスブルク家の宮廷文化の名残《なごり》を色濃く残す古都ウィーン、モーツァルト所縁《ゆかり》の音楽都市ザルツブルク、スキーと登山の名コースを擁して聳《そび》え立つアルプスの山々。ほぼ北海道の面積に匹敵する八万四〇〇〇平方キロメートルの国土のなかに、九つものユネスコ世界文化遺産を抱きながらも、国としてのイメージが稀薄《きはく》であるという状況の要因は、実は、現在のオーストリア共和国が形成された、その歴史的経緯のなかにある。

一九一八年、第一次世界大戦においてドイツ、オーストリアが敗北し、多民族国家ハプスブルク君主国は崩壊した。旧君主国の広大な版図を構成したスラヴ諸地域とハンガリーは、アメリカ大統領ウィルソンが提唱する民族自決の原則に従って独立国家を樹立していった。オーストリアは、多くの歴史書が描くように、かの大君主国の残滓《ざんし》であり、別の言い方をすれば、諸民族国家が分離独立したのちに残された、ドイツ語話者とドイツ系民族の居住地域にほかならなかった。

しかし、古くから単一民族としての「オーストリア人」という概念が存在しなかったように、ハプスブルク君主国の最後の名残、オーストリアは、歴史的にも文化的にも決して一枚岩ではなかったのである。ザルツブルクが十九世紀に至るまでハプスブルク家による支配の及ばない聖界領邦であり、また、国土の最東方、ブルゲンラントが古来ハンガリー王国の一部とみなされ、一九二一年になって初めてオーストリア連邦州に加わったことは、その最たる事例といえるだろう。

オーストリアにおいて国民と国家のアイデンティティをどこに求めるべきかという問題は、実際に、君主国崩壊以降、今日に至るまで、政治家や知識人の間でさかんに議論されてきた。そして、世論調査において、「オーストリア人を固有の国民だと考える」と答えた人の割合が戦後徐々に上昇し、二〇〇七年には八割を超えたのに対して、「自分はオーストリア人であると思う」と答える人がいまだ五割程度に止《とど》まっている状況は、この国が内包する多様性と、人びとの帰属意識や愛郷心の複雑さを明証するといっていい。

現在のオーストリア共和国を構成する九つの州は、それぞれがまったく異なる地理的特性を具え、長い時間のなかで固有の伝統習慣と言語的特徴を育み、そして独自の歴史的展開を歩んできた。オーストリアでしばしば耳にする、「彼女はシュタイアーマルク人なので頑固《がんこ》で仕方ない」とか、「ブルゲンラント人だから呑み込みが遅い」といった冗談交じりの表現は、地域ごとに確かな心性の違いが存在することを暗示するに十分だろう。さらに、首都に暮らす他州出身者が例外なく胸に抱く、ウィーンの気質と行動様式に対する徹底的な反撥《はんぱつ》と拒絶感は、

「ウィーン文化」がいまなおオーストリア国内で単一のスタンダードとしては機能し得ないことを、いささかほろ苦い形で明証するのである。

「オーストリアの歴史」を語るとき、ハプスブルク家の華やかな王朝史を中心軸として辿《たど》る立場をあえて離れて、首都ウィーンから標高三〇〇〇メートルの高峰によって峻厳と区切られた西部の州、あるいはハンガリーへと広がる平原の一端をなす東部の州など、連邦州の存在にひとつひとつ目を向けていく手法は、決してオーソドックスなやり方とはいえないだろう。しかし、地域の歴史を繙《ひもと》き、最後にウィーンにも個別にスポットを当てて、九つの州の物語をモザイクのようにつなぎ合わせる作業は、カンガルーのジョークに象徴される「特性のない国」という表面的な常套句《じょうとうく》を脱して、「多様なオーストリア」の真なる姿に迫るための手がかりとなるのではないだろうか。九つのパーツのパズルが完成したとき、そこには少なくとも、モーツァルトや皇妃シシィの肖像で賑《にぎ》やかに飾られたステレオタイプとはまったく異なる、清新な輪郭が浮かび上がるに違いない。

一八六九年にわが国との間に修好通商航海条約が結ばれてから、二〇一九年でちょうど一五〇年を迎えるオーストリアは、日本人にとってとりわけ親しみ深い国でもある。本書では、こうした視点から再接近することによって、私たちが馴染《なじ》んだオーストリアの既存のイメージの裏側に、そのよりリアルな像を描こうとするひとつの試みである。中欧の美しき小国をめぐる旅を、まず国土の東北から西南へと、時計回りに進めることにしよう。

物語　オーストリアの歴史†目　次

地図作製†ケー・アイ・プランニング

ミュール区域
ケーファーマルクト
クロースターノイブルク
レッツ
ドイチュ・ワグラム
森林区域
ホルン
パッサウ
シェルディング
ツヴェットル
マルヒ河
フライシュタット
デュルンシュタイン
ワイン区域
クレムス
ホーフ城
ザンクト・フローリアン
シャラブルク
ゲットヴァイク
カルヌントゥム遺跡
エンス
エファーディング
マウトハウゼン
メルク
トゥルン
ヴェルス
リンツ
ドナウ河
ザンクト・ペルテンヴィーン
ドナウ河
トラウン河
シュタイアー
ヴァイトホーフェン
ハイリゲンクロイツ
フラウエンキルヒェン
エンス河
イプス河
エアラウフ河
シャイプス
クレムスミュンスター
工業区域
ノイジードル
トラウン湖
グムンデン
果実酒区域
アイゼンシュタット
アッター湖
エーベンゼー
アイゼンヴルツェン
ヴィーナー・ノイシュタット
ノイジードル湖
ルスト
ザルツカンマーグート
ミュルツ河
マリアツェル
バート・イシュル
トプリッツ湖
グログニッツ
ライタ河
ザルツァ河
ノイベルク
バート・アウスゼー
ショプロン
(エーデンブルク)
カルクアルプス
ハルシュタット湖
ゼーベルク
ブックリゲ・ヴェルト
ダッハシュタイン山脈
エンスターラー・アルプス
マッタースブルク
エンス河
クリーグラッハ
コーバースドルフ
ラートシュタット
ブルック・アン・デア・ムール
レヒニッツ
グラインアルプス
クニッテルフェルト
ニーダータウエルン山脈
フェルテード/
エステルハージ宮殿
グラーツ
ラーバ河
ザンクト・ミヒャエル・イム・ルンガウ
ピベール/ケフラッハ
クリシゲンバッハ
ムール河
ツェルトシャハ
コーア・アルプス
ゲシュリー
ベンシュタイン
フリーザッハ
ラヴァント河
グルク
グルク河
シュタインツ
ザンクト・ファイト
ホッホオステルヴィッツ城
フォルヒテンシュタイン
オシアッハ湖
ツォルフェルト
ベルンシュタイン
オシアッハ
クラーゲンフルト
ヴェルター湖
ドラーヴァ河
ブライブルク/プリベルク
オーバーヴァルト
クロパイン湖
ドイチュ・カルテンブルン
フェルラッハ
アイゼンカッペル
シュティナッツ
マリボル
ロイブル峠
カラワンケン山脈
フィラッハ
ゼメリンク
ザンクト・カトライン

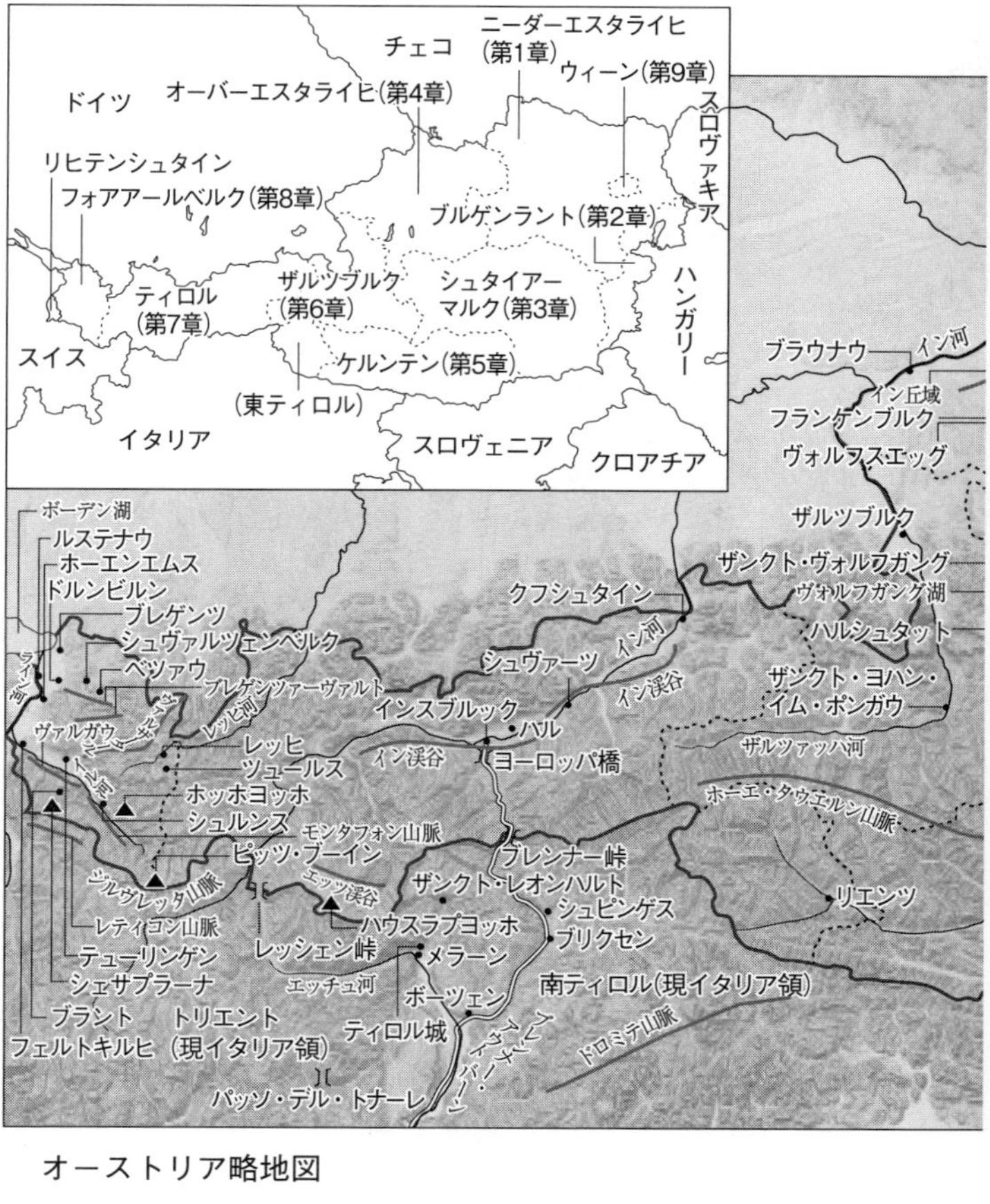

チェコ
ニーダーエスタライヒ（第1章）
ウィーン（第9章）
ドイツ
オーバーエスタライヒ（第4章）
スロヴァキア
リヒテンシュタイン
フォアアールベルク（第8章）
ブルゲンラント（第2章）
ザルツブルク（第6章）
シュタイアーマルク（第3章）
ティロル（第7章）
ハンガリー
スイス
ケルンテン（第5章）
（東ティロル）
イタリア
スロヴェニア
クロアチア
ブラウナウ
イン河
イン丘域
フランケンブルク
ヴォルフスエッグ
ザルツブルク
ザンクト・ヴォルフガング
ヴォルフガング湖
ハルシュタット
ザンクト・ヨハン・イム・ポンガウ
ザルツァッハ河
ホーエ・タウエルン山脈
リエンツ
ボーデン湖
ルステナウ
ホーエンエムス
ドルンビルン
ブレゲンツ
シュヴァルツェンベルク
ベツァウ
ブレゲンツァーヴァルト
ライン河
ヴァルガウ
レッヒ河
クフシュタイン
シュヴァーツ
イン渓谷
インスブルック
ハル
レッヒ
ツュールス
ホッホヨッホ
シュルンス
モンタフォン山脈
ピッツ・ブーイン
イン渓谷
ヨーロッパ橋
ブレンナー峠
ザンクト・レオンハルト
シュピンゲス
ブリクセン
ジルヴレッタ山脈
エッツ渓谷
ハウスラプヨッホ
レティコン山脈
テューリンゲン
シェサプラーナ
ブラント
フェルトキルヒ
レッシェン峠
メラーン
エッチュ河
ボーツェン
ティロル城
トリエント（現イタリア領）
南ティロル（現イタリア領）
ドロミテ山脈
パッソ・デル・トナーレ

オーストリア略地図

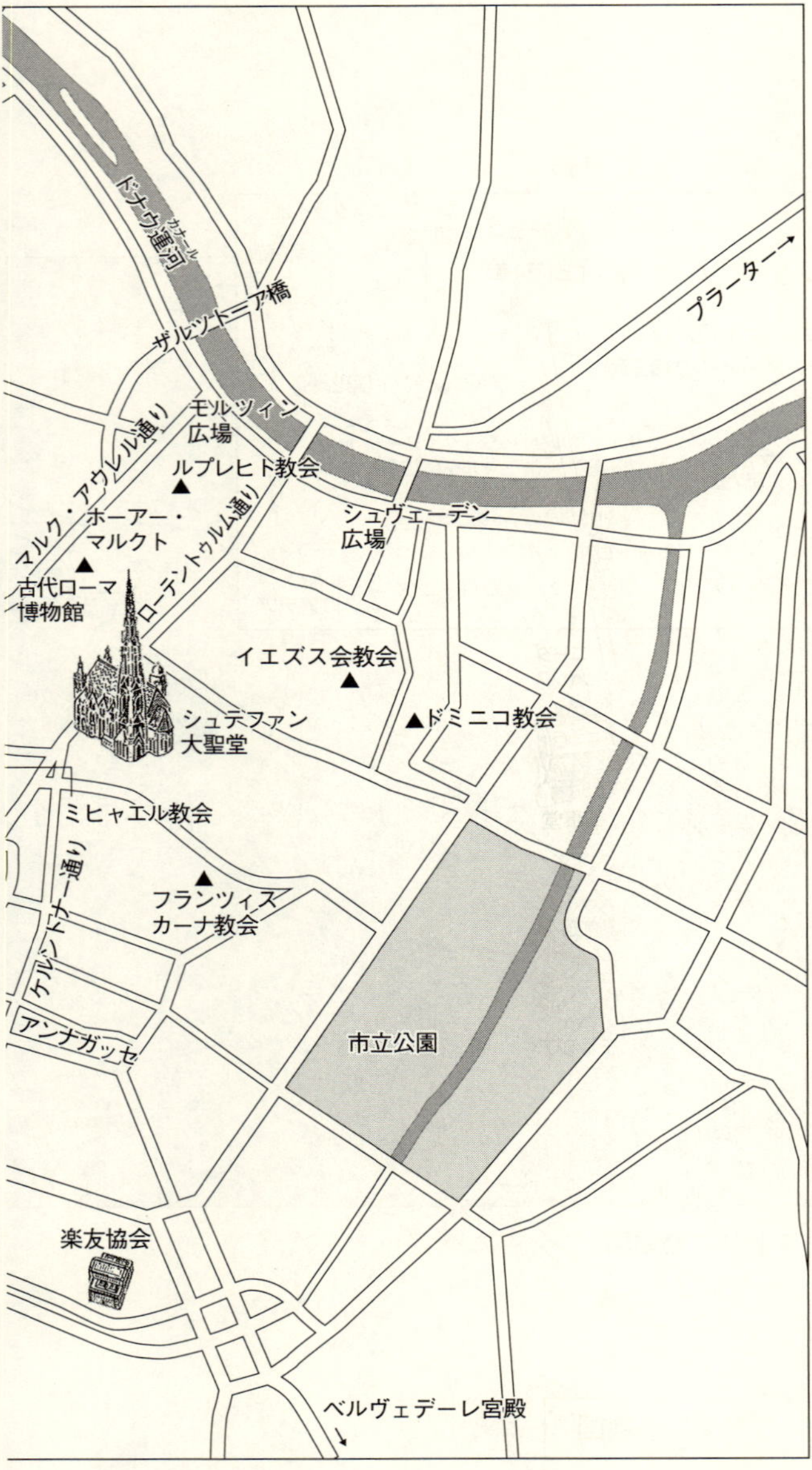
ドナウ運河《カナール》
ザルツトーア橋
プラーター→
モルツィン
広場
マルク・アウレル通り
ルプレヒト教会
ホーアー・
マルクト
ローテントゥルム通り
シュヴェーデン
広場
古代ローマ
博物館
イエズス会教会
ドミニコ教会
シュテファン
大聖堂
ミヒャエル教会
ケルントナー通り
フランツィスカーナ教会
アンナガッセ
市立公園
楽友協会
ベルヴェデーレ宮殿

ヴォティーフ教会
ショッテン教会
ハイデン・シュス
アム・ホーフ教会
ショッテン修道院
大学
ティーファー・グラーベン
フライウング
ペーター教会
ブルク劇場
シュトラウホガッセ
ナーグラーガッセ
市庁舎
ヘレンガッセ
ニーダーエスタライヒ・パレス
ミノリーテン教会
コールマルクト
グラーベン
オーストリア内務省
王宮
フォルクス公園
ドロテアガッセ
カール大公像
スイス宮
国会議事堂
英雄広場
オイゲン公像
ドロテウム
自然史博物館
王宮門
アウグスティン教会
新王宮
カプチン教会
マリア・テレジア像
ウィーン国立歌劇場
美術史美術館
芸術アカデミー
←シェーンブルン宮殿
ウィーン略地図

物語　オーストリアの歴史　中欧「いにしえの大国」の千年

Niederösterreich

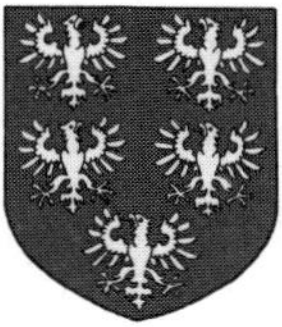

第1章 ニーダーエスタライヒ

「世界帝国」発祥の地

ニーダーエスタライヒ　関連略年表

996　「オスタリキ」が領邦名として初めて公文書に現われる
1156　オーストリア，公領に昇格
1192　リチャード獅子心王，デュルンシュタインに幽閉される
1246　バーベンベルク家断絶
1251　ボヘミア王オットカール・プシェミスル，オーストリア公となる
1273　ルドルフ・フォン・ハプスブルク（ルドルフ1世），神聖ローマ帝国皇帝に選出される
1358/59　ルドルフ4世による「大特許状」偽造
1493　マクシミリアン1世，神聖ローマ帝国皇帝即位
1517　マルティン・ルターによるドイツ宗教改革．オーストリアへのプロテスタント信仰の伝播
1581　メルヒオール・クレースルによる再カトリック化運動始まる
1618　三十年戦争勃発
1627　プロテスタント追放令
1683　オスマントルコ軍による第2次ウィーン包囲戦
1732　オイゲン公，ホーフ城を大規模改築
1789　フランス革命勃発
1804　フランツ2世，オーストリア皇帝となる（フランツ1世として）
1805　ナポレオンによるウィーン占領．プレスブルクの和約
1806　神聖ローマ帝国の解体
1837　「皇帝フェルディナント北部鉄道」開通
1918　第1次世界大戦終結．ハプスブルク君主国崩壊
1920　ニーダーエスタライヒとウィーン，行政区として分離
1998　ゼメリング鉄道，世界遺産登録
2000　ヴァッハウ渓谷の文化的景観，世界遺産登録

ドナウが切り拓く「低地地方」

「なんじ小さき故郷《くに》、瑠璃《るり》色のリボンのごとく悠然と流れ往《ゆ》くドナウの河水に貫かれ、その南をアルプスの峰が隔てし、わが愛しき、かけがえなきふるさとよ！」

第一次世界大戦後、新生オーストリア共和国において第二代大統領を務めたミヒャエル・ハイニシュは、かつて自身の郷里、ニーダーエスタライヒに寄せる愛郷心をこのように謳《うた》った。だが、ハイニシュが愛情を込めて「小さき故郷《くに》」と呼んだニーダーエスタライヒは、その実、二万平方キロメートル弱の面積と一六〇万の人口を抱えた、オーストリア最大の州である。地勢的にもきわめて特徴的で、いみじくもニーダーエスタライヒ＝「低地オーストリア」という地名が示す通り、ブルゲンラント州に次いで標高が低く、そのほぼ全域をなだらかな丘陵と渓《けい》谷《こく》、平野が覆いつくしている。南方に隣州シュタイアーマルクとの間を隔てる二〇〇〇メートル級の石灰アルプスを控え、北の境界、ボヘミアの森林地帯との間には、ドナウ河およびその夥《おびただ》しい水系が太古より形成してきた肥沃《ひよく》な平原が、国境を越えてチェコ、スロヴァキアへ、さらにハンガリーへと広がっていく。

ハイニシュが謳ったように、この広大な平野を南北に分かつのがドナウ河である。一方、中部のトゥルン盆地を挟んで北から延びるマンハルツベルク、その隆起を受け取りつつさらに南の州境の石灰アルプスへと結ぶヴィーナーヴァルトの丘陵群が東西の境界線となって、ニーダーエスタライヒは古くから四つの区域に分けられてきた。ボヘミアの森に接する北西部の森林区域《ヴァルトフィアテル》、北東のワイン区域《フィアテル》、南西方向のアルプスに向けて地形が急激に隆起する果実酒区域《モストフィアテル》、そして、首都ウィーンの南方に広がる下ヴィーナーヴァルト区域（のちの工業区域《インドゥストリーフィアテル》）。ニーダーエスタライヒを巡り歩くとき、これらの区域のそれぞれが、いまなお独自の景観的、文化的な特徴を保ち続けていることに気づくだろう。

たとえば、ドナウの渓谷、ヴァッハウ地方では、いまも収穫祭などの折に、女性たちの間に代々受け継がれた煌《きら》びやかな伝統装束と金糸で織り上げたボンネット帽を見かけることがある。ヴァッハウの民族衣装はオーストリアでもっとも豪華で美しいといわれ、十六世紀の年代記は、「この地の女たちはみな、日々、あたかも婚礼に参列するかのような姿《なり》で出歩く」と、半ば羨《せん》望《ぼう》のまなざしで報じている。服装の贅沢《ぜいたく》が、経済的安定と豊かさの象徴であったことは、いうまでもない。ヨーロッパ随一の交易水路、ドナウ河が、流域の森林区域《ヴァルトフィアテル》、ワイン区域《フィアテル》にもたらした莫大な富は、ウィーンからドナウ河を遡《さかのぼ》るとき誰もが目を瞠《みは》るその勝景にもまた、如実《にょじつ》に表われている。両岸の急な斜面を利用して階段状に作られたブドウ畑、その背後の丘に聳《そび》える古城の数々、河岸に迫《せ》り出すように佇《たたず》む集落の、漆喰《しっくい》の色も鮮やかなバロック風の街並み、そして、州境に近づくと、突如としてその絢爛《けんらん》たる威容を現わすメルクの修道院。まるで妙味を計算しつくした人工風景《ジオラマ》のごとき景観は、かつてこの地方が交易とワイン生産を通じて享受した著しい繁栄を物語る証であろう。

一方、南に峻嶺《しゅんれい》を控え、ドナウ水系のイプス河、エアラウフ河の豊かな水資源に恵まれた丘陵地帯、果実酒《モストフィアテル》区域は、その名の通り、気候・地質条件が果実栽培に適し、リンゴや梨を原料とする特有の醸造技術を培ってきた。また、区域最南端の「鉄の根《アイゼンヴルツェン》」と呼ばれる一帯は、鉱山を擁し、古くから製鉄業によって富み栄えた。シュタイアーマルクとの境界で採掘された鉄鉱石はイプス河を遡り、中流のヴァイトホーフェンを経由して遠くはヴェネチア、さらにはオリエントまで運ばれたという。これらの中継都市でひときわ目を惹《ひ》く、アイアンワークで豪華に飾られた鍛冶《かじ》職親方の住居や、あえて石材を用いることなく、鉄による工芸技術を駆使して作られた墓碑群は、イプス河流域で隆盛をみた製鉄文化の名残ともいえるものである。

バーベンベルク家と「オーストリア」の誕生

「オーストリアの歴史」の物語をニーダーエスタライヒから始めることは、決して的外れな試みとはいえないだろう。のちに国名となる「オーストリア（エスタライヒ）」という語は、もともとこの一帯を指す地名として用いられていたからだ。

「オーストリア」の起源についていうなら、まずは、往古の名門一族、バーベンベルク家が十世紀末以降に辿《たど》った、擡頭《たいとう》と躍進の過程に目を向けなければならない。神聖ローマ帝国の初代皇帝、オットー一世は、九六〇年、マジャール人との激しい戦いのすえに、エンス河（現オーバーエスタライヒ州との州境）以東、ヴィーナーヴァルトに至る地域を平定し、これを東部国境の軍事拠点、辺境地区《マルク》として、レーゲンスブルク城伯《ブルクグラーフ》、ブルヒャルトに守らせた。ところが、オットーの死後、息子オットー二世が帝位を襲うと、ブルヒャルトはバイエルン公と結託して君主に叛逆《はんぎゃく》する。この謀叛《むほん》によってブルヒャルトは要職を追われ没落、そして、没収されたその領土を与えられたのが、バーベンベルク家のルイトポルト一世であった。

バーベンベルク家のルーツについては諸説あるが、ルイトポルトの先代が九六二年、ローマで執り行なわれたオットー一世の戴冠式に列席していることからも、往時よりすでに高位の家柄であったことは間違いない。新たに辺境伯となったルイトポルトは、領内に居残るマジャール人勢力を徹底的に駆逐《くちく》し、辺境地区をさらに東のライタ河（現ブルゲンラントとの州境）まで順調に拡大させた。

ルイトポルト辺境伯領は、九九〇年前後にはすでに広く「オスタリキ」と呼び慣わされていたらしい。だが、これが初めて公文書に登場するには、ルイトポルトの死後、九九六年を俟《ま》たねばならなかった。この年、皇帝オットー三世は、バイエルンのフライジング司教に宛てた寄進文書のなかで、辺境伯領の名称を正式に「オスタリキ（Ostarrîchi）」と綴ったのである。現在、ドイツ、バイエルン国立公文書館に保管されるこの史料は、オーストリア国の核となる一帯がひとつの領土として統一的にまとめ上げられつつあったことを明示する、いわば「オーストリアの生誕告知書」とみなされている。

その後、バーベンベルク家は「オスタリキ」を拠点にめざましい成長を遂げた。辺境伯領は多くの寄進を受けてやがてドナウの北側にまで拡大し、さらに、一一〇六年、レオポルト三世が皇帝ハインリヒ五世の姉、アグネスを娶《めと》って皇家との姻戚《いんせき》関係を得たのち、一族はいよいよ神聖ローマ帝国の国政において決定的な発言力を持つようになるのである。

ウィーン北方の丘、レオポルツベルクの城でレオポルトとアグネスが婚礼を挙げたとき、一陣の風が花嫁のヴェールを攫《さら》って遥か山のかなたへと運び去った。探しあぐねた果ての七年後、夫は狩の途上で白い花の咲き匂うニワトコの枝にたなびくヴェールを見つけ出す。レオポルトは念願成就を神に感謝して、その地にクロースターノイブルク修道院を献堂し、そこをみずからの宮廷所在地に定めたという。あまりにロマンティックなこのエピソードそのものは、単なる口碑に過ぎない。だが、クロースターノイブルク縁起《えんぎ》は、少なくとも、その治世において修道院、教会、都市の建設にひたすら精力を傾けたレオポルトの人物像の一端を伝えてくれる。

クロースターノイブルクのほか、ハイリゲンクロイツ、ツヴェットル、クラインマリアツェル等、ニーダーエスタライヒの多くの修道院はレオポルトの寄進を通じて建立され、クレムス、シュタイン、トゥルンなど、主要な都市の礎石もまた、彼の手によって据《す》えられたのであった。

聖俗両界でしだいに威信を高めたレオポルト三世は、やがてオスタリキ＝オーストリアを、独自の領邦とみなすようになる。公文書においてみずから「領邦首長」を名乗り、また、クレムスに貨幣鋳造所を設立してオーストリア固有の貨幣を発行させたことは、主権を具えた君主としての強い自負の表われにほかならない。その死後に巻き起こった列聖を求める熱烈な運動は、生前の敬虔《けいけん》な行ないと莫大な喜捨だけを理由とするものでは決してなかった。一四八五年、歿《ぼっ》後《ご》三世紀半を経て列聖され、オーストリアの守護聖人となったレオポルト三世を、人びとは真の意味での「国の父」と認めていたのである。

レオポルトが抱いた独立領邦の理想は、二人の息子のもとで制度的裏づけを得て、いよいよ現実のものとなる。父の跡を継いだ三男、レオポルト四世は、ドイツの二大名家、ヴェルフェン家とシュタウフェン家の壮絶な勢力争いに巧みに介入していた。シュタウフェン家が神聖ローマ帝国の帝位を独占し、ヴェルフェン家からバイエルン公の地位と領土を掠《りゃく》取《しゅ》すると、代わってその地位はバーベンベルク家に与えられた。そして、レオポルト四世の死後、宗主となった兄ハインリヒ・ヤソミルゴット（ハインリヒ二世）は、一一五六年、レーゲンスブルク帝国議会における長い交渉の結果、バイエルン公位をヴェルフェン家に返還する代償として、オーストリアを公領へと昇格させることに成功したのである。

その年の秋、レーゲンスブルク近郊バルビングにて執り行なわれた封土授与式では、かつての辺境伯領オーストリアが、皇帝フリードリヒ・バルバロッサ（フリードリヒ一世、赤髯王）によってあらためて公領としてハインリヒに与えられ、バーベンベルク家はここに正式に公家として承認された。だが、この封下は、単にバーベンベルク家の位階の上昇だけを意味するものではなかった。授封とともにオーストリア公に付与された「小特許状」は、オーストリアを皇帝権による支配から完全に切り離し、この地を統治する領主に対して、未来永劫《えいごう》にわたり、独立した領邦君主としての最大限の特権を保障したのである。これはまさしく、オーストリアにとって、いわば「国家」としての第一歩を意味していた。「小特許状」が許したオーストリア公の特権は、のちにハプスブルク家によってそのままの形で引き継がれ、彼らが中央ヨーロッパ全域を跨《また》ぐ大帝国を築き上げるための、重要な足がかりを提供することになる。

英国王のデュルンシュタイン幽閉

ハインリヒ・ヤソミルゴット以降のバーベンベルク家による、十字軍遠征への積極的な関与は、オーストリア公がヨーロッパの勢力地図において着実に地歩を固めていったことを示す最大の証といえるだろう。とりわけ、次代宗主、レオポルト五世の従軍、さらにアッコン征服と帰国後の一連の事件は、バーベンベルク一族がこのときまでに築き上げた力と声望、そして、イギリスやローマ教皇との対立をも恐れない絶大な自尊心を鮮やかに標《しる》しづけるのである。

一一八七年、第一次十字軍が樹立したエルサレム王国の危機を受けて、教皇グレゴリウス八世は、ヨーロッパの諸侯に対して新たな十字軍の派遣と聖地奪回を訴えかけた。神聖ローマ皇帝フリードリヒ・バルバロッサがいち早くこれに応え、一一八九年、第三次十字軍の第一陣を結成、レオポルト五世もまた、皇帝軍の一員として出征した。途中、ルーム・セルジューク朝の首都イコニウム（現トルコ、コンヤ）を征服するなど、めざましい武勲をあげたフリードリヒは、しかし、一一九〇年、キリキア進軍中にサレフ河にて不慮の溺死を遂げる。多くの配下が戦意を失ない、一部撤収も始まるなかで、レオポルト五世はかろうじて残軍を立て直し、さらに東へと進攻したのであった。レオポルトが翌年、旧エルサレム兵とサラディン軍とが鬩《せめ》ぎ合うアッコンの地に辿り着いたとき、折しもイギリス、フランスの艦隊が上陸、ここに三国の軍隊が連合し、三ヶ月をかけて陥落させた。

まさにこのアッコン陥落を通じてヨーロッパは東地中海への経路を維持し、これがのちの東方貿易発展にとって不可欠の要件となったともいわれている。この輝かしい勝利戦でもっとも中心的な役割を演じたのは、イギリスのリチャード獅子心王《ししんおう》であった。ところが、一一九一年七月十二日、ようやく開城したアッコンに英国王が足を踏み入れたとき、砦《とりで》の塔上には、一足先に入城したレオポルト五世によって掲げられたオーストリア公家の旗が、海からの風を受けて際やかに翻っていたのである。これに激怒したリチャードはオーストリアの旗を引き摺《ず》り下ろし、壕《ほり》の底へと投げ捨てた。疲弊し切った皇帝軍の残兵を率いたに過ぎないとはいえ、アッコンを先制攻撃したレオポルトは、その後、領土が王国でないことを理由に、英・仏と並んで国章を掲揚することを頑《かたく》なに拒否され、傷心のままに帰国した。

だが、東方の戦地でこの上ない屈辱を受けたレオポルト五世に、はやくも翌年、意趣返しの好機が訪れた。アッコンに最後まで留《とど》まり、サラディンとの和議に努めたリチャードは、帰路、アドリア海で嵐に遭い、難破の憂き目を見たのである。ダルマチアに上陸したのち、イタリアからオーストリアを通過して故国を目指すことになった英国王は、何よりも、自身が辱めたレオポルトによる復讐《ふくしゅう》を恐れていた。しかし、慎重に慎重を重ね、家来とともに貧しい巡礼者になりすまして移動を続けたにもかかわらず、リチャードは結局、ウィーン近郊の宿場にてその正体を見破られた。口承によれば、食事の代金をビザンツ金貨で支払おうとしたためとも、あるいは、野卑を装って鶏肉を手づかみで口に運んだ際に、国王を表わす印章つきの金の指輪を見咎《みとが》められたがゆえの結末であったともいわれている。

こうして、憎き宿敵、イギリス王をいともたやすく自領内に捕らえることに成功したレオポルト五世は、のちに盗賊騎士として名を馳せる勇猛矯激《きょうげき》な家士、キューンリンガー家のハルドマール二世に捕虜の拘束と監視を一任した。ヨーロッパ全土でイギリス王の失踪《しっそう》が囁《ささや》かれたとき、当のリチャードは、ヴァッハウ渓谷の集落、デュルンシュタインを見下ろすキューンリンガー城の牢獄に、抜身の剣を携えた十余人の騎士に見張られて七〇日もの日々を過ごしたのだった。

ヴァッハウ渓谷のデュルンシュタイン．ブドウ畑と旧市街を見下ろす岩山の上に，かつてリチャード獅子心王が幽閉されたという古城が佇む．

国王の身を案じた近習、ブロンデルが、竪琴《たてごと》をかき鳴らし、リチャードの愛唱歌を吟じながらドナウ河を下り、ついにデュルンシュタインにて、みずからの歌に呼応する王の声を聞き当てて拘束場所を突き止めたというエピソードは、おそらく後世の吟遊詩人らの創作であろう。いずれにしても、拘禁が明らかになると、国王を自由の身にする方法は、当時の慣習からして、身代金をめぐる交渉よりほかになかった。レオポルトは皇帝ハインリヒ六世を巧妙に動かしてこの交渉に巻き込み、結局、一五万マルクという法外な金額と引き換えにリチャードを解放したのである。

その豪胆さが敵将サラディンをも感嘆させたという十字軍の勇者、リチャードを、あろうことか帰国途上に誘拐《ゆうかい》するという破天荒な行為は、当然、各界に強い批判を巻き起こした。とりわけ、十字軍の発起人として、キリスト教圏内における兵士の身柄の安全を保障していたローマ教皇を激憤させ、一時、破門を宣告されたことは、バーベンベルク家にとって対外的にも大きな痛手となった。だが、その一方で、莫大な身代金が、公家の財政を著しく潤したことも確かであった。イギリスはこれほどの金額を一度に貨幣で用意することができず、教会の財宝までも鋳溶《いと》かして一一トン半の銀塊をこしらえ、レオポルトのもとに運んだという。そのほとんどの部分がウィーンの造幣局でプフェニッヒ貨として鋳造されるが、この銀貨がやがてオーストリア内でもっとも強い通貨として流通したことからも、身代金の実際の価値が十分に推測できるだろう。

バーベンベルク家の断絶

リチャード獅子心王の身代金は、主として都市建設や施設整備の資金に充《あ》てられた。たえず国境周辺を脅かすボヘミア軍、ハンガリー軍の侵攻に備えるため、領内の都市では、市壁と壕、堡塁《ほうるい》がつぎつぎと整備されていった。とりわけ、ハインリヒ・ヤソミルゴットのもとで初めて宮廷所在地となり、ようやく首都としての一歩を踏み出しつつあったウィーンでは市域が拡大され、その周辺には、のちのオスマントルコ軍による攻撃にも耐える強固な防御《ぼうぎょ》施設が築かれた。また、ハンガリーとの境域、シュタインフェルトでは、新たな要塞《ようさい》都市、ヴィーナー・ノイシュタットの建設が始まった。

格好の資金を得て着手されたレオポルト五世の新都市建設事業は、息子レオポルト六世によって引き継がれることになる。ヴィーナー・ノイシュタットはその後、インフラ面での整備だけでなく、都市権・市場権を与えられて優遇され、同時に、他の都市や集落とを結ぶ道路の新たな敷設によって、商業経済の中心として発展していった。プフェニッヒ銀貨の流通も影響して、古くから豊かな農村地帯として栄えたニーダーエスタライヒ一帯に、この時代になって初めて、都市を中心とする経済構造、また、本格的な都市文化が根づき始めたといわれている。

だが、こうして東部の辺境伯から身を起こし、わずか三世紀のうちに領土を拡大、発展させ、帝国政治を左右するほどの権勢を手にしたバーベンベルク家の繁栄は、その後、長くは続かなかった。レオポルト六世を継いだフリードリヒ二世は、ボヘミア、ハンガリーのほか、バイエルンとも対立し、挙句《あげく》の果てには神聖ローマ皇帝にまで反撥《はんぱつ》して「好戦公」の異名を取った。しかし、妃《きさき》となったニカイア帝国の王女ゾフィー、さらにその死後に娶ったアンデックス＝メラン家のアグネスとの間でも子に恵まれず、一二四六年、北部国境近く、ライタ河で繰り広げられたハンガリーとの戦いに斃《たお》れたとき、男系の相続人を欠いたバーベンベルク家は、ついにその歴史に終止符を打ったのである。

ルドルフ一世——ハプスブルク家の登場

バーベンベルク家が途絶えたあと、富饒《ふじょう》かつ、軍事・防衛上の要衝でもあるオーストリア公領を、いったい誰が統治するのか。この問題に聯関《れんかん》して、中央ヨーロッパはにわかに色めき立った。ハンガリー、バイエルン、そしてバーデン公までが、領土をわがものにしようと、虎《こ》視眈々《したんたん》と狙っていた。しかも、同時期、神聖ローマ皇帝フリードリヒ二世が急逝、跡を襲った息子コンラート四世も続いて世を去り、皇家シュタウフェン朝が断絶した。こうして、皇帝位が空席となるという、前代未聞の「大空位時代」が訪れたことで、ドイツではその位をめぐって激しい抗争が繰り広げられようとしていた。皇帝不在の混乱のなかで、領邦の安定を望んだオーストリア貴族たちの支持は、しだいに若きボヘミア王子、オットカール・プシェミスル（オットカール二世）に集まった。オットカールはみずからの継承権を正当化するため、バーベンベルク家の最後の末裔《まつえい》に当たる「好戦公」フリードリヒの姉、マルガレーテを妻に迎え、一二五一年、正式にオーストリア公位に就いたのであった。弱冠二十歳の王子が迎えた妃は、当時、すでに五十歳に達しようとしていた。

だが、生来の統率力と強靭《きょうじん》な性格ゆえに人気を集めたオットカールは、権勢と領土の拡大に伴ない、ほどなく暴君と化していく。一二五三年、父よりボヘミア王位を継承した後は、オーストリア領内の要職をボヘミア系貴族に独占させ、また、ハンガリーとの戦いに勝利するや、国政介入の口実を得ようと、マルガレーテを離縁して新たにハンガリー王女クニグンデを娶った。その野心と支配欲はもはや止まるところを知らず、やがては空位となっていた神聖ローマ皇帝の地位に目をつけ、これを通じて中央ヨーロッパ全域への覇権拡大を狙うようになる。

オットカール王の野心、そして、それに対してドイツ諸侯が抱いた強い危機感こそ、ハプスブルク家に、世界史の舞台に躍り出るためのまたとない契機をもたらすことになった。一二七三年、大空位時代を終結させるべく新たに皇帝選挙が行なわれると、選帝侯の誰もが強大な権力者の出現を嫌ってオットカールを拒否し、シュヴァーベン南部からスイス北部にかけて、わずかばかりの領土を治めた伯爵《はくしゃく》、ルドルフ・フォン・ハプスブルクを選んだのである。だが、名ばかりの皇帝を想定していた諸侯の思惑とは裏腹に、ルドルフ一世は突出して有能な統治者であった。その選出を妬《ねた》んで「貧乏伯」と罵《ののし》るオットカールに対し、ルドルフはかつての皇帝直轄《ちょっかつ》領に関する不当な領有を糾《ただ》して出頭を命じ、ボヘミア王がこれを無視すると、すぐさま法益剝奪《はくだつ》刑を言い渡した。両者の諍《いさか》いが、対立するオーストリア、ボヘミアの貴族たちを巻き込んで戦争へと発展するには、幾分の時間も要しなかった。ドイツ諸邦のほか、ハンガリーからも援軍を得たルドルフは、ボヘミアとの国境地域、クロースターノイブルク、そしてウィーン近郊における激しい戦いを経て、一二七八年夏、マルヒフェルトの会戦でついにオットカールを敗死に追いやったのであった。

オットカールの死後ほどなく、ルドルフは新たにオーストリア公としてウィーンに迎え入れられた。彼がこのときすでに、旧バーベンベルク領を拠点に中央ヨーロッパを支配するという壮大な構想を抱いていたことに、疑いの余地はないだろう。新しい領主として広く支持を取り付けるために、ルドルフはあらゆる努力を惜しまなかった。トゥルンにおけるドメニコ派修道院の建立を皮切りに、多くの教会・修道院に対して多額の寄進を行ない、また、貴族や都市には、行政、経済・産業から納税に至るまで、多くの特権を与えてこれらを保護した。五年間、みずからウィーンに滞在し、模範的な統治を行なったのち、ルドルフは、一二八二年のクリスマスに、アウグスブルクで宮廷会議《ホーフターク》を開き、選帝侯らの見守るなか、神聖ローマ帝国に伝わる壮麗な儀式を通じて、二人の息子、アルブレヒト（一世）およびルドルフ（二世）にかつてバーベンベルク家が治めたすべての領土を正式に封授する。これによって、その後六〇〇年にわたって続くハプスブルク家のオーストリア支配が確立されることになった。

「西方からの異分子」

しかし、辺境伯領時代から独自の歴史を歩んできたオーストリアは、この新しい領主を必ずしも心底から歓迎したわけではなかった。ハプスブルク家は、本来、スイス北部に起源を持つアレマン系の一族であり、ヨーロッパの極東に位置したオーストリアから見れば、文化や言語、慣習など、すべての点でまったくの「余所者《よそもの》」であった。とりわけ、オットカール時代の混乱を収め、短期間のうちに合理的な統治を実現しようとしたルドルフ一世およびアルブレヒト一世が、本領シュヴァーベンから夥しい家臣を招致したことは、オーストリアの住民の間に強い反感を招いた。これらアレマン系・シュヴァーベン系貴族は、政略結婚などを通じて積極的に地元名士との融合を図ろうとしたが、新たなハプスブルク支配は、かつての「オスタリキ」のアイデンティティを確実に脅かしたのである。当時の詩人、ザイフリート・ヘルブリングは、「生粋《きっすい》のオーストリア人にいちどきに七人もお目にかかれる集落など、いまとなってはひとつとして存在しないのだ」と書いて、当時の人びとが抱いた底知れない危機感を伝えている。

だが、不評の原因は何よりも、ハプスブルクの君主がしだいに露わにした野心と集権的な政策にほかならなかった。父ルドルフからオーストリアを引き継いだアルブレヒトは、専制的な統治の結果、ウィーンにおける市民蜂起、ドナウ流域の貴族たちによる反ハプスブルク同盟を引き起こし、挙句、一二九〇年には、ハンガリー侵攻に際してオーストリア人兵士が団結して前線を離脱するという、未曽有《みぞう》の事態を体験することになった。さらに、ルドルフ一世が歿すると、ハプスブルク家に対する反撥はヨーロッパ全域へと拡大した。もともとの本拠であったスイスおよび森林州で相次いで叛乱が巻き起こったばかりか、バイエルン、サヴォイアなど、周辺諸邦もまた、ヨーロッパの東西を結ぶハプスブルクの領土拡大を阻止しようと、しきりに策を弄《ろう》していた。策士らはアルブレヒトに対する毒殺をも企て、彼はそのために片方の眼の視力を失なうことになる。

神聖ローマ帝国の皇位を世襲化し、みずからの覇権を確かなものにするというハプスブルク家のもくろみは、容易に叶えられるものではなかった。父帝の死後、アルブレヒトは皇帝選挙で一度はナッサウ家のアドルフに敗れ、その失脚後にようやく帝位を手にしたものの、息子フリードリヒによる継承は、諸侯らによってふたたび厳しく阻まれた。ハプスブルクの宗主たちは、その後約一三〇年にわたり、皇帝位をめぐってドイツの有力家門との間に熾烈《しれつ》な争奪戦を繰り広げたのであった。

アルブレヒトの孫、ルドルフ四世による「大特許状」偽造の経緯は、十四世紀半ばになってなお、ドイツにおけるハプスブルク家の地位がいかに不安定なものであったかを明示している。ヨーロッパ史における最大の公文書偽造に数えられる「大特許状」事件の発端は、皇帝カール四世が一三五六年に発した「金印勅書」であった。

大空位時代以降、長期間にわたりドイツの国政を脅かした皇帝選挙をめぐる混乱を収拾する目的で、カール四世はこのとき、選挙についての手続と、選挙権を持つ聖俗諸侯の構成メンバー、そしてこれら「選帝侯」の権限を明確に定め置こうとした。皇帝の娘、カタリーナを娶ったがゆえに、選帝侯への指名を当然のこととして期待していたルドルフは、金印勅書のリストに自身の名がないことを知って愕然《がくぜん》とする。ハプスブルク一族の力と正統性をいまや公式に強くアピールする必要性を痛感した彼は、すぐさま大臣と古文書学者を官房に呼び集め、まもなく、古来の皇帝たちの自筆と称する五枚の「公文書」を作り上げた。

この偽文書は、かつてバーベンベルク家が得た「小特許状」をもとにしながら、その原本が認めた本来の特権を著しく拡大して顕示しようとするものであった。その第一の趣旨は、オーストリアを「神聖ローマ帝国の心臓部と盾」として定義し、オーストリア公の地位を、選帝侯を含め他のあらゆる家門の上位に位置すべき「大公」へと昇格させることであった。その上で、ハプスブルク家の領土の不可分、最高裁判権等が確認され、大公の権限は皇帝権に匹敵するものとされたのである。また、のちにハプスブルク皇帝の図像学的シンボルとなる権標（王冠、王笏《おうしゃく》、宝珠）、そして、「大公」という特殊な位階を表わす大公帽も、この「大特許状」によって定められた。

古代ローマのカエサルおよびネロ帝による是認の文言まで捏造《ねつぞう》し、カール四世の命で鑑定に当たったイタリアの人文主義者、ペトラルカをして義憤のあまり茫然《ぼうぜん》自失に陥らせたといわれる「大特許状」が、このときにべもなく却下されたことは、当然の帰結であった。だが、半世紀後、ハプスブルク家がふたたび帝位を手にしたとき、この荒唐《こうとう》無稽《むけい》な偽造文書はフリードリヒ三世によりほぼそのままの形で帝国法のなかに組み込まれることになる。根拠を一切欠いた、虚妄《きょもう》の位階であった「大公」も、時とともにオーストリアを支配するハプスブルク家の称号として定着していったのである。

「砦のなかの宮廷」とマクシミリアン一世

ハプスブルク統治が始まって最初の二世紀は、オーストリアにとってまさしく苦難の時代であった。ルドルフ一世の二人の息子を皮切りに、ハプスブルク家はしばしば領土を兄弟の間で分け、分割統治を行なおうとした。その伝統がやがて一族を分裂させ、それぞれが地元の名士と貴族、ボヘミア、ハンガリーを味方につけて、苛烈《かれつ》な同族争いを繰り広げたのである。内紛は領土を荒廃させ、内外から集められた傭兵《ようへい》たちは、所属軍の敗北などにより十分な報酬を得られない場合、すぐさまその矛先を都市や農村へと転じ、掠奪の限りをつくした。さらに、かつて英国王の監禁に当たったキューンリンガー家のように、領主の家士や下級貴族が戦乱に乗じて盗賊騎士に姿を変え、旅人や他家の私領を襲うケースも、決して珍しいことではなかった。

この乱世に終止符を打ち、いよいよオーストリアをひとつの国家としてまとめ上げたのが、一四五九年、ハンガリー国境の要塞都市、ヴィーナー・ノイシュタットに生を享《う》けたマクシミリアン一世である。その祖父、エルンスト鉄公は、のちに神聖ローマ皇帝となるアルブレヒト五世（皇帝としては二世）が幼少の頃、その後見人の座をめぐって兄レオポルト四世と激しく争い、わが身を守る目的で、頑強な要塞の機能を備えたヴィーナー・ノイシュタットに居城を構えていた。この要塞都市、すなわち、いわば砦のなかに宮廷が置かれ続けた状況は、ハプスブルク家の支配権が当時、いかに脅威に晒《さら》されていたかを象徴するものであった。

そして、この「要塞の居城」を引き継いだマクシミリアンの父、フリードリヒもまた、君主としての才覚を決定的に欠いた人物であった。一四四〇年、急逝した皇帝アルブレヒト二世の跡を襲い、フリードリヒ三世として帝位に就きながら、統治に対するあまりに無責任な姿勢から、実弟アルブレヒト六世およびハンガリー王マティアス・コルヴィヌス（マーチャーシュ一世）による酷烈な軍事攻撃を受け続け、一時はオーストリア大公位を奪い取られることになる。

ハンガリー軍によってヴィーナー・ノイシュタットが包囲されたとき、フリードリヒは、趣味の植物研究に没頭するあまり、敵兵を迎え撃つべく配備された自軍に最後まで突撃命令を出すことなく、みずから城壁突破を招いて、ポルトガル王家出身の妃、エレオノーラから、「ズボンを穿くにも値せぬ君主」と罵倒《ばとう》されたという。彼がその宮殿で、壁面装飾から食器まで、至るところに刻みつけた「AEIOU」の文字は、後世になって「世界支配はオーストリアの運命なり（Austriae Est Imperare Orbi Universo）」の略号であると解釈され、ハプスブルク家の標語のひとつとして伝え継がれることになる。符号が持つ真の意味はいまだに解明されていないが、しかし、その案出の背後に、世界支配への野望や壮大な統治の理想が存在したとは到底思われない。

エレオノーラとの間にもうけた子どもたちは、フリードリヒが抱いた迷信のために、乳児期からポルトガル産のスパイスと砂糖しか与えられず、多くが幼逝した。だが、そのなかで無事に長じたマクシミリアンは、幼少の頃から文武両道に優れ、天賦の才に恵まれた王子であった。

マクシミリアンは、一四七七年、ネーデルラントをはじめ豊かな領土と名声を誇ったブルグント公国の女系相続人、マリーと結婚、これによって、十九歳にしてすでに、その後ハプスブルク家を繁栄へと導く婚姻政策の先駆をなした。ブルグント公の遺領に介入するフランスを抑えてフランドルを獲得した後、一四八六年には神聖ローマ皇帝即位予定者として正式に「ローマ王」の称号を与えられたマクシミリアンは、いよいよ一四九〇年、混迷を極める故国に戻り、四月にはヴィーナー・ノイシュタットを、続いてウィーンをハンガリーから奪回、マティアス王の死去を好機として首都ブダ（現ブダペストの西側部分）まで一気に兵を進めた。こうして、同年秋までには、父帝が無思慮なハンガリー外交を通じて失なったオーストリアの領土をほぼすべて回復し、「オーストリアの解放者」として、人びとの歓声を受けつつウィーンへの凱旋《がいせん》入城を果たしたのである。

一四九三年、ほぼ七〇年にわたりオーストリアを治めたフリードリヒ三世がリンツでその生涯を閉じると、マクシミリアンは帝位を継ぎ、帝国政治の本格的な改革に着手した。一四九五年に開催されたヴォルムスの帝国議会は、彼の意に反して強力な皇帝権の確立を否定し、独立した領邦国家の連合体としての新たな神聖ローマ帝国のあり方を定めることになった。だが、帝国改造計画の一方で、マクシミリアンが目指した目標は、いまやフランドルからハンガリーまで拡大した自領を、中央集権的に統治することであった。その端緒として彼は、オーストリアを、南北に走るエンス河を境界として、二つの行政区、すなわち、西をオーバーエスタライヒ、東をニーダーエスタライヒに区分したのである。東側の領域内にはシュタイアーマルク、ケルンテンも含められていたとはいえ、このとき初めて、ニーダーエスタライヒは統一された行政上の区域となり、一五〇一年以降、中央行政機関によって組織的に治められることになった。

ブルグントやフランドルをはじめ、西方領土に深い関心を寄せたマクシミリアンにとっては、先代までの伝統に倣《なら》って、東の辺境都市、ヴィーナー・ノイシュタットに宮廷を構えることとなど、念頭にすら浮かばなかったであろう。ドイツ文化圏とロマン文化圏を結ぶ地点として、ティロル、インスブルックこそが、新たな首都にふさわしい街であった。父帝のもとで、ヴィーナー・ノイシュタットとウィーンを舞台に、幼くして厳しい包囲戦を繰り返し体験したマクシミリアンにとって、ニーダーエスタライヒそのものが、決して好ましい土地ではなかったともいわれている。しかし、その一方で、五十四歳にして手掛けた自伝的著作、『白王伝』のなかに半ば理想化して描かれた幼年時代の回想は、マクシミリアンがこの地に抱いた深い愛郷心を十分に窺《うかが》わせるものである。

インスブルックの王宮教会を訪れる多くの人びとは、その中央に安置された青銅と大理石の壮麗な棺《ひつぎ》のなかに、ハプスブルク君主国に隆盛をもたらした皇帝の遺体が眠っているものと誤解する。しかし、実際には、マクシミリアンは遺書によって、みずからの亡骸《なきがら》をヴィーナー・ノイシュタットの王宮内、聖ゲオルク礼拝堂の祭壇下に安置するよう命じていた。要塞都市ヴィーナー・ノイシュタットは、十八世紀にはマリア・テレジアによって士官学校が設立され、のちに至るまで一種の「軍事都市」として発展を続ける。第二次世界大戦時にも軍需産業の中心地となり、それゆえ、ドイツ、オーストリアの諸都市のなかでも、もっとも熾烈な空襲に晒されることになった。一九四五年四月、イギリス軍の空爆によって旧王宮が跡形もなく破壊されたとき、礼拝堂の地下の、まさにマクシミリアンの指示と寸分違わぬ場所から、四〇〇年の時を超えてその棺が姿を現わしたことを知る人は、もはや多くはないだろう。

宗教改革とオスマントルコの擡頭

ブルグント公女マリーの死後、ミラノ公女ビアンカ・マリア・スフォルツァを娶り、みずから二度の結婚によって領土と財産を増やしたマクシミリアンは、自身の子や孫についてもまた、ボヘミア、ハンガリー、さらにはスペインの王位継承権を確保するために巧みな政略結婚を講じて、「戦いは他家の手に委ねおけ。幸いなるオーストリアよ、なんじ結婚せよ」の語を家訓として残したことでも知られている。だが、「わが邦《くに》には、軍神マルスではなく、愛の神ヴィーナスが繁栄をもたらすのだ」と豪語した彼も、ハプスブルク家の「戦いの歴史」に首尾よく幕を閉じることはできなかった。中央集権的な統治の導入、さらに、貴族同士の私闘を禁じた「永久平和ラント令」を通じてしだいに政情を安定させた一方で、マクシミリアンは、この時代に生起した新たな問題に頭を悩ませることになった。すなわち、ルター派プロテスタントが招いた信仰上の混乱、そして、ハンガリーの東から迫りくるオスマントルコ帝国の脅威である。マクシミリアンの治世の後も、二つの紛擾《ふんじょう》は相互に複雑に関連し合いながら、オーストリアの歴史の流れを大きく決定づけることになる。

マルティン・ルターが標榜した新たなキリスト教信仰の理想は、彼が一五一七年、「九五箇条の論題」によって本格的な宗教改革の口火を切るとほぼ同時に、ドイツ語圏全域に伝播《でんぱ》していった。とりわけ、バーベンベルク時代から夥しい修道院が建立され、莫大な土地・財産が寄進されてきたニーダーエスタライヒでは、聖職者による支配のもとで長年にわたって宗教課税や賦役労働に苦しんだ農民層が、ルターによるカトリック批判に鋭敏に反応した。一五二五年、ツヴェットル修道院領で起きた領民蜂起は、一五三〇年代にかけて、近隣一帯に叛乱と暴動の連鎖を誘発していた。一方、すでに高い識字能力を身につけた貴族および都市の名士もまた、ドイツから流入する書物・印刷物を通じてルターの信仰を受容し、さらなる伝播を主導した。なかには、ヘルナルスの領主、クリストフ・イェルガーのように、ルター自身とも親交を持ち、その助言に従って、所領内の教会にルター派の司祭を任命する者さえあった。

ローマ教皇との間に密接な関係を保ち、また、十五世紀にはボヘミアのフス派による宗教改革運動を容赦なく弾圧したハプスブルク家が、自領における新教の伝来に対して峻烈な態度で臨んだことはいうまでもない。異宗派への厳しい弾圧は、一五二〇年代にニーダーエスタライヒの都市部で連発した火刑や殉教事件が明らかにするところである。しかし、それでもなお、エンス河以東での新たな信仰の伝播は凄《すさ》まじい勢いで進行していた。一五八〇年前後の調査によれば、ニーダーエスタライヒ域内ですでに三二一の集落、一五六家の貴族がルター派への帰《き》依《え》を公言する一方、高位貴族および騎士身分のうち、カトリックを信仰した者はわずか三〇家族に留まったという。

マクシミリアン一世に続く歴代の君主たちが、新興宗派のこれほどまでに大規模な伝播と定着を防げなかったことの背景には、実は、オスマントルコ帝国の拡大と西進が強く影響していた。一五二六年、ドナウ流域、モハーチ平原でハンガリー軍を大敗に追い込み、王を斃したオスマントルコ軍は、三年後の秋にはオーストリアに侵攻、二ヶ月にわたりウィーンを包囲した。進軍の途上、トルコ兵はニーダーエスタライヒで一〇万人以上の住民を虐殺《ぎゃくさつ》し、ヴィーナーヴァルトからマルヒフェルトにかけての一帯を焼きつくした。雪と寒さを嫌って一度は撤収したトルコ軍は、その後も数年おきにオーストリアへの攻略を繰り返す。あらためて東方防衛策の立て直しを迫られたフェルディナント一世は、都市と貴族の財政的支援を頼んで「トルコ税」を導入し、さらに兵力の拠出を求めようとした。そして、当時、大多数がすでにルター派を支持するようになっていたオーストリアの貴族、都市名士たちは、軍事的協力と引き換えに信仰の自由を求めたのである。

こうして、宗教改革運動の最盛期、ハプスブルクの君主たちは、「カトリックの守護者」としての立場と対トルコ防衛策との狭間で揺れ動きながら、ルター派住民との間にきわめて微妙な関係を模索《もさく》せざるを得なくなった。マクシミリアン一世の孫、フェルディナント一世は、少年期をスペイン宮廷で過ごし、聖職者による厳格な教育を受けた超保守的カトリック信者であり、反宗教改革運動を目的に発足したイエズス会を首都ウィーンへと招き入れ、また、ルター派の聖職者・教師を徹底的に追放した上、新教の書物を禁書と定めたために、ルター自身から「悪魔の手下」との謗《そし》りを受けた。だが、その彼でさえ、カトリック教会が厳しく禁じた俗人による聖餐式《せいさんしき》を容認するなど、プロテスタントに対してしばしば大きな譲歩を強いられたので

メルク近郊の丘陵に立つシャラブルク城．テラコッタ装飾の中庭をはじめ，城内は博物館として一般公開されている．

あった。さらに、その子、マクシミリアン二世は、ルター派の助言者をつねにかたわらに控えさせ、一五五五年のアウグスブルクの宗教和議を根拠として、その解釈の枠内で可能な信仰の自由を最大限に認めることになった。

宗派の先鋭化から三十年戦争へ

メルクから約五キロメートル南に下った長閑《のどか》な田園地帯に佇むシャラブルク城は、南部ドイツ文化圏を代表するルネサンス建築の傑作のひとつに数えられている。色鮮やかなテラコッタ製の、奇想に富む仮面と立像で飾られたアーケード式の中庭や、居室に残されたみごとなフレスコ画は、城主の富裕さとともに、文化・芸術に対する深い造詣を伝える貴重な遺産といえるだろう。一六〇〇年にシャラブルクを完成させたハンス・ヴィルヘルム・ローゼンシュタインは、ニーダーエスタライヒのルター派貴族を代表する存在であった。豪奢な城館に止まらず、ローゼンシュタインは、プロテスタントの子弟に対して大学進学に向けた準備教育を施すための高等教育機関を設立した。この学校は、ドナウ流域における最初の本格的なエリート学校であるといわれる。また、クレムスでは、広い社会層への識字能力普及を望んだルター派の名士が、カトリックの子どもたちをも広く受け入れる初等学校を設立、運営していた。トルコ軍侵攻によって荒らされた多くの教会が、同じくこれらの人びとの手で修復、再建されたことは、高邁《こうまい》な精神を抱く新教徒たちがやがて知的エリート階層として結束し、この地の文化をリードしていったプロセスを物語っている。

他方、宗教改革発祥の地から遠く隔たった東の辺境で、ルターの教えが必ずしも正しく受容されていなかったことは、多くの同時代史料が明らかにするところである。とりわけ、都市部から離れた僻地《へきち》の修道院では、新しい宗教の理念は、意識の低い修道士たちによってこの上なく好都合に解釈された。カトリック教会への批判は、ここでは単に、厳しい戒律の否定を意味したに過ぎない。とりわけ、ルターが聖職者の妻帯を許したことは、僧たちに、院内に女性を住まわせ、愛人を囲うための口実を与えたのだった。一五六一年、フェルディナント一世の命を受けて実施された修道院視察調査の報告書によれば、由緒《ゆいしょ》正しいクロースターノイブルクですら、六人もの女性たちが住み込み、なかには修道士との間に子どもをもうける者さえあった。修道院における祈りの生活を支えるために生産されたはずのワインは、聖職者自身によって消費しつくされたという。多くの女子修道院でもまた、華美な服装が横行し、男性俗人が自由に出入りするようになっていた。

そして、宗教改革に関するこのような「歪んだ受容」の実態こそが、メルヒオール・クレースルに代表される、カトリック側からの過激な改革運動を喚起したのである。ルター派のパン職人の息子としてウィーンに生を享けたクレースルは、十六歳でカトリックに改宗、聖職に身を捧《ささ》げることを決意した。一五八一年、ニーダーエスタライヒの司教総代理就任と同時に、彼は、みずから各地を巡り歩いて、組織的な「再カトリック化運動」に着手する。たとえば、クレースルが六週間にわたり滞在したヴィーナー・ノイシュタットでは、一四人のルター派名士のうち一〇人が改宗を強いられ、残る四人は、カトリック信仰をなお頑強に拒んだ結果、財産を没収され、国外追放を言い渡されたのであった。クレースルの「改革」は、その後、すべての都市を対象に強行された。巡回先では、市長から市参事会員、教師に至るまで、非カトリックの人びとがつぎつぎに要職を解かれ、アウグスブルクの和議に反して、プロテスタント領主の領地内においてすら、新教の礼拝は厳しく禁止された。

そのあまりにも過激な措置は、やがてクレムスやヴァイトホーフェンにおいて激しい住民暴動を引き起こす。君主自身の一貫しない日和見《ひよりみ》主義的な態度と、クレースルのような反動主義者による暴挙との間に生まれた齟齬《そご》と矛盾は、この地の人びとの信仰をますます混乱させ、一部のプロテスタントを極端に先鋭化させることになった。とりわけ、オーストリア大公マティアスが、兄の皇帝ルドルフ二世と諍《あらそ》った時期には広く信仰の自由を約しながら、兄の死後、帝位を手にするや、たちまちかつての約束を翻したことは、ルター派貴族を激怒させた。彼らを代表する騎士、ハンス・アダム・ゲイヤーは、一六〇八年秋、自領内において、政府による再カトリック化運動のなかで閉鎖されたプロテスタント教会の再開を断行し、身柄を拘束される。これを契機として一六六人の貴族が北部の都市、ホルンに結集、反皇帝同盟を立ち上げ、ついに傭兵までも集め始めた。一触即発の緊張は、結局、クレースルの巧みな仲介を通じて収拾を見たが、ホルン同盟事件は、実際には、政府とプロテスタント系住民とがかろうじて相互に維持してきた妥協と譲歩の終焉《しゅうえん》を象徴する出来事であった。

一六一八年、ボヘミアで二つのプロテスタント教会が閉鎖され、ボヘミア貴族の抗議を受けた皇帝政府の代官三人がプラハ城の窓から投げ落とされた事件は、三十年戦争の起因のひとつとして広く知られている。翌年、皇帝マティアスが歿すると、ボヘミアの新教徒たちは、後継者フェルディナント二世の失脚を狙ってニーダーエスタライヒからウィーンへと軍を進めた。オーストリア貴族はこのとき、首都を守るどころか、ボヘミアの新教徒を支持し、フェルディナントに対してボヘミア王位の放棄と信仰の自由の容認を迫ったのである。

すでにフランクフルトで皇帝として戴冠していたフェルディナントは、当初、内紛回避を望んで、貴族との間に妥協の道を探っていた。彼らが皇帝のオーストリア大公への即位を認める「誠実の宣誓」を頑なに拒絶していたのに対し、フェルディナントは、ボヘミア貴族との同盟破棄を条件に信仰の自由を約束し、二度にわたって宣誓を促している。しかし、激しい対立のなかでしだいに過激化したルター派貴族らは、もはや耳を貸そうとはしなかった。ボヘミアとオーストリアの新教徒の間に結ばれた反皇帝の結束を破ることを困難と見たフェルディナントは、ついに、バイエルン公に対して、カトリック連盟、リガの軍をオーストリアへ派遣するよう要請したのである。

戦乱の時代――三十年戦争と最後のオスマントルコ軍侵攻

一六二〇年、プラハ近郊白山《ビーラー・ホラ》でボヘミア貴族によるプロテスタント軍を半日のうちに完封したことを好機と見たフェルディナントは、国内における徹底した反宗教改革運動に乗り出した。一六二七年のプロテスタント追放令は、カトリック以外の宗派を信仰することを厳禁し、同時に、プロテスタント系書物の一掃、カトリック教会が肉食を禁じた精進日の遵守などを命じて、これに従わない者は二〇日以内に国外追放に処した。また、無秩序に陥った修道院に生え抜きのカトリック聖職者を新たに送り込んで立て直しを図ると同時に、戦乱などで破壊され、没落した教会や修道院の土地を掠取していたプロテスタント貴族に対しては、本来の所有者への即時返還を強要した。この一連の措置によって、当地で文化的・経済的主導権をとってきた多くの家門が財産を失ない、追放され、途絶することになった。

こうした強硬な再カトリック化運動、とりわけプロテスタントに対する仮借のない弾圧は、当然、新教連合軍、ユニオンに対して、帝国領侵攻のための絶好の動機を与えることになった。さらに、デンマーク、スウェーデン、オランダ、イギリスなど、新教諸国がつぎつぎに参戦し、やがて、ハプスブルク家の勢力拡大を厭《いと》うフランスまでもが宗旨に反してプロテスタント側を支持するに至って、本来の宗教戦争はヨーロッパ内の覇権を争う国際戦争へと発展し、長期化の兆しを見せ始めた。そののち一六四八年まで断続的に続いた壮絶な戦いの結果、他のドイツ諸邦と同様、オーストリアの一部もまた焦土と化すことになる。

戦争の過程で皇帝軍は繰り返し危機的状況に立たされるが、ニーダーエスタライヒに関していうなら、この地が実際の戦場となったのは、戦局も終わりに近づいた一六四五年、将軍トルステンソン率いるスウェーデン軍侵攻の折であった。ウィーンを目指して南下したトルステンソンは、結局ドナウ河を渡ることができなかったが、その行軍の途上、レッツ、ホルン、クレムス、シュタインを占領し、ドナウ沿岸の城や要塞を徹底的に破壊した。

だが、実際、都市や集落に被害を与えたのは、敵軍の襲撃だけではなかった。ボヘミアを発端とする長期戦において、オーストリア東部は皇帝領にとって防衛の要所となり、スペイン、ポーランド、バイエルンなど、多くのカトリック連隊がここに駐屯した。部隊の多くは傭兵によって占められたが、当時の軍隊はいまだ組織的な兵站《へいたん》手段を持たず、食糧、衣類、馬具などはすべて、兵士自身によって駐屯地で調達されたのである。数千人の部隊による長期駐屯は、都市と農村のあらゆる財を瞬《また》く間に消尽した。クレムスの年代記によれば、スウェーデン軍が入城したとき、都市はすでに、モラヴィアから敗走した皇帝軍の飢えた兵士によって容赦なく掠奪されていたという。一六四八年、ウェストファリア条約が戦争を終結させたとき、ニーダーエスタライヒではおよそ二万戸の家屋が破壊されていた。さらに、敵・味方を問わず、すべての兵士がこの地から撤退するまでには、なお数年を要したのである。

しかも、三十年戦争の終結は、オーストリアにとって、戦乱からの最終的な解放を意味するものではなかった。全ヨーロッパを巻き込む長期戦の間、しばし棚上げされていたオスマントルコ帝国との対立が、終戦から半世紀足らずを経て、ふたたび激しく火を噴いたのだった。ハンガリーにおける反ハプスブルク勢力と結んだオスマン帝国の大宰相、カラ・ムスタファは、一六八三年、オーストリア領への侵攻に踏み切ったのである。このときトルコの軍勢は、ハンガリー、トランシルヴァニアの叛乱分子も合流して全体で二〇万人に達し、これを迎え撃つべく結集した約三万人の皇帝軍を西方へと追い詰めた。七月、トルコ軍はついにウィーンに達したが、首都とその周辺では、ロートリンゲン公カール五世、オイゲン公、そしてポーランド王ヤン・ソビエツキら、錚々《そうそう》たる名将がからくもこれを撃ち破った。しかし、第二次ウィーン包囲戦としてあまたの史書に登場する英雄たちの輝かしい武勇伝に目を奪われるあまり、この戦いがニーダーエスタライヒにもたらした至大な損害を忘れてはならない。オスマントルコ軍の来襲は、この地においてあらゆる人間の営みを徹底的に破壊しつくしたのである。三ヶ月に及んだ首都包囲戦の間、トルコ軍は周辺地域で筆舌につくし難い蛮行に及んでいた。兵士たちは教会の聖具を叩《たた》き割り、祭壇を打ち払って馬を繫《つな》ぎ、厩舎《きゅうしゃ》となした。集落に入っては住民を惨殺したばかりか、墓地では棺と亡骸を掘り起こし、撤退前には必ず火を放って村全体を焼き払った。ウィーンに至る街道はどこも、人馬の死体が折り重なって腐臭を放っていたという。

三十年戦争を通じてすでに疲弊し切っていたニーダーエスタライヒの社会と経済は、一六七〇年代のペスト流行を挟んで、追い討ちをかけるかのごとく襲来したオスマントルコ軍によってまさしく壊滅状態に陥ることになった。その被害は一五二六年の第一次包囲戦とは比較にならないほど甚大なものであり、元来、肥沃な田園地帯として知られたマルヒフェルト平野からトゥルン盆地にかけての一帯では、強固な防御施設を備えたいくつかの都市だけがかろうじて残存した以外は、村も畑も、すべてが灰燼《かいじん》に帰したのである。

戦災からの復興――「オーストリア様式」としてのバロック建築

このようにして国土の中心部を手ひどく痛めつけられた一方で、からくもオスマン帝国軍を敗退に追い込んだことは、ハプスブルク家のヨーロッパにおける列強としての地位を、より一層手堅いものにすることになった。また、十六世紀以降、ハプスブルク家がボヘミア、ハンガリー王位をほぼ独占したのに対して、ネーデルラントをはじめ、多くの西方領土が失なわれた結果、オーストリアはしだいに、東の辺境ではなく、同家が統べる広大な君主国の中心としての意味を担うようになっていた。辺境伯領オスタリキに由来するオーストリアにおいて、一七〇〇年前後を境に、のちのオーストリア帝国へとつながる独自の国家概念が着実に形成されていったことは、一七〇四年、「オーストリア法典」の編纂《へんさん》作業からも十分に読み取れるであろう。

三十年戦争を収拾し、オスマントルコ軍を撃退して、あらためて中央ヨーロッパにその権勢を固めようとしていたハプスブルク君主国にとって、オーストリアの中核をなすべきニーダーエスタライヒを、戦禍《せんか》による荒廃のままに放置しておくことはもはやできなかった。ドナウ流域では、対トルコ戦争の直後から、都市や市場町がめざましい勢いで再建され、それらをつなぐ商業路も相次いで整備、修復されていった。だが、この未曾有の復興事業は、単純な国土のインフラ整備に止まるものではなかった。激しい戦乱の時代を通じて、ルター派貴族をはじめとする謀叛勢力を厳しく抑え込み、いまやカトリックを信奉する強力な絶対主義国家を築き上げようとしていたハプスブルク家は、一連の再建運動を通じて、みずからの権力と信仰の正しさを内外に向けてアピールしようともくろんでいたのである。

夥しい数の都市や建物の復興・再建計画を前にして、皇帝と高位聖職者は、こうした理念を視覚化するための独自の建築様式を望んだという。これに応えて、二大巨匠、ヨハン・ベルンハルト・フィッシャー・フォン・エアラッハ、ルーカス・フォン・ヒルデブラントは、ローマをはじめ各地のカトリック教会を華やかに彩ったイタリア・バロックに多くの着想を得ながら、独自のオーストリア・バロック様式を確立していった。その過程は、何よりも、ウィーンのカ

ドナウ河のほとりに威容を誇るメルク修道院．修道院の創設は11世紀に遡るが，黄色の漆喰が鮮やかな現在の建築は，1736年に完成した．

ール教会など、彼らの手で完成された教会や宮殿建築の傑作の数々が明徴するところである。

とりわけニーダーエスタライヒでは、ザンクト・ペルテンに建築工房を構えたヤーコプ・プランタウアーと、甥《おい》のヨーゼフ・ムンゲナストがこの様式を受け継ぎ、みごとに実践していった。なかでも、プロテスタント軍やオスマントルコ兵にとって格好の攻撃目標となり、徹底的な破壊を受けた修道院の改築は、彼らにとっての第一の課題であった。プランタウアーからムンゲナストに引き継がれ、一七三六年に完成を見たメルク修道院の再建は、ヴァッハウ渓谷にバロック建築の最高傑作を誕生させることになった。また、一八世紀前半にプランタウアーとヒルデブラントがカール六世の命を受けて計画し、十九世紀半ばを迎えてようやく今日の外観を達成したクロースターノイブルクの大改築は、スペインのエル・エスコリアルを範とした、想像を絶するほど壮大なプランであったと伝えられている。こうして、朽廃《きゅうはい》した各地の修道院は、華やかなバロック建築として新たな生命を吹き込まれ、また、ブドウ栽培、ワイン醸造など、自領内での産業復興とともに、しだいに学問と文化の中心地としてのかつての地位を回復していくのである。

だが、地元建築家の技と意匠を通じて蘇《よみがえ》ったのは、教会や修道院ばかりではなかった。ドナウ流域からボヘミアとの境域にかけての一帯では、農村部の家屋敷、市民の住居、市庁舎に至るまで、中世からルネサンス時代に起源を持つあらゆる種類の建物が、ほとんど廃墟《はいきょ》と化していた。その焼け跡を、いまや、バロック様式の華やかな色彩が、瞬く間に塗り替えていったのだった。再建に当たって、建築家たちはしばしば、古い基礎部分を生かしながら、その表面を装飾性に満ちた化粧漆喰で覆うという、きわめて合理的な手法に訴えた。さまざまな時代に由来する多くの建物が、砂糖菓子を思わせるような美しい色合いの優美な漆喰装飾によって、相互に統一の取れた新しいファサードを与えられていったのだった。

「バロック建築の宝庫」と呼ばれるザンクト・ペルテンの旧市街をはじめ、各地で街並みの表情を一新させたこの建築技法は、その後、ニーダーエスタライヒの都市景観そのものを本質から規定することになる。色彩豊かな化粧漆喰のなかでも、一七七〇年代まで好んで用いられた明るい淡黄色のスタッコは、「マリア・テレジアン・イエロー」と名づけられ、のちにオーストリア・バロック様式の象徴とみなされるようになった。

ホーフ祝祭宮殿——オイゲン公とマリア・テレジアの宮廷生活

こうして各地で都市や集落の再建が進むなか、周辺地域での農業の活性化や雇用までも視野に入れつつ、復興の模範的パターンを実現しようとしたのが、トルコ軍撃退戦で輝かしい武勲をあげた英雄的将校、オイゲン公であった。サヴォイア公家に生まれながら、若くしてオーストリア軍に仕官したオイゲン公は、軍人としての突出した才能の一方で、学芸を愛し、建築に対しても深い造詣を有していた。ウィーンのベルヴェデーレ宮殿は、彼が築いた都市離宮としてあまりにも有名だが、オイゲン公は、首都郊外にもまた、バロック芸術の真髄と呼ぶべき壮麗な城館を残したのである。だが、マルヒフェルト平野を彩るこれらの離宮、ニーダーヴァイデン城、ホーフ城は、名声と財を得た武官貴族による道楽の産物では決してなかった。自然に恵まれたマルヒフェルト一帯を、宮廷の狩場として野生のままに維持することを望んだ皇帝カール六世に対して、オイゲンは、当地における農村、集落の再建を説得し、みずから建設したこれらの城を、その開発計画の核として構想したのである。

なかでも、八〇〇人を要する大工事となったホーフ城建設作業に当たって、オイゲン公は、退役兵士や兵役不適合者に労働の場を与えるべく、彼らを組織的に動員した。さらに、城主を中心にときには数百人の貴人たちが滞在した離宮の生活は、宮殿の東側に配置された本格的な酪農《らくのう》農場や農園によって賄われることになっていた。ホーフ城建設計画は、これらの農場の活動や、宮廷人の首都との往来を通じて、もともと優れた耕作地であったマルヒフェルトの経済を戦禍から立ち直らせ、ふたたび活性化するという、オイゲン公による明快な意図に支えられたものにほかならなかった。

十七世紀初頭に起源を持つ要塞ふうの城館の廃墟は、一七三二年、オイゲン公の寵愛を受けた建築家、ヒルデブラントの意匠によって、オーストリア・バロックに典型的な楕円形の平面図を生かした華麗な宮殿として生まれ変わった。オイゲン公は緑の平原とマルヒ河の美しい景観をとりわけ愛し、最晩年に至るまで、足繁くこの離宮に通ったという。

生涯独身を貫いたオイゲン公は後裔を持たず、その死後、唯一の近親者であった姪《めい》のアンナ・ヴィクトリア・サヴォイア＝カリニャーノ大公女が全財産を相続することになる。「醜いヴィクトリア」と嘲《あざけ》られた公女は当時すでに五十二歳に達し、オイゲン公が蒐集《しゅうしゅう》した第一級の美術品や私蔵書をたちまちのうちに競売にかけ、散逸させたことで著しい悪評を買った。さらに、一七三八年、二十歳年下の砲兵隊長、ヨーゼフ・フリードリヒ・ザクセン＝ヒルデブルクハウゼンの求愛を受けて、数ヶ月後にホーフ城内の礼拝堂で婚礼を挙げたことは、オーストリアの社交界に大きなスキャンダルを巻き起こした。

長子でないゆえに、実家の所領を継ぐ権利を許されなかった美男の公子が、オイゲン公の遺産目当てにアンナ・ヴィクトリアを娶ったことは、誰の目にも明らかであった。しかし、熱心な芸術愛好家であったヨーゼフ・フリードリヒは、婚儀に際して妻から託された莫大な財産を音楽や演劇に惜しみなくつぎ込み、ホーフ城の日常にさらなる輝きをもたらしたのである。若い夫は著名な劇団や歌手をここに招いてはオペラを上演させ、また、のちには城内に本格的な劇場を増築させている。

とくに、一七四三年秋、彼が三日をかけて催した饗宴《きょうえん》は、ホーフ城ののちの運命を決定することになった。数ヶ月にわたる訓練を経て、美しい衣装に身を包んだ農奴たちが歌と踊りで客の到着を迎え、一方、晩餐《ばんさん》のテーブルでは、ヨーゼフ・フリードリヒ自慢の楽団が妙なる調べを奏で続けた。また、最終日には、人びとは、マルヒ河畔《かはん》の原野でシカや野鳥の狩に興じている。趣向を凝らしたプログラム、そして、緑滴《したた》る平原を背景に広がる広壮かつ華麗な庭園は、招待客の心を魅了した。なかでも、主賓《しゅひん》として招かれた皇帝夫妻、マリア・テレジアとフランツ・シュテファン（フランツ一世）は、このとき、ホーフ城とその恵まれた立地に、深く忘れ難い印象を受けたのであった。一七五二年にヴィクトリアからベルヴェデーレ宮殿を買い取ったマリア・テレジアは、その交渉の過程で、おそらくホーフ城の買収にも言及しただろうといわれている。すでに結婚生活が破綻《はたん》し、城の売却を望んでいたヴィクトリア夫妻は、一七五四年、この所領の素晴らしさをあらためて実感させるために、マリア・テレジア一家を招いてふたたび大がかりな祝宴を催すことになる。

贅をつくした招待の翌年、マリア・テレジアはホーフ城の売買契約書に署名し、同時にこれを夫フランツ・シュテファンに贈与したのであった。オイゲン公時代の家具や内装はそのまま

マリア・テレジアが離宮としてことのほか好んだホーフ祝祭宮殿．スロヴァキア国境近く，マルヒフェルト平原に位置している．

に保たれたが、一六人もの子に恵まれたマリア・テレジアは、家族の居室を増やすため、元の建物に上階部分を増築させている。やがてホーフ城は、マリア・テレジアにとって、シェーンブルン宮殿に次ぐ気に入りの離宮となった。その後、一七八〇年にこの世を去るまで、女帝はほぼ毎夏、家族を伴なって城に滞在している。この土地に対する愛着の深さは、マルヒ河が氾濫《はんらん》するたび、周辺住民に対して彼女が行なった積極的な支援からも十分に見て取れるだろう。また、オイゲン公の努力の結果この地に復興した農村を風砂の被害から守るため、女帝が数年をかけて造成したアカシアの並木は、いまもマルヒフェルトの景観的特徴のひとつとなっている。

ホーフ城が、一七六六年四月、女帝の最愛の娘、マリア・クリスティーナとザクセン公子アルベルトとの婚儀の場所として選ばれたことは、単に、シレジアのテッシェン公国に赴く新婚夫妻にとっての移動上の便宜だけを考慮した結果ではなかっただろう。この縁組は、マリア・テレジアが子らに対して巧妙な政略結婚を強いたなか、唯一実った恋愛結婚であったといわれる。だが、一週間をかけて祝われた華燭《かしょく》の典は、ホーフ城にとって、実に最後の宮廷祝祭となったのであった。マリア・テレジアから政権を継いだヨーゼフ二世はひたすら奢侈《しゃし》を嫌い、もはや郊外の城に足を運ぶこともなかった。付属の酪農場は閉鎖され、噴水への給水も止められたホーフ城は、離宮としての意味を完全に失なった。

さらに十九世紀以降、オーストリアの激動の歴史とともに、ホーフ城は苦難の時代を忍ばなければならなかった。十九世紀末からすでに、城は軍隊の使用に供されるようになっていた。皇帝フランツ・ヨーゼフは、オイゲン公所縁《ゆかり》の品々を帝室家具収蔵庫へ移管した上、このかつての離宮を士官学校として利用した。その後まもなく帝国が崩壊し、マルヒ河にチェコスロヴァキアとの国境線が引かれると、マルヒフェルトはふたたび防衛上最大の要所となる。オーストリアを併合したナチスドイツは城を軍事施設として利用し、さらに、一九四五年、スロヴァキアを越えて侵攻してきたソヴィエト占領軍もまた、ここに大量の兵士を駐屯させた。これらの軍隊が古い城館を容赦なく損壊したことは、いまさら指摘するまでもない。居室を隔てる扉や窓は無造作に取り払われ、壁面にはキリル文字が乱暴に書きなぐられた。戦後、首都郊外で廃滅の危機に瀕した歴史的建造物の存在がようやく人びとの注意を引くようになったとき、ホーフ城はすでに見る影もない姿を晒していたという。

その後、マリア・テレジア所縁の城館の保存を望む声が高まるなか、ホーフ城の本格的改修は、二〇〇二年、マルヒフェルト地域における文化財修復プロジェクトの一環としてスタートした。三〇〇〇万ユーロを超える予算が投入され、城本体だけでなく、庭園や酪農場もまた、公文書館に残された図面をもとに、かつての姿のままに復元されたのである。六年に及ぶ懸命な作業を経て、二〇〇七年、城館はホーフ祝祭宮殿としてふたたびそのあでやかな姿を顕わにした。バロック式幾何学庭園として忠実に再現された庭のテラスから見晴るかす、マルヒフェルトの平原からスロヴァキア、ブラティスラヴァに至る眺望こそ、まさに、オイゲン公とマリア・テレジアの心を摑《つか》んだ絶景にほかならない。

オーストリア帝国の誕生と「斜陽の時代」

ホーフ城を愛したマリア・テレジアは、ハプスブルク家初の女性宗主であった。男子に恵まれなかった父カール六世は、生前、「小特許状」が示唆した女系継承権を確認する目的で、「国事詔書」を発行していた。父帝の死後、その内容を無効とする周辺各国から激しい軍事的挑発を受けながら、マリア・テレジアは、内政においてはすすんで近代的な改革路線を打ち出した。ドナウ河を南北の、そしてマンハルツベルク゠ヴィーナーヴァルト丘陵を東西の境界線として、ニーダーエスタライヒを四つの行政区域に分け、本格的な国勢調査を実施、人口や家屋数を明確にしたことは、その合理的統治がもたらした成果の一端に過ぎない。一七七〇年の調査によれば、この地域は、一二万五〇〇〇戸の家々と七九万七〇〇〇人の住民を抱えていた。啓蒙専制主義の国力増強政策として、天然資源に富んだニーダーエスタライヒでは積極的に工業化が進められ、当時、地域全体ですでに二〇ヶ所以上の工場が稼働していたという。また、女帝が、農村における飢餓を克服する目的でジャガイモ栽培を導入し、さらに、数度にわたって賦役軽減令を発令したことは、人びとの生活を確実に向上させることになった。

マリア・テレジアの改革政治は、その子ヨーゼフ二世の治世へと引き継がれ、さらに、彼が抱いた啓蒙主義的統治観を通じてしだいに加速していく。だが、その治世の末期、パリで起こった暴動を発端に、ヨーロッパ全体を震撼《しんかん》させる騒擾へと発展したフランス革命は、ヨーゼフの実妹、マリー・アントワネットを断頭台へと送り込むだけでは収まらなかった。大革命からナポレオン戦争へと至るヨーロッパ史最大の激流は、ハプスブルク君主国とオーストリアの歴史そのものに大きな転換をもたらすことになるのである。

革命勢力を強く警戒したオーストリアは、プロイセンやロシアとの間に反革命的盟約の可能性を探ったことを理由に、一七九二年、フランスから宣戦布告を受けていた。まもなく、内政混乱を抑えて統領政府を樹立したナポレオンが、対仏大同盟に対抗してヨーロッパ各地に本格的な遠征を開始し、オーストリア軍は諸国と連帯してこれを迎え撃つ。しかし、約二〇年に及んだナポレオン戦争において、オーストリアは、一八〇九年、ドナウ両岸を制覇しようとするフランス軍を一時的に敗北させたアスペルンの戦いを除いては、一度として決定的な勝利を収めることはできなかった。その敗戦の連鎖のなかで、ニーダーエスタライヒは三度にわたってナポレオン軍による占領を体験することになる。

ヨーゼフの弟、レオポルト二世の短い治世ののち、一七九二年に家督と帝位を継いだフランツ二世は、一八〇四年、ナポレオンがフランス皇帝として即位する意図を示したことを受けて、これと並ぶ同格の君主として「オーストリア皇帝」の称号を名乗るようになっていた。ナポレオンがすでに多くのドイツ諸邦を手中に収め、将来の皇帝選挙をも左右する可能性が強まるなか、フランツ帝はこのときすでに、神聖ローマ帝国の存続そのものを危ぶんでいたという。フランツの危惧《きぐ》は、それから二年を経て現実のものとなった。一八〇五年、アウステルリッツでオーストリア＝ロシア連合軍を破ったことを機に、ナポレオンはいよいよ、神聖ローマ帝国を構成するドイツ諸邦に働きかけ、帝国からの離脱ならびに、新たな親仏連合、ライン同盟の結成へと導いたのである。ナポレオンから最後通告を受けたフランツは、一八〇六年八月六日、オットー大帝の戴冠以来、八四四年を永らえた巨大な帝国の終焉と、その帝位の無効をみずから宣言した。神聖ローマ帝国皇帝位を表わす象徴として尊ばれ、伝え継がれてきた帝冠、聖槍、帝国十字架は、二度とふたたび掲げられることのない過去の遺物として、最後の皇帝自身の手でウィーンの宝物庫に納められた。

こうして、神聖ローマ帝国が解体されたことにより、フランツは唯一、オーストリアだけの皇帝フランツ一世となり、ここに「オーストリア」が初めて国名となるのである。神聖ローマ帝国は、すでに数世紀にわたり、統一国家としてのあらゆる機能を失なっていた。それはもはや、帝国というよりは、宗派も政治的立場も異なる数多くの領邦国家によって形づくられた、不安定な連合体に過ぎなかった。これに対して、「オーストリア帝国」とは、当時ハプスブルク家が実際に支配した、フォアアールベルク、ティロルから北イタリア、ハンガリーまでの領域を括《くく》る、きわめて実質的な国家の誕生を意味していた。しかしそれでもなお、かつてローマ教皇の承認を得て成立した巨大版図の上に立つ首長の地位を突如として強制的に奪い去られた事実が、ハプスブルク家にとって大きなダメージとなったことは、いうまでもない。神聖ローマ帝国の解体は、長い地平で見るなら、イタリア喪失《そうしつ》からさらにハプスブルク君主国崩壊へと至る、領土縮小の歴史の前触れであったといえるだろう。

一八〇九年、ワグラムでの敗戦以降、皇帝フランツは首都の王宮を離れ、メードリングの離宮、ラクセンブルク城で時を過ごすことが多くなっていた。フランス軍の侵攻を前に、愛国的な立場を強く打ち出して国民を鼓舞してきた多くの文筆家や知識人は、この頃からもはや皇帝の後ろ盾を得られなくなったという。ハプスブルク家伝来のこの離宮の一部をゴシック様式に改築させ、ときとして中世騎士風の仮装祝祭に興じた皇帝フランツは、誰よりも強く、旧い帝国崩壊の喪失感、そして新しい国家の苛酷な運命の予感に苛《さいな》まれていたのかもしれない。

産業の発展と鉄道の時代

長期にわたったナポレオン戦争と相次ぐ敗戦は、マリア・テレジアとヨーゼフ二世のもとで近代化に向けて順調な滑り出しを見せていたオーストリアの産業と経済に、決定的な打撃を与えることになった。戦争末期に政府が大量の紙幣を発行したことも大きな原因となって、一八一一年、ついに財政勅令によって国家破産が宣言された。さらに、一八一六年から連年のように続いた悪天候と不作が、住民を食糧高騰《こうとう》と飢餓に直面させていた。

新生オーストリア帝国を脅かしたこの深刻な経済状況を打破するための、まさに最初の契機となったのが、ニーダーエスタライヒにおける産業発展であった。フランス革命期前からすでに、この地方は、ハプスブルク領のなかでもボヘミアに次ぐ工業地帯として著しい躍進を始めていた。なかでも、本格的な機械化の口火を切ったのは繊維産業部門で、一八〇一年、ウィーン南方の集落、ポッテンドルフで創業した最初の本格的な機械紡績工場は、まもなく一〇〇〇人を動員する大規模経営へと成長した。ナポレオン戦争が終結した一八一五年の段階で、同様の工場はニーダーエスタライヒ全域ですでに一八ヶ所に達し、また、この頃には製紙や甜菜《てんさい》製糖の部門にも、最新鋭の機械が導入されていた。

だが、産業の近代化を根底から支えることになったのは、何よりも重工業の定着と発展であった。とりわけ、早くから製鉄業の伝統が存在した南西部のアイゼンヴルツェンでは、イギリスから新しい製鉄技術が導入され、古い鍛冶工場が近代的な設備を整えた鉄工所や鍛造工場へと姿を変えた。なかでも、シュタイアーマルク出身の企業家、アンドレアス・テッパーは、皇帝フランツにその才能を買われ、多くの特許を得て、一八二〇年代、シャイプス近郊に七つの反射炉を装備した精錬所と大規模な製鉄工場をつぎつぎに建設し、旧来の鉄産業のあり方を根本から転換させたといわれる。テッパーはその後、エアラウフ河におけるダム建設についても皇帝の許可を取りつけ、アイゼンヴルツェンにおける初めての水力利用に成功した。

不安定な情勢にもかかわらず、凄まじい勢いで進行した工業化は、やがて効果的な物資輸送への強い需要を生み出し、これがさらに、オーストリア東部での鉄道敷設計画へとつながっていくのである。最初のプランは、一八三〇年、工業地帯として発展したドナウ流域に、帝国北東部のモラヴィア、シレジアから石炭を大量に搬入するという目的を掲げて、ウィーン工科専門学校教授、フランツ・リーペルによって立案された。計画はまもなく銀行家ロートシルトの出資を受けて実現へと動き出し、はやくも一八三七年、ウィーン近郊フロリツドルフ駅からドイチュ・ワグラム駅の区間で試験運行がなされた。オーストリアの地において、蒸気機関車が初めてその轟音《ごうおん》を響かせた瞬間であった。開通当時、すでにフランツから帝位を継いでいた息子の名に因《ちな》んで、「皇帝フェルディナント北部鉄道」と名づけられた路線は、三年後にはプラハまで、さらに一八五六年には終着駅クラクフ（ポーランド南部）までの敷設が完了した。

この北部鉄道は鉄道の時代の単なる端緒に過ぎなかった。アイゼンヴルツェンやシュタイアーマルクの鉄鋼業に支えられ、レールから車体に至るまで、すべての部品の国内生産態勢が整うと、その後およそ二〇年のうちに、ウィーンを基点としてあらゆる主要都市や産業地域を結ぶ鉄道網が、帝国全土に張りめぐらされたのである。とりわけ、一八四一年、南部鉄道がニーダーエスタライヒ最南端のグログニッツまで達すると、これをシュタイアーマルクからスロヴェニア、さらにアドリア海の港湾都市トリエステへと延長するために、標高一〇〇〇メートルの難所、ゼメリング峠《とうげ》を貫く山岳高架鉄道が計画された。ヴェネチア出身の技師、カール・フォン・ゲーガは、ここで、当時最先端の技術を駆使して、一四のトンネル、一六の高架橋と一〇〇を超える石橋によって五〇〇メートルの標高差を克服するという偉業を成し遂げたのである。ゼメリング鉄道は、現在もなお、ニーダーエスタライヒとシュタイアーマルクを結ぶ鉄道路線の主要部分として利用され、その突出した技術力と景観の素晴らしさから、一九九八年には世界遺産に登録されている。

十九世紀に入ってなお広大な領土を誇ったハプスブルク君主国において、近代的工業化と産業発展を実現するためには、組織的な輸送態勢の確立が大前提であった。こうした事情から、オーストリアではきわめて早い時期から鉄道事業に力が注がれ、ここにヨーロッパ大陸随一の「鉄道王国」が完成されたのである。

中心の喪失――ウィーンとの分離

列強諸国の帝国主義と各地のナショナリズムが激しく闘ぎ合った世紀転換期は、古い国家のあり方を継承するハプスブルク家とオーストリアの運命を根底から揺るがし、二十世紀という新たな時代は、まもなくハプスブルク統治の歴史に終止符を打つことになる。現代史への新しい一歩を踏み出したとき、往時よりオーストリアの中核を形成したニーダーエスタライヒと、大帝国の首都として発展してきたウィーンとの関係にも、決定的な変化が生じることになった。

ニーダーエスタライヒの中心は、すでに辺境伯領時代からウィーンにあった。また、バーベンベルク家は、ハインリヒ・ヤソミルゴット以来、ここを宮廷所在地と定めていた。また、ハプスブルク家の治世においても、インスブルックに宮廷を構えたマクシミリアン一世、プラハ城を愛したルドルフ二世のような君主のもとですら、ウィーンの王宮は引き続き存続し、また、政治の中心もつねにこの都市に置かれてきた。また、宗教面においても、ウィーンは一四六九年に司教区となり、さらに一七二二年には大司教区へと昇格している。巨大な君主国の首都として、また、中東部ヨーロッパにおけるカトリック信仰の中心地としての役割は、一方でウィーンを大都市に成長させ、人口、経済はいうまでもなく、文化、芸術、学問の領域においても突出した存在へと押し上げていった。

他方、これらの役割、とりわけ皇家との密接な関係は、都市ウィーンをきわめて特殊な立場に立たせることになる。ヴィーナー・ノイシュタット、クレムス、ザンクト・ペルテンなど、ニーダーエスタライヒの多くの都市が、君主から付与された都市法を通じて経済、徴税、裁判に関する多くの権利を認められ、幅広い自治権を許されたのに対して、ウィーンの市政は、とりわけマクシミリアン一世以降、ハプスブルク家からの著しい干渉を受けるようになっていた。国内の中央集権的統治を望んだマクシミリアンは、みずからの死後、オーストリア大公の代替わりを機にウィーンを官僚組織によって治めようと望み、これに強く反撥したウィーン市長らは、一五二二年、後継者フェルディナント一世の手で容赦なく処刑された。こののち、ウィーンの行政は実質的に中央政府によって掌握され、さらに、マリア・テレジアのもとで官僚制度が整備されると、市政はニーダーエスタライヒ州政府の管轄下に置かれるようになった。

ロンドン、パリに次ぐ大都市でありながら、行政上の自律性をことごとく削がれるという「歪み」は、十九世紀になって大きな問題を引き起こすことになる。一八四八年、ウィーン体制の管理と抑圧に対して首都の市民や学生が叛旗を翻した三月革命は、短い反動期を挟んで、オーストリアに多くの自由主義的改革をもたらした。その一環として、ウィーンでは自治権の回復が試みられ、数世紀にわたり実質的に皇帝が指名していた市長・市参事会についても、本来の選挙制度が復活した。だが、結局、州政府への従属関係が改められることは、決してなかった。市政はあくまで州政の下位に置かれ、予算から都市計画に至るまで、重要な決定にはすべて州議会の承認が必要であった。一方、こうして首都行政を左右した州議会において、大都市ウィーンの代表が占めた議席数は、一二七のうちわずか四八であったという。

十九世紀末、数回の郊外部合併を通じて、人口・面積ともにさらに拡大を続けたウィーンは、ニーダーエスタライヒ州の行政において、莫大な租税を課されながらわずかな発言権しか認められないという、著しく不利な立場を強いられていた。ウィーン側からの不満がこの上ないものであったことはいうまでもない。他方、崩壊を間近にした帝国の内政不安を直接的に反映して、ナショナリズムや労働運動がますます先鋭化していた首都ウィーンを、ニーダーエスタライヒもまた、しだいに異分子として捉《とら》えるようになっていたのだった。二十世紀を迎える前に、州議会ではウィーンを分離・独立させる議案がすでに三度にわたって提出され、州総督エーリヒ・フォン・キールマンセッグ伯爵に至っては、ドナウ対岸のフロリッツドルフに、ウィーンと隣接する形でニーダーエスタライヒの新しい州都を建設する計画まで手掛けるが、結局これらのプランが具体化することはなかった。

　第一次世界大戦がハプスブルク君主国を解体させ、豊かな資源・農業後背地であったハンガリー、チェコをはじめ、帝国を形成した諸民族がつぎつぎに独立国家を宣言したとき、オーストリアは、まさに、かつての巨大帝国の残骸《ざんがい》、いわば手足をもぎ取られた惨めな胴体《トルソ》として取り残されることになる。そして、プラハやブダペストを失なって、いまや国内唯一の大都市となったウィーンは、この胴体《トルソ》の上に乗る「肥大化した頭部《ヴァッサーコプフ》」に譬《たと》えられ、多くは山岳と農地によって占められたオーストリアの他地域から、敵意の籠《こ》もったまなざしで見られるようになっていた。とりわけ、ウィーンを含めたニーダーエスタライヒの人口が国全体の約半分に達するという、「東部における重量超過」の実態は、新たに発足した共和国政府と国民議会を著しく悩ませた。各州の代表による連邦議会の選出を前に、独自の州としてウィーンをニーダーエスタライヒから分離することは、選挙の公平性を確立するためにも、必須の前提となったのである。

こうして、一九二〇年に発布された憲法においてウィーンとニーダーエスタライヒの分離が決定し、翌年末にはそれぞれが独立した州政府としての声明を発表した。だが、法制上は円転《えんてん》滑脱《かつだつ》に進行した両州の分離も、実際には大きな苦悩と困難を伴なうものであった。学校から交通機関、さらに森林監視官の所属に至るまで、日常レベルにおける管轄の区分けは容易なものではなかった。何より、長い歴史のなかでウィーンを中心として形づくられたニーダーエスタライヒの社会、経済、文化の求心的な構造が、この分離によって覆《くつがえ》されたのである。その後、ニーダーエスタライヒが、戦後を迎えてもなお、新たな州都を決めることなく、引き続き州政府と議会をウィーンに置いたことは、この構造変革がいかに困難な課題であったかを裏づけている。

一九三八年のナチスドイツへの併合がオーストリアにこの上ない負の遺産を残したことはいうまでもないが、戦禍が去ったのちもさらに、ソ連の占領地域となったことが、オーストリア東部の復興を著しく遅滞させることになった。だが、ニーダーエスタライヒが住民投票を経てザンクト・ペルテンをようやく新たな州都に定めたのは、復興期も遥かに過ぎた、一九八六年のことであった。州都移転をここまで遅らせた要因のひとつは、ウィーンのヘレンガッセに佇む州庁舎をめぐる問題にあったという。新古典様式のファサードを持つこの建物は、十六世紀、ニーダーエスタライヒを代表する貴族・諸身分が、州議会を営む場所を求めてリヒテンシュタイン侯爵から譲り受けたものであった。貴族たちがみずから階段の敷石を購入し、積み置いたと伝えられる壮麗な建造物は、ニーダーエスタライヒのアイデンティティを表わす第一の象徴でもあった。歴史と伝統を誇る州庁舎は、分離以降は両州政府によって共同利用されていたが、しかし、一九二〇年の取り決めでは、ニーダーエスタライヒが他都市に州機能を移転させた場合、ウィーン州政府がこの庁舎に関するすべての所有権を獲得することになっていたのである。

州都は決定したものの、実際の州都移転は、このような事情から長年にわたって暗礁《あんしょう》に乗り上げたままであった。そして、ニーダーエスタライヒに記念碑的建造物喪失の危機を回避させ、ようやく問題解決の糸口を提供したのが、一九九〇年代、ウィーン市によるドナウ・インゼル開発計画であった。ドナウ河治水工事によって生まれた中洲を新しく市民の保養地に改造しようとしたウィーン市に対して、ニーダーエスタライヒは、市域外に当たる中洲の北部一帯をウィーンに委譲することを交換条件として、州庁舎の所有権放棄を要求し、ついに一九九五年、ニーダーエスタライヒ州知事、ウィーン市長、ウィーン州知事の間に合意が成立したのであった。この後、議会をはじめ州政府の主要機能の移転がようやく具体化し、ザンクト・ペルテンはオーストリアでもっとも新しい州都としての歴史をスタートさせた。ヘレンガッセの旧州庁舎は、現在、「ニーダーエスタライヒ・パレス」と称して、ニーダーエスタライヒ州の正式典等のための、一種の迎賓館となっている。

およそ八〇〇年にわたるオーストリアの国家としての歴史において、まさにその発展の中核となったニーダーエスタライヒは、二十世紀、共和国成立の過程において首都ウィーンから行政上切り離された。メトロポリスと周辺部の格差が克服し難いものとなりつつあった当時、この分離はまさに必然的な結果としてもたらされたものであった。だが、ニーダーエスタライヒの社会と経済が、今日なお、ウィーンとの密接な関係のなかに営みを続けていることは否めない。マルヒフェルトの農村地帯はいまも首都にとっての「食糧庫」であり、また、ヴァッハウ渓谷や郊外の宮殿群は、明らかに観光都市ウィーンの後背地としての役割を果たしている。こうして、しばしば、ウィーンという「中心」を欠いた、「特徴のない州」としての指摘を受けながらも、他方、現代のニーダーエスタライヒが、環境志向型の企業誘致計画、「エコプラス」など、多くの試みを通じて、積極的にその独自性を打ち出そうとしていることに、とりわけ注目しておきたい。

Burgenland

第2章
ブルゲンラント
幅三五キロメートルの「国境線」

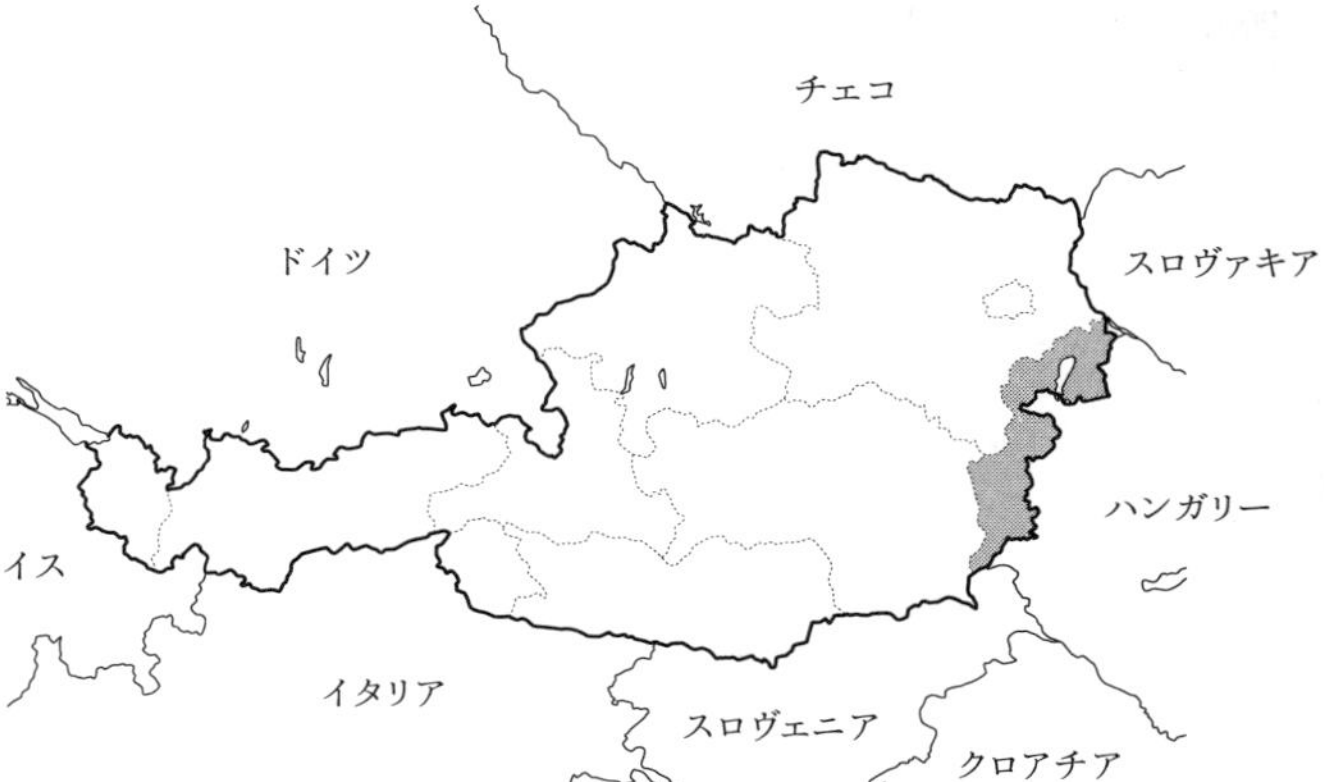

ブルゲンラント　関連略年表

796　カール大帝，ブルゲンラントをフランク王国に編入
955　オットー1世，マジャール人制圧．ハンガリーのキリスト教化
1000　イシュトヴァーン1世，ローマ教皇によりハンガリー国王に戴冠
1526　ハンガリー王ラヨシュ2世，モハーチの戦いにて戦死．ハプスブルク家がハンガリー王位を継ぐ
1541　オスマントルコ，中部ハンガリー占領
1625　ニコラウス・エステルハージ，ハンガリー副王となる
1648　エステルハージ伯による「国土回復」
1681　ルスト，皇帝より自由都市特権を得る
1682/83　オスマントルコ西進作戦，ブルゲンラント侵攻
1773　マリア・テレジア，エステルハージ宮殿にてオペラ鑑賞
1918　第1次世界大戦終結．ハプスブルク君主国の崩壊
1919　サン・ジェルマン講和会議，ハンガリー西部4県をオーストリア領に
1921　エーデンブルク（ショプロン）地区がハンガリーへ割譲．ブルゲンラント，オーストリア連邦州となる
1989　ショプロンにて汎ヨーロッパ・ピクニック開催
2001　フェルテー湖／ノイジードル湖の文化的景観，世界遺産登録

大草原とアルプスが出会うところ

日本からオーストリアへ、最短ルートでの移動を望む旅行者は、おそらくウィーン行きの直行便を選ぶことになるだろう。東京を出発した航空機は、約一一時間をかけてシベリアからロシアを横断し、ウィーン・シュヴェヒャト空港へと向かう。やがて到着時刻が迫り、飛行機が高度を下げて機内にシートベルト着用サインが点灯する頃、ふと窓外に目を向けて、眼下に広がる果てしない大平原、さらに、一瞬、海と見紛うほどの広やかな湖沼の連なりに驚嘆を覚える人も少なくないだろう。東からウィーンを目指すわれわれが上空から目にするこのあまりに非ヨーロッパ的な景観こそ、オーストリア最東端、ブルゲンラント州の原風景にほかならない。旅人の目を奪う二つの巨大な湖のうち、最初がハンガリーのバラトン湖であり、そして次に姿を現わすノイジードル湖は、まさしくこの州を象徴する自然のランドマークなのである。

ブダペスト生まれの文筆家、ジェルジ・セベスチェンによれば、ブルゲンラント地方の最大の特徴とは、この一帯が、高山地方ティロルやザルツカンマーグートはいうまでもなく、優雅に洗練された首都ウィーンをも含め、オーストリア全域を隈《くま》なく覆いつくす「アルプス的な空気」から決定的に隔てられていることだという。ブルゲンラントは確かに、オーストリアでもっとも標高の低い州である。マルヒフェルトの平野はライタ河を越えてさらに傾斜を強め、海抜高度はノイジードル湖上の水面においてついに国内最低の一一五メートルまで低下する。山岳国オーストリアに属しながら、州内の最高峰、ゲシュリーベンシュタインの標高は八八四メートル、六甲山《ろっこう》系にも及ばない低山なのだ。実際、ニーダーエスタライヒ南東部に広がるブックリゲ・ヴェルトの丘陵はオーストリア・アルプスの最後の名残であり、その隆起の果てるところ、ブルゲンラント州境は、まさしく、ハンガリー平原を経てさらにアジア世界へと延びる大草原《ステップ》の起点をなしているといっていい。

このように、地形から見て、いわばユーラシア大陸における東西の域を劃《かく》するブルゲンラント州の存在をあらためて地図上で確認するなら、その境界地域としての特徴がより明確に浮かび上がるだろう。南北に帯状に延びたこの州は、北端でスロヴァキアと、南端でスロヴェニアと接しつつ、約三八五キロメートルに及ぶ東側の境界線によって、オーストリアとハンガリーの地上国境を全長にわたってカバーしている。他方、東西の幅はアンバランスなまでに狭く、なかでも、コルセットで締めつけられた貴婦人のウエストに譬えられる中部、ロザリエン丘陵付近において州土は極端に細くくびれ、四キロメートルほどのエリアが、オーストリアの領土とハンガリー領ショプロン地区とを隔てているに過ぎない。オーストリアとその周辺国との位置関係のなかで見るとき、ブルゲンラントの細長い線条地は、あたかも東部国境を守るための警戒地帯のように見えてくるのだ。

これら景観的特色と地図上の立地は、この地方が歩んだ数奇な歴史の道のりを聯想《れんそう》させるに十分といえるだろう。ブルゲンラント州の成立は一九二一年、実は、オーストリアにおいてもっとも歴史の浅い州である。それ以前は地域として政治的、行政的に結束することもなく、「ブルゲンラント」という地名にしても、第一次世界大戦後、共和国の初代首相、カール・レンナーが初めて名づけたものだという。その語源は、一般には、この境界地帯に古くから多くの城砦《じょうさい》（ドイツ語でブルク、複数形がブルゲン）が林立したことに因むといわれている。

だが、あまりに皮相的な言葉の由来を速了して、この名称の背後に横たわる歴史の真実を見逃してはならない。ブルゲンラント一帯は、元来、ハンガリー王国の支配下に置かれてきた地域であった。そこでは伝統的にさまざまな民族、言語集団が共存してきたが、二十世紀、とりわけ第一次世界大戦後に民族自決の原則が叫ばれるようになった結果、当地において多数派を占めたドイツ系住民の懸命の要望により、初めてオーストリア領となったのである。「ブルゲンラント」の名称には、ハンガリー最西部の四つの県《コミタート》、プレスブルク、ヴィーゼルブルク、エーデンブルク、アイゼンブルクを統合して新設する行政地区としての意味が込められていたのだ。

一九一八年、ハプスブルク君主国の崩壊が広大な旧領の喪失を引き起こすなかで、三九六五平方キロメートルの面積を擁する小州ブルゲンラントは、唯一、オーストリアに新たにもたらされた領土であった。その歴史のプロセスは、当然のことながら、ハプスブルク家と神聖ローマ帝国よりはむしろ、ハンガリー王国との密接な関連のなかで紡ぎ出されたものである。現代の地図上ですら、あたかも幅約三五キロメートルの国境警戒地帯のようなありさまを呈するブルゲンラントをめぐって、長年、オーストリアとハンガリーが激しい抗争を繰り広げたことは、想像に難くないだろう。さらに、ドイツ系、マジャール系の住民ばかりでなく、この地には、クロアチア系移民、ジプシーと呼ばれるロマの人びとや、より東方に起源を持つ諸民族が、さまざまな形で足跡を残してきたのである。

現代のオーストリアが、かつての多民族国家の痕跡《こんせき》を幾分なりとも留めているとするなら、あまたの民族集団の去来のうちに著しい言語と文化の混淆《こんこう》を体験し、いまもハンガリー系、クロアチア系のマイノリティが伝統文化を守って暮らすブルゲンラントこそ、現共和国の東端にあって、旧ハプスブルク君主国の遺産を真の意味で凝縮する存在といえるだろう。

ノイジードル湖――「ウィーンっ子の海」

オーストリア東端部の異観は、陸路を移動する人びとをも大いに驚嘆させるに違いない。ニ

シュッツェンの丘陵から見下ろすルストの街とノイジードル湖．湖畔の地形条件は風力発電に適し，対岸には発電用風車が林立している．手前はいまも当地のワイン生産を支えるブドウ畑．

ーダーエスタライヒを特徴づける緑の丘陵と平野の連なりは州境を前に終わりを告げ、やがて延々と連なる荒野《ハイデ》が眼前に現われる。瑞々しい緑を差すものはもはや疎《まば》らなアカシアの群ればかり、一面の乾いた平原を貫く道中に、処々《ところどころ》に点在するサイロと古い釣瓶《つるべ》井戸、また、「チャルダーケン」と呼ばれるハンガリー風のトウモロコシ貯蔵小屋のほかは、ほとんど視界を遮るものもない。まさに、ブルゲンラントからハンガリー西部に広がる「トウモロコシと南瓜《かぼちゃ》の実る地」の典型的風景である。

ノイジードル湖は、この乾燥した原野の光景を唐突に破って姿を現わす、ヨーロッパにおいて類を見ない草原《ステップ》湖である。周辺の地勢とのあまりに激しいコントラスト、とりわけ豊かな水を湛《たた》えた洋々たるそのありさまを前にしたとき、「ウィーンの人びとはノイジードル湖を海だと思い込んでいた」という皮肉を込めた冗句もまた、現実味を帯びたものとして響くようになるかもしれない。

ノイジードル湖の成立について、古くから語り伝えられる伝説がある。かつて、湖の東方、フォルヒテンシュタインの城主が狩に出たときのことであった。貴人は獲物を追ううちに時を忘れ、日暮れてから道に迷ったすえ、森に暮らす美しい少女に救われた。城主がその後も少女と逢瀬を重ねたのに対し、嫉妬《しっと》に駆られた夫人は夫が十字軍に出征した機を狙って娘とその母親を殺害させ、遺骸を村の沼に投げ込んだ。この惨劇の翌日、沼の水位が見る間に上昇し、周辺の村落を呑《の》み込んでノイジードル湖となった。水没した一帯の人びとが移り住んだ集落はのちに湖北端の街、ノイジードル・アム・ゼーとして栄え、また、東方より帰還した城主が亡き恋人の鎮魂のために寄進したのが、フラウエンキルヒェン修道院であるという。

何びとかによって創作されたであろうこの伝説は、その実、ノイジードル湖が具える草原《ステップ》湖特有の性質を明らかに示唆してもいる。南北およそ三六キロメートル、東西六〜一二キロメートルに及ぶノイジードル湖は広い面積とは対照的に遠浅で、その平均水深は一メートル、もっとも浅い部分では七〇センチメートルにも満たない。平らな泥質の湖底を持つ草原《ステップ》湖の水量はほぼ降水に依存しているため、この湖もまた水位の変動がきわめて激しく、旱魃《かんばつ》の際には湖水は干上がり、他方、激しい降雨があれば大規模な氾濫を引き起こしてきた。年代記の記録を参照すれば、この湖が繰り返し水を失ない、湿地と化した事実を容易に確認することができる。とりわけ、十六世紀半ばには夏ごとに水位が下がり、やがて漁業にも支障をきたして、首都ウィーンの市場に魚を供給することができなくなった。このとき、ウィーンの宮廷が即時に原因究明を目的とする専門委員会を招集していることは、当時の食糧流通のあり方を示す事象として興味深い。さらに、一八六六年夏から一八七〇年に至るまで、湖は五年にもわたってほぼ完全に消失したが、七一年の豪雨ののち、まるで何事もなかったかのように元の姿を現わしたという。

湖水の不思議がさまざまな口承を生み出したことはいうまでもない。湖底から幻の街が浮かび上がるという伝説は、一面では現実の情景を反映したものであろう。また、古くから、ノイジードル湖は地下水脈を通じてドナウ河とつながっているのだともいわれてきた。ドナウ河で難破事故に遭《あ》って無くした宝物が、のちになってノイジードル湖のほとりに打ち上げられたとする類似の言い伝えは、枚挙に遑《いとま》がない。

このように、アルプスの谷間に湧く湖沼とはまったく異質な水域の存在は、当然、ブルゲンラント北部に独特の湖沼生態系をもたらした。なかでも、湖の東岸、ゼーヴィンケルと呼ばれる湿地帯では、降水の少ない夏季、水が引いたあとの泥土の上に塩分が浮き、これを求めてさまざまな野鳥と野生動物が群れ集まる。ここでは、アッバナズナなど、塩気の強い土壌を好む植物の茂みのなかに、ステップオナガネズミ、オオアシコモリグモをはじめ、本来中央アジアから南ロシアに棲息《せいそく》する小動物や昆虫が戯れるという、草原《ステップ》湖畔ならではの光景が夏ごとに繰り広げられるのである。また、水深が浅いため、水辺には葦《あし》類が生い茂り、場所によっては数キロメートル幅にまで広がる葦原が、多くの野鳥にとって絶好の生息条件を提供している。バラトン湖とノイジードル湖が連なる一帯は、鳥類学から見ても、ヨーロッパにおける渡り鳥のもっとも重要な通過ルートに当たるといい、周辺ではすでに二五〇種を超える野鳥が確認されている。こうした独自の生態系と植生こそ、二〇〇一年、ノイジードル湖が世界遺産登録された際に、大きな要点として評価されたことは、いうまでもない。

湖畔の小都市ルストとワイン文化

ノイジードル湖周辺の温暖で乾燥した草原《ステップ》性気候は、ブドウ栽培とワイン醸造にきわめて適した環境を生み出すことになった。ブルゲンラント北部は中央ヨーロッパにおいてもっとも晴天率の高い地域であり、これほどまでに優れたブドウの生育条件を満たし得る土地は、北部ヨーロッパではフランスのソーテルヌ、ハンガリーのトカイを措《お》いてほかにはないともいわれている。こうした地の利を生かして、人びとが古来、ワイン醸造に生活の糧を求めたことは、湖北の集落、ヴィンデン近郊で発掘された古代ローマのブドウ圧搾《あっさく》機《き》がつぶさに物語っている。

なかでも、ルネサンス期からバロック時代の可憐な街並みを抱く小都市、ルストは、湖畔のワイン生産の一大中心地として知られる。現在、ヨーロッパ随一のワイン・アカデミーを誇るこの都市は、周辺に五〇〇ヘクタールに及ぶブドウ畑を擁し、古くからきわめて良質のワインを産出してきた。一五二四年には、その品質を高く評価したハンガリー王妃マリアによって、地名の頭文字、〝R〟を商標として用いることを許され、このイニシャルは現在もなお、ルスト産ワインのボトルを封じるコルクの胴部に誇らしげに刻まれている。さらに十七世紀になると、当地産の精選ワインはほかの地方の製品のおよそ五倍の値で売買されたという。ワイン醸造とその取引を通じて、ルストの人びとは莫大な富を手にするようになったのである。

境界地帯ブルゲンラントでは、十世紀以降、オーストリアとハンガリーが激しい国境争いを繰り広げ、また、両者の対立を巧みに利用して益を得ようとする貴族らの画策のもとで、都市や修道院はときとして苛酷な搾取の対象となった。その結果、この地域には一般に都市自治の伝統、高度な都市文化が定着しにくかったとされている。だが、こうした環境にもかかわらず、ルストでは一六八一年、市民たちがすでに都市自治の基盤を確立していた。ブルゲンラントにおいては例外的といえるほど早期に達成された「都市の自由」が、ほかならぬワインを通じてもたらされたものであった事実は、とりわけ注目に値する。すなわち、時の皇帝レオポルト一世は、ルスト市民の嘆願に応えて、金貨六万グルデンと五〇〇アイマー（約三万リットル）のワインと引き換えに、皇帝と領主の権力圏から完全に独立した自由都市としての特権を認めたのである。皇帝に対して支払われた多額の献金は、交渉の年に産出したフルミント種ブドウの精選ワインの売り上げから捻出されたと伝えられる。このとき市民たちが現物上納したワインは、ハンガリー王位を兼ねるレオポルトのもとに三番めの妃として嫁いだエレオノーラ・マグダレーネ・テレーゼが、王妃として初めてハンガリーを訪問した際、祝賀に集った人びとに振る舞われたという。こうして、まさにワイン生産によって獲得した都市自治の伝統は、その後二十世紀を通じて現代まで守り継がれた。第一次世界大戦後、ブルゲンラント州の成立と同時に、小都市ルストは、ウィーンやインスブルックに並ぶ憲章都市としての地位を確立し、いまに至っている。

ルスト旧市街の南西端に佇むフィッシャー教会は、パンクラティウスとアエギディウスの二人の聖人を祀《まつ》って十五世紀に献堂され、古来よりノイジードル湖に船を出す漁師たちの守護教会として知られてきた。その聖堂内陣の穹窿《ヴォールト》上に交叉《こうさ》するように掲げられた漁師組合とワイン醸造組合の紋章、さらに、魚とブドウ摘《つ》みのナイフを模《かたど》った円柱の礎石は、恵まれた自然環境のなかで築き上げられた富と名誉に対する市民たちの誇りと自意識を何よりも明快に示している。湖畔の葦原を目指してこの街に飛来し、年ごとに民家の煙突に巣をかけて卵を孵《かえ》すコウノトリを人びとが古くから街のシンボルとして大切に扱い、地元のワイナリーがその姿をワインラベルの意匠に用いていることもまた、湖と自然との誇り高き共生意識の表われとみなすことができるだろう。

ルストとその周辺には、湖畔の街と集落の豊かさを謳い、ワインの美味を讃《たた》えるあまたの詩や歌が伝えられている。たとえば、ノイジードルの老舗《しにせ》酒屋では、毎年、ワインの新酒がテーブルに並ぶたびに、次のような唄がいまなお口ずさまれているという。

トルコ人にフン族、それからフランス人、
ローマ人にロシア人にマジャール人、
誰がやって来ようと、みんな俺たちの葡萄酒《ぶどう》を楽しんだ、
何百年もの時が流れるうちに！

陽気に歌われるこの戯《ざ》れ唄《うた》の行間には、ワイン醸造によって富み栄えたノイジードル湖周辺の人びとが、必ずしも平和な生活を享受し続けたわけではなかったことが暗示されている。ニーダーエスタライヒのさらに東に位置するブルゲンラントは、太古より異民族侵入の危機に晒され、その歴史はまさに侵略と征服の連続のなかに織りなされた。とりわけ、神聖ローマ帝国とハンガリー王国との拮抗《きっこう》した関係、さらにしばしばハンガリーと結んで執拗《しつよう》に西進しようとするオスマントルコ帝国の軍事政策は、本来、豊かな自然に恵まれたこの地に、きわめて苛酷な運命を突きつけてきたのである。

ブルゲンラントとハンガリー王国

東西ヨーロッパの境界地域、ブルゲンラントでは、ゲルマン民族の大移動期以前からすでに、

マルコマンニ族をはじめとするゲルマン人やフン族など、さまざまな起源を持つ民族集団が通過し、また、短期の定住を繰り返してきた。なかでも、五〇〇年前後にこの地に入ったモンゴル・可汗系のアヴァール人は、二五〇年以上にわたって支配を続け、先住民であるスラヴ系の人びとに対して著しい圧政を布いたという。その後、フランク王国の領土を中東部ヨーロッパへと拡大したカール大帝は、八〇三年、一〇年以上の壮絶な戦いを経て、ようやくアヴァール人制圧に成功したのであった。年代記の記録は、その駆逐がいかに徹底したものであったかを伝えている。「神の加護によってアヴァール人は文字通り死に絶えた。アヴァールの名の付くものはひとりとして残ってはいなかった」。

こうして、ブルゲンラントはフランク王国の辺境地区の一部となり、キリスト教文化圏に組み入れられた。カール大帝以降、カロリング朝の王たちは、この地の統治をバイエルン系貴族の手に委ねたが、彼らはやがて、パッサウ、ザルツブルク等、近隣の司教や修道院の助力を得て、活潑《かっぱつ》な植民運動を展開することになる。聖俗を問わず多くの領主が、農奴や従士を伴なって南西ドイツ各地からブルゲンラント一帯に移り住んだ。のちの時代までこの地方に根づいたドイツ的特徴、ドイツの諸制度や慣習、言語文化との深いつながりは、これら八〜九世紀の入植活動にその最初の起源を持つものであった。

だが、フランク王国による植民と開拓の営みは、ほどなく深刻な危機に直面する。九世紀に黒海から南下し、パンノニア平原を征服した遊牧民族、マジャール人が、急激かつ破壊的な西進を展開したためである。その凄まじい攻略は、九〇七年、東部辺境地区全域を壊滅状態に陥れ、さらにキリスト教信仰の中心地、アウグスブルクにまで迫ろうとしていた。ちょうど内政不安に悩んでいた国王オットー一世は、当初は劣勢に立たされたものの、ロートリンゲン公コンラートの援軍を得て、九五五年、その近郊、レヒフェルトにおいてからくもマジャール軍を打ち負かしたのであった。服従を強いられたマジャール族はキリスト教を受け入れ、遊牧生活を捨ててパンノニア平原に定住する道を選んだ。異教徒であるマジャール人をキリスト教化した功績は、オットー一世が初代神聖ローマ皇帝として戴冠するための重要な要因となったといわれている。

マジャール人はほどなく、フランク王国の辺境地区をモデルにコミタート（県）制を立ち上げ、封建的土地制度を採用するなど、西欧的国家としての基礎構造を整えていった。一〇〇〇年にはアールパード家の首長ゲーザの息子、ヴァイクがイシュトヴァーンとして正式に洗礼を受け、教皇シルウェステル二世より十字架を戴く王冠を与えられて、ここに正式にハンガリー王として戴冠したのである。新たに誕生したハンガリー王国と、フランク王国から転じた神聖ローマ帝国との国境はライタ河上に定められ、その結果、現在のブルゲンラント一帯はハンガリーの領土となった。だが、皇帝ハインリヒ二世の妹、ギーゼラを娶ったイシュトヴァーン一世は、これら国境地帯において、妃の供としてバイエルンからハンガリー入りした数多くの貴族のほか、ドイツ系商人や職人にもさまざまな形で保護を与え、その定着を促したのである。

ライタ河沿岸では、こうして、束の間、ドイツ系の人びととマジャール人との本格的な和合が達成されたかに見えた。

しかし、イシュトヴァーン一世による徹底した平和的政策とは裏腹に、ハンガリー王国誕生とその西部国境線策定は、ブルゲンラント地方における長い抗争の歴史の端緒を開く出来事にほかならなかった。イシュトヴァーンの死後、王位継承をめぐってハンガリーが混乱状態に陥ると、王国と国境を接するオーストリア辺境伯、バーベンベルク家のアーダルベルトは、すかさずライタ河東岸に攻め込んだ。こうして、国境を劃定《かくてい》し、国家としての主権を強化したいハンガリーと、パンノニア平原を徐々に自身の宗主権下に巻き込もうともくろむ神聖ローマ皇帝、そして自領をさらに東へと拡大させようとするオーストリア辺境伯、三者それぞれの思惑の鬩ぎ合いのなかで、国境線をめぐる綱引きは、十五世紀に至るまで間断なく続くことになる。

もっとも、東西の境域という複雑な環境が、ハンガリー対ドイツ゠オーストリアという単純な対立図式を一時的に留保させることもあった。たとえば、一二四一年、モンゴル帝国の西方遠征軍がポーランド、トランシルヴァニアを蹂躙《じゅうりん》し、さらに進軍を続けたとき、西欧諸国はおろか、ローマ教皇ですらこの地に援軍を送ろうとはしなかった。迫り来る数万の異民族軍襲来を前に、ながらく敵対関係にあったハンガリー王ベーラ四世とオーストリア公フリードリヒ二世にとって、互いに協力して共同戦線を張る以外にもはや選択肢は残されていなかった。だが、ペシュトを陥落させ、ベーラ四世をアドリア海まで敗走させたモンゴル軍が、皇帝オゴデイ・ハーンの訃報《ふほう》を受けてハンガリーから撤退するとほどなく、二人の君主は激しい抗争を再燃させる。両国が共同で防衛したハンガリー西部三県が新たな諍いの種となり、やがてライタ河を舞台とする苛烈な戦闘へと発展した。この合戦におけるフリードリヒの敗死こそが、オーストリア国の始祖、バーベンベルク家を断絶に追いやることになったのである。その後、モンゴル侵攻からライタ河の合戦までの一連の事件を教訓に、ハンガリーは今日のブルゲンラント周辺の守備をさらに強化したという。

ノイジードル地方ではその昔、君主の命により夜陰に乗じて命がけで沼地の国境石を押しずらし、移動させた人びとの魂が、闇夜の燐火となっていまなお湖畔をさまようと言い伝えられている。怪談めいたこの迷信は、かつて、オーストリアとハンガリーの間でわずか数メートルを争って繰り広げられた壮絶な国境紛争の過程を裏づける口碑にほかならない。

ハプスブルク家の支配

イシュトヴァーン一世の跡を襲ったアールパード家の諸王は、不安定な王権に対する支持を取りつけ、そして何より、オーストリア、ボヘミアとの間に絶えることなく続いた戦争の費用を負担させる目的で、内外の貴族に対して土地の授封を繰り返した。だが、こうした政策は、王家の意図に反して、夥しい財と権力を持つ大貴族層を生み出し、ハンガリー王権をますます弱体化させる結果となった。ブルゲンラント周辺でも、本来、国境警備の任を得て土地を与えられたギュッシンガー伯のような一門が、十三世紀にはすでに、政治的にも経済的にも国王を凌《しの》ぐほどの実力を誇る豪族へと成長を遂げていた。

東西ヨーロッパを結ぶ要衝に位置しながら慢性的な王権弱体化に悩んだハンガリーの存在は、拡大政策に専心するヨーロッパ諸侯の注目を集めた。とりわけ、一二九〇年、アールパード家最後の末裔、アンドラーシュ（エンドレ）三世が王位を継いだ時点で、神聖ローマ皇帝ばかりか、ローマ教皇もまた、ハンガリーの領土を実質的に自身の封土とみなすようになっていたという。ハプスブルク家から出た最初の神聖ローマ皇帝、ルドルフ一世が、アンドラーシュ即位の直後、あたかもその存在を無視するかのように、自身の息子、アルブレヒト一世に対してハンガリーを授封した行為は、あくまでこうした文脈のなかで理解すべきものである。

ルドルフのあまりに強硬な領土簒奪《さんだつ》のもくろみは、結局、ハンガリー貴族らの猛烈な反撥を招き、実現に至ることはなかった。だが、アールパード家断絶ののち、選挙王制が採られると、ハプスブルク家はみずからハンガリー王位を手にすべく、ポーランドのヤゲロー家および、地元の名士フニャディ家と激しく対立した。ハプスブルク家の宗主がこの目的を達成したのは、ようやく一四三七年、アルブレヒト五世が、ハンガリー王を兼ねた皇帝ジギスムントの女子相続人、エリーザベトとの婚姻関係を巧みに利用した結果であった。その死後に出生した長子、ラディスラウス・ポストゥムス（ラースロー五世）もまた、境界地域のドイツ系貴族からの強い支持を得て王に選出されるが、ハプスブルク家はいまだハンガリー王冠を世襲化することはできなかった。

ラディスラウスが十七歳で夭折《ようせつ》した後、王位はフニャディ家の手に渡る。「正義王」の異名を取ったマティアス・コルヴィヌス（マーチャーシュ一世）は、内政の中央集権化に着手し、国王軍を強化してボヘミアに続きウィーンを陥落させたすえ、ついにフリードリヒ三世からオーストリア大公の地位を奪い取ることになる。この経過は、フリードリヒ、そしてとりわけその息子マクシミリアン一世に、ハンガリー王冠を手中に収めることの必要性をあらためて強く実感させたに違いない。だが、マティアスの死後、ハンガリー貴族に対する周到な働きかけも虚しく王位選出を逃したマクシミリアンは、いよいよ、新王となったヤゲロー家のウラースロー二世に対して苛烈な軍事攻撃を仕掛けることになる。巧妙な作戦を通じて国境のアイゼンシュタットを陥《お》とし、さらに東進して「王の都市」セーケシュフェヘールヴァールを征服したマクシミリアンは、ついに一四九一年、プレスブルクにおいて、ハプスブルク家にとってきわめて有利な条件で和平条約を成立させたのであった。

このプレスブルクの和平こそ、その後二十世紀まで続くハプスブルク家のハンガリー支配を決定づけた、いわば歴史の里程標とも呼び得る事象であった。マクシミリアンはここで、ウラースローのハンガリー王位および、その死後の男系継承権を承認した。ただし、ここには、必須の付帯条件として、将来、男子継承者が途絶えた場合、王位をハプスブルク家のもとに移行させることがつけ加えられたのである。この契約はさらに、一五一五年、ライタ河畔のトラウトマンスドルフにおいて挙行された幼い子どもたちの二重婚儀によって、現実的裏づけを得ることになる。マクシミリアンによる婚姻政策の典型例といわれるこの結婚式では、ハンガリー、ボヘミア、ポーランドから結集した二〇〇〇人の騎兵隊が見守るなか、マクシミリアンの二人の孫、マリアとフェルディナント（のちの皇帝フェルディナント一世）が、それぞれウラースローの子ラヨシュおよびアンナと結ばれたのである。

ハンガリー王位独占の可能性を見据えて締結されたプレスブルクの和平条約は、さらに、アイゼンシュタット、コーバースドルフ、ベルンシュタイン、レヒニッツなど、今日のブルゲンラントにほぼ重なる境域を新たに皇帝領と定め、実質的にハプスブルク家の支配下に移管することを宣言していた。その後、この一帯に古くから定着してきたハンガリー系の領主が、皇家に忠実なドイツ系貴族につぎつぎと土地を引き渡し、姿を消していった現象は、ハプスブルク家が、ハンガリー支配の前段階として、まずは自領に隣接するブルゲンラントにおいて地歩を固めようとした事態を鮮明に表わしている。

やがて十六世紀に入ると、長年にわたってハンガリー東部に脅威を与え続けたオスマントルコ軍が、いよいよ猛烈な西進作戦を展開し始めた。一五二六年、トランシルヴァニアの反ハンガリー王勢力をも巻き込んで六万の軍勢をまとめ上げたスレイマン一世は、ついにベオグラードからドナウ流域へと侵攻する。迎え撃つハンガリー軍は、援軍を待つことなくモハーチ平原で戦闘に突入し、国王ラヨシュ二世は、嫡子《ちゃくし》を持たぬまま、ここにあえなく戦死を遂げたのであった。マクシミリアン一世が仕組んだ策略は、こうして、オスマントルコ軍のドナウ渡河という、ヨーロッパ世界にとって最大の危機を告げる事件を機に、三五年の時を経てようやく実を結んだのであった。かつての契約に従って、ラヨシュの姉、アンナを妃に持つ皇帝フェルディナント一世がハンガリー王位を継ぎ、以後、第一次世界大戦終結に至るまで、ハプスブルク一族はイシュトヴァーンの王冠を手放すことはなかった。

混乱の時代——オスマントルコの侵攻と反ハプスブルク勢力

こうして、近世ヨーロッパにおける熾烈なパワーゲームのなかで巧妙にハンガリー王冠を手にしたハプスブルク家に対して、地元ハンガリーの貴族層は烈々たる反感を抱いていた。とりわけ、建国以来ハンガリーが領有した西部地域、今日のブルゲンラント一帯が、皇帝直轄領として親ハプスブルクの諸侯に優先的に貸与されたことは、きわめて不当な領土蚕食《さんしょく》と見られていた。

一五四一年、首都ブダを陥落させたオスマントルコが、その後およそ一五〇年間にわたって中部ハンガリーを占領した背景には、実際、この地の根強い反ハプスブルク感情が密接に関連していたのである。ラヨシュ二世の戦死後、ハプスブルク家を拒絶しようとする地元貴族は、新王として独自にトランシルヴァニアの豪族、サポヤイ・ヤノーシュを選出していた。フェルディナントと王冠を争う対立王サポヤイが、ほかならぬトルコのスレイマンに援助を訴えたことは、複雑を極めた対トルコ戦史の端緒に過ぎない。その後、ハンガリーとオーストリアの国土を繰り返し踏み躙《にじ》るオスマントルコ軍の西方遠征は、多くがハンガリーとトランシルヴァニアの反ハプスブルク勢力を味方につけてのことであった。

一六八〇年代に展開された最後にして最大規模の進軍もまた、クルツ党の叛乱と連動した軍事作戦にほかならなかった。クルツ党とは、農民から貴族まで、ハプスブルク家支配に不満を持つ雑多なグループによって結成された武装集団であり、一六七八年以降は、反皇帝派貴族のカリスマ、テケリ・イムレ伯爵を領袖《りょうしゅう》に戴いていた。父を皇帝軍に殺され、自身もハプスブルク家によって所領の一部を没収されるという過去を持つテケリ伯は、一六八二年、オスマントルコとの連携を表明し、西進するトルコ軍に兵馬と武器を補給して、その行軍を実質的に支えたのであった。

テケリ伯とクルツ党の加勢を得たトルコの軍勢は、ハンガリー平原からブルゲンラントを通過してウィーンを目指した。一六八三年六月三十日、この地の守備の任を負うパウル・エステルハージ元帥が皇帝レオポルト一世に宛てて送った一通の急信は、当時の人びとに突きつけられた苛酷な状況をありのままに語っている。

……軍資金もないまま、敵の危機は日増しに迫っております。……私を護衛する兵士とて、誰ひとりとしていないのです。一方、テケリの軍勢は日々、進撃を続けている模様です。……恐れながらお尋ね申しますが、陛下はこの地を防戦する状況におありでしょうか。……もしそうなら、即時に行動を起こされるよう、切にお願いするしだいであります。敵はわれらを屈服させんと、すでに戸口に足を踏み入れようとしているのですから。しかし、もしも援護の見込みがないのでしたら、どうか、人びとがわが身と家族の命を守るため、敵軍支持へと立場を変えることを、決して悪く思わないでいただきたいのです。

エステルハージの必死の嘆願にもかかわらず、結局、皇帝は当地に一小隊をも派遣することがなかった。果てしなく広がる平原の真中《まなか》には避難する場所もなく、古くからこの地方の風景的特徴をなした強固な城砦ですら、テケリとカラ・ムスタファの攻撃に耐えたのは、フォルヒテンシュタイン城など、ごくわずかな例外に過ぎなかった。絶体絶命の危機に瀕した都市ルストやアイゼンシュタットは、破壊を免れるための最終手段として、すでに敵兵に対してみずから市門を開いていた。

さらに、地元の領主も、つぎつぎとトルコへの忠誠を宣誓し始めていた。シュタイアーマルクに隣接するギュッシングに所領を構えた伯爵、アダム・バッチャーニ二世もまた、司令官としての立場からウィーンに援軍を求め続けたものの、結局、長くは持ち堪《こた》えられなかった。その苦渋の宗旨変えについて、バッチャーニは、「人びとの苦しみを憐れむ真にキリスト教的な愛の力に動かされた、そして、何千人もの哀れなキリスト教徒の命を救う目的でなされた決断であった」と訴えた。伯爵自身による必死の弁明に同情したシュタイアーマルクの対トルコ防衛軍は、敵の配下に入った旧バッチャーニ領への侵攻をあえて控えたという。ところが、当のバッチャーニは、あろうことか、テケリからシュタイアーマルク攻略を命じられ、否応なく出撃を迫られたすえに、行軍の途中、ドイチュ・カルテンブルンをはじめ、かつて自身が治めた集落をことごとく焼きつくすという、凄まじい悲劇をみずから演出することになった。

バッチャーニ伯爵を待ち受けた運命は、トルコに対する降伏が必ずしも生命と財産の保障にはつながらなかったことを、きわめて皮肉な形で伝える事例であろう。攻め来る兵士をすすんで迎え入れた都市や市場町でもまた、掠奪と暴行は止まるところを知らなかった。ルスト市では、トルコ軍の完全撤収に至るまで、大量の小麦粉と蜂蜜《はちみつ》、ラードの供出を強要され続けた。また、最後まで抵抗を続けたエステルハージ家は、一六八三年の夏だけで、領内において約一万人の住民が命を奪われたと記録している。

征服地においてすべてを焼き払い、住民を虐殺または拉致《らち》連行するというオスマントルコの慣習は、進軍路の農村、集落の多くを無人の廃墟となすことになった。これに対して、ブルゲンラントでは、相次ぐ侵攻の過程で繰り返し大量の領民を失なった貴族たちが、すでに十六世紀から、経済復興の一手段として、組織的な移民政策を試みるようになっていた。ここで中心的な役割を担ったのは、同じくオスマントルコによる侵略の結果、大量の難民を生み出していたバルカン半島、とりわけクロアチアに領土を所有した大貴族たちである。なかでも、ハンガリー西部とクロアチアの両方にそれぞれ所領を持ったバッチャーニ家やエルデーディ家は、郷里を追われたクロアチア人に対して、定期的に、村落や教区単位での大規模移住を促していた。十六世紀から十七世紀にかけて一五万人を超えるクロアチア人がブルゲンラント一帯に入植し、ノイジードル近郊のノイドルフ、ギュッシング近郊のシュティナッツのように、新たに独自の集落を形成することもあった。

こうして流入したクロアチア系住民は、やがてブルゲンラント各地に一種の文化的「飛び地」を形成し、古クロアチア語の痕跡を強く残した固有の「ブルゲンラント・クロアチア語」を母語として用いるようになる。現代史の流れのなかで著しい言語文化的同化が進行したとはいえ、クロアチア語およびブルゲンラント・クロアチア語を用いる州民はいまなお人口全体の七パーセントに達するとされ、一部の地域では学校の授業をドイツ語、クロアチア語の二ヶ国語で行なっている。オスマントルコとハンガリーとの錯綜《さくそう》した関係がこの地に導いたクロアチア文化は、こうして、ブルゲンラントの多文化社会を特徴づける重要なマイノリティとしての機能を果たしているのである。

ニコラウス・エステルハージと「領土回復」——ブルゲンラントの再ハンガリー化

首都ブダを含む中央ハンガリーがオスマントルコ領となり、東部がオスマン宗主権下のトランシルヴァニア公国として独立したことにより、かろうじてハプスブルク家が支配する北西部ハンガリーは、トルコ勢力圏外に置かれた唯一の地域として、その重要性を増していった。各地に領地を所有したハンガリー系大貴族の多くが、この時期、徐々に本拠地を西部に移し、ハプスブルク家への忠誠を表明して、やがて皇帝より、とりわけ防衛に関する重要な責務を任されるようになった。トルコ軍からブルゲンラントを防衛したエステルハージ家、バッチャーニ家は、その典型的な存在といえる。マグナートと呼ばれるこれらの家門のうち、なかでもエステルハージ家のめざましい社会的上昇は、やがて、プレスブルクの和平以来、この地方一帯に蔓延《まんえん》した不明確な土地所有関係を整理し、結果としてブルゲンラントにおける再度の「ハンガリー化」を進行させることになった。

エステルハージ家の起源は十三世紀に遡るが、一族をハンガリー王国の将来を左右するほど強力な家門へと成長させたのは、一五八三年、現スロヴァキア西部に位置する小都市、ガランタに生を享《う》けたニコラウス・エステルハージの、幸運に満ちた数奇な生涯であった。ウィーン宮廷での仕官経験を持つ伯父から政治学と軍事戦略の手ほどきを受けたあと、ニコラウスは、遠縁に当たる北部ハンガリーの指揮官、フランツ・マゴーチのもとで軍役に就き、対トルコ戦にも従軍した。ニコラウスがやがてマゴーチ一族から絶大な信頼を得て、当主フランツの急逝後、その妻ウルズラの再婚相手に選ばれたことが、彼の人生に一大転機をもたらす。ウルズラは大領主デルスフィ家の女子相続人であり、この結婚は若い花婿《はなむこ》に、北部ブルゲンラントのおよそ西半分に当たる広大な所領をもたらしたのであった。

プロテスタントの両親のもとに生まれながら、イエズス会学校で高等教育を受け、すでに十九歳のときにカトリックとなっていたニコラウスは、結婚後まもなく妻を改宗させ、さらに、所領内で強力なカトリック化運動を進めた。こうした宗教的立場は、のちにハプスブルク家の寵愛を享受する過程で、不可欠の要因として作用することになる。ハンガリーにおけるプロテスタント信仰は、その伝播の初期においてすでに、著しく政治的な意味を帯びていた。新たな宗派への帰依は、カトリック教会の擁護者を標榜したハプスブルク家に対する、あからさまな反抗を意味したからである。反ハプスブルク感情の昂《たか》まりのなかで、有力貴族のほとんどがプロテスタントとなった時期すらあった。また、テケリ伯とクルツ党の叛乱をはじめ、皇家の支配に対して叛旗を翻す騒擾の背後には、ほぼ例外なく信仰の問題が深く関連していた。十六世紀末、ハンガリーに組織的な反宗教改革運動が導入されてもなお、多くの貴族がルター派やカルヴァン派の信条を貫こうとしたなかで、ハンガリー人でありながら一貫して敬虔なカトリック信仰を堅持するエステルハージは、ハプスブルク家にとって、この地における貴重な支持基盤として、得難い人材となったのである。とりわけ一六二五年、エステルハージが伯爵に叙されると同時に、ハンガリーにおける実質的な最高位である副王《パラティン》に任じられたことは、皇帝の信認の厚さを示す事象にほかならない。

だが、皇帝への徹底した忠誠を通じて頂点へと昇りつめたエステルハージは、実は、これを機に、ハンガリー貴族の長年の要望を叶えるべく、ハプスブルク家を相手に巧妙な交渉を開始しようとしていたのだ。エステルハージは、一六一九年、反ハプスブルク派のトランシルヴァニア公、ベトレン・ガボールが謀った叛乱を巧みに仲裁し、収拾した。ニコルスブルクの和約では、自身、ウクライナ西部の所領、ムンカーチ（現ムカーチェヴェ）をベトレンに割譲することを強いられたが、その代償として、皇帝直轄領であったフォルヒテンシュタインおよび都市アイゼンシュタットを譲渡されていた。旧来ハンガリー王国の西部境域に属したはずの、これら二つの皇帝領をみずからの手に収めたことで、ニコラウスは、ハプスブルク家とその家士による不当な併呑《へいどん》を解消するための端緒を得たと認識したのであった。彼はその後、ラーブ司教ドラシュコヴィッチらの協力を得て、西部ハンガリーの「国土回復運動」に乗り出すことになる。

エステルハージはここでまず、法的根拠として、アールパード朝の国王、アンドラーシュ二世の「金印勅書」を持ち出した。一二二二年、国内貴族の特権を確認し、外国人による土地所有を禁じる目的で公布されたこの古法に拠りながら、ニコラウスは皇帝に対し、西部ハンガリーに領地を持つオーストリア貴族の所有権を即刻停止し、これらの土地を漸次《ぜんじ》ハンガリー人領主の支配下に移管させるよう、強く要求したのである。こうした動きが、オーストリア側からの激しい反撥を招いたことは、いうまでもない。だが、当時、ますます不利な方向に発展する三十年戦争に頭を悩ませた皇帝フェルディナントにとって、叛乱が続くハンガリーの内政をこれ以上混迷させるような選択は、もはや許されなかった。むしろ、ハプスブルク家への反感がすでにある種の伝統として根づいていたハンガリーの境界地域を、エステルハージ家をはじめ、皇家に忠実なマジャール系貴族に統治させることは、皇帝にとってもまた好都合な構想であったに違いない。フェルディナントは、ニーダーエスタライヒ州議会から相次いで寄せられた抗議に一切耳を貸すことなく、地域を区切って段階的にこの「国土回復」を承認し、一六四八年にはエステルハージの要求に対してついに全面的な正式認可を与えたのであった。

エステルハージ家の隆盛――パウル一世からニコラウス・ヨーゼフへ

オーストリアから王国西部を強硬に奪回しながらも、エステルハージはなお皇帝との良好な関係を保持し続けた。カトリック信仰と同様、ハプスブルク家への忠誠は一門にとっての伝統となり、これを通じてエステルハージ家はその後ますます繁栄を極めたのである。

オスマントルコ侵略軍が迫るブルゲンラントから皇帝レオポルトに必死の書状を送った元帥、パウル・エステルハージ一世は、ニコラウスの三男にあたる宗主である。パウルはテケリ伯爵が叛乱分子となるより遥か以前にその妹を娶っており、テケリ＝トルコ連合軍のハンガリー侵攻作戦に際しては、こうした縁から、叛乱軍への協力と引き替えにハンガリー王即位を持ちかけられていたという。彼はしかし、交渉の余地を一切示すことなく、即時に委細を皇帝に報告した。これがテケリの激しい怒りを買い、エステルハージ領は敵軍の集中砲火を浴びることになった。それでもなお、パウルは皇帝軍を熱心に支援し続け、一六八三年九月にはウィーン包

ニコラウス・ヨーゼフ・エステルハージ侯爵がフランス，ヴェルサイユ宮殿をモデルに建設したフェルテード城.

囲戦にも参戦している。この一連の忠誠は、一六八七年、一族に侯爵位をもたらすことになった。

さらに、パウルの孫、ニコラウス・ヨーゼフ一世は、マリア・テレジアの深い寵愛を得て、女帝の近衛騎兵隊長という栄えある職務を与えられた。「絢爛侯」として知られるニコラウス・ヨーゼフは、ハプスブルク家に勝るとも劣らない華やかな宮廷生活を営み、「皇帝にできることで、自分にできないことなどこの世にない」と豪語したと伝えられている。一七六四年、皇太子ヨーゼフのローマ王戴冠に際しては、皇帝一家の供のひとりとしてフランクフルトへと赴き、客地《かくち》にて眩《まばゆ》いばかりのイルミネーションが照らす夜間園遊会を開催して、各国から集う高位の人びとを瞠目《どうもく》させた。

その帰路、ヴェルサイユ宮殿に招かれたエステルハージは、ヨーロッパ最大のバロック宮殿の豪奢な佇まいに圧倒され、これに匹敵する居城を構えたいと熱望するようになった。「絢爛侯」の夢は、ほどなく、ノイジードル湖南東岸、現ハンガリー領のフェルテードにあった古い狩猟《しゅりょう》館の拡大・改築計画として具体化する。新たな離宮は侯爵の帰郷と同時に着工され、ついに二年後の一七六六年、のちに「ハンガリーのヴェルサイユ」と呼ばれる煌びやかなエステルハージ離宮が完成したのであった。ニコラウス・ヨーゼフは細部にわたってブルボン家の宮殿を模そうと望み、室内を飾る家具や調度品は、すべてパリから運ばせた。一七七二年、フランス大使として長年パリに暮らしたローハン侯爵が、フェルテードの宮殿に足を踏み入れると同時に漏らした、「まさにヴェルサイユそのものだ」のひと言は、城主にとって最大の賛辞であったに違いない。

だが、音楽を好み、とりわけオペラを愛したニコラウス・ヨーゼフが、湖畔の新宮殿において何より誇ったものは、城の裏手に設けた専用のオペラ劇場であった。面積およそ一八〇〇平方メートル、ほぼ四〇〇人の観客を収容するこの劇場は、奈落や昇降装置など、華麗なるバロック・オペラが必要としたあらゆる高度な設備を整え、侯爵の在世中、約三五年の間に七〇を超える作品を、総上演回数一〇〇〇回にわたって舞台に載せ続けた。オーケストラ・ピットで指揮を執ったのは、先代パウル・アントン二世に抜擢《ばってき》された楽団長、ヨーゼフ・ハイドンであった。エステルハージ・オペラは、この優れた楽団のほか、専属の歌手、バレエダンサー、舞台画家を抱えて、毎週木曜日と日曜日、午後六時より欠かさず公演を行なったのであった。

宮廷に集う貴族だけでなく、ノイジードル湖周辺を往来した旅行者や、宮殿の使用人をも客席に快く迎え入れたニコラウス・ヨーゼフは、ついに一七七三年九月、この劇場にて女帝マリア・テレジアを迎接することになる。最愛の夫を亡くしたのち、一時は歌舞音曲から身を遠ざけていたマリア・テレジアもまた、好評嘖嘖《さくさく》たるエステルハージ家のオペラに関心を惹かれずにはおれなかったのであった。二人の王女と末子マクシミリアン・フランツを伴なってフェルテードを訪ね、三日間滞在した君主に対して、ニコラウス・ヨーゼフは、みずからが理想とする音楽と舞台芸術のすべてを余すところなく披露《ひろう》した。初日の夜に上演されたハイドンのオペラ、『裏切られたまこと』をことのほか喜んだマリア・テレジアは、感嘆のあまり、「良きオペラを見たくば、エステルハージ宮へ参ろうぞ」と述べたと伝えられる。その後、マリア・テレジアが実際、シェーンブルン宮殿での祝宴のたびにエステルハージ家より楽団や歌手、舞台装置を借り出していることは、芸術保護者ニコラウス・ヨーゼフに対して彼女が寄せた感銘と信頼の表われにほかならない。

こうして、マリア・テレジアをも感嘆させたニコラウス・ヨーゼフの豪奢な生活は、他方で、侯爵家の財を著しく浪費させることになったといわれる。だが、ニコラウス以降、二世紀にわたり買収や交換を通じてたえず所領拡大を続けてきたエステルハージ家の財産は、一代の奢侈によって枯渇するようなものではなかった。ニコラウス・ヨーゼフの孫で、同じく音楽愛好家として知られるニコラウス二世が一八三三年に死去したとき、ナポレオン戦争とその後の経済不況にもかかわらず、侯爵家はいまだ、ブルゲンラントを中心に、三〇ヶ所以上の所領を支配していたのであった。その後の第一次世界大戦は旧来の土地所有制度を崩壊させ、エステルハージ領もついに、オーストリア、ハンガリー、チェコスロヴァキア等、戦後に樹立された五つの国家の境界線によって分断されることになる。以来、財の処分整理に当たった侯爵家の家族世襲財産団が、一九三九年に入ってようやく解消したことは、その富の想像を超える規模を示唆している。

ブルゲンラント州の成立——国民国家と多元文化の狭間で

ノイジードルに伝わる酒歌がいみじくも唄ったように、十六〜十七世紀にかけての「再ハンガリー化運動」は、ブルゲンラント地方に古来定着したドイツ系住民たちの日常生活に、何ひとつ劇的な変化をもたらすことはなかった。この境界地域ではその後も、マジャール人とドイツ人が隣り合って暮らし、クロアチアからの移民たちもまた、農村部を中心に違和感なく溶け込んでいった。それに加えて、当地には、他地域で激しい差別と迫害を経験した民族集団にとって、比較的受容されやすい歴史的・社会的環境が存在した。たとえば、ユダヤ系の人びとは、ハプスブルク皇帝によるたびたびの迫害令にもかかわらず、その豊かな財力ゆえに多くのハンガリー系領主から手厚く保護され、やがて一帯の経済において重要な役割を担いながら、各地に大規模なユダヤ人ゲマインデ（信徒共同体）を形成した。一方、定住を嫌い、放浪の暮らしを続けたロマ（ジプシー）は、領主の共感を得ることは決してなかったが、彼らが営む鍛冶や馬具製造の技術は、農村において手工業が根づかなかったブルゲンラントでは、つねに高い需要を得ていた。

このようにして、雑多な民族・言語集団が、互いに融和と対立を繰り返しながら、境界を持たずに混在するという状況は、民族と言語の差異が国境の概念に直結することのなかった旧体制《アンシャン・レジーム》期においては、政治的にも社会的にも、何らの矛盾も生み出さなかった。ところが、十九世紀、国民国家の時代が到来すると同時に、ヨーロッパを動乱の時代に導いた民族主義の概念が、この地においてもさまざまな齟齬を生じさせることになる。とりわけ、ハプスブルク君主国東部のスラヴ諸地域と同様、ハンガリーでも急激に勢いを増した民族運動のベクトルは、西部地域に暮らすドイツ系住民の不利益や差別へと直結した。たとえば、学校教育の言語をハンガリー語に統一する政策は、非マジャール系の人びとを、確実に文化的・社会的弱者として排除していったのである。西部ハンガリーにおけるドイツ系住民は、こうした環境下で、しだいに自身の国民的帰属と国境の問題を強く意識するようになった。

一九一八年、ハプスブルク君主国が崩壊し、それまで同一の君主を戴く二重帝国として緩やかに結ばれていたオーストリアとハンガリーが、いよいよ別個の国家として各々の道を歩むことになったとき、国境線と境界地域をめぐる両国の抗争は、ナショナリズムが生み出した不和と矛盾を伏線に、およそ五世紀ぶりに激しく再燃する。同年十一月、両国はそれぞれ、共和国樹立を宣言していた。新生オーストリア共和国の誕生を告げるこの宣言のなかで、首相カール・レンナーはすでに、西部ハンガリー四県のドイツ人居住区を、その地理的、経済的、民族的な背景を考慮してオーストリアの州として併合し、住民に自決権を認めると確言したのである。

だが、具体的な決定権を握ったのは、オーストリアとハンガリー、チェコスロヴァキアの領土策定を重要な課題のひとつとして抱えたサン・ジェルマン講和会議であった。オーストリアはここで、戦争を引き起こしたハプスブルク君主国の責任を負って、会議への出席を認められないまま、多くの領土を周辺国に割譲することになる。だが、ハンガリー国境問題の審議に関していうなら、一九一九年春、ブダペストにおけるあまりにも短命な共産主義政権の発足が、レンナーらにとって比較的有利な交渉条件を生み出していた。共産革命に脅威を感じる諸国の支持を得た結果、同年九月十日に調印された講和条約は、ハンガリー西部四県、面積にして四三二〇平方キロメートル、人口三四万人の領域をブルゲンラント州として、オーストリアに帰属することを決めたのであった。その間、共産政権を失脚させ、新たに王国樹立を宣言していたハンガリーはこれに強く抗議するが、条約は翌年七月、変更を加えられることなく発効し、オーストリアは当地における行政権を正式に認められることになった。

しかし、一九二一年八月、領土の引き渡し期日を前にブルゲンラント各地に入ったオーストリア警察隊を待ち受けたのは、ドイツ系住民の高らかな歓声ばかりではなかった。この日に備えて、ハンガリーから、民族主義に熱狂する若者や反ハプスブルクの元軍人らが結成する義勇軍が出動していたのである。ほどなく、オーバーヴァルト周辺等、南部の集落を中心に苛烈な戦闘が展開され、多数の死者を出すことになった。オーストリア政府は警察隊をただちに撤収させ、あらためて正規軍を派遣したが、ハンガリー義勇軍のゲリラ戦は一向に衰えを見せず、北部の都市、マッタースブルクに置かれた仮州政府は、一時は州境を越えてヴィーナー・ノイシュタットへ避難せざるを得ない状況に陥った。

ハンガリーのホルティ政権がこれら義勇軍の作戦を事実上黙認していたことは、国際条約の取り決めに違反する行為として、当然、各国から激しい批判を受けることになった。しかし、ブルゲンラントをめぐる軍事対立の背景を、感情的議論から距離を置いて正しく理解するためには、オーストリアとハンガリーが経てきた長い歴史の道のりをいま一度確認する視野が必要になるだろう。とりわけ、ハプスブルク家によるあまりに巧妙な領土と支配権占有のプロセスは、多くのハンガリー人の心中に、容易に解消することのできない深い無意識的な敵意《ルサンチマン》を植えつけてきたのである。わずか四〇〇〇平方キロメートルの「西の辺境」は、大戦を経てようやく真の意味での主権を確立しようとしていたハンガリーにとって、どうしても譲ることのできない一線であったに違いない。

事態が膠着《こうちゃく》するなかで、両国の首脳は、十月、イタリア外相の仲介を経てようやく交渉のテーブルに着くことになる。ブルゲンラント全域の領有をもはや不可能と見たハンガリーは、武装勢力撤退の条件として、エーデンブルク地区（現ジェール・モション・ショプロン県）の譲渡を強く求めていた。地域の経済的中心地であり、当初よりブルゲンラントの州都となる計画であった都市エーデンブルク（ショプロン）を割譲することは、オーストリアにとってまさに苦渋の選択であった。しかし、各地で義勇軍による住民に対する残虐行為が報じられるという状況下にあって、オーストリアにとっても、もはや逡巡《しゅんじゅん》の余地は残されていなかった。エーデンブルクはまもなく、形ばかりの不透明な住民投票を経てハンガリー領となった。現在、ハンガリーの一都市となったショプロンの西側で、抉《えぐ》られたように大きくくびれたブルゲンラント州の形態は、この困難な交渉の生々しい痕跡といえる。

一九二一年十二月五日、ブルゲンラントは正式にオーストリアの州として発足した。しかし、その州都がアイゼンシュタットに置かれるまでにはなお四年の年月を要し、また、ハンガリーおよびスロヴァキア領に隣接する一部の集落では、その後さらに数年にわたって国境線が劃定され得なかったことは、この新州が内包した複雑な問題性を反映する事象であった。長閑な辺境の地、ブルゲンラントを見舞った激動の運命のなかに、われわれは、現代において、「境域」の概念そのものが大きく変化していったプロセスを読み取ることができるだろう。ナショナリズムと国民国家、そしてその後の共産主義と資本主義との対立構造のなかで、国家や民族の境界はもはや緩やかで曖昧《あいまい》な形で存在することを許されなくなった。騎馬民族が跋扈《ばっこ》した時代から「境界地区」としての役割を果たしたブルゲンラントは、その特性ゆえに、世界的混乱の渦中に巻き込まれることになったのである。

こうした視座からすれば、一九八九年、東西冷戦終結の発端となる出来事がこの地を舞台に繰り広げられたことは、歴史の必然といえるのかもしれない。八月十九日、ハプスブルク家の後裔、オットー・フォン・ハプスブルクが発案し、およそ一〇〇〇人の東ドイツ市民を自然発生的に西側へ移動させてベルリンの壁崩壊の重要な伏線となったといわれる「汎ヨーロッパ・ピクニック」は、まさしくショプロンの地で開催された。多くの参加者たちが、このとき平和裏に踏んだ最初の「西の地」は、ノイジードル湖畔、ブルゲンラント州土にほかならなかったのだ。当時、オーストリアとハンガリーの国境では、東西を隔てる鉄条網の撤去作業が始まっていた。すでに六月二十七日、撤去を記念する式典が、両国外相の出席のもとに、オーストリア゠ブルゲンラント側の国境の村、クリンゲンバッハで行なわれたことも、忘れるべきではないだろう。

今日、ブルゲンラントの人びと、とりわけ知識人や芸術家たちは、オーストリアにとってもっとも新しいこの州のアイデンティティを、まさに境域性と多元性に求めようとしている。モーガースドルフの国際文化史シンポジウム、ザンクト・マルガレーテンの石切り場で開催される彫刻芸術祭など、ブルゲンラントはいま、中央ヨーロッパにおける多様な言語と文化の共生を前面に打ち出した、さまざまな催事を積極的に主催している。

Steiermark

第3章
シュタイアーマルク
オーストリアの「緑の心臓」

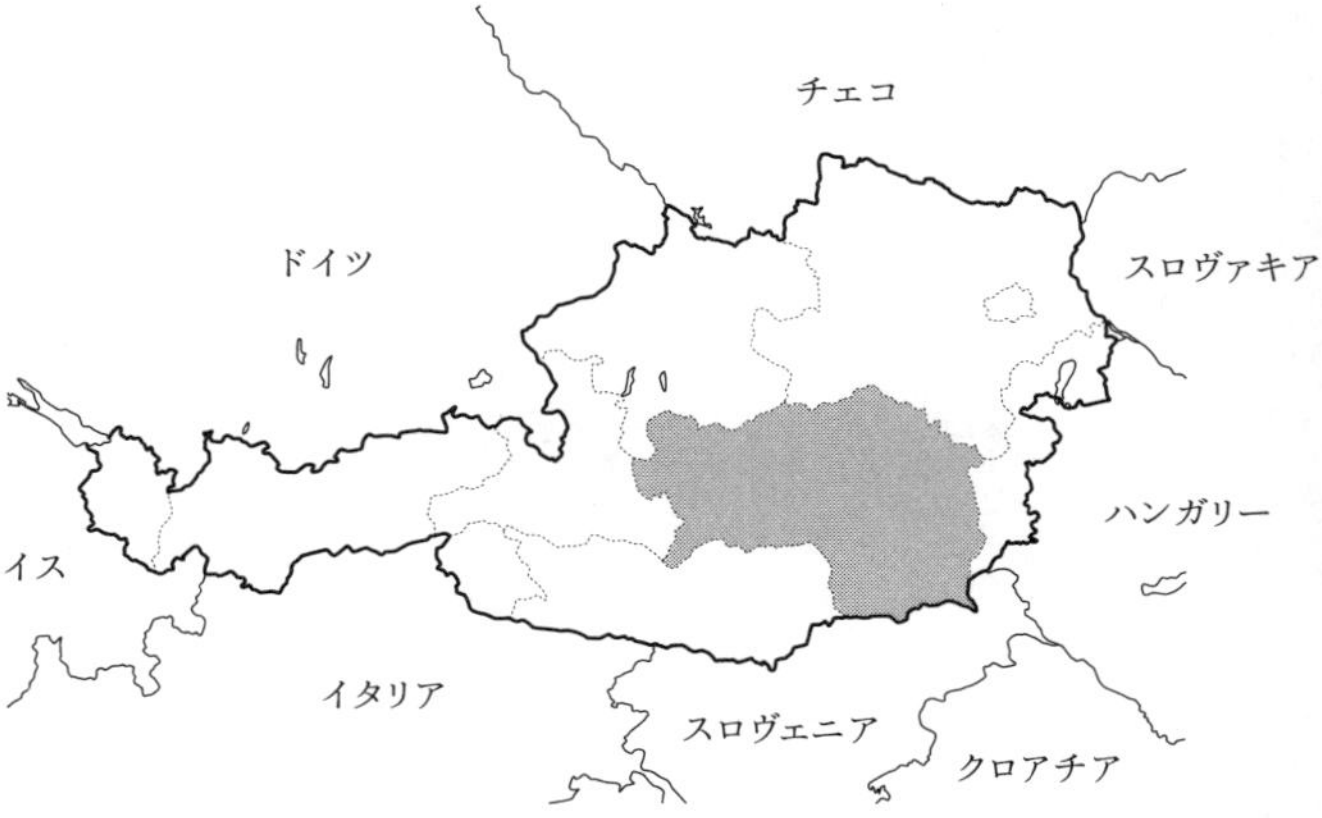

シュタイアーマルク　関連略年表

7世紀　カランタニア侯国の形成
1140　グラーツの名が公文書に初めて現われる
1180　シュタイアーマルク，独立公領となる
1192　シュタイアーマルク，バーベンベルク家領に編入される
1278　シュタイアーマルク，ハプスブルク領となる
1452　フリードリヒ5世（神聖ローマ皇帝としては3世），グラーツに居城を置く
1517　マルティン・ルターによるドイツ宗教改革
1601　グラーツにおけるプロテスタント信徒弾圧と焚書
1797/1809　ナポレオン軍によるグラーツ占領
1798　ピベールに帝室の育馬場が設置される
1818　ヨハン大公，ゼーベルク山麓に農場を開設
1843　ペーター・ローゼッガー，クリーグラッハに誕生
1918　第1次世界大戦終結．ハプスブルク君主国崩壊
1919　南部シュタイアーマルクの割譲
1999　グラーツ旧市街（歴史地区），世界遺産登録
2003　グラーツ，オーストリア初の欧州文化都市となる

南方の息吹

ルーマニアのモダニズム作家、アナトール・E・バコンスキの名を知る人は、わが国では決して多くはないだろう。一九二五年、ベッサラビア北部（現ウクライナ）に生を享け、ソ連による共産圏構築期に活動を開始して、東ヨーロッパ各国で高い評価を得たバコンスキは、典型的な共産主義体制派作家であった。その一方で、西欧諸国の文学者とも積極的な交流をはぐくみ、また、中東からアジアまで各地をみずから巡り歩いて、『マハーバーラタ』や朝鮮文学など、ヨーロッパ圏外の作品をも広く紹介することで、文化レベルにおける「東西の架け橋」の役割を地道に果たした人物でもあった。だが、一九七七年、ブカレストを襲った大震災により、バコンスキは妻とともに命を落とすことになる。

この不幸な最期から遡ること約二年前の一九七五年、東欧の人気作家は、グラーツ作家同盟の招聘《しょうへい》を受けて、シュタイアーマルクの州都にて二ヶ月間を過ごす機会を得ている。時節はちょうど、輝く日差しが豊穣の季節へと移ろう晩夏の頃であった。遠路の旅を数多く体験してきた作家は、ありがちな通過旅行者としての皮相的知見とは一線を劃した、むしろ生活者に近い視点から、グラーツという歴史ある美しい都市に触れ得た幸運を、深い喜びをもって綴っている。とりわけ、旧市街のバロック宮殿、キューンブルク邸（現市立博物館）内に提供された自室から、雑踏に交ざって目抜き通りヘレンガッセへと逍遥《しょうよう》するとき、異郷の作家は決まって、「しばし数時間のあいだ、本物の土地っ子になったような気にさせられた」という。そして、この繁華街からさらに、カリヨンがいささか感情過多な調べを奏でるグロッケンシュピール広場を回り込み、メールプラッツに至るとき、都市グラーツのもっとも美しい側面がその全《ぜん》貌《ぼう》を露わにするのであった。

メールプラッツもまた、グラーツの街におけるきわめてシュタイアーマルク的な場所のひとつといえるだろう。というのも、この広場の簡潔でひらけたありさまは、まさしく、ドイツ精神の少々奇抜で硬直した形態と、イタリア的調和との遭遇によってもたらされたものであるからだ。

こうした都市の雰囲気は、バコンスキにしばしば、東南ヨーロッパに位置するロマン系諸国の例に漏れず、「半分はラテン的であり、他方、別の半分は森の神話によって特徴づけられた」祖国ルーマニア文化を強く思わせたという。こうしてバコンスキがそのグラーツ点描において強調した、ゲルマン的なものとイタリア的なもの、北方的要素と南方的要素とが織りなす絶妙な均衡こそ、シュタイアーマルクの歴史と文化を根底から規定する、最大の特徴といえるだろう。

「緑の領邦」――「南」と「北」の接合点

オーストリアの南東部に位置するシュタイアーマルクは、総面積約一万六三〇〇平方キロメートル、ニーダーエスタライヒに次いで第二番めの広さを持つ州である。その州土は、北西部を接する二〇〇〇メートル級のホーエ・タウエルン山脈からグラーツ盆地を経て、国内でもっとも標高の低いブルゲンラント州との境界に向け、南東方向に伸びやかに広がるという、独特の地形を有している。地図上にその地勢を辿るなら、まず、ティロルおよびケルンテンから連なる中央アルプス山系が、シュタイアーマルク北西部全域に達していることを確認できるだろう。オーバーシュタイアーマルクと呼ばれるこの一帯は、険しい高山地形によって特徴づけられ、かつて「鉄の槌《アイゼン・ハマー》」と呼ばれた鉄鉱山や、水源地ラックス山系、トラウン水系など、アルプスの恵みを受けて、古くから豊かな天然資源の埋蔵地として知られてきた。この中央アルプスの支脈はさらに、州都グラーツの北側でグライン・アルプスを、南側でコーア・アルプスを形成する。そして、これら、いわばアルプスの二本の「尻尾《しっぽ》」に挟まれたグラーツ盆地の南東部には、峻嶺の風景から一転して、緑の丘陵地帯が、ムール河およびラーバ河流域よりスロヴェニア国境を越えて南方へと、ゆったりと開けるのである。

このように、都市グラーツはまさしく、山がちの北西部一帯と、豊穣なブドウ山を抱いて南東部に広がるなだらかな起伏の丘陵地を分ける閾《しきい》としてあるのである。実際、グラーツの郊外南部、市街地が途切れる場所こそが、シュタイアーマルクの「ワイン街道」の起点をなしている。ラーバ、ムールの支流が入り組んで流れるこの地域は、水源が豊かで、かつ気候が温暖であるため、オーストリア国内で、ブドウに限らず各種の果樹の生育にもっとも適した環境といわれている。そこはイチジクと栗が豊かに実る地であり、緩やかな丘の稜線を背景に一面のブドウ畑と藁葺《わらぶき》屋根が織りなす、いかにも南方的な情景は、北イタリアの代表的ワイン産地を聯想させることから、「シュタイアーマルクのトスカナ」の異名を取っている。

アルプスが作り出す厳しい山岳的な風景と、イタリアを思わせる陽光に満ちた豊沃な地勢。地形と気候、景観の点から見ても、シュタイアーマルクはまさしく、北方的なものと南方的なものとの接合点といえる。気象データによれば、オーストリアにおける最寒冷地と最温暖地は、どちらもシュタイアーマルク州内にあるという。すなわち、同州中部を覆うホーエ・タウエルン山脈の麓《ふもと》、ムール渓谷のクニッテルフェルト周辺地域は、観測史上、最低気温の記録を何度も塗り替えてきた。他方、南東シュタイアーマルク、スロヴェニア国境近くの一帯は、全般に寒冷なオーストリアにおいて、三月から十一月にかけての平均気温が摂氏一七度と、きわめて例外的な環境を示している。気候におけるこのあまりにも鮮やかなコントラストは、広大な州土が内包する南北両極端の要素を象徴するものにほかならない。

そして、シュタイアーマルクの地理においてことさら際立つ南北の対比を緩やかに結び合わせるものが、緑の森である。同州において、山地がその総面積のおよそ三分の一を占めていることは、山岳国オーストリアの国土的特質から見て、典型的な状況といえるだろう。だが、シュタイアーマルクの特徴は、さらに、森林面積が州土全体の五七・八パーセントにまで達するという点にある。州中部から東部地域を緑陰のなかに包み込み、林業の発展のほか、この地に独自の農業の形と生活文化をもたらした深く豊かな森が、その実、地形的な緩衝帯として、標高一九〇〇メートルを超える険しい高峰と、グラーツ南東の緩やかな盆地とをつなぐ役割を果たしていることにも注目しておきたい。しばしば「緑の領邦」と呼び慣わされてきたように、「北方」と「南方」、二つの景観と文化を結び合わせる森林は、古くからシュタイアーマルク州のアイデンティティそのものを形成してきた。当地の人びとが、プライドを込めて、「オーストリアの緑の心臓」を自称する所以《ゆえん》である。

州都グラーツと「反骨精神」

観光業において周知の謳い文句となった「緑の領邦」という語は、そのまま州都グラーツの

グラーツ，シュロスベルクと時計塔からの眺望.

イメージにもつながっていくだろう。オーストリア第二の都市グラーツは、ドナウ河沿いに位置する首都ウィーンや第三の都市リンツとはまったく違った独自の構造を具えている。ムール河畔、環状道路に囲まれて佇む旧市街には、ゴシックからバロック、ビーダーマイヤーに至るさまざまな建築様式が、ウィーンにおけるような視覚上の拮抗関係をいっさい顕わすことなく、穏やかな調和を湛えながらひしめき合う。そして、その北端から中央部にかけて、煉瓦《れんが》色の甍《いらか》を競う歴史的建造物をまるで懐に抱き込むかのように、シュロスベルク（城山）が隆起するのである。市街との標高差一二〇メートル、小高いシュロスベルクの丘の木立は、その東側に広がる市立公園の緑地へと緩やかに連なっていく。こうして、いびつな滴《しずく》型をなして都市の北半分を覆う半ば天然のグリーンベルトは、街並みのなかに点在する人工の庭園とはおよそ趣の異なるダイナミックな景観を構築して、当地を訪れる人びとの胸に、「緑と自然のなかに佇む都市」という鮮やかな印象を結ぶのである。

シュロスベルクはまさに都市の核《コア》であり、なかでも、直径五メートルの文字盤を備えて山頂から街を見下ろす時計塔は、グラーツのシンボルとして親しまれている。さらに、グラーツという地名もまた、この城山に由来するものであるという。都市の起源は、ローマ時代以降、ムール河沿いに形成されてきた集落および、これを守る要塞にあった。その後、民族大移動期を経て、六～七世紀に一帯を支配したスロヴェニア人は、この砦をスラヴ語で「グラーデツ（小要塞）」と呼び慣わす。のちの一一四〇年、公文書のなかで都市名として初めて正式に表記された「グラーツ」は、この語が変化して生まれた名称にほかならない。小規模な要塞は、やがて時代とともに、ハンガリーやオスマントルコなど、東方から侵攻を繰り返す異民族の軍勢を押し止める目的で拡大、強化され、十六世紀には強固な防禦施設、シュロスベルクとして完成されたのであった。

シュロスベルクからの眺望は、南北の「閾」としてのグラーツのありようを、ひときわ強く印象づけるだろう。遥かかなたに輝く銀嶺はいみじくもアルプスの最後の息吹《いぶき》であり、市街地の果てるところ四方に陽光が照らし出す丘と平原は、この独特の地形が都市に与えた、山国の街には決して見られない、固有の開放性を象徴している。そして、都市の形成過程において決定的役割を果たしたこの景観的特徴が、土地の精神《ゲニウス・ロキ》のなかに確実に反映され、この地に独自の心性を作り上げていったことは、驚くにあたらないだろう。事実、陽光と緑に包まれた都市グラーツには、ドナウ流域やアルプスの諸都市とはまったく異なる固有の価値観と世界観が、いまも息づいているのである。

このことは、たとえば、終戦直後の一九五〇年代から今日に至るまで当地においてめざましい展開を見せ続ける芸術家や市民のさまざまな運動のなかにも、はっきりとした形で読み取ることができる。グラーツにおけるアヴァンギャルド文学運動や、一九七〇年代に最盛期を迎えた住民運動は、いずれも、首都ウィーンを発信源とするさまざまな活動の流れとは一線を劃した固有の価値基準を形成し、提示しようとする行動にほかならない。

とりわけ、グラーツ特有の都市景観との関連でいうなら、一九七二年から七四年にかけて、市民による署名運動がきっかけとなって実現した旧市街保存条例の成立過程に触れておくべきだろう。当時、めざましい高度経済成長のただなかにあったドイツ、オーストリアの大都市では、ほぼ例外なく、市の中心部に十分な商業施設とオフィス空間を確保する目的で、大規模かつ侵略的な改造計画が進行していた。グラーツでもまた、一九七二年、慈悲修道会聖堂、カルメル会聖堂などの歴史的建造物に隣接した古い家屋群を撤去し、近代的オフィスビルを新築する構想が持ち上がった。なかでも、ルネサンス建築の傑作として知られる州庁舎の地下に大規模な駐車場が計画され、ほどなく試験的ボーリングが開始されたとき、旧市街を「破壊」する開発プランに対する住民の反感が頂点に達したのであった。地方紙『クライネ・ツァイトゥング』の呼びかけでスタートした反対運動は、わずか二ヶ月のうちに一〇万件を超える署名を集めた。この運動は、やがてあらゆる住民層を啓発、動員しながら、他の地方メディアやラジオ局をも巻き込んでその規模を拡大し、最終的には「グラーツ旧市街を守る会」の発足へと至ったのである。

大規模なメディア・キャンペーンへと発展した市民運動は、まもなく地方政治を動かす力となった。一九七四年、シュタイアーマルク州議会は、「グラーツ旧市街保存条例案」を可決したのである。記念碑的建造物のほか、歴史的価値を持つ住宅建築など、私有の建物をも視野に入れつつ、街並み全体の保存を目指したこの条例は、その後、一九八〇年から二〇〇五年にかけて数度にわたって改定され、今日まで、数多くの破壊的な開発計画に歯止めをかけてきた。さらに、二十世紀末、環境と景観の保全問題が世界的注目を集めたとき、グラーツの条例は、中央ヨーロッパにおける模範的事例として扱われるようになったのである。一九九九年にグラーツ旧市街が「歴史地区」として世界遺産に登録されるに至った背景に、この保存条例が重要な鍵として機能していたことはいうまでもない。

時流におもねることなく、あくまで独自の世界観を固持するグラーツの土地の精神《ゲニウス・ロキ》は、戦後の価値混乱のなかで活動の道を探る若い芸術家たちの心を強く惹きつけた。実際、この「緑の州都」は、一九五〇年代末からすでに、前衛芸術の中心地となっていたのである。ヴォルフガング・バウアー、ゲルハルト・ロートら、多くの著名な作家が輩出し、また、ペーター・ハントケをはじめ、オーストリアを代表する文筆家がつぎつぎとこの地に活動の拠点を移した。一九五九年、彼らが市立公園の古いカフェハウスを拠点に設立した芸術フォーラム、「フォールム・シュタットパルク」は、文学に限らず、超領域的な新しい芸術の理想を探ろうとする試みであった。とりわけ、この文学集団が、保守的な立場を貫こうとする首都の文壇に対してたえず問題を提起し、オーストリア・ペンクラブが一顧だにしない内外の前衛作家を発掘、紹介し続けたことの意味は大きい。また、一九六八年に「シュタットパルク」の芸術家たちが中心になってスタートさせ、その後、秋の恒例行事となった現代芸術の祭典、「シュタイアーマルクの秋」は、今日まで、文化・芸術の分野に多くのセンセーションを巻き起こしてきた。二〇〇三年、グラーツがオーストリアで初めて欧州文化都市に選出されたのは、こうした先鋭的かつユニークな芸術活動の伝統が全ヨーロッパ・レベルで高く評価された結果にほかならない。

一九六〇年代から七〇年代に活躍したグラーツの「アヴァンギャルド」のひとり、ウド・ジモニッチュによれば、ウィーンとグラーツとの間には、「遥か昔に遡る、相互のルサンチマン」が存在するという。固有の価値観を誇示し、主流を受け入れようとしないこの地方都市のスタンスは、首都にとってつねに目障りなものであった。そして、このような、一種「反骨精神」とも呼び得るようなグラーツ独自の心性が醸成された過程には、実際に、オーストリアの歴史においてこの都市が、そしてシュタイアーマルクが歩んできた、特異な道のりが深く関連しているのである。

カランタニア侯国からシュタイアーマルク公国へ

現在のシュタイアーマルクの一帯は、紀元前一五年以降、東部はパンノニア、西部はノリクムの一部としてローマ帝国の支配を受けていた。ゲルマン民族が帝国を崩壊させたのちには、ムール河、ドラーヴァ河を北上したスロヴェニア人がこの地に至り、今日のシュタイアーマルクからケルンテンを跨ぐ地域に、カランタニア侯国を形成した。グラーツの都市名がスラヴ語起源であることはすでに述べたが、同様に、シュタイアーマルク、ケルンテンに残る数多くのスラヴ語地名は、いにしえのスロヴェニア人国家の隆盛をいまに伝える名残といえる。しかし、アヴァール人の侵略がヨーロッパ東部を恐慌に陥れた七世紀後半、カランタニア侯国はバイエルン公国に防衛上の援助を求め、これが契機となってバイエルンの支配下に入ることになる。八世紀末には、カランタニアはバイエルンとともにフランク王国に併合され、王国の東の辺境領となった。

シュタイアーマルクの領域を現在に近い形で形成していったのは、バイエルン系の一門、トラウンガウ家であった。一〇五六年、カランタニア辺境伯位に就いたトラウンガウ家のオタカル一世は、ケルンテン公であったエッペンシュタイン家の断絶に伴ない、同家が治めた北部および西部シュタイアーマルクを獲得、領土をほぼ現在のシュタイアーマルク全域に拡大したのであった。このオタカル一世が居城をシュタイアー（現オーバーエスタライヒ州内）に構えたことから、その領地はやがて、旧称カランタニアに代わって、シュタイアーマルクと呼ばれるようになったという。さらに、いまなおシュタイアーマルクの紋章が中央に掲げる白豹《しろひょう》もまた、オタカルの紋に由来するものと伝えられる。

その後、トラウンガウ家は、神聖ローマ皇帝と教皇との対立関係に巧みに乗じつつ、しだいに権勢を強化していった。とりわけ、一一八〇年、オタカル四世は、皇帝フリードリヒ・バルバロッサより公爵位を与えられ、シュタイアーマルクはいよいよ公国に昇格した。これとともに、カランタニア時代より五〇〇年間に及んだバイエルンとの主従関係にも、ようやく終止符が打たれたのである。

ところが、こうしてシュタイアーマルクが独立した領邦となるための礎を築いたオタカル四世は、若くして不治の難病を患っていた。自身が子孫を残さずに世を去ること、そしてそれによりトラウンガウの家門が断絶することを早くから予見していた領主は、一一八六年、ゲオルゲンベルクにて、遠祖オタカル二世と姻戚関係にあったバーベンベルク家にすべての所領を委ねることを指示する証書を作成したのであった。一一九二年にオタカル四世が他界すると、皇帝ハインリヒ六世はこの証書に基づいて、シュタイアーマルクをバーベンベルク家のレオポルト五世に与えたのである。

カランタニア侯国からシュタイアーマルク公国に至る形成過程は、シュタイアーマルクとその一帯が、早くからバーベンベルク家によってひとつの領邦として統一されてきたドナウ、エンス流域とは別個の領域であったことをことさら強く印象づける。古くはスロヴェニア人が独立国家を建国し、その後、トラウンガウ家が公国へと伸《の》し上げたシュタイアーマルクは、本来、「オスタリキ」の南東に広がる固有の地域であり、十二世紀、トラウンガウ家の断絶によりバーベンベルク領となることで初めて、「オーストリア」とのつながりを得たのである。そして、シュタイアーマルクがその後もこうした個別の領域としての性質を失なわず、また、領主たちの領土意識においても「オーストリア」とは区別した形で認識され続けたことは、バーベンベルク家のすべての家領を引き継いだハプスブルク家の相続のあり方に、とりわけ鮮明に反映されることになる。

「オーストリアの南半分」——ハプスブルク家の分割相続

シュタイアーマルクがハプスブルク家の支配下に入るのは、他のオーストリア諸地域と同様、一二七八年にボヘミア王オットカール・プシェミスル（オットカール二世）を破ってオーストリア公となったルドルフ一世のもとでのことであった。巧みな政治的手腕を通じて旧バーベンベルク領をひとつの領邦としてまとめ上げ、息子たちに託したルドルフであったが、しかし、その曾孫、ルドルフ四世の死後、ハプスブルク家ははやくも兄弟間で領土の分割相続を始めたのである。ルドルフ四世が生前、家憲において所領の不可分を決めていたにもかかわらず、二人の弟、アルブレヒト三世、レオポルト三世は、兄の歿後一四年を経た一三七九年、ミュルツ河畔ノイベルク修道院にて新たに協定を結び、アルブレヒトがニーダーエスタライヒを中心とするエンス河流域を、レオポルトがかつてのカランタニア一帯、すなわち、シュタイアーマルク、ケルンテン、クライン（現スロヴェニア）および、ティロルを統治することになった。この所領分割により、ハプスブルク家は、のちにマクシミリアン一世がふたたび家領を統一するまで約一世紀にわたり、アルベルト系とレオポルト系の二つの家系に分かれることになった。

アルブレヒト三世とレオポルト三世の間でもなお意見の不一致と不和が続き、一四一一年に所領はさらに三つに分割される。すなわち、アルブレヒト三世の子、アルブレヒト四世がエンス河流域を引き継ぐ一方、レオポルト三世の二人の息子、エルンスト鉄公とフリードリヒ四世は、それぞれ、前者がシュタイアーマルク、ケルンテン、クラインを、後者がティロルおよび西部所領を治めたのである。

十四世紀から十五世紀にかけて繰り返された一族内の諍いと分割相続の結果、ハプスブルク家ではしだいに、その所領を、下オーストリア（エンス河以東・以西）、上オーストリア（ティロル、西部所領）、内オーストリア（シュタイアーマルク、ケルンテン、クラインからアドリア海沿岸）という、三つのブロックに分けて捉える領土観が定着していった。そして、シュタイアーマルクは、このうち、ゼメリング峠以南、現在のスロヴェニアを含めた、ハプスブルク家領のほぼ南半分を占める内オーストリアの、まさに中心部分に当たっていた。すでにトラウンガウ家の時代から居城都市であったグラーツは、内オーストリアの首都となり、下オーストリアのウィーン、上オーストリアのインスブルックと並んで、政治、経済、文化の要衝としてめざましい繁栄を見たのであった。

とりわけ、エルンスト鉄公の息子として内オーストリアを相続し、その後一四五二年に神聖ローマ皇帝位を手にしたフリードリヒ（五世、皇帝としては三世）は、一四九〇年にリンツに遷都するまで、四〇年にわたってこの地に居城を置き、著しい内政的混乱のなかで、グラーツとヴィーナー・ノイシュタットとを行き来しながら国を治めたのであった。一四三八年、新たに王宮の建設に着手したフリードリヒは、これに隣接する大聖堂にも改築を加え、のちに「都市グラーツの王冠」と謳われることになる壮麗な建築群を完成していく。

十五世紀以降、ハプスブルク家の所領は、ネーデルラント、フランシュ・コンテ（現フランス東部）、さらにはイタリアへと、著しく拡大を続けていた。しかし、その中核をなすべきオーストリアの邦土を三分して捉える領土観は、ハプスブルク君主国をいよいよ世界帝国へと成長させた皇帝マクシミリアン一世の治世になってもなお、基本的には変化することがなかった。マクシミリアンの孫、フェルディナント一世もまた、祖父より中央集権化に向けた行政改革構想を引き継いだこととは裏腹に、一五五四年、三人の息子たちに領邦をふたたび分割統治させるよう定めたのであった。

そのうち、内オーストリアを世襲相続したのは三男カールであったが、その統治のもとで、君主国領の南部もまた、十六世紀にオーストリアが体験した歴史の激流に呑み込まれざるを得なかった。アドリア海からムール河東岸にかけての一帯は、当時、ウィーンを目指して繰り返し西進したオスマントルコにとって、主要な進軍路に当たっていた。目前に迫った対トルコ防衛戦に備えるべく、大公カール二世は、グラーツに内オーストリア宮廷軍事局を設置し、一五七九年には、クロアチアとの境界地点に要塞都市カールシュタット（「カールの都市」の意、現クロアチア、カルロヴァツ）を建設する。グラーツではさらに、建築家ドメニコ・デラリオの手によって、王宮および城砦の本格的な強化改築が進められていた。シュロスベルクがほぼ今日のごとき外見を見せるようになるのは、まさにカール二世の治世下のことである。ハプスブルク領の最南東端に位置して、シュタイアーマルクは、君主国をイスラム教徒の脅威から守るための、もっとも重要な砦となったのだった。

こうして二世紀半にわたったハプスブルク家によるオーストリア分割統治の歴史にようやく事実上の終止符を打ったのは、カール二世の息子、フェルディナントであった。一五九〇年、父より内オーストリア公位を継いだ彼は、一六一九年に皇帝マティアスが歿すると、代わって神聖ローマ皇帝フェルディナント二世として即位し、同時に上下オーストリアを含むすべてのハプスブルク家の世襲領を相続した。ひとりの君主が三つのエリアを手中に収めたことで、内オーストリア公という地位そのものが実質的な意味を失なったことはいうまでもない。この地の行政監督官であった「内オーストリア総督」のポストだけは、その後、マリア・テレジアの時代までかろうじて保持されたものの、フェルディナント自身がウィーンに居を移したことによって、グラーツでは、トラウンガウ家の時代以来、五〇〇年に及んだ居城都市の伝統に幕が閉じられることになった。帝位に就く前のフェルディナントが、一六一四年、宮廷建築家ピエトロ・デ・ポミスに命じて大聖堂の背後に建設を着手させた霊廟《マウソレウム》は、ハプスブルク家による、グラーツにおける最後の建築計画となった。マニエリスム建築の傑作のひとつに数えられる霊廟《マウソレウム》の完成には、フェルディナントの死後なお半世紀を要し、内オーストリア最後の君主の亡骸は、その孫にあたる皇帝レオポルト一世によってここに移葬されたのであった。

反宗教改革とカトリックの信仰習慣

こうしてハプスブルクの家領をひとつにまとめ上げた皇帝フェルディナント二世の母（大公カール二世妃）、マリア・フォン・ヴィッテルスバッハは、度を超したカトリック信徒であり、郷里のバイエルンからシュタイアーマルクにイエズス会を導入し、正統カトリックの高等教育機関としてグラーツ大学を開設させた人物としても知られている。カール大公の反プロテスタント政策の多くが、実際にはこの妃によって指示されたものであったともいう。フェルディナントもまた、母の強い希望によって、幼くしてバイエルン、インゴルシュタットのイエズス会学校に送られ、ここで厳格なカトリック教育を受けることになった。彼がのちに三十年戦争のキーパーソンとなったことも、こうした生い立ちに照らせば驚くにはあたらないだろう。ハプスブルク君主国において、徹底した反宗教改革と再カトリック化を実践した皇帝として知られるフェルディナントは、帝位に就く以前、内オーストリア公時代からすでに、領内のプロテスタントに対して仮借ない態度で臨んでいた。

反宗教改革運動は、実際、他のオーストリアの諸地域と同様、シュタイアーマルクでもまた、数多くの悲劇を生んだのであった。早くからルター派を受け入れたグラーツの名士らによって設立され、高い水準を誇ったプロテスタントの高等学校は、フェルディナントの指示で閉鎖され、教員は残らず解雇された。一五九四年、弱冠二十二歳でグラーツ入りして数学教師として教鞭《きょうべん》を執ったのち、一六〇一年にプラハへと逃れた天文学者、ヨハネス・ケプラーも、この迫害の犠牲者のひとりである。ケプラーが去ってからまもなく、グラーツでは大規模な焚書《ふんしょ》が行なわれ、一六〇一年夏、パウルス市門前で灰燼に帰したプロテスタントの書物の数は、優に一万冊を超えたという。信仰の問題に関してつねに頑迷な態度を崩すことのなかったフェルディナントは、この焚書のほか、芸術保護者として名高い先々代の皇帝、ルドルフ二世の絵画コレクションのうち、裸体画など、カトリック的道徳観から見て淫《みだ》らと感じられるあまたの作品にも、容赦なく火を掛けたのであった。

プロテスタント弾圧の影響は、いうまでもなく、文化、芸術の領域に止まるものではなかった。数多くの富裕な商人のほか、製鉄業を支えた熟練の鉱山労働者たちもまた、カトリックへの改宗を拒絶して、国外移住の道を選んだ。シュタイアーマルクに限りない富をもたらした北西部の鉱山のなかには、採掘半ばにして無人のまま残される場所も少なくなかったといわれる。

この地の産業と経済が、宗教的弾圧が残した負の遺産を完全に払拭《ふっしょく》するには、十八世紀半ばを俟たなければならなかった。

反宗教改革と再カトリック化政策が社会全体にこの上なく深いダメージを与えた経緯については、他州の例にも明らかである。だが、その過程において、聖職者たちが、著しい混迷に陥ったカトリック信仰をいま一度立て直し、人びとの魂を正しく教導するという、教会が担うべき本来の役割をあらためて見つめ直そうと努めたことにも、注目しておくべきだろう。こうした運動のなかで、カトリック圏特有の信仰習慣が見直され、オーストリアの生活文化のなかにいま一度深く編み込まれていったのである。とくに、贖罪《しょくざい》思想との関連で中世より受け継がれた巡礼は、十七世紀になってふたたび脚光を浴び、教会や君主によって強く奨励されるようになっていた。ニーダーエスタライヒとの境界付近に佇むマリアツェル教会は、この新たな巡礼ブームのなかでにわかに注目され、その後のオーストリアの社会と文化において、きわめて重要な役割を果たすことになる。

巡礼地マリアツェル

ザルツァ河の谷あい、標高八七〇メートルの険しい土地に位置するマリアツェルが、ベネディクト派聖ラムブレヒト修道院に寄進されたのは、一一〇三年のことであった。およそ半世紀後の一一五七年、マグヌスと名乗るひとりのベネディクト僧が、シナノキ製の聖母子像を携え

マリアツェル巡礼教会は，現在もヨーロッパ全域から多くの巡礼者を集めている.

て単身この辺境の地に分け入り、庵を結んでマリアに祈りを捧げたことが、この教会の起源とされている。マリアツェル巡礼教会にいわば本尊として祀られ、いまも人びとの崇拝《すうはい》を集める全長四七センチメートルのマリア像は、このときにマグヌスがもたらしたものと伝えられる。その後、一二一〇年、モラヴィア辺境伯ヴラディスラフ・ハインリヒが、このマリア像の託宣により持病を克服したことに感謝して、教会堂の大規模な改築を手掛けたという。一連の縁起《えんぎ》は人びとの心を強く捉え、この頃からマリアツェルは、聖母崇敬の中心地として、近隣の都市と集落ばかりではなく、オーストリア各地、さらにはボヘミア、ハンガリー、スロヴェニアからも、数多くの巡礼者を集めるようになった。

　反宗教改革運動の時代になると、マリア崇敬はしばしば、民衆にカトリックの魅力をアピールするための格好の宣伝材料として利用された。ルター派をはじめ、聖書に信仰の中心を置くプロテスタントが、マリアを崇《あが》める行為を一貫して否定したためである。なかでも皇帝フェルディナント二世は、聖母マリアをオーストリアの第一の守護聖人とみなし、マリア崇敬こそ、敬虔なカトリックの信仰態度をもっとも明快に象徴する証であると宣言した。当時すでに国内最大の巡礼地として繁栄を見ていたマリアツェルは、皇帝直々の御墨付きを得たことによって、名実ともに、ハプスブルク君主国における公式の聖地となったのである。その後、イエズス会をはじめ、各修道会はこぞって、この地に向けて数千人規模の巡礼を組織し、ウィーンから当地に至る巡礼路はしばしば、古代アテネからエレウシスを目指した「聖なる道」に譬えられた。

だが、フェルディナント二世が指示した教会堂の本格的改築は、三十年戦争に伴なう政情不安から大幅に遅延し、一六四四年、次代のフェルディナント三世の治世になってようやく着工され、そののち四〇年をかけて完成を見たのであった。ラムブレヒト修道院の専属建築家、ドメニコ・シアッシアによる新たな設計図は、本来、十七世紀の教会建築に典型的な、ファサードの両側に塔を備えたサン・ピエトロ寺院風のプランを示していた。しかし、実際の改築計画は、九〇メートルの高さに聳える十四世紀のゴシック式尖塔《せんとう》を中央部に残して進められたため、マリアツェル教会は結局、いまに見るような、三本の塔を抱くユニークな外観を得ることになった。内陣にひときわ光を放つ大理石の中央祭壇は、一六九二年に修道会の依頼を受けたヨハン・ベルンハルト・フィッシャー・フォン・エアラッハが一二年の年月をかけて制作した傑作で、シュタイアーマルクに生を享けたオーストリア・バロックの巨匠が州内に残した数少ない作品のひとつにほかならない。さらに、一二の脇祭壇には、オーストリアの守護聖人、レオポルトとヨーゼフのほか、ハンガリー王所縁のシュテファン、ラディスラウス、エメリヒらの聖者が祀られ、この教会が実に旧ハプスブルク君主国の万神殿《パンテオン》であったことを明徴するのである。

マリアツェル巡礼教会がオーストリアの精神史においていかなる意味を持っていたかは、フェルディナント二世以降、最後の皇帝カール一世に至るまで、ハプスブルク家のすべての宗主がここに参詣している事実からも十分に読み取れるだろう。女帝マリア・テレジアは、聖母子像を祀る礼拝堂に純銀製の格子垣を奉納したことで知られる。さらに、その息子であり、急進的な教会改革を導入したヨーゼフ二世ですら、その祭壇の前には跪《ひざまず》いたという。そして現代、オーストリアを含め、旧君主国領に関する一切の政治的権限を失ない、私人となったハプスブルク家の末裔たちが、いまなおこの教会で祝い続ける華燭の典は、かつての皇家と巡礼地マリアツェルとが紡いできた深いつながりを、時を超えて伝える表象といえるだろう。

ピベールとリピッツァナー——スペイン乗馬学校を支える育馬場

だが、一七八〇年にマリア・テレジアの跡目を継いだヨーゼフ二世は、ラディカルな啓蒙主義的改革政治を通じて、修道院とカトリック文化の繁栄に突如、暴力的な形でピリオドを打つことになった。教皇至上主義に激しく反撥し、ルター派や正教会、さらにはユダヤ教徒に対しても信仰の自由を容認したヨーゼフは、神への祈りと瞑想《めいそう》に生活の重点を置くという修道院の基本理念を、真っ向から否定したのであった。修道士の「無為」を国家の公益を損なう行為とみなして攻撃したヨーゼフは、救貧活動などの具体的な社会貢献に取り組む団体を除き、多くの修道会をつぎつぎと解散に追い込んだのであった。ハプスブルク領内ではあまたの修道院が閉鎖され、存続を許された場合でも、祭壇に供えられた金銀の奉納物のほか、設立時より熱心に蒐集されてきた貴重な宝物や蔵書はことごとく没収された。マリアツェルにおいてすらこの接収は容赦なく実行され、聖母子像が纏《まと》う金襴《きんらん》の衣装までもが、無惨に剝《は》ぎ取られたという。

ヨーゼフによる教会改革が、「宗教的寛容」というリベラルな響きを持つイデオロギーの陰《かげ》に、十六世紀におけるプロテスタント迫害に匹敵するほどの大規模な文化的破壊を伴なった事実を、看過すべきではないだろう。知の宝庫であった修道院付属図書館の蔵書は散逸し、学問を究めた修道会士たちは、各地に散じて文筆家や家庭教師に身をやつした。また、壮麗な修道院の建物の多くが、皇帝直々の指示を受けて、学校や救貧院など、公共の目的に転用された。後述するドロテア修道院跡に置かれたウィーンの公営質店ドロテウムのように、その起源を辿るとき、ヨーゼフによって閉鎖された修道院に行き着く公共施設の事例は、枚挙に遑がない。

マリアツェルをはじめ、シュタイアーマルク各地に広大な所領を誇ったラムブレヒト修道院もまた、この改革の犠牲となる運命を免れなかった。没収された膨大な蔵書の大部分はグラーツ大学の図書館に収蔵され、不動産は他の修道院と同様、ただちに国有化された。そして、以後、さまざまな目的のために再利用されたラムブレヒト修道院所有の建造物のなかでも、オーストリア文化史においてきわめて特異な役割を果たすことになったのは、シュタイアーマルク最西部、ケルンテンとの州境に位置するピベールの城館である。

ラムブレヒト修道院は、十一世紀以降、山がちの西部シュタイアーマルクにおける開墾《かいこん》と布教活動を担ってきた。小都市ケフラッハ近郊のピベールもまた、この修道院の活動を通じて、反宗教改革期にはすでに、東部アルプスにおけるカトリック信仰の拠点のひとつとして知られていた。現在ピベール城と呼ばれる建築は、一七二八年、ラムブレヒト修道院の分院として完成されたものである。ヨーゼフの改革とともに修道院としての機能を奪われた城館は、その後一七九八年、自然環境に恵まれたその立地から、軍馬の飼育場として用いられるようになる。十九世紀には帝国農業省の管轄下に置かれ、多くの馬を戦場に送り出した。そして、育馬場としてほぼ一世紀の歴史が築かれた一九一五年、君主国崩壊の予兆のなかで、ピベールでは、ハプスブルク家秘蔵のリピッツァナー種が専門に飼育、交配されるようになったのである。

よく知られるように、ヨーロッパの王室は、古くから独自の馬の文化を醸成してきた。戦場でつねに強い馬が求められたのは当然であるが、平時においてもまた、宮廷儀式やパレードに際してみごとな馬と高度な馬術を披露することは、一門の富と権勢を内外にアピールするために不可欠な手段のひとつと見られていた。ウィーンのハプスブルク家では、こうした顕示目的のために、スペイン宮廷に伝わる超絶技巧的な馬術の技が守り継がれたのであった。スペイン風の古典馬術は、ハプスブルクの宮廷が姿を消したのちもなお、「スペイン乗馬学校」の名を冠して、王宮の裏手にある旧ハプスブルク家の馬場を舞台にいまも伝え続けられている。

ウィーンの宮廷に初めてスペイン産の馬をもたらしたのは、皇帝フェルディナント一世であった。スペイン王国の祖、フェルナンド二世の孫としてスペイン中部のアルカラ・デ・エナーレスに生まれ、幼くして両親と別れた後、祖父の宮廷で少年期を過ごしたフェルディナントは、一五二一年、父方の祖父、皇帝マクシミリアン一世の死去とともに、その遺領を継ぐべくウィーンに入城した。十八歳の若い皇子は、このとき、数百人のスペイン人従者とともに、目を瞠るような美しいアンダルシア産の駿馬を伴なって来たという。その後、ハプスブルク家の宮廷ではスペイン産の馬を用いる習慣が定着し、年ごとに多くの馬が遠路はるばるウィーンまで運ばれたのであった。

だが、スペインからの定期的な馬の「輸入」は、当然のことながら、皇家に著しい財政的負担を強いた。フェルディナントの治世からすでに、皇帝の官房では、領内で宮廷用の馬を飼育する可能性について、活潑に議論がなされていた。この構想を実現させたのが、内オーストリア大公、カール二世である。カール大公は一五八〇年、当時内オーストリア領にあったトリエステのリピッツァに、宮廷専用の育馬場を開設したのであった。このリピッツァの育馬場で、フェルディナント一世が連れて来たアンダルシア種と、イタリア系のネアポタリノ種が交配され、リピッツァナーと呼ばれる独自の品種が誕生したといわれる。

リピッツァナーは、長い首と強い足を特徴とする、優れた馬種である。晩熟かつ長命で、生まれ持った聡明な性質は、高度な馬術習得に向けた、根気を要する調教にも十分に耐え得るという。一般に、輝くような純白の毛並みを具えた馬とされ、仔馬《こうま》はみな黒い毛で生まれるが、歳を重ねるにつれ灰色を経てやがて九割以上がみごとな白馬へと成長する。しかし、今日では、リピッツァナーの毛色は本来、決して純白ではなかったというのが定説となっている。たとえば、十八世紀前半、ハプスブルク家に仕官し、宮廷の馬を主たる画題として描き続けた動物画家、ヨハン・ゲオルク・ハミルトンは、青毛から栗毛、斑《ぶち》まで、あらゆる毛色の馬が御料地の牧場で跳ねるさまを画布に写した。だが、十九世紀半ばになると、同種の宮廷画がほぼ白馬のみを描くようになることから、リピッツァナーの白毛は、一種の優性遺伝であると推測し得るのである。いまでもなお、突然変異的に青馬や栗毛が誕生することは稀《まれ》でなく、ウィーンの「スペイン乗馬学校」の厩舎でも、銀の毛並みの馬のなかに一頭だけ青毛の馬を置くことが、古くからのしきたりとなっている。

ハプスブルク家はこのリピッツァナーを、皇家が誇るべき門外不出の血統として大切に飼育させ、他種との交配を決して許さなかった。第一次世界大戦勃発直後、育馬場がリピッツァからピベールへと移されたのも、この貴重な馬を前線からより遠い場所へ避難させるという目的で講じられた措置であった。そして、ピベールにおけるリピッツァナーの歴史は、まさしく、未曾有の戦争が引き起こす混迷と、他国による占領の危機が迫るなか、皇家伝来の馬種を絶滅から救うための、壮絶な努力の過程にほかならなかった。

とりわけ、第二次世界大戦末期、ソヴィエト軍が日ごとに戦線を西へと移動させたとき、当時すでに共産圏であったスロヴェニア国境からわずか五キロメートルを隔てたピベールもまた、馬たちにとって安住の地ではなくなっていた。当時、ウィーンの「スペイン乗馬学校」を統括したアロイス・ポダイスキー大佐は、ピベールで飼育されていた雌馬と数頭の種馬がソヴィエトの手に渡ることを阻止すべく、ナチスドイツの軍幹部と米軍のジョージ・パットン将軍、敵味方両者との間で、想像を絶するアクロバティックな交渉を続けたという。さまざまな障害に遭いながらも、ポダイスキーは、ソ連軍がシュタイアーマルクに侵攻する直前、からくもリピッツァナーをオーバーエスタライヒのザンクト・マルティンへと疎開させることに成功する。白馬たちの息詰まるような逃避行のありさまは、戦後、ウォルト・ディズニーとアーサー・ヒラー監督によって映画化され、世界中の人びとの知るところとなった。ヒラーが『白馬の奇跡』(邦題『第二次世界大戦秘話　白馬奪回作戦』)と題したこの「作戦」が存在しなければ、ハプスブルク家のリピッツァナーは地上から永遠に姿を消していたに違いない。

ウィーンの「スペイン乗馬学校」にて、日々、華麗な演技を披露する美しい白馬がすべて、グライン・アルプスに抱かれたピベールの城館に生まれ育つことを知る人は、決して多くはないだろう。一月から五月の出産期に誕生した仔馬たちは、約半年で母馬から離れ、育馬場周辺の牧場に放たれる。夏が近づくと彼らは、標高一六〇〇メートルの山上牧草地へと自力で登り、秋口にはふたたびピベールまで下りてくる。この放牧の習慣こそが、高等馬術の厳しい訓練を耐え抜くための十分な筋力を養うのだという。こうして、生まれてから三度の夏をこの恵まれた環境のなかで過ごしたのちに、牡馬だけが首都へと送られ、乗馬学校の構成員として、本格的な調教が開始されるのである。二〇一〇年、スペイン乗馬学校は、ユネスコより無形文化遺産の指定を受けた。ピベール産のリピッツァナーは、古典馬術という古きハプスブルク家の伝統文化を、五〇〇〇年の時を超えて守り続ける、まさに「生きた文化遺産」なのである。

ヨハン大公——シュタイアーマルクの殿様

十七世紀にフェルディナント二世がその居城をグラーツから引き払ったのち、内オーストリアおよびシュタイアーマルクは、マリア・テレジア期からヨーゼフ二世期にかけての中央集権化政策によって、いよいよ行政区としての自律性を完全に喪失することになった。内オーストリア行政局は廃止され、この地の行政はすべて、ウィーンの中央官庁の指示を受けて執り行なわれた。こうして、シュタイアーマルクはやがてオーストリアの「南の僻地」となり、かつての居城都市グラーツは、辺鄙《へんぴ》な地方都市とみなされるようになっていった。

それに続いて、シュタイアーマルクの社会と経済に対して決定的なダメージを与えたのは、ナポレオン軍の侵攻とフランスによる占領であった。グラーツは一七九七年と一八〇九年、二度にわたってフランス軍の攻撃を受けている。このうち、一八〇九年にはシュロスベルクを舞台に激しい攻防戦が繰り広げられたが、皇帝軍と現地の義勇軍は、結局、これを守り切ることができなかった。フランスはさらに、同年十月に締結されたシェーンブルンの和約で、陥落したシュロスベルクが擁したすべての構築物の撤去を要求した。だが、グラーツの市民たちは、都市のシンボルとして愛された時計塔と鐘楼《しょうろう》が姿を消すことをよしとせず、私財を擲《なげう》ってからくもこれらをフランス占領政府から買い取ったのであった。フランスは戦後、オーストリアに対して莫大な戦争賠償金を請求し、さらに、五年に及んだ占領期を通して、当地においても苛酷な資源搾取を行なった。

こうして十九世紀の幕開けと同時に深刻な停滞期に陥ったシュタイアーマルクにおいて、絶望に傾きかけた人びとの心を鼓舞し、この地の社会と経済、文化をふたたび順調に発展させるための多くの前提を築き上げたのが、「シュタイアーマルクの殿様」として広く親しまれたヨハン大公にほかならない。

ヨハン大公ことヨハン・バプティストは、一七八二年、皇帝ヨーゼフ二世の弟、トスカナ大公レオポルトの一三番めの子として、フィレンツェのピッティ宮に誕生した。一七九〇年、ヨーゼフの死去によって父が帝位を継いだことを機に八歳でウィーン入りしたが、それまでフィレンツェの宮廷でイタリア語とフランス語を日常語として育ったヨハンは、このとき初めてドイツ語を学んだという。

父レオポルト二世はハプスブルク家きっての名君といわれ、優れた政策構想を数多く整えたが、不幸にも即位後わずか二年を経てこの世を去った。その跡を襲ったのが、弱冠二十四歳の長男、フランツである。ハプスブルク家は概して、長男よりもむしろ次男以下の男子たちの間に、政治的・外交的・軍事的センスに恵まれた人物が輩出したといわれる。深い良識と進取の精神、鋭い政治感覚に恵まれたヨハンの人生もまた、固陋《ころう》かつ優柔不断な兄のもとで、当時のオーストリアを巻き込んだ激動の歴史に翻弄されたのであった。

なかでも、ヨハンが青年期に歩んだ軍人としての経歴は、ことのほか悲惨なものであった。弟の才能を見込んだ皇帝フランツは、一八〇〇年、十八歳のヨハンを指揮官としてティロル、シュタイアーマルクにおける対仏戦争の前線に送り込んだ。だが、戦局はすでにオーストリアにとってきわめて不利な方向へと展開しつつあった。若い皇子は、第一次対仏戦争では連戦連敗を喫し、一八〇五年、連隊とともにブレンナー峠を敗走するという屈辱を味わうことになる。一八〇九年には少数精鋭の部隊を率いてイタリア戦線で劇的な勝利を収めるが、アルプスの北側で戦況を膠着化させていた皇帝軍は、ヨハンの先勝を好機として生かすことができず、ついにワグラムにて降伏したのである。イタリアでの戦績が評価され、ヨハンにはマリア・テレジア軍事勲章が授与された。しかし、アンドレアス・ホーファー率いるティロル義勇軍と結んで最後までフランス軍と戦い抜くという彼の希望は、決して聞き届けられることがなかった。シェーンブルンの和約以降、ヨハンは兄によってティロルとの接触を禁じられ、はやくも軍人としての第一線を退くことになる。

ヨハン大公がシュタイアーマルクに深い愛着を抱くようになった理由は、国防戦の前線で育まれた、ティロルをはじめとする「山国」への共感であったといわれる。いずれにしても、特段の公的任務を持たず、完全にひとりの私人としてこの地に入ったヨハンは、一八一八年、ゼーベルクの山麓《さんろく》に地所を購入し、ここを本拠にシュタイアーマルクの産業復興に専心したのである。地所は「ブラントホーフ」と名づけられ、ほどなく最新の自然科学的知識を農業分野に応用するための一種の実験農場へと発展した。「ブラントホーフ」を舞台に、ヨハンは、ジャガイモ栽培を本格的に導入し、また、シュタイアーマルクの風土気候に適した肉牛の品種改良や養蚕など、新たな試みにつぎつぎと着手した。

退役直後にイギリス、オランダへの視察旅行に出た大公は、とりわけ英国における鉄鋼業の先端的進歩に深い感銘を受けていた。客地《かくち》に多くの刺激と着想を得たヨハンは、帰国後、ブラントホーフ近郊のフォルデルンベルクに高炉を開き、当地に鉱山業専門学校を創設したほか、多くの技術的開発を通じて、シュタイアーマルクがオーストリアの鉄鋼業および重工業の中心地として繁栄するための礎を築いたのであった。

鉄鋼業への関心は、ヨハン大公を君主国の鉄道計画にも深く関与させる結果となった。本来、ウィーンを起点として、シュタイアーマルクの東側を迂回《うかい》し、ハンガリー西部を経てトリエステへと至るはずだった南鉄道の設定路線が、大幅に西寄りに修正されて、ブルック・アン・デア・ムールからグラーツを経由することになったのは、ヨハンによる交渉の成果にほかならない。その尽力がなければ、グラーツはハプスブルク君主国の鉄道網から隔絶され、その後の産業発展は望めなかったとさえいわれている。

さらに、スイス出身の啓蒙主義者、ヨハネス・フォン・ミュラーの薫陶《くんとう》を受け、自然科学に造詣の深かった大公は、一八一一年、みずから蒐集した膨大な自然史コレクションをシュタイアーマルクの貴族身分に寄贈した。これをもとに自然学博物館を設立することが当初の目的であったが、コレクションはやがて総合博物館「ヨアネウム」(現・州立博物館)へと発展し、グラーツ大学と並んで、今日なお、シュタイアーマルクの重要な学術研究拠点となっている。

こうして、シュタイアーマルクを愛し、この地の繁栄のために全力でつくした大公を、人びとはやがて親愛の情を込めて「ブラントホーフの旦那《ブラントホーファー》」と呼ぶようになっていた。一説によれば、その治世の前半において、宰相メッテルニヒの助言のもとに厳しい言論規制と社会への監視体制を布き、臣民の不興を買ったフランツ帝は、弟ヨハンが得た人気に激しく嫉妬していたという。その真偽はともかく、ヨハンがかつて、ティロルの民衆蜂起を主導したアンドレアス・ホーファーと深い親交を持った事実は、メッテルニヒ政府が彼を不審視する十分な理由となったのである。政府内には、かつての内オーストリアで「民衆のプリンス」となった大公が、ティロルからシュタイアーマルクにかけての一帯に自身を首長とする独立国家を樹立すべく謀っていると称する、荒唐無稽な風聞すら流れた。メッテルニヒは実際、あくまで私人としてゼーベルクの山間《やまあい》に暮らすヨハン大公に密偵をつけて、常時、監視させていたという。そして、ハプスブルク家における異端児としての評価をさらに決定的なものにすると同時に、シュタイアーマルクにおける大公の人気を一段と高めることになったのが、アンナ・プロッフルの存在であった。

ヨハン自身の回想録によれば、バート・アウスゼーの郵便局長の娘、アンナ・プロッフルと大公が知り合ったのは、一八一九年八月、トプリッツ湖畔の夏祭でのことであったという。風にそよぐランタンの群れが人びとをほのかに照らす素朴な祝いの場で起きた、ハプスブルクの皇子と庶民の娘との運命的出会いは、いかにもビーダーマイヤー的な、甘やかな印象とは裏腹に、とりわけヨハンにとって厳しい状況を突きつけることになった。メッテルニヒの密偵は、早くからこの身分違いの恋愛を探り当てていた。二人は一八二二年に婚約したが、皇家がこれをすぐには承認しなかったことは自明であろう。ヨハンはウィーンを訪れるたびに、兄の理解を熱心に請い続けた。フランツ帝がようやく、アンナと将来授かる子どもを皇族としては認めないという条件のもとに、ヨハンの結婚を正式に許可したのは、婚約から実に七年を経た一八二九年初頭のことであった。皇家から結婚の事実を内密にするよう求められたため、結婚式は二月十七日の深夜十一時、ブラントホーフ邸内の礼拝堂にて、ヨハンの友人二名の立会のもと、ひそやかに執り行なわれたという。

結婚に至るまでの確執とは対照的に、夫妻はその後、皇帝および皇家との間におおむね良好な関係を築いていったようである。アンナは一八三四年に叙爵を受け、一八三九年にはウィーンの王宮内にて男児を出産している。子どもはハプスブルク家の慣習通りにミヒャエル教会にて洗礼を施され、フランツ・ルートヴィヒと名づけられた。大公の一粒種、フランツ・ルートヴィヒは、さらに一八四四年、メラン伯爵に叙され、南ティロルのシェンナに所領を与えられたのであった。歳の離れた夫が七十七歳で亡くなると、アンナは、一八八五年に歿するまでの二六年間にわたり、大公の遺志を継いで、シュタイアーマルク各地において孤児院建設などの慈善活動に専心した。

こうして、個人としての幸せをこのシュタイアーマルクの地に得たヨハン大公が、公人としてふたたび歴史の舞台に姿を現わしたのは、一八四八年六月のことであった。三月革命とウィーン体制崩壊を経て、ドイツに自由主義的な立憲王制を樹立すべく召集されたフランクフルト国民議会において、ヨハンは、有効票数五四八票中四五二票という、圧倒的支持を集めてドイツ国臨時元首（摂政）に選出されたのである。ブルジョアジーをはじめ、新たな時代を担う新興勢力がドイツ全土から集った国民議会での投票結果は、ヨハンの人気が決して地方レベルに止まるものではなかったことを明示している。だが、ヨハンがかねてから抱いていた、ドイツ諸邦、オーストリア、そしてスラヴ諸地域を含めた大ドイツ連邦を構築するという政治ヴィジョンは、結局実現を見ることはなかった。革命が鎮圧され、反動政治が蠢動《しゅんどう》し始めたとき、ヨハンは傷心を胸にブラントホーフに帰還した。

だが、シュタイアーマルクにおけるヨハンの声望と人気はその後も決して翳《かげ》りを見せることがなかった。国民議会解散の翌年の一八五〇年、大公はシュタイアーマルク南部の市場町、シュタインツの町長に選出されている。ハプスブルク家の皇族が選挙で市町村長に選ばれた事例は、このときのヨハンを措いてほかにない。

皇家が生んだ異端のプリンスは、戦争と政治の激動によって一辺境と化しつつあったシュタイアーマルクの地をみずから「故郷」として選び取り、その産業と文化を守り立てて、「内オーストリア」に起源を持つ独自の文化圏としてのアイデンティティ形成を促したのだった。シュタイアーマルクの伝統衣装を身につけたヨハンの姿は、銅版肖像画となって広く流布し、民衆の間で一種の愛郷的象徴と化した。また、わが国でもアルプス地方の民謡の代表作として広く知られる『ヨハン大公のヨーデル』は、一八五九年に歿した大公を慕い偲《しの》ぶ人びとによって歌い継がれ、今日に伝えられた曲である。

森の詩人、ペーター・ローゼッガー

「シュタイアーマルクの殿様」と慕われたヨハン大公と並んで、ハプスブルク君主国がまさに斜陽の時代を迎えようとしていた十九世紀後半、同じくこの地の固有の文化に対する人びとの意識を目覚めさせ、地域的愛郷心の形成に寄与した人物があった。ハプスブルク家に生まれたヨハンが、フィレンツェとウィーンに育ったのち、シュタイアーマルクを「第二の故郷」として選んだのに対して、ペーター・ローゼッガーは、まさしくこの土地の民衆層から身を起こし

ペーター・ローゼッガーの故郷「ヴァルトハイマート」，アルプル．現在は，集落とその周辺全体が，野外博物館とハイキングコースになっている．

た文筆家であり、あくまでシュタイアーマルク人の視点から、故郷の風土や文化と向き合おうとした。

一八四三年、シュタイアーマルク北東部に位置するミュルツ渓谷《タール》のクリーグラッハに生まれたローゼッガーは、生涯にわたり、故郷の森林地帯の歴史と風土、景観、人びとの暮らしのありさまを淡々とした筆致で描き続けた。少年時代を過ごしたクリーグラッハ村のアルプルからザンクト・カトラインにかけての一帯を、ローゼッガーは「ヴァルトハイマート（＝森のふるさと）」と呼び、この呼称を自伝的著作のタイトルに冠している。もとは作家による造語であった「ヴァルトハイマート」が、すでに彼の生前、一九〇〇年前後から、クリーグラッハ周辺を示す地名として広く浸透し、やがて地図にも掲載されるようになった事実は、その作品が誇った並外れた人気と知名度を示す証ともいえる。作家ローゼッガーが得たこれほどまでの名声の背景には、近代化の波に洗われ、しだいに衰微を見ようとした伝統的な「山と森の文化」に対してオーストリアの人びとが抱いた切ないノスタルジーが存在したことに、議論の余地はないだろう。

クリーグラッハの名が初めて公文書に登場したのは十二世紀だが、その厳しい地形から、本格的な入植、開拓はさらに遅い時期に着手されたという。ミュルツ渓谷のなかでも、クリーグラッハの人びとは、文明から隔絶された「自然の民」であった。集落に文字を解する者は少なく、他方、独自の口承文化も発展しなかったため、共同体の外部からさまざまな進歩や改革を受容することもほとんどなかった。その一方で、住民の間には、家屋や家具、家内作業の用具などをめぐってきわめて豊かな生活文化が醸成され、さまざまな固有のしきたりと慣習が連綿と受け継がれていた。

ペーター・ローゼッガーは、まさにこのような環境のなかに多感な少年時代を過ごしたのだった。十七歳のとき、集落を巡る巡回仕立屋の職に就いた彼は、その途上で出会った地域固有の生活習慣と文化に感嘆し、やがてこれを題材にさまざまな文章を手掛けるようになる。手書きで作成した暦や雑誌には、素朴な彩色の挿絵が添えられ、「出版地」として、「クリーグラッハ、アルプルのクルペネグ、シュタイアーマルク」と書き添えられた。

こうして書きためられた作品の一部が、一八六四年、日刊紙『ターゲスポスト』の編集長、アーダルベルト・スヴォボダの目に留まる。青年の才能を確信したスヴォボダは、高等教育を受けさせるため、彼をグラーツの商業アカデミーに入学させた。一八七〇年、最初の作品集となった『ツィターとツィンバロン』の出版を経て、一八七五年に上梓された『森の学校教師の手記』が大評判を呼び、ローゼッガーはほどなく、シュタイアーマルクを代表する郷土作家、さらにはオーストリアの国民的文筆家として認められるようになる。

その後も一貫してヴァルトハイマートの風土と景観、そこでの人びとの営みを主題として創作を続けたローゼッガーの作家活動は、実は、確固たる理想と哲学によって支えられていた。「古きよき森の生活」は、ローゼッガーが物心つく頃にはすでに、崩壊の危機に瀕しつつあった。一八四〇年代に始まった鉄道建設ブームは、近代的産業発展の基礎を作る一方、家畜や木材の価格を急激に下落させた。これと同時に、技術革新のプロセスにおいて主要燃料が木炭から石炭へとシフトしたこともまた、山岳地帯の農村生活に決定的な打撃を与えることになる。貧しさに耐えかねた人びとはやがて山を離れて都市へと向かい、工場労働者へと姿を変えたのであった。森の集落では、ローゼッガーの少年時代には過疎化が顕著になり、それに伴なって、ヴァルトハイマートに古くから受け継がれた独自の生活文化もまた、しだいに消え去ろうとしていた。

「森のふるさと」を深く愛し、ひとりの人間としての精神的拠り所をそこに求めたローゼッガーにとって、こうした状況は、まさしく世界観の崩壊と価値混乱を意味していた。みずからの作品を通じて、オーストリアそのもののアイデンティティにも通じる山と森の伝統文化の存在と価値をいま一度人びとに強く印象づけ、それに対する再評価を促すことこそ、ローゼッガーが抱いた作家としての使命にほかならなかったのだ。

このような目的意識は、晩年になって、ローゼッガーを多くの社会活動へと向かわせることになる。アルプルに新たに小学校を設立するための募金運動を開始して「森の学校」を開校させ、また、敬虔なカトリック信者でありながら、ミュルツタールにおけるプロテスタント教会の設立にも尽力した。精力的な文筆活動のかたわら、ヴァルトハイマートの森林文化保存のための社会活動に身を投じたローゼッガーは、この地に伝わるさまざまな風俗、習慣、物質文化を単に形として保存するのではなく、それらの形成過程の支柱となった心性や精神風土を守り継ぐことを強く望んでいた。

ローゼッガーの作品と活動は、実際、シュタイアーマルクの人びと、さらにはハプスブルク君主国に暮らすドイツ系住民の心中に、強い愛郷心を呼び起こすことになった。各地でナショナリズムが沸点に達しようとしていた十九世紀末、その主張は、しばしば、ドイツ民族主義と同一視されることもあった。とりわけ、ヴァルトハイマートの学校開校を機に、作家が君主国各地の森林地帯にドイツ語系の小学校を設立する運動に乗り出したことは、スラヴ系の人びとからさまざまな誤解を受けることになった。だが、ローゼッガーが鼓舞した「愛郷心」が、実際には、現代のナショナリズムとは無縁の、旧い君主国的な理念に基づくものであったことを看過すべきではないだろう。それは、特定の民族の優位を謳うイデオロギーからはほど遠く、むしろ、身近な生活のディテールが近代化の過程によって押し流され、姿を消すという現実に対する、静かな反抗のスタンスと呼び得るものであった。

クリーグラッハのローゼッガーの生家、長じて執筆に専念した屋敷、そして「森の学校」など、作家所縁の建物の数々は、現在、博物館として一般に公開されている。ローゼッガー個人の遺品のほか、ヴァルトハイマートに伝統的に伝わる家屋の様式、展示された家具や生活用品は、作家が守り伝えようとした森林農村文化とその背後に横たわる精神性をいまに伝える貴重な史料にほかならない。

ヴァルトハイマートは現在、ニーダーエスタライヒからシュタイアーマルクにかけて、縦横に走るハイキングコースの重要な合流点となり、年間三万人から四万人のハイカーがここを訪れる。なかには、ローゼッガーの著作をガイドブックとして携え、かつて作家が辿った山道のコースを追体験しようとする人びともある。この地を訪れるオーストリアの人たちは、シュタイアーマルクの緑の森の美しさにあらためて驚嘆すると同時に、自身の文化的起源に思いを馳せずにはいられないという。

君主国崩壊から戦後へ――シュタイアーマルクのトラウマ

かつてはオーストリアの南半分を占めたシュタイアーマルクは、ハプスブルク支配の末期から共和国時代にかけて、現代史が生み出した複雑な事情から、「辺境」としての性格をますます強めていくことになった。とりわけ、多民族国家、ハプスブルク君主国をまさに分断しようとしていたナショナリズムは、当地においてはドイツ人対スロヴェニア人という対立構造として表われた。南部を中心にシュタイアーマルクの人口の約三分の一を占めたスロヴェニア系住民の一部は、すでに第一次世界大戦前、ケルンテン、クラインの同言語グループと一体化して君主国から分離し、独自の国家を樹立する要望を州議会に突きつけていた。かつて、ドイツ系とスロヴェニア系の人びとが共生した「内オーストリア」という古い領土概念が、もはや有効性を持たなくなっていたことは自明であろう。

第一次世界大戦ののち、いよいよ君主国が崩壊を見たとき、この対立は、新共和国の国境問題として先鋭化することになる。新生オーストリア共和国政府は、新たに成立したスロヴェニア人・クロアチア人・セルビア人国と交渉し、都市マリボルを含むドラーヴァ河流域のドイツ人居住地域をオーストリア領とすることを望んだが、より高度に軍事化していたスロヴェニアは、ただちに南部シュタイアーマルク全域を武力で制圧した。このときに引かれた南部国境線を、およそ一五キロメートル幅でオーストリア方向に修正するという提案は、パリ講和会議とサン・ジェルマン条約において、いっさい顧慮されずに黙殺された。

かつて「下シュタイアーマルク」と呼ばれた南部地区全域、とりわけマリボル、ツェリェなど、商業の要所であった諸都市を失ない、さらに、「内オーストリア」時代から文化的、経済的に緊密な連携を保持してきたトリエステ（現イタリア領）およびリュブリャナとも分断されたことは、決定的な打撃であった。君主国崩壊と国境線変更によって、シュタイアーマルクは、産業拠点の多くを、そして重要な市場を一気に喪失し、将来の経済発展に向けたあらゆる可能性を断たれたかに見えた。十分な議論を経ずになされた戦後処理は、当然、住民の心に深い傷跡を残した。そして、このトラウマは、のちにシュタイアーマルクが過激なドイツ・ナショナリズムの温床となるための、強力な伏線をなしたといわれている。

実際、シュタイアーマルクは、第二次世界大戦終戦に至るまで、ケルンテンと並んで、ナチスドイツにとってオーストリア最大の支持基盤を形成したのであった。一九三八年のドイツへの併合（合邦《アンシュルス》）以前からすでに、ここでは非合法のナチ党が結成されていた。この年に行なわれた国民投票では、有権者の九九・八七パーセントがドイツへの併合を支持し、さらに、併合後、正式にナチ党員となった住民は、全体の一〇・五パーセントにまで達したという。一九四四年、ナチスドイツがスロヴェニアを占領し、その「ゲルマン化」に着手したとき、人びとがおおいに溜飲を下げたことは、いまさら指摘するまでもないだろう。

こうして、多民族国家から国民国家へという歴史的転換に適応し切れず、ナチスドイツに積極的に荷担したという過去は、必然的に保守的な政治風土を作り出すことになった。とりわけ、ドイツ軍の撤退を、占領者からの「解放」ではなく、みずからの「敗戦」と捉えたシュタイアーマルクでは、戦争責任を追及してナチ党員を徹底排除することは、戦後政治の再建そのものを行き詰まらせる可能性があった。結局、一九四八年には、多くの元ナチス関係者が特赦を受け、政治の世界に返り咲くことになる。彼らの一部は、右派ポピュリズム政党、オーストリア自由党の中核を形成し、イェルク・ハイダーらによる新右翼政治運動を支える原動力となった。

戦後、グラーツを中心に開花したアヴァンギャルド芸術運動が、にわかには変え難い政治的保守性に対して向けられた明快なアンチテーゼとしての一面を持っていたことに、議論の余地はない。ゲルハルト・ロートを筆頭に、「フォールム・シュタットパルク」の作家たちは、つねに右翼とファシズムを痛烈に批判し、反体制的なアピールを行なってきた。

暗黒の過去を克服し、新たな道を探るための試みがなされたのは、文化、芸術の領域に限られたことではなかった。一九四八年に州知事に就任し、二三年に及ぶ長期政権を築いたヨーゼフ・クライナーは、民俗学者でグラーツ大学教授、ハンス・コーレンの助言を得て、新しい「郷土政治」のヴィジョンを打ち立てようとした。スロヴェニアを含むユーゴスラヴィアとの国境を、共産主義にたいする「前線」ではなく、庭の「生垣」に譬えながら、クライナーは、スラヴ的・ロマン的要素を含む、多文化共存的な政治観を前面に押し出した。すでにティトー政権時代からユーゴスラヴィアと地道な対話を続けたことは、のちのヨーロッパ統合に際して、シュタイアーマルクがスロヴェニアとのスムーズな経済連携を実現するための、確実な布石となった。二〇〇〇年代初頭、当地の地方銀行がスロヴェニアとの取引を通じて上げた利益は、オーストリアの金融業界において史上最高の数字を記録したという。

また、グラーツで毎年、春と秋に開催された「南東欧見本市」は、中小規模の企業を中心に営まれてきた中欧および南東ヨーロッパの重工業にとって、最大の軸としての機能を果たしてきた。一九〇六年に起源を持つこの見本市は、欧州連合(EU)統合に先立って、中欧および南東ヨーロッパの企業の間に積極的な交流の可能性を切り拓くものであった。こうした営みは、グラーツをはじめ、シュタイアーマルク各地で活潑に繰り広げられる文化・芸術イベントと並んで、オーストリアを、その南東に位置する旧君主国領と緩やかに結びつけてきた。冷戦期という困難な時代からヨーロッパ統合に至るまで、このようなコミュニケーションの伝統が連綿と築き上げられた過程の背景に、「内オーストリア」に遡るシュタイアーマルク独自の歴史の流れが存在したことは、いうまでもない。

Oberösterreich

第4章 オーバーエスタライヒ

「アルプスの国」の原風景

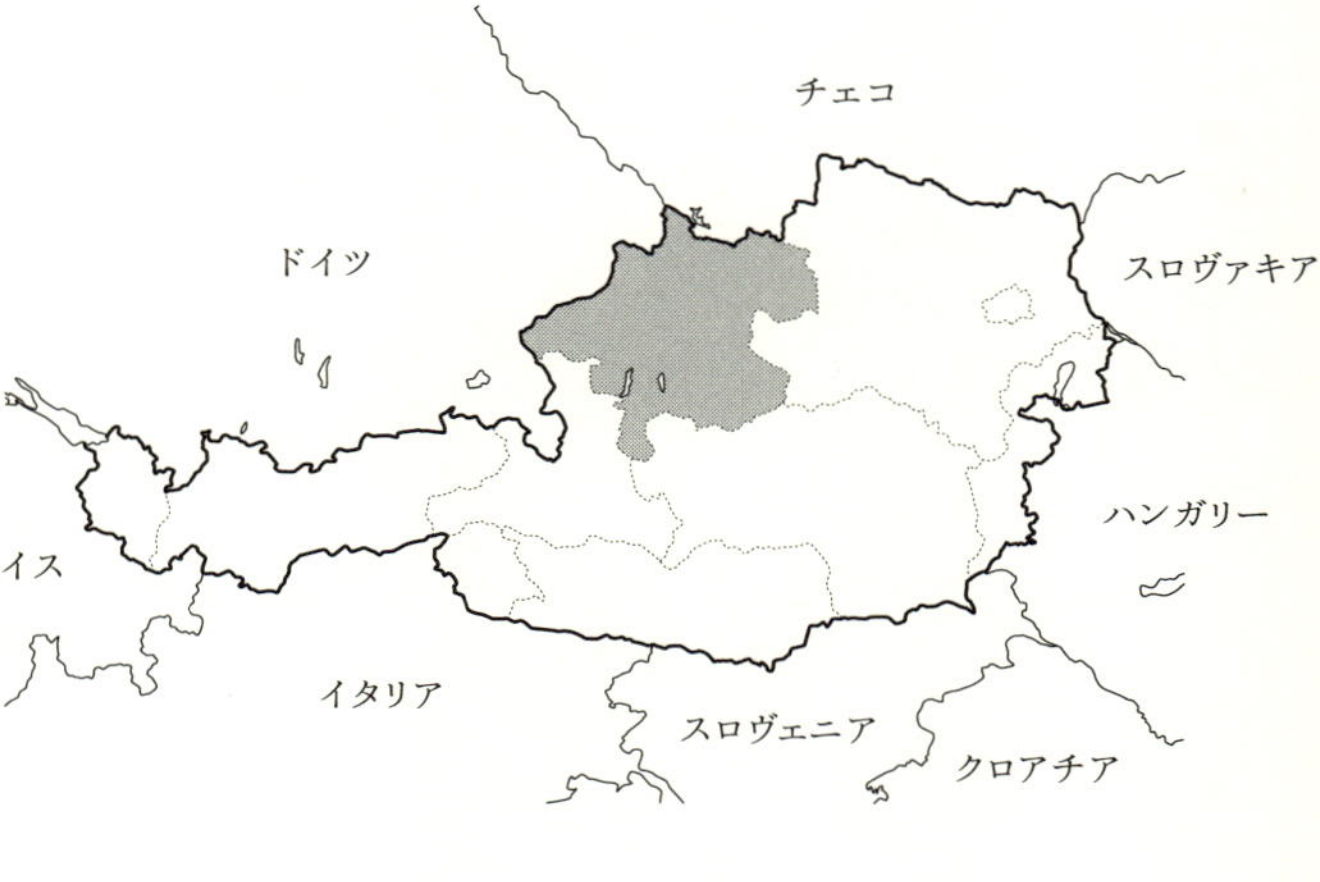

オーバーエスタライヒ　関連略年表

777　タシロ3世，クレムスミュンスター修道院建立
1071　アウグスティン修道院，聖フローリアンの墓所の上に建立（ザンクト・フローリアン修道院の始まり）
1262　「アウストリア・スペリオル」が地名として初めて公文書に記される
1517　マルティン・ルターによるドイツ宗教改革
1607　ハルシュタットとエーベンゼーの間に塩のパイプライン開設
1625　フランケンブルクでのプロテスタント虐殺．農民蜂起
1636　農民戦争収束
1823　イシュルに初の保養客逗留
1824　アントン・ブルックナー，リンツ近郊に誕生
1830　皇太子フランツ・ヨーゼフ，のちの皇帝フランツ・ヨーゼフ1世誕生
1846　ヨハン・ゲオルク・ラムザウアー，ハルシュタット遺跡の発掘を開始
1848　フランツ・ヨーゼフ1世，オーストリア皇帝に即位
1908　英王エドワード7世，バート・イシュル訪問
1914-18　第1次世界大戦
1938　ナチスドイツ軍，リンツ入城
1945　アメリカ軍，マウトハウゼン収容所を解放
1966　リンツ大学（ヨハネス・ケプラー大学）開設
1997　ザルツカンマーグート地方のハルシュタットとダッハシュタインの文化的景観，世界遺産登録

ハンガリー民話が描いた「おとぎの国」

オーストリアの東の隣国において、マジャール系農民の間に古くから語り伝えられた民話やメルヘンは、西欧と東欧の両要素を絶妙に織り交ぜつつ、独特の土俗的雰囲気を通じて、いまも私たちの心を魅了してやまない。そして、これらの口承譚が好んで語る遥かな桃源郷《とうげんきょう》、「オプレンツィア」は、ハンガリー民話の愛好家にとってはすでに馴染《なじ》みの存在であろう。いくつかの物語は、「むかしむかし、オプレンツィアよりもさらに遠くのある国で……」という、お定まりの前口上で幕を開ける。また、貧しい農家の末子が、最後のパンのかけらまで食べつくしたのちに故郷を捨て、七日七晩かけて歩き続けたすえ、やがて棒砂糖（シュガー・ローフ。砂糖を円錐《えんすい》形に固めたもの。砂糖はかつて、市場においてこのような棒状の形態で取引されていた）の形をした山々の麓、美しい海に囲まれた「オプレンツィア」に辿り着くというストーリーは、ハンガリー民話の定型パターンのひとつとして、多くの類話を派生させた。

「オプレンツィア」とは、ハンガリーの口承民話が生み出した架空のユートピアに過ぎない。だが、この想像上の地名が、実は、オーバーエスタライヒの旧称、「オプ・デア・エンス（エンス河の上手）」に由来するという事実については、民俗学者の指摘を俟つまでもないだろう。民話の世界に登場するのは十七世紀以降とされるが、その背景には、当時、多くのハンガリー農民がハプスブルク軍に徴兵され、エンス河西岸の駐屯地で過ごして除隊したあと、郷里の人びとに彼の地のありさまを語って聞かせたという経緯があったといわれる。「森に足を踏み入れれば、傘《かさ》のように大きな羊歯《しだ》の葉が雨風を防いでくれる。その葉陰には帽子ほどもある巨大な肉厚のキノコが生え……、ビロードと見紛う柔らかな若草に覆われた牧場では、尻尾が綺麗にカールした美しい薔薇《ばら》色の子豚たちが跳ね回る。仔牛は丸々と肥え、その肉の調理には脂が必要ないほどなのだ……」。物語のなかで熱心に語られる「オプレンツィア」の豊かな暮らしは、東方のハンガリー大平原とハプスブルク領西部との間に存在した経済格差を劃然と標す証左ともいえるだろう。さらに、起伏のない平地地方から渡来した人びとの目には、青く澄んだ湖を抱くアルプスの絶景は、実に「おとぎの国」にふさわしいものとして映ったに違いない。現実の大洋さながらにありありと描かれた「オプレンツィアの海」とは、まさに、トラウン河の中・上流に点在する湖水群をもとにイメージされた、空想の産物であった。

しかし、ドナウ、エンス、トラウンの三つの大河とダッハシュタイン山塊によって区切られたこの土地に理想郷を見出したのは、プスタの人びとだけでは決してなかった。地誌学者ハンス・スヴォボダがいみじくも「オーストリアの景観的縮図」と呼んだように、シュタイアーマルクの北西側、国土のちょうど中心部に位置するオーバーエスタライヒは、およそ一万二〇〇〇平方キロメートルに及ぶ州面積のなかに、オーストリアが持つ地理的・景観的魅力をすべて凝縮させているといっていい。ボヘミアから連なる暗く幻想的な喬林《きょうりん》、万年雪を戴くアルプス山脈、そして太古のむかし、その麓に氷河が抉り出した青く澄みわたる湖、谷間《たにあい》に広がる豊かな農場と放牧地、さらに、この山岳風景においてさながら点景物のごとく、山吹色の漆喰を眩しく耀《かがや》かせるあまたの修道院建築。オーバーエスタライヒを旅するとき、多くのオーストリア人が、その目くるめくばかりのパノラマのなかに、変化に富む自然環境と人為の文化が織りなす「美しき国、オーストリア」の原風景を求めようとするのである。

なかでも、オーバーエスタライヒの南部に位置し、ザルツブルク、シュタイアーマルク両州へと跨がるザルツカンマーグートは、オーストリア随一の景勝地として知られている。標高四〇〇から七〇〇メートルほどの丘陵が、南端の最高峰、ダッハシュタイン（標高二九九五メートル）に向けて天然の露台《テラス》を形成し、その狭間にトラウン水系の清流が注いで、大小七六もの湖が群青の水面を光らす奇観こそ、夢の国、「オプレンツィア」の起源となったに違いない。比類ない景観に加えて、この一帯ではさらに、地質の関係から多くの鉱泉が湧出し、十九世紀よりすでに湯治場としても絶大な人気を集めてきた。域内に点在する湖のほとりには、バート・イシュル、ザンクト・ヴォルフガング、グムンデンをはじめ、国内でもっとも伝統ある保養都市の数々が、いまも互いにその瀟洒《しょうしゃ》な姿を競い合う。交通手段が著しい発達を遂げ、ヨーロッパはもとより、アジア、アメリカ大陸のリゾートがごく身近な存在になった今日もなお、ザルツカンマーグートの保養地は、人びとにとって、オーストリアの旧きよき避暑文化を受け継ぐ、理想のヴァカンス先であり続けている。

だが、風光明媚《ふうこうめいび》なオーバーエスタライヒは、オーストリアの観光立国としての側面を代表するだけには止まらない。州東南部、ピルン・アイゼンヴルツェン（「鉄の根《アイゼンヴルツェン》」の意）地方は、古くから良質かつ豊富な鉄を産出したシュタイアーマルク、ニーダーエスタライヒにかけての鉄鉱山系の最北端に当たり、ここで採掘された鉱石は、多くがエンス河を下ってピルン山系の谷間の集落で製鉄、鍛造された。両州との境界線をなすエンス河沿いの街道は、かつて、これらの鉄および鉄製品を首都やイタリア諸都市へと運んだことから、いまなお「鉄街道《アイゼン・シュトラーセ》」と呼ばれるのである。

十二世紀以前に遡る製鉄業の伝統ゆえに、この地方では国内でもきわめて早い時期に工業化が進行し、とりわけ州東部、リンツ、ヴェルス、シュタイアーの三大都市が形成する三角地帯は、十九世紀から今日に至るまで、オーストリアでもっとも重要な工業地域としての役割を担ってきた。金属業コンツェルン、フェストアルピーネ社をはじめ、国を代表する大企業の多くがいまも州都リンツおよびその周辺に本拠地を置き、また、全州で稼働する企業の数はおよそ六万八〇〇〇社に及ぶという。現在、オーバーエスタライヒ州の工業輸出総額は、オーストリア全体の約三〇パーセント弱を占めている。

ニーダーエスタライヒとの州境の都市、エンスを起点に、ドナウ、エンス、トラウンを遡行して旅するとき、誰もが当地の小都市や集落の堂々として華やかなありさまに魅了されずにおれないだろう。製鉄業、塩業のほか、州内を縦横に流れる豊かな水脈の利に浴して交易においても著しく栄えたオーバーエスタライヒの諸都市は、十二世紀から十四世紀にかけてつぎつぎと都市権、市場権を獲得し、政治的、経済的自律性を確立していった。州都リンツに限らず、東端のエンスから中部のヴェルス、エファーディング、南部のグムンデン、さらには北西部でドイツ・バイエルン州と境を接するシェルディングに至るまで、優美なバロック様式の広場と、イタリアのパラッツォを聯想させる壮麗な家屋群に彩られた街並みは、かつてここに暮らした人びとの富裕と誇りをひときわ強く印象づける。

さらに、街道を山村部へ下るなら、富を得て高度な文化を身につけたのが、都市の住人だけに限られなかった事実が見て取れるだろう。オーバーエスタライヒの農村風景において何よりも目を惹くものは、「フィーアカント」と呼ばれる、直方体状をなした重厚な佇まいの農場建築である。広々とした中庭を二階建ての角ばった棟がロの字型に囲む農家の形式は、一般にルネサンス期に由来するものであるとされている。その簡素で力強い美しさは、十九世紀前半、ビーダーマイヤーの旅行作家たちの心を強く捉え、また、ウィーンに近代建築の礎を築いた毒舌の建築家、アドルフ・ロースをして、「まことの生活文化に根ざした真の様式美」と絶賛させたのであった。煉瓦と漆喰で丁寧に仕上げられた「フィーアカント」は、三つの大河がもたらす肥沃な土地と良好な気象環境を舞台に展開された、農民たちの剛健な気風と豊かな暮らしのありさまを、いまなお饒舌《じょうぜつ》に物語ってやまない。

だが、このように、オーバーエスタライヒの街や村が最初に与える表面的な印象は、実際、この州が内包する歴史上の特徴に密接に結びついているのだ。すなわち、ハプスブルク家世襲領の重要な一部を形成しながらも、オーバーエスタライヒは、歴史においてただの一度も、本格的な君主の居城を持たなかった。マクシミリアン一世がヴェルスに歿したことは史実として広く知られるが、これは、皇帝権強化を狙って自領を回る旅の途上に起きた、一種の突発的事件に過ぎなかった。また、フリードリヒ三世のリンツ遷都は、首都ウィーンをハンガリー王マティアス・コルヴィヌス（マーチャーシュ一世）に占領されたがゆえの、いわば惨苦の避難行動であった。王城を備えたリンツ、ヴェルスに限らず、オーバーエスタライヒの多くの都市は諸代の皇帝の行幸を迎え、さらに、十九世紀にはバート・イシュルがハプスブルク家との強い絆《きずな》を持つことになるが、しかし、ウィーン、インスブルック、グラーツのように、真の宮廷都市としての発展過程を体験した都市は、この地には存在しなかった。ニーダーエスタライヒ、シュタイアーマルクとは対照的に、世襲領内における独立した領土としてはむしろ軽視されがちだったオーバーエスタライヒは、まさに、河と湖水、鉄と塩を秘めた山脈の利に恵まれた市民や富農の力を通じて発展した地域といえるのである。

ラント・オプ・デア・エンス――「エンス河の向こう側」

ザルツブルクの南方、ラートシュタット＝タウエルン山中に源を発し、約二五〇キロメートルにわたってオーストリアの国土を南北に縦断したあと、都市エンスおよびマウトハウゼンにてドナウ河に注ぐエンス河は、古来、行政上の重要な境界としての役割を果たしてきた。現在のオーストリア中央部を占めていたローマの属州ノリクムでは、エンス河の東西に二つの行政区が置かれ、それぞれをアエリウム・ケティウム（現ザンクト・ペルテン）、オヴィラワ（現ヴェルス）が統轄した。ローマ期におけるこの区分が、のちのニーダーエスタライヒ、オーバーエスタライヒの起源となっている。とりわけ、都市オヴィラワの建設目的は、アルプス以北を効果的に統治するための拠点を築くことであった。ドナウ、エンス、トラウンによって劃されたその管轄領域は、今日におけるオーバーエスタライヒの中核を形成することになる。

オーストリア諸地域の例に漏れず、ドナウ、エンス上流域もまた、六～七世紀にはアヴァール人による激しい攻撃に晒された。特に、ゲルマン民族大移動ののち、旧ノリクムを支配したバイエルン族は、この一帯を、ヨーロッパの南東から迫り来る騎馬民族の侵入からドイツ南部を守る最前線として位置づけたのであった。したがって彼らは、アヴァール人の脅威に屈することなく、修道会と手を結んで、ドナウ河の支流沿いを中心に果敢な植民・開拓活動を続けた。

七七七年、古バイエルン族、アギロルフィンガー家のタシロ三世が、リンツの南方、クレムス河のほとりに建立した壮大なクレムスミュンスター修道院は、当地におけるバイエルン公の揺るぎない権勢をいまに伝えている。

その後十一世紀、バイエルン公はエンス河両岸地域を南北に二分し、北部のドナウ―トラウン間をバーベンベルク家に、また、南部のトラウン―エンス間を同族のトラウンガウ家に、それぞれ封土として授けた。とりわけトラウンガウ家のオタカル一世は、このとき手にした都市シュタイアーに居城を構え、ほどなくここを本拠としてシュタイアーマルク統一に乗り出した。シュタイアーマルクの語源となった都市が、実際にはオーバーエスタライヒの域内に位置する所以である。シュタイアーマルクが独立公領としての地位を確立すると、トラウンガウ家の君主は、のちに「トラウン地区」と名づけられ、オーバーエスタライヒの心臓部をなしたこのトラウン―エンス間一帯を、シュタイアーマルクの一部として併呑した。

十二世紀から十三世紀にかけてトラウンガウ家とバーベンベルク家が相次いで断絶し、ハンガリー王ベーラ四世とボヘミア王オットカール・プシェミスル(オットカール二世)とがその家領を分割したとき、「トラウン地区」はようやくシュタイアーマルクから切り離され、北側のドナウ流域と併せて、ふたたび固有の領土とみなされるようになった。一二六二年の公文書には、この領域を指す語として、オーバーエスタライヒを意味するラテン語、「アウストリア・スペリオル」が初めて登場する。その後、ボヘミア王オットカール二世を斃して旧バーベンベルク領を手中に治めたハプスブルク家は、この地を「ラント・オプ・デア・エンス（エンス河上流地域）」と称し、パッサウ大司教領を蚕食しながらさらに北西方向へと拡大した。ボヘミアへと連なるミュール河流域の森林地帯、今日の「ミュール地区」は、こうして、十六世紀までにはラント・オプ・デア・エンスの一部をなすようになっていた。

ラント・オプ・デア・エンスとは、実際には語意とは異なり、エンス河の上流ではなく左岸を指し、ハプスブルク家の領土観においては、その東岸、ラント・ウンター・デア・エンス（のちのニーダーエスタライヒ）と一対をなして「下オーストリア」を形成していた。南部にシュタイアーマルク、ケルンテン（内オーストリア）、西部にティロル（上オーストリア）を控えて、「下オーストリア」は名実ともにオーストリア公領の中心であり、なかでも、首都ウィーンを戴くウンター・デア・エンス地区は、ハプスブルク君主国の中枢部として機能するようになっていた。

他方、エンス河西岸、オプ・デア・エンスが、ハプスブルク家の統治において、東岸地区の「添え物」的な役割に甘んじざるを得なかったことは、「下オーストリア」が多くの公文書において、「オーストリアおよびラント・オプ・デア・エンス」と表記された事実によって明徴されるだろう。オプ・デア・エンス地区では、古くから固有の精神性とアイデンティティが醸成され、一三九〇年には、かつてこの地に栄えた貴族、マハラント一族の家紋をもとに、州として独自の紋章までもが考案されていた。だが、それとは裏腹に、ここでは、一四五二年に至るまで、独立した州議会が招集されることは決してなく、オプ・デア・エンスの貴族、名士らは、あくまで「下オーストリア」議会の一員として、ウンター・デア・エンスの州議会への参加を許されたに過ぎなかった。一五二二年になってようやく、皇帝フェルディナント一世がオプ・デア・エンスを一個の大公領と定め、この独自の領土について、ラント・ウンター・デア・エンス、シュタイアーマルク、ケルンテン、ティロル等、他の世襲領との平等性を宣言した。だが、これが実質的にどれほどの効力を発揮したのかは、きわめて疑問の残るところである。すなわち、世襲領内におけるラント・オプ・デア・エンスの位置づけについては、その後も一致した結論が示されることはなかったからだ。たとえば、ハプスブルク家の宗主が領内全域に対して発する直書《じきしょ》や勅令の冒頭では、名宛人としてすべての世襲領名が列挙される倣いとなっていたが、ラント・オプ・デア・エンスは十六世紀になってもなお、公領として認められた他の諸世襲領名の末尾に、あくまで下部地域として書き添えられたのである。

一方、ラント・オプ・デア・エンスは、ハプスブルクによる領土拡大政策の一環として、隣接するバイエルンやパッサウ司教区の領地を機会あるごとに併合し、その面積を着実に増やしていた。一七七七年、マリア・テレジアの治世には、バイエルン公、ヴィッテルスバッハの本家断絶の機に乗じて、今日のドイツ国境地域に当たるイン河流域が、新たに「イン区域」としてオプ・デア・エンスに統合された。さらに、岩塩や鉄鉱石など、豊富な資源に恵まれたオプ・デア・エンスは、君主国の財政に莫大な利益をもたらし続けた。とりわけ、塩業の一大中心地、ザルツカンマーグートに関しては、ハプスブルク家は十八世紀に至るまでその直接統治権を手放そうとしなかった。しかし、それでもなお、君主国の行政において、オプ・デア・エンスは、その遥か北方に位置したボヘミア、モラヴィアにも及ばない、辺鄙な片田舎の地位から脱し得なかったのである。首都ウィーンから見れば、当地は、「エンス河の上手」というよりはむしろ「エンス河のかなた」に横たわる僻地に過ぎなかった。ラント・オプ・デア・エンスが、明確な法的定義に基づいて、名実ともに独立した公領として確立され、ウンター・デア・エンスとは別の、固有の世襲領となるためには、一八六一年の二月勅令を俟たなければならなかった。その正式州名が、「ラント・オプ・デア・エンス」からオーバーエスタライヒへと改まるのは、さらに第二次世界大戦後のことであった。

「フランケンブルクの賽子遊び」——オーバーエスタライヒ農民戦争

十六、十七世紀の歴史において、エンス河東岸と西岸の運命を分かった最大の要因は、東方国境の存在であった。すなわち、地理的立地上、州土の南東を、ニーダーエスタライヒとシュタイアーマルクによって「護られた」形のラント・オプ・デア・エンスは、これら両州とは対照的に、オスマントルコ軍との直接対決を免れたのであった。しかし、ハプスブルク君主によって固有の領邦として十分に顧慮されず、また他方では古来、州西方で境を接したバイエルン公国との間に密接なつながりを持ち続けたという、東岸地域とはまったく異なる特殊な状況が、宗派抗争の過程において、この地に著しい悲劇を生みだしていた。

他の諸州と同様、オーバーエスタライヒでもまた、ルター派信仰は、貴族から農民に至るまで幅広い階層で支持を集め、十七世紀にはすでにプロテスタントがカトリックの数を上回っていた。これに対処するため、ハプスブルクの皇帝たちはしだいに反宗教改革および再カトリック化運動を強化する。これに反撥したオプ・デア・エンスの貴族階層が、北に接するボヘミアのプロテスタントと手を結ぼうとしたとき、この地の状況は、政府にとって即座に対処すべき緊急課題となったのであった。ところが、ニーダーエスタライヒ、シュタイアーマルク、そしてボヘミアにおいて、あくまでみずからの主導でプロテスタント弾圧を推し進めた皇帝フェルディナント二世は、エンス河西岸での対抗宗教改革政策に当たっては、きわめて例外的な手段に訴えようとした。すなわち、一六二〇年、著しく緊迫したオプ・デア・エンスを、皇帝はあろうことか、隣国バイエルンの君主、マクシミリアン一世の手に委ねたのである。この統治権移譲は抵当契約を伴なうものであり、三十年戦争の戦費捻出に悩んだフェルディナントによる苦肉の策だったともいわれている。いずれにしても、宗派抗争に際して皇帝が取ったオプ・デア・エンスのあまりに安易な抵当化措置には、当地に対するハプスブルク家の軽視のありさまが見て取れるだろう。

バーベンベルク時代以前においてオプ・デア・エンスの地をみずから領有し、その後もこの一帯に深い関心を抱き続けたバイエルン公は、混乱の収拾を進んで引き受け、ほどなくバイエルン軍がイン河を越えて各地に派兵された。このとき、マクシミリアン公の命を受け、新たにオプ・デアア・エンス総督の任に就いたアダム・フォン・ヘルベルストルフ伯爵は、プファルツ゠ノイブルクをはじめ、各地で過激な再カトリック化を実行した強硬派として知られていた。ハウスルック丘陵一帯の農民がその暴挙を恐れて決起すると、ヘルベルストルフは偽りの恩赦を約して首謀者に出頭を促す。しかし、彼らがすでに逃亡したことを知った総督は逆上し、一六二五年五月十五日、関係者三六人を捕らえてフランケンブルクのハウスハマー荒野に連行した上、ごく消極的な形で謀叛に関わったに過ぎないこれらの人びとに、それぞれの命を賭《か》けて賽《さい》を振らせた。五〇〇〇人もの見物人が見守るなかで行なわれたこの恐るべき「賽子遊び《さいころ》」の結果、賭けに「負けた」一七人が、いっさいの裁判手続を経ることなく縊《くび》り殺されたのである。

バイエルンによる統治が引き起こした残虐事件は、エンス河西岸のプロテスタント系農民を激昂させた。まもなく各地で騒擾が勃発し、翌年には大規模な農民戦争へと発展して、およそ一〇年に及んでオーバーエスタライヒ全域を恐慌に陥れることになる。この内乱は、単なる局地的な小競り合いのレベルに止まるものでは決してなかった。犠牲者数も、ボヘミアでの有名な「白山《ビーラー・ホラ》の戦い」での死者数を遥かに上回っており、実際には、三十年戦争中にオーストリアが体験した、もっとも激しい宗教戦争となったのだった。

一六二五年夏以来、互いに連関を持たないまま各地で激化した農民蜂起は、やがて、エファーディング近郊、ザンクト・アガタの富農、シュテファン・ファーディンガーという勇猛な主導者を得た。以後、暴動は、非農民層の反政府勢力とも連携しつつ、短期間のうちに高度に組織化されていった。いまやひとつの奔流《ほんりゅう》となった叛乱は想像を絶する凄まじさで都市部を標的に拡大し、一六二六年六月のリンツ包囲を皮切りに、ヴェルス、シュタイアー、グムンデン等、主要都市をつぎつぎと陥落させた。州都リンツに急行し、農民軍を一気に鎮圧しようと企図した総督ヘルベルストルフもまた、騒擾の中心地のひとつ、ハウスルック丘陵のポイアーバッハで計略にかかって捕らえられ、苦心惨憺《さんたん》のすえ、からくも敵軍の手から逃れたという。リンツ包囲戦が膠着状態に陥るなか、停戦合意を無視したバイエルン公はさらに増強した兵力を送り込んだが、数万に膨れ上がった叛乱軍は、たちまちこれを撃退したのであった。

オプ・デア・エンスの禍乱は、すでにバイエルン軍の制圧能力を遥かに超えた、本格的戦争へと進展していた。抵当権者としてこの地を統治したマクシミリアン公には、本来の領主であるハプスブルク君主に対して援軍を要請する以外に、もはや選択肢は残されていなかった。こうして、オーストリア史上最大規模の農民戦争がようやく収拾の兆しを見せ始めるのは、一六二六年十一月、三十年戦争の宿将、パッペンハイムの指揮のもとで態勢を立て直したバイエルン軍が、リンツで皇帝軍と合流して以降のことであった。一時は一〇万人にまで肥大してバイエルン軍を脅かした叛徒は、実際にはほとんどが農民であり、十分な武器と戦術を備えていたわけでは決してなかった。傭兵を中心としたパッペンハイム軍の参入によって、彼らの戦闘能力の脆弱《ぜいじゃく》性が著しく露呈させられることになる。合同軍はリンツからドナウ河を遡ってエフアーディングに至り、ここで三〇〇〇人の農民を虐殺、さらにトラウン湖畔のピンスドルフでも二〇〇〇人を粛清《しゅくせい》した。そして、十一月十九日、ハウスルック丘陵の麓、ヴォルフスエッグにて五〇〇〇人の叛乱軍と対決し、緑に囲まれた市場町を焦土と化した戦いが、ようやく農民戦争を終結へと導いたといわれる。

しかし、内戦の火種は、年が明けても消えることがなかった。合同軍による容赦ない武力弾圧にも屈せず、各地でゲリラ戦が頻発し、エンス河沿いのローゼンシュタインにおけるように、バイエルンから派遣された官吏が農民によって惨殺される事件も、跡を絶たなかった。皇帝フェルディナント二世は、一六二七年三月、見せしめの意を込めて、リンツのハウプト広場で首謀者の大規模な処刑を執行、その三ヶ月後には一般恩赦勅書を発して、農民戦争に一応の終止符を打とうとした。だが、以後もなお、プロテスタント系農民による突発的騒乱は、オプ・デア・エンス全域に及んで止《や》むことなく続き、そのたびごとに数多くの犠牲者を出した。結局、農民戦争から連鎖した最後の蜂起が制圧されるのは、一六三六年になってのことであった。

ハプスブルク君主による強硬な再カトリック化政策は、他州と同様、オーバーエスタライヒでもまた、夥しい数の住民を国外に流出させ、産業と経済に著しい荒廃をもたらした。だが、宗派抗争が実際の戦火となって燃え広がり、人的・物的両面でこれほどまでの被害を及ぼした地域は、エンス河西岸を措いてほかに例を見ない。一〇年にも及んだ内戦の結果、域内の都市と集落は、もはや産業・交易の拠点として機能し得なくなっていた。年代記が伝える数値によれば、リンツ、ヴェルス、シュタイアーでは五割以上の家屋が焼失し、さらに、ボヘミア国境近くの集落、フライシュタットに至っては、十七世紀初頭に二三八軒を数えた建物のうち、農民戦争を生き延びたものはわずか三〇軒に過ぎなかったという。また、長い戦争のなかで繰り返された相互の残虐行為は、敵味方を分けて戦った者たちの心のなかに、途方もなく深い禍根を残すことになった。リンツ包囲戦で深手を負い、戦争の結末を見ることなく死去していた首謀者ファーディンガーの亡骸を、総督ヘルベルストルフが一六二七年の大量粛清後まもなく墓から掘り起こさせ、ゼーバッハ湿原に建てた絞首台にみずからの手で吊《つ》るしたというエピソードは、この戦争がもたらした憎悪の深さを生々しくいまに伝えるのである。

ザンクト・フローリアン修道院とアントン・ブルックナー

オーバーエスタライヒは、オーストリア・バロック建築がとりわけ豊かに開花した地域としても知られている。ウィーン、ミュンヘンという、ドイツ語圏南部におけるバロック文化の双《そう》璧《へき》の間に位置して、他地域にはない、きわめて洗練された、華やかで躍動的な様式が醸成されたのだという。ドナウ、エンス、トラウンの三河川のほとりや緑の丘陵、山々の麓など、州土の随所にその美しい姿を誇示するように立つバロックの教会と修道院は、一方では確かに、一万人を超えるプロテスタント系農民の生命と財産を踏み躙りながら進行した反宗教改革の、まさに凱旋モニュメントとしての意味を内包している。他方、これらの建造物、そしてここを舞台に今日まで続く文化の営みが、オーストリア独自の精神性の形成過程にとって欠かせない要因となったこともまた、看過できない。

エンス河西域に点在する修道院のうち、規模と華やかさにおいて見る者の目をひときわ惹きつけるのが、クレムスミュンスターとザンクト・フローリアンである。その豪壮な佇まいを前にするとき、土地っ子のお定まりのジョーク、「(ニーダーエスタライヒの) メルク修道院がや

ザンクト・フローリアン修道院，バジリカ内のクリスマン・オルガンは，いまもなおその豊かな音色で訪問客を魅了してやまない．

たらと注目されるのは、単に高速自動車道《アウトバーン》がそのそばを抜けているからさ。クレムスミュンスターもザンクト・フローリアンも、道路から見えないだけで、本当はメルクよりずっと素晴らしいんだ」という、いささか不平を込めた冗談が、にわかに現実味を帯びて響くようになる。

このうち、州の守護聖人、聖フローリアンの名を冠したザンクト・フローリアン修道院の起源は、ドナウ河沿岸における最古のキリスト教会にまで遡るという。四世紀、ローマ帝国の司令官であったフロリアヌス(フローリアン)は、ディオクレティアヌス帝下のキリスト教徒迫害に際して、信仰をともにする住民を守ろうとして火炙《ひあぶ》りによる拷問《ごうもん》を受け、エンス河に投げ込まれた。その後、列聖され、火刑と水刑を受けたことから、火災と水難から人びとを守る聖人として慕われ、中央ヨーロッパ全域、とりわけオーストリアとポーランドで熱烈な崇敬を集めた。巨大な岩塊に縛り付けて沈められたにもかかわらず、まもなくエンス河を下ってドナウの河岸に流れ着いたフロリアヌスの遺体をここに運んで埋葬したことが、当修道院の縁起とされている。本格的な修道院へと整備されるのは、十一世紀にアウグスティン修道会が入って以降のことであった。

ザンクト・フローリアン修道院は、その後、ドナウ―エンス間におけるカトリック信仰の最大の拠点として繁栄を見た。メルク、ゲットヴァイクと並んで、ザンクト・フローリアンもまた、「皇帝の修道院《カイザー・クロースター》」と呼ばれ、皇家の人びとはみな、旅の途上に必ずこの地に立ち寄って説教に耳を傾け、祈りを捧げるのが倣いとなった。院内に、絢爛な儀式用寝台を設《しつら》えた賓客用寝室、「皇帝の間《カイザー・ツィンマー》」が一四室も備えられた所以である。だが、ハプスブルク家との深い絆をいっそう鮮明な形で視覚化したのは、一六八六年、建築家カルロ・アントニオ・カルローネならびにヤーコプ・プランタウアーの設計案による、バロック様式の増改築計画であった。この大規模改築を通じて修道院は、現在に見る、さながら宮殿のごとき豪奢な形姿を得たのである。そして、「大理石の間」をはじめ、バロック建築の技をつくして新たに設えられた空間構成において、芸術家が取り組むべき共通のテーマとなったのが、ハプスブルク家の「神格化」にほかならなかった。「大理石の間」の天井画において、古代ローマの最高神、ユピテルの姿で描かれた皇帝カール六世がオスマントルコの将軍を足下に踏みつけ、オーストリアとハンガリーをふたたび平和のうちに再統一するというアレゴリーは、その一例に過ぎない。大理石の立像や壁画のモチーフのなかに、ハプスブルクの諸代の皇帝たち、そして対トルコ戦争の名将、オイゲン公の姿が、イスラム教西進と宗教改革運動の危機を敢然と克服した英雄として繰り返し景仰されるさまは、ときとして聖人フローリアンの存在を忘れさせるほどである。こうしたイメージが、まさしく、オスマントルコの侵攻とプロテスタントによる内乱がようやく収拾を見た十七世紀後半の世界観を鮮やかに明徴することは、いまさら指摘するまでもない。

蔵書一三万五〇〇〇冊を抱え、そのあまりに華麗な内装ゆえに「バロックの真珠」と称賛される図書室、また、ドナウ派を代表する画家、アルブレヒト・アルトドルファーによる『聖セバスティアンの祭壇画』など、ザンクト・フローリアン修道院は、いまもあまたの文化・芸術の至宝を世界に誇っている。そのうち、院内のバシリカ聖堂に鎮座する巨大なクリスマン・オルガンは、オーストリア随一のオルガン製作者、フランツ・クサーヴァー・クリスマンが一七七四年に手掛けた名器として知られ、一〇三の音栓《ストップ》と七三八六本のパイプを備えて、現在もなお、国内で演奏可能な最大規模のパイプオルガンとされている。その壮大な音色は聖俗の聴衆の心を奪う一方、完成以来、内外のオルガン奏者の憧《あこが》れを一身に集めてきた。そして、クリスマン・オルガンに魅せられた音楽家のなかでも、世紀末ウィーンにおける「音楽の革命」に先鞭をつけたアントン・ブルックナーは、ザンクト・フローリアン修道院に青年期を過ごし、リンツやウィーンで活躍するようになったのちもなお、作曲家としてのアイデンティティをこの僧院に求め続けた人物であった。

一八二四年、ブルックナーは、リンツ近郊アンスフェルデンにて、教師一家の長子として生を享けた。当時の村の教師は、子どもたちへの教育とともに、教区教会のオルガン演奏や、村の集いでのヴァイオリン演奏をも日常の仕事として課されていた。幼いアントンは父親からオルガンのほか、ヴァイオリンとピアノの手解《てほど》きを受け、十歳にしてすでに、父の病気の折など、臨時のオルガニストを務めることもあったという。しかし、一八三七年、最愛の父が急逝、十二歳のアントンの身柄は、叔父によってザンクト・フローリアン付属修道院学校に委ねられた。ここで過ごした四年間が、ブルックナーのその後の人生を運命づけることになる。修道院学校におけるカトリック教育は、のちに至るまで彼自身の世界観に決定的な影響を与えたのであった。何より、伝統ある修道院の少年聖歌隊に加わったことで、音楽家としての才能も本格的に陶冶《とうや》されていく。とりわけ、バシリカ聖堂で歌うとき、クリスマン・オルガンの重厚な響きが、青年アントンの多感な心を強く捉えて離さなかった。ブルックナーはこの時期、オルガン演奏の腕をさらに磨き、ハイドン、モーツァルトの作品研究にひたすら没頭した。

だが、修道院学校の卒業生にとって、進路の可能性はきわめて限られていた。ブルックナーもやがて、聖職者となるか教師となるかの選択を迫られることになる。父の経歴に倣って教師の道を選んだ彼は、最初にオーバーエスタライヒ北部の小村ヴィントハーク、続いてリンツ南方の集落クローンストルフにて、教師補佐として新生活をスタートさせた。しかし、ザンクト・フローリアンの記憶と音楽への憧憬《どうけい》は、青年の念頭から決して消え去ることはなかった。一八四五年にリンツにて教員試験に合格したブルックナーは、迷うことなく新たなポストを母校の修道院学校に求めたのである。

準教員としてザンクト・フローリアンに帰還したブルックナーは、教職のかたわら、いよいよ職業として音楽家を志すようになる。そして、音楽の道にのめり込んだこの風変わりな卒業生に対して、ザンクト・フローリアンはこの上なく手厚い処遇をもって接した。パイプオルガンの演奏法をすでに完璧な形で身につけたブルックナーを、修道院は、一八四八年、バシリカ聖堂の専属オルガニストに抜擢したのである。この幸運な職を得て、彼はようやく、少年時代から強い憧れを抱き続けたクリスマン・オルガンの鍵盤にみずからの指を置くことを許されたのだった。

その後も音楽理論家ジーモン・ゼヒターの教えを乞《こ》うてウィーンへと通い、日夜研鑽《けんさん》を重ねたブルックナーは、しだいに世間の評判を得て、一八五五年、リンツ大聖堂の教会オルガニストとして招聘される。この転職は、彼にとって、事実上、プロの音楽家としての経歴のスタートを意味していた。新天地リンツにおいて、ブルックナーは、男声合唱団をはじめ、多くの音楽アンサンブルを監督・指揮して高い評価を受けたほか、本格的な作曲活動にも着手する。他方、奇想に満ちた即興を伴なう彼のオルガン演奏は、ミサに集った州都の人びとを魅了した。当時のリンツ司教、フランツ・ヨーゼフ・ルドヴィガーは、その回想録のなかで、ミサの半ばにブルックナーが弾くパイプオルガンの音色に聴き入るうち、その超絶技巧に心を奪われて一種の放心状態に陥り、演奏後に聖祭を再開するのをしばし忘れたことがあると告白している。

音楽家としての華々しい成功の反面、もともと偏屈で、都会暮らしに馴染めなかったブルックナーは、社交界と交わることもなく、ほとんどの月日を司教広場に構えた住居と教会とを行き来して過ごしたのであった。リンツでの一二年間に何度となく繰り返された「恋愛」のエピソードは、天才的オルガニストを悩ませた精神的孤独を浮き彫りにするに十分であろう。ブルックナーは当時、数回その姿を見かけただけの間柄の若い女性につぎつぎと恋文を送って求婚し、その結果、この上なく気まずい拒絶を耐え忍ぶことになった。贈り物として恋文に添えられた美しい装丁の祈禱書《きとう》は、青少年期を一貫してザンクト・フローリアンに過ごした音楽家が生涯その心に抱き続けた、カトリック的価値観の表われにほかならなかった。一八六六年に恋文を受け取った精肉業親方の娘、ヨゼフィーネ・ラングは、ただちに手紙と祈禱書を差出人に送り返し、その直後、市内の宿屋の若主人のもとに嫁いでいる。

楽理の最終試験に立ち会った当時の名指揮者、ヨハン・ヘルベックをして、「むしろわれわれが彼から試験を受けるべきだ」と言わせたほど、周囲を圧する凄まじさを具えたブルックナーの才能は、やがてそのキャリアの道程をリンツからいよいよ首都ウィーンへと向けさせることになった。一八六六年、かつて師事したゼヒターが死去し、ブルックナーはその後任としてウィーン音楽院の教壇に立つことになる。だが、彼はウィーンでもまた、みずからの本当の居場所を見つけることはできなかった。ブルックナーは、すでにリンツ時代からワーグナーに心酔し、バイロイトに詣でて、この「楽劇王」本人とも個人的親交を温めていた。『交響曲第三番』の献辞は、リヒャルト・ワーグナーその人に宛てられている。だが、こうした「過去」が、ウィーンの音楽界に君臨した「反ワーグナー」の音楽評論家、エドゥアルト・ハンスリックの逆鱗《げきりん》に触れ、ブルックナーはその後、ハンスリック一派から不当な批判を執拗に受け続けることになる。さらに、一八六〇年代以降、リベラリズムが支配的風潮となったウィーンの社会において、ブルックナーは、教会オルガニストとしての経歴ゆえに、その革新的な作風とは裏腹に、しばしば「超保守派カトリック」といういわれのないレッテルを貼られ、つねに偏見をもって扱われたのであった。

音楽家としてより高い地位に昇りつめるほどますます孤独を深めていったブルックナーを、つねに温かく迎え入れたのが、ザンクト・フローリアン修道院であった。ブルックナーは、ウィーンに移ったのちもなお、年ごとにこの心地よい古巣に舞い戻り、ひと夏を僧院内に過ごしつつ、クリスマン・オルガンを前に新たな音と旋律の試みに余念がなかった。こうして、ウィーン時代のブルックナー作品の多くが、実際、夏の滞在中にこの地で制作されたといわれている。ザンクト・フローリアンが彼にとってまことの意味での「故郷」であったことは、その遺言が、自身の埋葬場所を大オルガンの足下の石棺のなかに定めたことからも明らかだろう。一八九六年十月十一日、ウィーンにて七二年の生涯を閉じたアントン・ブルックナーの亡骸は、遺言の指示に従ってザンクト・フローリアン修道院内、クリスマン・オルガンのもとに帰還し、いまもそこに静かに眠っている。その作品、とりわけブルックナーが自身の手で繰り返し改訂を重ねた長大な交響曲は、今日もなお、きわめて難解な楽曲と受け取られることが多い。音楽における伝統の規範と枠組を大きく踏み越え、まさに怪物じみたダイナミズムを特徴とするブルックナーの交響曲は、ザンクト・フローリアン時代に培われた、この世界を神による途方もない創造物と見るバロック的世界観の、音による鮮やかな投射といえるのかもしれない。

ザルツカンマーグートと湖上都市ハルシュタット

ザンクト・フローリアン修道院は、オーバーエスタライヒにおけるカトリシズムのモニュメントであり、同時に、ブルックナーの例に見たように、近現代に至るまで連綿と新たな文化芸術を育成する役割を果たし続けてきた。だが、かつてのオプ・デア・エンスの地にあってカトリックの信仰文化をいまに伝える記念碑は、ザンクト・フローリアンのような大修道院ばかりではない。同修道院が佇むドナウ―エンス沿岸地域から、北部ミュール地区、さらには南部の高山地帯に至るまで、山間の村、鄙《ひな》びた集落の教区教会や礼拝堂が、しばしば第一級の芸術品を秘蔵していることに注目しておきたい。オプ・デア・エンス北端の町、オーバープラーン（現チェコ領）に生まれ、長じてオーストリアの国民的作家となったアーダルベルト・シュティフターが、その代表作、『晩夏』のなかでみごとに描写したケーファーマルクトの木彫大祭壇は、その一例である。守護聖人として聖ヴォルフガングを祀ったこの祭壇は、州南部、ザンクト・ヴォルフガングの教区教会が所蔵するミヒャエル・パッハー作の祭壇画との関連性も指摘されており、本来、バイエルンの守護聖人であった聖ヴォルフガングが、実際にはオーバーエスタライヒ全域で信仰されていた事実の証左として、きわめて興味深い。オプ・デア・エンスの視学官を本職としたシュティフターは、一八五二年、視察旅行の途上で、虫害対策として灰色のニスで覆われ、惨憺たる状態にあった大祭壇を偶然に見出した。シュティフターはほどなく、地元の聖職者らと協力して、この偉大な芸術作品を修復し、本来の姿を回復させるための一大キャンペーンに乗り出したのである。中世彫刻芸術の至宝とも呼ぶべきケーファーマルクトの大祭壇とシュティフターの取り組みは、その後、オーストリア、ドイツにおいて文化財保存修復《デンクマール・シュッツ》の概念が確立される過程で重要な先駆となったといわれている。

州全域に遍在する高度な文化の痕跡は、オプ・デア・エンスの地が住民に恵与した豊かな生活の指標ともいえるだろう。ドナウ・トラウン水系の堆積《たいせき》による肥沃な土壌に恵まれて、青々と輝く果樹を茂らせ、黄金の穂を風に靡《なび》かせる農村風景は、シュティフターが『晩夏』のなかで詳密に描くところである。だが、エンス河以西地域において最大の富の源となったのは、何よりも、南東部のザルツカンマーグートを中心に栄えた塩業であった。

ザルツブルクからトラウン湖周辺にかけて広がる岩塩の鉱床では、すでに太古より本格的な採掘が行なわれていた。ローマ人に先立ってこの地に定着したケルト人は、はやくも水を用いた製塩技術を編み出したという。十二世紀、南部ドイツの交易路がニュルンベルクからヴェネチアを経て東方へと拡大すると、塩は重要な貿易資源となる。ハプスブルク家は塩を特許品に定め、一帯を皇家の直轄領となした。ザルツカンマーグートという地名が、「塩の直轄地《ザルツ カンマーグート》」を意味することは、周知の通りである。一五二四年、ハプスブルク家の公文書において「当家が有する塩の直轄領」という表現がとられ、また、皇帝フェルディナント三世は公開書簡のなかで、「われらがザルツカンマーグート」と記している。

主としてザルツカンマーグート南部で採掘された岩塩は、古くは筏《いかだ》に載せられてイシュルまでトラウン河を下り、ここで馬車に積み替えられ、トラウン湖沿いに陸路を製塩の街、エーベンゼーへと運ばれた。しかし、険しい谷と急流ゆえに困難を極めた輸送手段は、やがて、先端的な技術を通じて鮮やかに克服されることになる。すなわち、一六〇七年、当地では、塩を運ぶための本格的なパイプライン設備が始動したのであった。手作業で刳《く》り抜かれた約一万三〇〇〇本の丸太が、ハルシュタット湖南岸の塩坑をエーベンゼーへと直結させた。この木製パイプは、その後、徐々に金属製のものに交換されたが、一部は第二次世界大戦後においてもなお、支障なく稼働を続けたという。当地の製塩業は、最盛期においては、スイスからシュヴァーベン、バイエルン、ボヘミア、モラヴィア、西部ハンガリー、スロヴェニアに至る、ほぼ中欧南部全域の塩の需要を賄っていた。その利益は国家収入の約三分の一を占め、ハプスブルク家の管財局には独自の「塩業課《ザルツ・アムト》」が設けられて、当地からの収益をもっぱら管理した。

なかでも、おそらく世界最古といわれる塩坑を抱え、そして現在もなお採掘作業が続くのが、最高峰ダッハシュタインの麓、同名の湖のほとりに佇む街、ハルシュタットである。裏手に埋蔵量豊富な塩山を控えたハルシュタットは、古来、ザルツカンマーグートの塩業をリードする中心地として富み栄えた。激しく迫り出す急勾配の山と湖水との狭間の、ごく狭隘《きょうあい》な空間に築かれた集落には、十九世紀に各地を結んだ鉄道網を導き入れる余地すらなく、いまも艀《はしけ》が対岸の駅舎との間を結んでいる。市街の中心、ハウプト広場は、広場というよりはむしろ、岩肌に張り付いてひしめき合う家屋群によって織りなされた、巨大なテラスのような印象を与える。また、断崖《だんがい》絶壁に立つ聖母所縁のカトリック教区教会は、古くから「山上のマリア教会」と呼び慣わされてきた。ハルシュタットのこのような極限的立地が醸し出す稀有《けう》な景観は、数多く

湖上都市ハルシュタット．人為と自然が織りなすその特異な景観は，1997年にユネスコ世界遺産に登録された．

の絶景スポットを抱えるオーバーエスタライヒのなかでも、現在唯一、ユネスコ世界遺産の登録を受けている。

岩壁と湖に挟まれ、拡大もままならない市街のなかに、塩がもたらす莫大な富が花開いたハルシュタットの特異な環境は、住民の日常の暮らしにおいても、数々のユニークな生活習慣を生み出してきた。たとえば、マリア教会の北側に、数千体の頭蓋骨を整然と並べて、街の歴史に疎《うと》い観光客の好奇心をおおいに刺激する納骨堂は、極端に狭い集落を悩ませ続けた深刻な埋葬事情を切実に物語っている。すなわち、人口に見合うだけの十分な埋葬地を持たなかったハルシュタットでは、十七世紀以来、新たな死者を葬るために、一〇〜一四年ごとに古い墓を掘り起こし、その遺骨を丁寧に洗浄した上、頭蓋骨の額に氏名と生歿年を記して納骨堂に収めるようになった。この納骨の仕方は、当地における固有の葬法として長年のうちに社会的定着を見ており、火葬が一般的となった今日でもなお、遺言によって自身の遺骨をここに安置するよう定める町民も少なくないという。

またハルシュタットの街では、初夏に祝われる聖体の祝日や、八月の聖母被昇天祭の折ごとに、聖体やマリア像を載せ、咲き誇る生花でこの上なく華やかに飾られた船が湖畔の埠頭《ふとう》から湖上に繰り出して、人びとの目をひときわ楽しませる。教会暦においてもっとも盛大な祝祭行列が、それにふさわしい「お練り」を繰り広げられるよう、空間の確保に苦慮した町民たちの妙策から生まれた、まことに美しい習慣といえるだろう。

「ザルツカンマーグートのシュリーマン」

湖上都市の特異な景観が世界遺産登録を受けるより遥か以前に、この小さな街の名を世界に知らしめたのは、「ハルシュタット文化」の存在である。ハルシュタット文化とは、青銅器時代末期（紀元前一二〇〇年）から鉄器時代初期（紀元前四〇〇年頃）にかけて、中央ヨーロッパ全域に広がっていた、きわめて高度な文明である。現在のフランス北西部からオーストリア、チェコ、ハンガリー、クロアチアに至るまで、広く伝播した埋葬形式と生活様式を、独自の「文化」として考古学的に定義づけるための最初の墓地群がここで発掘されたため、その総称としてこの街の名が冠されるようになった。

ハルシュタットの塩坑周辺では、古くからすでに、有史以前のさまざまな副葬品や武器類が見つかっていた。だが、これらの出土品が、周辺一帯での本格的な発掘調査に結びつくことは決してなかった。シュリーマンによるトロイア遺跡発掘もまだ見ぬ時代、古典古代以前の歴史に対して特段の関心が払われなかったからである。こうした風潮のなかで、ハルシュタットの墳墓群がのちに標式遺跡となるための最初の一歩を踏み出したのは、塩業管理に携わる公吏、ヨハン・ゲオルク・ラムザウアーであった。ハルシュタット生まれのラムザウアーは、生地に鉱山官の職を得て、市街を見下ろす絶壁の上、塩山の入口に立つルドルフ塔に暮らし、採掘作業の監督に当たった。塩山での勤務のかたわら、彼は、一帯で日常茶飯のごとく見出される太古の遺物に、かねてから強く興味をそそられていた。そして、長年観察してきたこれらの遺物の分布状況などをもとに、一八四六年、塩坑近くの採石場に的を絞って発掘を試み、その砂利《じゃり》の下に、人骨、副葬品ともにほぼ完全な形で残された七件の墓跡を発見したのである。これを契機に、彼はその後一七年間にわたり、付近において合計九八〇件の墳墓の組織的な発掘を手掛けることになる。

ラムザウアーの発掘作業をひときわ特徴づけたのは、彼が一貫して保持したきわめて学術的なアプローチ方法である。当初よりこれらの墳墓の文化史的意義を強く意識したラムザウアーは、最初の発掘以来、欠かさず詳細な調査記録を残していた。個々の墓は番号を振られ、それぞれについて発掘日時、出土品・副葬品リスト、出土状態、遺骨の姿勢などが細かく記録された。のちには、志を同じくする同僚、イジドア・エングルの協力を得て、開いた墳墓の状況をそのまま水彩画に写すこともした。その結果、いまだ写真技術が一般的普及を見ない時代にあって、ラムザウアーによる調査は、現代の考古学の発掘作業と比較しても遜色《そんしょく》ないほどの科学的・体系的データを残すことになった。

長期に及ぶ本格的な発掘調査に、ラムザウアーがあくまで私人として、私財を擲って取り組んだ事実は、まさに驚嘆に値するだろう。一八六二年までに彼が発掘に投じた資金は、およそ三〇〇〇フローリンに達していた。当時、ニーダーエスタライヒ州の書記官が得た年収が平均五〇〇から六〇〇フローリンであったことを考えるなら、彼が経済的窮状に陥ったことは、十分に推測できる。ラムザウアーと交友があった著名な地理学者、フリードリヒ・ジモニーは、一八五〇年五月十七日付の書簡のなかで、出土品を好事家《こうずか》に売却して資金を得るよう、言葉をつくして説得を試みている。だが、ラムザウアーは価値ある副葬品の売却を頑として拒み続けた。いかに小さな装飾品であれ、詳細な記録と分類を怠《おこた》らず、さらに、作業後は、すべての出土品を首都の帝室蒐集室へと送り込んだ。今日、ウィーン自然史博物館が所蔵するみごとなハルシュタット文化コレクションは、実に、ひとりの鉱山官の律儀な志に由来するものなのである。ハプスブルク家の古代蒐集室がラムザウアーに最初の褒美金を与えたのは一八五〇年代半ばのことだが、それも発掘費用を賄うにはほど遠いものであった。

二二人の子どもを抱えた中級官僚の家計はほどなく逼迫《ひっぱく》し、困窮したラムザウアーは、皇帝フランツ・ヨーゼフ一世に宛てて繰り返し書状をしたため、発掘調査に対する支援を願い出た。遺跡に強い関心を示した皇帝は、一八五五年にははやくも妃エリーザベトを伴なって発掘現場に赴き、ラムザウアーと親しく会見した上、二つの墳墓の開墳作業にも立ち会っている。皇帝のハルシュタット行幸は話題をさらい、ラムザウアー個人にもこの上ない社会的名誉をもたらした。フランツ・ヨーゼフは大いに感銘を受け、この時の出土品のひとつ、仔牛を模《かたど》った取手《とって》つきのみごとな青銅製の器を、生涯、執務机の上に置いて愛で眺めたという。さらに、ラムザウアーは後年、皇帝から勲章を授けられたが、しかし、結局、発掘調査を具体的に支えるための経済的助力は何ひとつ得られなかった。

ハルシュタット文化の発見者、ヨハン・ゲオルク・ラムザウアーの後半生は、畢竟《ひっきょう》、市井の学者に定められた切ない運命を辿ることになる。一八六三年、定年退職を迎えた鉱山官は、作業半ばにしてルドルフ塔の官舎を明け渡し、ハルシュタットの発掘現場を去らざるを得なかった。娘の嫁ぎ先のリンツに身を寄せたラムザウアーは、一八七四年、七十九歳でこの地に歿している。はやくもその死の年には、スウェーデンの考古学者、ハンス・ヒルデブラントが、「ハルシュタット型」と呼ぶべき先史文明がヨーロッパの広い地域に点在することを指摘した。しかし、二十世紀以降、ハルシュタット文化の定義が確立されたのちもなお、あらゆる犠牲の上にこの貴重な墳墓群の発掘に専心したラムザウアーが、考古学、歴史学の世界において、その貢献にふさわしいだけの評価を受けることはほとんどない。地元ハルシュタット博物館や、彼が生前、発掘調査記録と出土品の一部を快く提供したグラーツのヨアネウム（現シュタイアーマルク州立博物館）の展示が、むしろ郷土史のトピックとして、その偉業を伝えるに過ぎない。ラムザウアー亡きあと一九三九年まで続いたハルシュタット墳墓群の発掘調査は、すでに先史時代に遡って、塩業がこの地にいかなる富をもたらしたかを、あらためて明証することになった。黄金や琥珀《こはく》、象牙《ぞうげ》をふんだんに用いた副葬品の数々は、当時の人びとの高い生活水準を示す紛れもない指標である。北部アルプス地方で唯一、当地でアドリア海沿岸産のガラスコップが用いられていたことも、出土品を通じて明らかにされた。ヨーロッパの先史時代研究を根本から規定する概念となったハルシュタット文化は、「塩の街」として発展を見たハルシュタットの歴史にとって、まさにルーツを意味するのである。

「塩の御料地」から高級保養地へ

一〇〇〇年あまりの長い時を超えて隆盛期を享受したザルツカンマーグートの塩業も、十八世紀半ば以降にはしだいに翳りを見せるようになる。ヨーロッパの主要交易路が地中海から大西洋へと移ったこと、さらに、塩の取引価格が緩やかに下降し始めたことがその原因であった。だが、塩業の低迷は、この地方の社会的・経済的衰退を意味するものでは決してなかった。ちょうどこの時期、ウィーンをはじめとする都市の人びと、とりわけ医師や治療家が、ザルツカンマーグートの別の側面を「発見」しようとしていたのだった。

当時の医師たちの間では、塩水が及ぼす著しい健康促進効果がもっぱらの話題となっていた。多くの専門家が海水浴を推奨したが、地中海やアドリア海への保養旅行は、一般の人びとにとってほとんど現実性を持たない贅沢な選択肢であった。こうしたなかで、ウィーンの医師、フランツ・ヴィラーは、ザルツカンマーグート一帯に湧出する塩類鉱泉が海水と同様の働きをするのではないかと考えた。ヴィラーはかねてから、イシュルの塩業組合医、ヨーゼフ・ギョッツが、塩坑労働者の皮膚《ひふ》病や痛風、リウマチの治癒に当たり、温めた塩泉水を用いて継続的に高い効果を上げていることに注目していたという。こうして彼は、ザルツカンマーグート域内でももっとも濃度の高い塩泉水が湧くイシュルに、理想の保養地を見出そうとしたのである。商才に長けたこの医師は、この時すでに、良質の塩泉とヨード分を含んだ空気のほか、イシュル、トラウン、レッテンバッハの三つの清流が注ぎ、緑の丘陵の背後にダッハシュタイン山系の峻嶺が聳えるその絶景にも、保養のためのこの上ない利点として目をつけていた。

一八二三年、ヴィラーの患者四〇人がウィーンから郵便馬車を乗り継いで来着し、ひと夏ここに逗留《とうりゅう》したことが、イシュルにおける「保養地元年」といわれている。ヴィラーはこれに先立って、地元の塩坑労働者が利用した古い湯治場に、私費を投じて大規模な改修を加えた。翌年の夏、イシュルを訪れた湯治客は、優に一三六人を数えたのである。

ヴィラーは首都の上流階級とも縁が深く、ときには皇家の人びとの診察に臨むこともあった。とりわけ、オーストリア皇帝フランツ一世（神聖ローマ帝国皇帝としては二世）の末弟で、ベートーヴェンのパトロンとしても知られるルドルフ大公が、イシュル滞在中に体調を崩し、危篤状態に陥ったところを、必死の看護を通じてみごと快復に導いた功績は、ヴィラーと新たな保養地の名声をさらに高めることになる。だが、イシュルとハプスブルク家との絆を決定的なものにした人物は、ゾフィー大公女を措いてほかにないだろう。

バイエルン王家からフランツ帝の三男、フランツ・カールのもとに嫁いだゾフィーは、その比類ない美貌と並んで誇り高く気丈な性格を具え、のちにプロイセンの宰相ビスマルクをして「オーストリア皇家でもっとも男らしいのはゾフィーだ」といわしめたほどであった。当時、皇帝フランツの後継者となるべき長男フェルディナントは、生来、虚弱体質に苦しみ、子どもにも恵まれなかったため、ハプスブルク家はまたも男系断絶の危機に直面しようとしていた。フランツ・カールとの結婚ののち三年間、妊娠の兆しがなかったゾフィーは、ことの重大さを誰よりも鋭敏に認識し、名医の評判を取ったヴィラーに助言を求める。これに応えたヴィラーが、イシュルでの療養を強く勧めたのであった。ゾフィーは彼の言葉に従って、一八二七年から夫とともにイシュルにて熱心に塩水浴を試みた。その効験あってか、大公女は、一八三〇年生まれのフランツ・ヨーゼフを皮切りに、続けて三人の男の子を授かったのである。お家断絶という一大危機の回避に安堵《あんど》したのは、ハプスブルク家の縁者ばかりではなかった。ひさびさの皇子誕生のニュースに民衆もまた沸き立ち、ゾフィーの三人息子は、親しみを込めて「塩の皇子《ザルツ・プリンツェン》」と渾名《あだな》されたのであった。

塩泉の効力にたいそう喜んだゾフィーは、療養時に地元医師のエルツ博士より借用していた屋敷を買い上げ、ここを家族の別荘と定めて、夏ごとに皇子たちを連れてイシュルに遊んだ。ゾフィーの滞在中には、実家バイエルン王家の人びともまたこの地に合流したため、イシュルはしだいに、単なる湯治場ではなく、王族や貴族の夏の保養地として、気品に満ちた雰囲気を帯びるようになっていった。だが、家族とともにイシュルを足繁く訪れたゾフィー大公女の胸中には、きわめて明確な政治的意図が秘められていたのだ。一八三五年に帝位を継いだフェルディナント一世の治世が決して長くは続かないと確信したゾフィーは、やがて、夫フランツ・カールではなく、長男フランツ・ヨーゼフにその跡を襲わせようと画策するようになった。バイエルンのヴィッテルスバッハ家、そしてハプスブルク家の面々が集うイシュルの夏を、彼女は、フランツ・ヨーゼフにとっての実質的な「皇太子デビュー」の舞台として利用しようとしたのである。ゾフィーの才略は功を奏し、幼い皇子はほどなく貴人たちの間で「フランツル」と愛称で呼ばれ、その贔屓《ひいき》を一身に集めた。

一八四八年に君主国を揺るがせた三月革命の嵐のあと、フェルディナント帝が退位すると、ゾフィーの機略は現実のものとなる。弱冠十八歳のフランツ・ヨーゼフが、いよいよオーストリア皇帝位を継いだのである。それから五年後の八月、皇太后となったゾフィーは、保養シーズンさなかのイシュルにて、若い皇帝と自身の姪、バイエルン公女ヘレーネとを引き合わせようと試みる。フランツ・ヨーゼフがこの見合の場で、たまさか同席していたヘレーネの妹、エ

ゾフィー大公女以来，ハプスブルク家の人びとに愛され続けた，バート・イシュルのカイザーヴィラ．

リーザベトを見初め、母に嘆願してみずからの想いを成就させた経緯については、人口に膾炙《かいしゃ》している通りである。八月十九日にはさっそく、イシュル市長の立会のもと、若い二人の婚約式が執り行なわれた。幼少時の甘美な思い出に加えて、運命の女性、エリーザベトとの邂逅《かいこう》は、フランツ・ヨーゼフの心中に、イシュルという土地に対する特別な思いを抱かせることになる。母ゾフィーから結婚の記念に贈られた一家の別荘、旧エルツ邸は、皇帝直々の指示で本格的な夏の離宮として改装され、やがて「皇帝の館《カイザーヴィラ》」と呼ばれるようになった。フランツ・ヨーゼフとエリーザベトは、結婚直後の一八五四年夏、改築工事が続くヴィラを連れ立って訪れ、数週間の滞在を楽しんだという。イシュルを「夢のような楽園」と称賛したフランツ・ヨーゼフは、その後一九一六年に歿するまで、たとえどのような事変に見舞われようとも、夏には必ずこの地に足を運んだのである。

皇帝フランツ・ヨーゼフとイシュル

「国家における第一の官僚」を自任した父祖、ヨーゼフ二世を鑑《かがみ》と仰ぎ、ひたすら執務に専念したフランツ・ヨーゼフ一世にとって、狩猟は、我を忘れて没頭できる唯一の趣味であった。生涯に数千頭のシカやイノシシを仕留め、また、ザルツカンマーグートでは幻の獣《けもの》、純白のシャモア（アルプスカモシカ）を射止めたこともあったという。そして、皇家の猟区の南端に位置した「皇帝の館《カイザーヴィラ》」はやがて、狩を愛する皇帝にとってお気に入りの狩猟館となったのだった。

毎夏、帝室専用車両に乗ってイシュル駅に到着し、ファンファーレの鳴り響くなか、正装姿で公式歓迎を受けたフランツ・ヨーゼフは、半時ののちにははやくも猟銃をつかんで御用邸裏の山腹を上がっていた。公式の場においては帝国軍将校の軍服のほかは決して身につけなかった彼が、革の半ズボンの上に深緑の紡毛地《ローデン》製上着を羽織り、長靴下に編み上げ靴という出で立ちで、人目を気にすることもなく野山を駆け巡った。イシュルならではの気安く寛《くつろ》いだ雰囲気のなか、山の狩人と何ら変わらぬ装いで狩猟を堪能するこのフランツ・ヨーゼフの姿は、人びとの間にこの上なく深い共感を呼び起こしたのである。一九一〇年八月、八十歳を迎えた皇帝の誕生日を記念して、イシュルでは、足下に立派な牡ジカを横たえた狩着姿のフランツ・ヨーゼフ立像が築かれた。また、狩の皇帝像は、彼の治世を通じて、写真やリトグラフを媒介として君主国各地に広く流布した。これらの画像は、実際の軍事、外交においては頑ななまでの強硬派で、統治者としてはむしろ無能であったフランツ・ヨーゼフをめぐり、「慈父のごとく温厚で庶民的な君主」というプラスのイメージが形成される過程において、きわめて重要な役割を果たしたといわれる。

一方、終生、ハプスブルク宮廷に馴染むことができず、ウィーンの王宮を嫌って各地を旅する「さすらいの皇妃」となったエリーザベトもまた、イシュルにはすすんで足を向けた。神経質なシシィ（エリーザベトの愛称）をこの地で心置きなく寛がせるために、フランツ・ヨーゼフは、「皇帝の館《カイザーヴィラ》」の向かい側に皇妃専用の別館、「大理石城《マルモアシュレッスル》」を作らせ、また、その浅い眠りを妨げることのないよう、彼女の滞在中には、イシュル周辺のすべての教会に命じて、時の鐘を打つことを禁じたのであった。自然を愛したエリーザベトは、周辺の山麓にて、ときには一〇時間にもわたって本格的なトレッキングや乗馬を楽しんだ。こうした「遠足」の折に彼女が必ず立ち寄った休憩用の小さなカフェ、「ルドルフスヘーエ」は、やがて皇妃の贔屓の店として保養客の人気を集め、主人のレオポルト・ペッターを、ほどなくして高級ホテルとレストランのオーナーへと押し上げた。日本語でいう「アイスコーヒー」からはほど遠く、沸かしてのエスプレッソにバニラアイスクリームとホイップクリームをたっぷりと落とし込んだ「アイス・カフェー」とは、ペッターが歩き疲れたシシィを元気づけるべく考案した甘味であると伝えられる。

皇帝夫妻は、イシュルに集う人びとにとっていわば敬愛すべきアイコン的存在にほかならなかった。だが、この地を誰よりも深く愛したフランツ・ヨーゼフは、老年にさしかかって、個人としても君主としても、著しく苛酷な運命に巻き込まれていく。後継者として期待をかけた長男ルドルフの自殺に続き、一八九八年晩夏、エリーザベトもまた、イシュルから旅立った先のジュネーヴにて、無政府主義者の凶刃《きょうじん》にかかって命を落とした。「すべての不幸はわが身を避けては通らない」と嘆いたフランツ・ヨーゼフは、「大理石城《マルモアシュレッスル》」に残ったシシィの遺品の数々をそのままに保管させ、彼女と過ごした幸せな日々の思い出に耽《ふけ》ったという。しかし、皇妃暗殺事件は、先鋭化したナショナリズムによって無惨に引き裂かれる大帝国の行く末を、はっきりと予兆していたのだ。そしてその悲劇の伏線は、すべてが同じくこのイシュルにて引かれることになった。

一九〇八年八月、英国王エドワード七世が「皇帝の館《カイザーヴィラ》」にフランツ・ヨーゼフを公式訪問したことは、国賓来訪として避暑地をおおいに沸かせた。とりわけ、近代的産業技術を激しく嫌悪する老皇帝が、競馬狂として鳴らしたエドワードとともに自動車に乗り、近郊をドライブしたニュースは、一大センセーションとして大袈裟《おおげさ》に報じられたのであった。しかし、英国王はこのとき実は、ヨーロッパ史を左右するような重大なミッションを抱えてイシュル入りしたのである。エドワードは滞在中、フランツ・ヨーゼフに対して、ドイツに圧力をかけて軍備縮小を強いるために英国と結ぶよう、懇々と説得を続けていた。だが、このように巧妙な外交策略に協力するには、フランツ・ヨーゼフはあまりに決断力に欠けていた。交渉は決裂し、英国王は目的を果たすことなくイシュルをあとにした。皇帝の頑迷固陋な判断が、君主国を外交的孤立に導いたことはいうまでもない。エドワード七世以降、イシュルを公式に訪う他国の君主は、ひとりとしていなくなった。

戦争への火種はゆっくりと、だが確実に燃え広がっていた。一九一四年、首都での皇太子フランツ・フェルディナントとの激しい口論のあと、苦々しい気持ちのまま居をイシュルに移したフランツ・ヨーゼフは、数日後の六月二十八日、つねに諍いの絶えなかったこの甥が、妃ゾフィーとともに視察先のサラエボにて凶弾に斃れたことを知る。葬儀のために一度ウィーンに戻った皇帝は、七月七日にはふたたびイシュルに向かった。しかし、これを大事なきことの徴《しるし》と見た人びとの予想は、大きく裏切られることになる。イシュル再訪からわずか三週間のうちに、フランツ・ヨーゼフは、まさに「皇帝の館《カイザーヴィラ》」の執務机の上で、セルビアに対する最後通牒《つうちょう》、それに続いて宣戦布告に署名し、さらに、臣民に開戦を告げる直書、「わが国民に告ぐ」の草案を作成したのであった。イギリス外相エドワード・グレイをして、「史上最悪の恐怖の文書」と言わしめた「オーストリア最後通牒」は、多民族国家ハプスブルク君主国にとって、事実上の死刑宣告を意味していた。イシュルとの深い絆のなかに生を享け、六八年にも及ぶ長い治世において、ただハプスブルク家の威信を守ることにこだわり続けた皇帝フランツ・ヨーゼフは、愛したこの地において、自身の手で君主国の歴史に実質的なピリオドを打つことになったのである。

一九一六年は、彼にとって、家族との甘美な思い出に満ちた「皇帝の館《カイザーヴィラ》」で過ごした最後の夏となった。七月三十日にイシュルをあとにした皇帝は、その年の晩秋、ウィーン、シェーンブルン宮殿の自室で静かに息を引き取った。そして、いつしか老帝の存在がその無二の象徴として見られるようになっていたハプスブルク君主国もまた、彼の逝去からちょうど二年を経た一九一八年十一月、約四世紀に及んだその歴史に幕を閉じたのであった。

ヒトラーとリンツ

一九三八年三月、ドイツへの併合か、国家としての独立かを問うオーストリア国民投票の計画を中止させ、最後までナチス支配に抵抗した首相クルト・シューシュニクを退陣に追い込んだアドルフ・ヒトラーは、ただちにオーストリアに対する進軍を開始した。ミュンヘンから国境に向かった隊列はイン河を渡り、各地で住民の大歓声を浴びながら首都を目指す。この無抵抗のオーストリア侵攻作戦において、リンツはまさしく、ナチスドイツ軍を迎えた最初の都市となったのである。進軍前夜の三月十一日深夜、シューシュニク政権下においてはあくまで非合法団体として活動していた地元の国家社会主義者たちが、州都の目抜き通りで松明《たいまつ》行列を繰り広げ、「併合」を祝った。翌日夜八時、リンツに到着した総統は、市庁舎のバルコニーに立ち、歓喜を露わにする市民を前に、オーストリアにおける最初の演説を行なったのであった。

翌日には、ドイツとオーストリアの「再統合」を決める法がこの地で公布され、ヒトラーは連隊を従えて一路ウィーンへと向かった。

だが、アドルフ・ヒトラーがオーストリア併合に当たって最初にリンツに進軍したのは、単にドイツと国境を接するオーバーエスタライヒの州都という、地理的条件ゆえのことではなかった。その後、ドイツ現代史を空前の悲劇に巻き込んでいくこの煽動《せんどう》的政治家は、実際、オーバーエスタライヒおよび都市リンツに深い縁を持つ人物であったのだ。一八八九年、ドイツとの間を隔てるイン河のほとり、由緒ある中世都市ブラウナウに生を享けたヒトラーは、五歳のとき家族とともにリンツに転居し、青少年期をここに過ごした。こうした経歴から、ヒトラーは当初よりリンツを「わが郷里の都市」と呼び、やがてそこから、「総統の都市、リンツ」というイメージが全ドイツに伝播していった。

他方、オーストリア国内でももっとも早い時期に本格的工業化が進行したリンツでは、戦間期には労働運動と労働争議が先鋭化し、社会不安が著しく高まった。この特殊な環境は、共産主義に対する嫌悪とともに、大国ドイツへの併合と政治的安定を強く望む志向を生み出し、ナチスにとっての強力な支持層を形成したのであった。こうして、リンツはその後、オーストリア・ナチズムの拠点のひとつとしての機能を果たすことになる。

オーストリアの併合後、ヒトラーは都市リンツの「代父」を名乗り、ミュンヘン工科大学で建築学を学んだ軍需大臣アルベルト・シュペーア、さらに党専属の建築家ヘルマン・ギースラーを動員して、その大改造計画に乗り出した。中央ヨーロッパ全域を支配する「アーリア人国家」実現の暁には、ヒトラーはリンツに首都を移転させ、ここで晩年を送る心積もりでいたといわれる。「わが故郷の街が、いまふたたび祖国ドイツのもとに還《かえ》ったのだ。このリンツを、ウィーン、ブダペストなど遥かに及ばない、ドナウ河畔でもっとも美しく壮麗な都市へと生まれ変わらせてほしい」。責任者であったギースラーに、ヒトラーは繰り返しこう語った。ギースラーの計画では、古来のニーベルング橋を挟んでさらに二本の巨大な橋梁がドナウ河に架かり、その両岸には、党の中枢部のほか、鉄道駅、学校、劇場、歌劇場、コンサートホール等、あらゆる公共建造物が、ナチス時代を代表する即物的かつモニュメンタルな様式を纏って並んでいた。コンサートホールでは、ルートヴィヒ・ヨッフムの指揮のもと、ウィーン・フィルハーモニーを凌ぐ国立ブルックナー管弦楽団がドイツ音楽の傑作を奏でるはずであった。さらに、ドナウ右岸の巨大な「ドイツ美術館」の完成こそ、総統の悲願であり、パリのルーヴル美術館はじめ、進軍先で容赦なく掠奪されたあまたの美術品は、この巨大建築のなかで一堂に会する計画になっていた。

だが、ヒトラーのリンツへの梃《てこ》入れは、都市計画といういわば「ハード面」に止まるものではなかった。オーストリア第一の重工業地帯が備えた既存のインフラと、オーバーエスタライヒの豊かな資源に目をつけたヒトラーとその側近は、この一帯に組織的かつ大規模な軍需産業施設を引き入れようとしたのだった。併合から数日後にはすでに、帝国軍事工場《ライヒスヴェルケ》の建設準備のためにナチス幹部と技術者が派遣され、この年のうちに最初の高炉建設が始まった。ほどなく総統の右腕、ヘルマン・ゲーリングの名を冠することになる帝国軍事工場《ライヒスヴェルケ》は、一九三六年にヒトラーが宣言した第二次四ヵ年計画の主眼をなすべき産業施設にほかならなかった。かつて恒常的に失業の危機に晒された現地の労働者たちは、これをドイツ国のもとでのリンツおよびオーバーエスタライヒ復興のシンボルと見て、諸手を挙げて歓迎した。帝国軍事工場《ライヒスヴェルケ》は終戦までに三基の高炉を稼働させ、一九四三年には五四万トンの鉄を産出するようになっていた。

リンツから東方へ二〇キロメートルのマウトハウゼンにはオーストリア最大の強制収容所が置かれ、ドイツのダッハウ、ブーヘンヴァルトを遥かに上回る恐るべき数の犠牲者を出したことは、偶然がもたらした結果では決してなかった。マウトハウゼン近郊の一帯は、古くから良質の花崗岩《かこうがん》の産地として知られていた。リンツ大改造に強く固執したヒトラーは、都市計画に必要な建材を確保するため、強制労働を通じて大規模な採石を進めようとしたのであった。したがって、マウトハウゼンは当初より、アウシュヴィッツのような「絶滅収容所」として構想された施設ではなかった。だが、石切り場でのあまりに苛酷な労働は、多くの人びとを短期間のうちに死へと追いやることになる。さらに、一九四四年夏以降、ソ連軍侵攻に伴なって東部の収容所がつぎつぎと閉鎖され、ここから移送された大量の収容者によって過密状態が生じると、本来は強制労働収容所であったはずのマウトハウゼンにもまた、ガス室と死体焼却炉が設置された。マウトハウゼンのガス室で殺された収容者は少なくとも一万八〇〇〇人、さらに、過労や飢餓、私刑などを通じて終戦までにこの地で命を落とした人びとは、一〇万人以上に及んだといわれる。

こうして、ナチスによる行政区分に従って「オーバードナウ大管区」となったオーバーエスタライヒは、ヒトラーとの縁の深さゆえに、一九四四年以降、連合軍空軍による徹底的な攻撃に晒されることになった。リンツ空爆は延べ二二日間に及び、およそ二〇〇〇人の市民が犠牲となる。オーバーエスタライヒ全域で投下された爆弾は、二五〇〇トンを超えたという。一方、敗戦の色が濃くなるにつれて、ナチス幹部の行動はますます過激化していった。とりわけ、オーバードナウ大管区長、アウグスト・アイグルーバーは、大戦末期に及んで、残忍かつ愚劣極まりない振る舞いを繰り広げたのである。彼の命を受けて、マウトハウゼンでの大量虐殺はにわかにペースを上げていた。一説によれば、大管区長は終戦までに、収容者全員を「始末」するつもりでいたらしい。また、一九四五年二月、マウトハウゼンから奇跡的に脱走を果たした約五〇〇人のソ連兵捕虜を、ナチスの突撃隊、親衛隊、ヒトラーユーゲント、そして民間人が大挙してミュール河沿いの森に追い詰め、あたかも狩の獲物のように射殺したという、「ミュール地区のウサギ狩事件」は、オーストリアのナチスが引き起こした最悪の事件のひとつに数えられている。アイグルーバーはさらに、ザルツカンマーグートの古い塩坑道のなかに隠蔽《いんぺい》された掠奪美術品を、連合軍侵攻と同時にダイナマイトで一気に破壊する計画まで抱えていた。ミケランジェロの聖母子像もヘントの祭壇画も、このとき、アルプス山中の暗く湿った洞窟《どうくつ》の奥で、まさに消滅の危機に瀕していたのだった。

しかしこの頃、戦況においてドイツに有利な要素はもはや何ひとつ残っていなかった。ヒトラーは一九四五年四月三十日に自殺、その約一週間後、ドイツ軍は無条件降伏した。降伏文書調印に先立つこと二日、五月五日にアメリカ軍がリンツに侵攻、さらにマウトハウゼンへ向かって、ここで六万五〇〇〇人の収容者を解放した。マウトハウゼンは実に、アメリカ軍が解放した最後の強制収容所であった。

戦後のオーバーエスタライヒ――過去との対峙

国土の西部に位置するオーバーエスタライヒに最初に進駐したのはアメリカ軍であり、連合国間交渉によってソ連に引き渡された北部ミュール地区を除き、その後もほとんどの地域がアメリカ軍占領区域となった。米国による惜しみない経済的・物質的支援に支えられて、エンス河以西地域の戦後復興は、国内でも飛躍的に早かったといわれている。リンツ近郊の工業地帯は、のちに「奇跡の復興」と呼ばれたオーストリアの高度経済成長を支える原動力として機能した。だが、その一方で、独裁者ヒトラーを生み、さらにその庇護《ひご》を得て、戦時中はベルリンと並ぶ「本丸」となったリンツは、アメリカ占領期から第二共和国時代にかけて、自身のアイデンティティ刷新に著しく苦心することになった。きわめて順調な産業復興の過程においてすら、オーストリア企業の双璧と呼ばれた鉄鋼のフェスト社（現フェストアルピーネ社）とプラスティック製品のヒェミー・リンツ社が、ナチスが設立した二大軍需工場、「ゲーリング帝国軍事工場《ライヒスヴェルケ》」および「オストマルク窒素《ちっそ》製造」にルーツを持つという事実が、人びとの心に深刻なアンビバレンスを呼び起こした。

終戦後まもなく盛んに提示されたスローガン、「リンツから（戦後の）すべてが始まる！」には、こうした状況のなかで、「ヒトラー都市」という既存のイメージから脱却しようとした、市民たちの懸命な努力が読み取れるだろう。戦後のリンツでは、まるで過去の悪夢をさっぱりと断ち切ろうとするかのように、ひたすらモダニズムと現代性が追求された。君主国時代に皇帝による積極的な学芸保護を経験しなかったため、二十世紀に至るまで大学を持たなかった州都では、一九六六年になってようやく総合大学（現ヨハネス・ケプラー大学）が開設された。そのカリキュラムは、ウィーンやグラーツなど、古い伝統に根ざす諸大学とは一線を劃して、人文科学の専門課程をあえて設置せず、経営学、情報科学など、あくまで現代的な実学に重点を置いている。また、この地が生んだ偉大な音楽家を記念してスタートした「国際ブルックナー・フェスティヴァル」は、オーストリア伝統芸術の記念碑たろうとするザルツブルク音楽祭とは対照的に、最新のスピーカー設備とレーザー映像を駆使した音響技術の祭典となり、やがては世界最大のメディアアート・イベント、「アルス・エレクトロニカ」を派生させた。

だが、現代性に固執することは、はたして過去との完全なる訣別《けつべつ》を意味するのだろうか。この問いかけは、リンツとオーバーエスタライヒに限定される問題ではない。負の歴史といかに対峙《たいじ》するかは、米ソによる東西対決の微妙な力関係のなかで、戦争の加害者ではなく、あくまでナチスドイツの最初の被害者としての立場ばかりが強調されてきたオーストリアの戦後史における最大の難問であり続けてきた。しかし、一九八六年、ナチス突撃隊と深く関わったクルト・ヴァルトハイムが大統領に選出されて国際スキャンダルを巻き起こした、いわゆる「ヴァルトハイム問題」を経て、一九九一年、当時の首相フランツ・フラニツキが国民議会演説で初めてオーストリアの戦争責任に言及するという経緯のなかで、国民自身が、「ナチス支配をすすんで受け入れた被害者」という、形容矛盾に満ちた立ち位置を、少しずつ見直そうとしていることも確かである。

二〇〇八年九月、リンツ城博物館において、『総統の都市――リンツ、オーバーエスタライヒにおけるナチズム』と題する、大規模な展覧会が開催された。ナチス時代のオーストリアの文化と日常に光を当てたこの展覧会では、ヒトラーによるリンツ大改造計画、ドイツ博物館の構想とヨーロッパ各地での芸術品掠奪の詳細が、史上初めて広く一般に公開されたのであった。全ヨーロッパの熱い注目を集め、メディアでも大々的に取り上げられたこの展覧会は、まさしく、リンツを中心とするオーバーエスタライヒの研究者たちが、従来タブーとされてきた「負の歴史」と積極的に向き合い、その解明に着手しつつあることを示す明らかな兆候であった。オーストリアが客観的な形で過去と向き合い、現代史における自身の真の位置価値を探る作業もまた、戦後のスローガンが謳ったように、まさしく「リンツから始まる」のかもしれない。

Kärnten

第5章
ケルンテン
リゾート文化と右翼政治の狭間で

ケルンテン　関連略年表

1045　ヘマ，グルクに歿する
1121　ケルンテン公ハインリヒ３世，破門の危機に直面する（ケルンテンのカノッサ）
1174　グルク司教ハインリヒ，ザルツブルク大司教を「解任」
1192　クラーゲンフルトの名が公文書に初めて現われる
1335　オットー陽気公のもとでケルンテンがハプスブルク領となる
1518　マクシミリアン１世，クラーゲンフルトを州都に定める
1571　ケーフェンヒュラー家，ホッホオステルヴィッツ城を買収
1781　皇女マリア・アンナ，クラーゲンフルトに居を移す
1918　第１次世界大戦終結．ハプスブルク君主国崩壊
1920　スロヴェニアとの国境劃定をめぐる住民投票実施
1938　ナチスドイツによるオーストリア併合
1942　ナチスドイツによるスロヴェニア系住民の強制移住実施
1945　第２次世界大戦終結．ケルンテン，イギリス占領地区となる
1970　地名の２ヶ国語標識問題，スキャンダルに発展

「オーストリアのリビエラ」

「豊かな陽光あふれる風土に恵まれたケルンテンの地には、季節を問わず至るところから人びとが押し寄せる。他方、ザルツカンマーグートには、神はあえて雨がちの気候を与えたもうた。この風光明媚な土地が、ほかの地域から保養客をすっかり奪い去ってしまうことがないように」。オーバーエスタライヒの湖水地帯、ザルツカンマーグートをこよなく愛し、その不同不二の景観を強調して「オーストリア一〇番めの州」と呼んだ文筆家、ハンス・ヴァイゲルによる寸言は、国内を代表する二つの景勝地の対照的な特徴をみごとに言い当てている。

オーストリアの人びとが国内でヴァカンスを計画するとき、ザルツカンマーグートと並んできわめて魅力的な選択肢を提供するのは、最南端の州、ケルンテンにほかならない。北側をホーエ・タウエルン、南方をカラワンケンの高嶺に区切られたおよそ九五〇〇平方キロメートルを、ドラーヴァ、グルク、グラン、ラヴァント等、多くの湍流《たんりゅう》が縦横に走って削り上げた特異な地形は、ザルツカンマーグートと同様、ケルンテンにおいてもまた、夥しい湖水を生み出した。州都クラーゲンフルトに東端を接するヴェルター湖をはじめ、随所に水面を輝かせる湖沼の数は、大小合わせて一二七〇泓《おう》にも及ぶという。だが、これらケルンテンの湖と他の湖水地方とを分かつ決定的な差異は、山岳国にあって例外的ともいえる温暖さにある。ザルツブルク近郊やオーバーエスタライヒの湖はいずれも典型的なアルプス氷河湖で、真夏でさえその水温はしばしば二〇度を下回る。他方、地中海から吹き込む暖かい気流が東アルプスの石灰質の尾根によって屏風《びょうぶ》状に囲い込まれるケルンテンでは、高山地帯とはまったく異なる独自の気候風土が形成されることになった。クラーゲンフルトの夏期の平均気温は二五・五度に達し、州内の湖の水温も盛夏には三〇度前後まで上昇する。なかでも、深い森に周囲を遮られた南東部のクロパイン湖では、十月に入ってもなお水温が二八度を下回ることがないという。湖水に恵まれた地勢、南国を思わせる明るく輝く陽光、そして国内において突出して温暖な気候は、こうして、アルプス観光の中心地、オーストリアの南端に、本格的なウォーター・リゾートを誕生させたのである。

とりわけ、州都に隣接する立地が絶妙に都会的な雰囲気を醸し出すヴェルター湖のほとりは、すでに十九世紀末から瀟洒な別荘が立ち並び、「オーストリアのリヴィエラ」の名をほしいままにしていた。さらに、一九六〇年代に本格化した観光開発は、東西一六キロメートルに延びるこの湖をたちまちヨーロッパ屈指の高級リゾート地へと伸し上げた。椰子《やし》の木があしらわれた湖畔の自動車道には、アメリカ西海岸さながらに深紅のスポーツカーが行き交い、湖面を見下ろすホテルの顧客リストは、世界のセレブリティの名を誇らしげに並べたてたのである。また、ヴェルター湖は幾度となく映画やドラマのロケ地として脚光を浴びた。なかでも一九九〇年代、ドイツのテレビ局、RTLが、人気歌手ロイ・ブラックを主演に撮影したドラマ・シリーズ、『ヴェルター湖畔のシャトー・ホテル』は、色鮮やかな水着姿の若者を乗せたモーターボートや夜ごとに祝われる煌びやかな湖上パーティの背後に、オーストリア的な地方色を強く残したヴェルター湖独自のリゾート文化を軽妙なテンポで描いて全欧で大ヒットとなり、理想の保養地としてのこの地のイメージをさらに広く定着させることになった。

「胡桃の殻」の内側で

州歌『ティロルがザルツブルクに接するところ』がいみじくも歌い上げたように、ケルンテンは西端をティロルに接しつつ、ザルツブルクおよびシュタイアーマルクの南にその州土を延べている。全長二八〇キロメートルに及ぶ南側の境界はイタリアおよびスロヴェニアとの国境線に当たり、中央にくびれを持つ独特の形状を州の紋章の獅子に見たてて、しばしば、国土の南を守って横たわるライオンの姿に譬えられることもある。州南のカラヴァンケン山峰は古来、イタリアとドイツとを分かつ自然境域を標し、古代ローマ時代からすでに、一帯はローマ本国と属州ノリクム、パンノニアを結ぶ通過地点としてきわめて盛んな交易と往来を支えてきた。とりわけロイブル峠を回り込んで南を目指す街道は、第一次世界大戦後に至るまで、クラーゲンフルト、リュブリャナ（現スロヴェニア）を経てウィーンとトリエステを結ぶ最短経路として知られていた。ベラスケスがその成長過程を肖像画に描いたマルガリータをはじめ、マドリッドからウィーンのハプスブルク家に輿入《こしい》れしたスペイン王女たちの華やかな花嫁行列も、ほとんどがこのロイブル峠の隘路を経由してケルンテンを縦断し、数ヶ月から半年をかけて北上の旅を続けたといわれる。

このように、中央ヨーロッパとイタリア、スペインとをつなぐ結節地点としての役割を果たす一方で、ケルンテンの地勢的特徴は、精神文化の側面においては、この地に特有の、いわば「内に向かって閉じた」気質を生み出すことになった。東西南北、四方をがっちりと、二〇〇〇メートル級の山嶺によってあたかも胡桃《くるみ》の殻のごとく隔てられたケルンテンは、地理的に見て、周辺世界から隔絶された空間を形づくっている。胡桃の殻の内側では、古くから、高い峰の厳しい気候条件を避けるようにして、山間の渓谷《タール》沿いに多くの集落が形成されてきた。さらに、急流や険しい峠など、自然条件によって互いに隔てられた渓谷の集落は、それぞれが独立した小宇宙を形成し、そこでは各々、独自の生活文化と慣習が受け継がれた。谷ごとに異なる民族衣装や伝統食のヴァリエーションの豊かさは、まさしくケルンテンの郷土文化の奥深さを象徴するものといえるだろう。ケルンテンの歴史においてつねに重要な役割を演じたスロヴェニア系住民や、現代でもなお全人口の一〇パーセントに達するとされるプロテスタントなど、民族的・文化的マイノリティもまた、「飛び地」のごとく周囲から隔離された谷の生活においてこそ、政治的弾圧と迫害の犠牲となることなく今日まで存続し得たのである。

ケルンテンは、歴史的・立地的な諸条件から、古来、多民族、多文化が入り組み、共存した地域であった。ノリクムを構成した古代ローマ人、ケルト人だけではない。民族大移動期を経たのちも、ゲルマン系に限らず、ロマン系、スラヴ系の民族、言語、文化が混淆し、また、アクイレイア公国との密接な関係から、ビザンチン文化との交流も培われてきた。しかし、この地に同時に存在した「隔絶性」は、こうした混成・多重文化的な特徴がケルンテン独自のアイデンティティとして発展するプロセスを妨げてきたのである。

七世紀、スラヴ系民族によるカランタニア侯国形成以来、ここに展開された複雑な歴史の過程は、当地の人びとに、東西文化の交叉地点としての開放性よりもむしろ、みずからが他地域、とりわけウィーンをはじめとする「中央」とは本質的に異なる存在であることをより強く意識させたのだった。フランク王やハプスブルクの君主たちが当初よりこの地を直接統治しようとせず、修道院に寄進してその管理を委託したという経緯、そして、同じく南部の州都、グラーツおよびインスブルックとは対照的に、クラーゲンフルトには一度としてハプスブルク家の居城が置かれなかった事実は、ケルンテンの「隔絶性」が、単に地理的なレベルに留まるものではなかったことを示唆している。こうした環境が、一面では、古くからこの地に伝わる「君主の石」に象徴されるような、政治的独立心と民主主義への強い志向を生み出したことも確かである。だが、同時に、隔絶に対する実感は、ケルンテン人の心中に、長い時間をかけて深い疎外感と劣等感を醸成することになった。茶色の毛織物で仕立てた伝統衣装から、湖や修道院を舞台にいまなお年ごとに繰り広げられる祝祭に至るまで、ユニークな生活習慣を守り継ぐ一方で、人びとは、ウィーンであれ、EU本部があるブリュッセルであれ、「山の向こう」の中央行政機関に対して本能的な反感を抱き続けてきたのである。

ヨーデルをはじめ、伝統的な民俗音楽がいまだ絶えることなく愛好されるオーストリアにおいて、なかでもケルンテンは、民謡演奏がきわめて盛んなことで知られている。かつて山の妖《よう》精《せい》が、渓谷の奥深くに暮らし、昼夜、無言で労働を続けた山岳農民の生活に彩りを与えるべく「歌」をもたらしたと伝えられるように、声を合わせて歌う習慣は、中世以来、耕地面積が極端に少ない地方の苛酷な生活にとって数少ない娯楽の手段を提供してきた。一八四五年、クラーゲンフルト近郊フィクトリングに生まれ、のちにウィーン宮廷歌劇場の専属バス歌手、合唱団指揮者として成功を収めたトーマス・コシャトは、こうしてケルンテンに歌い継がれた民謡の多くを本格的な合唱曲へと編曲し、その独特なメロディーと味わいを内外に広く紹介することになった。代表作、『われはことごとく見捨てられ』は、親と死に別れ、恋人にも去られて、極限の孤独を味わう心の悲しみを優美な旋律のなかに歌い上げ、たちまち世界一八ヶ国語で演奏されるほどの大人気を博した。だが、南部方言で「見捨てられ、見捨てられ、見捨てられてわれはあり」と詠《うた》うその歌詞にもっとも強く心を打たれたのは、誰よりもまず地元ケルンテンの人びとであった。タウエルン山脈の峻嶺によってオーストリアの中心部から離隔された極南の地に棲み、他州の人びとからひたすら軽んじられ、いかなる窮地にあっても、どこからも一切の支援を得ることなく捨て置かれてきたケルンテン人の孤独感とルサンチマン、そして屈折した郷土愛を、彼らがその行間に鋭敏に読み取ったからにほかならない。

さらにその後、第一次世界大戦末期から第二次世界大戦後にかけてこの地の人びとが直面した周辺州ならではの特殊な体験は、複雑なアンビバレンスを秘めたケルンテンの精神性を、この上なく困難な形で発展させることになった。第一次世界大戦中の一九一五年五月、それまで中立を守っていたイタリアがオーストリアに宣戦布告すると、ティロルと同様に、アルプスに沿って一〇〇キロメートルにわたり国境を接していたケルンテンは両国の国境攻防戦の陣地と化した。同年の冬にいよいよ本格化した山岳戦では、三一個大隊に及んだイタリア軍による攻撃に対して、退役軍人と少年兵を中心に編成された脆弱な義勇軍が応戦せざるを得ず、終戦までに州全体で一〇万人を超える犠牲者を出すことになった。

また、シュタイアーマルクと同じく、多くのスロヴェニア系住民を擁したことから、当地は戦後、セルビア人・クロアチア人・スロヴェニア人王国、のちのユーゴスラヴィア王国の侵略を受けることになった。しかも、パリ講和会議でフランスの支持を得たスラヴ人国家は、南ケルンテンのほぼ全域を執拗に要求したため、国境線の決定は結局、一九二〇年秋、新たな国家帰属を選択する住民投票へと持ち越されたのである。戦争末期には対イタリア、戦後は対スラヴ人国家の防衛戦をほとんど自力で戦ってきたケルンテンの人びとは、ここで、オーストリアという国家的アイデンティティから有無を言わさず切り離されるという悪夢を、まさしく肌で感じることになったのだ。

境域にあって他国による侵略の危機に晒され続けた記憶は、古くからケルンテンに培われた「周辺」としての意識と他者への敵愾心《てきがいしん》、過剰なまでの独立心を、きわめて歪んだ形で拡大させる結果となった。かつてこの地に醸成されたナチスドイツへの強い共感、あるいは、今日までオーストリアの政界をしばしば混乱に陥れてきた極右政党の躍進など、ケルンテンの近現代史に暗い影を落とすエピソードは、まさしく、こうした精神性の特殊な発展過程によってもたらされたものなのである。

聖女ヘマ伝説とグルク大聖堂

地域や職業に応じて特定の聖人を崇めるという聖人崇敬の習慣は、カトリックのひとつの特色といっていいだろう。オーストリア・カトリック教会は、各州にそれぞれ守護聖人を定めており、ケルンテン州の聖人は、聖母マリアの夫、ナザレのヨセフとされている。だが、このヨセフと並び、ケルンテン全域で古来、熱烈な礼賛を集め続けたもうひとりの守護聖人がいた。グルク大聖堂の建立者、ヘマである。

聖女ヘマの存在を裏づける公文書は皆無に近く、その生涯をめぐって語られるさまざまなエピソードは、ほぼ伝承によるものといわれている。史料上に残されたわずかな痕跡を辿るなら、ヘマの先祖は九世紀、東フランク王アルヌルフより莫大な土地と資産を授けられていた。豊かなヘマの一族はまた、皇帝ハインリヒ二世の遠縁にあたり、ヘマ自身も幼少時にハインリヒの宮廷に送られ、ここで高度の教育を受けたと伝えられる。九九〇年前後、地元ケルンテンの貴族、エンゲルベルト・フォン・フリーザッハの娘として生を享けたヘマは、長じてのち、ドイツ王コンラート二世の家臣で、ザンタール辺境伯、ヴィルヘルムの妻となった。史料によれば、コンラート王は、当時、王権に反撥して勢力を蓄えようとしていたケルンテン公、アーダルベルト・フォン・エッペンシュタインの領地と権勢を削ぐ目的で新たにヴィルヘルムを辺境伯に任命したが、その結果、両者の権力抗争に巻き込まれたヴィルヘルムは、ザンタール（現スロヴェニア、サビンジャ）一帯を奪回しようとするアーダルベルト公によって暗殺されたという。夫の死後、その遺産を継いでますます富裕となったヘマは、ケルンテン各地の教会に莫大な寄進を行なったほか、アドモントのベネディクト派修道院をはじめ、みずからいくつもの修道院を建立したのであった。

ケルンテンの民衆の間に篤いヘマ崇敬を呼び覚まし続けた口碑は、こうした史実に些《いささ》かの脚色を加えていまに伝えている。伝説によると、ヘマは夫ヴィルヘルムとの間に二人の息子をもうけた。ヘマの所領のひとつ、ツェルトシャハは無尽蔵の銀山で、成長した子らはここで採掘の運営を担っていた。だが、高額の賃金を得た鉱山労働者の生活はしだいに放埒《ほうらつ》を極め、これを咎めたことから、息子たちは坑道内で惨殺の憂き目を見ることになる。知らせを受けたヴィルヘルム伯は激昂し、現地に赴いて労働者らを無差別に殺害した。夫を追ってツェルトシャハへ急行したヘマは、途上、悲しみの聖母に伴なわれた息子たちの幻影を見たという。ヘマによって改悛《かいしゅん》させられたヴィルヘルムはローマに向けて巡礼路を辿り、その帰路で力つきた。こうして天涯孤独の身となったヘマは、グルクで隠遁《いんとん》生活を送るようになる。グルクに修道院と教会を建立したいというヘマの願いを伝え聞いた当時のザルツブルク大司教、バルトヴィンは、あまたの修道女を伴なってグルクに入り、彼女の希望通り、ここにマリア教会を献堂したとされる。祈りのなかに余生を過ごしたヘマは、一〇四五年に亡くなると、石棺に納められ、グルク大聖堂の地下聖堂に埋葬されたのだった。

クラーゲンフルトの北方約四〇キロメートル、グルク河沿いに佇むグルク大聖堂は、十七、十八世紀におけるバロック様式への改築作業を免れ得た、数少ないロマネスク様式の建築作品である。とりわけ、聖歌隊席と祈禱室を飾る壁画は、ドイツ文化圏でもっとも保存状態のよいロマネスクのフレスコ画として知られている。その建立の縁起は古くからヘマによる遺言贈与に求められ、ヘマ当人と聖堂との密接な関連性がひたすらに強調されてきた。だが、この教会が建設されたのは一一四〇年から一二〇〇年にかけて、すなわち、ヘマの死後、一世紀あまりを経てのことであった。

グルクの本来の起源は、実際には、一〇七二年、かねてよりケルンテン、シュタイアーマルク一帯で布教・開拓活動を展開したザルツブルク大司教が、この地に補助司教区を置いたことにある。しかし、一一三一年にははやくも独自の教区と聖堂参事会を持っていたグルクは、この頃からしだいに自立性を強く志向するようになる。同年、グルク司教に就任したローマン一世は、現在の大聖堂の建設に着手したほか、周辺一帯に豪奢な司教宮殿や居城をつぎつぎに完成させた。これらはまさしく、ザルツブルクに対する対抗意識とグルクの独立性の視覚化にほかならなかった。この地における最初の教会献堂の由来を、ザルツブルク大司教ではなく、敬虔な貴婦人の寄進に帰そうとするヘマの直筆遺言状もまた、実際には、ローマンがひそかに作成させた偽造文書であったといわれる。そして、大聖堂内のヘマ・レリーフをはじめ、あらゆる媒体を利用してヘマという聖女の一代記をドラマティックに演出して伝え、偽の寄進文書まで持ち出しながら、独自のパトロンとしてのイメージを定着させようとしたグルク司教の必死の努力の背景には、実は、皇帝と諸侯、さらにはローマ教皇の権力の拮抗関係に揺るがされた、ケルンテンの厳しい運命が隠されている。

ケルンテン公国――聖俗の権勢の狭間で

東フランクの王オットー一世は、九六二年、教皇庁をも危機に陥れたイタリアにおける混乱を収拾させ、ローマ教皇より皇帝として戴冠を受けた。その後の歴史記述は、一般にこの出来事を神聖ローマ帝国誕生の瞬間として位置づけている。だが、当時、皇帝位の正統性に対して東ローマ帝国が異議を唱えたほか、地元イタリアの貴族らも反撥を続けたため、神聖ローマ皇帝はその後も継続してイタリア遠征に精力を傾けなければならなかった。そして、ドイツ各地からの軍勢を従え、アルプスを越えて南を目指した皇帝軍の行軍にとって、ケルンテンはきわめて重要なトランジット地点となったのだった。八世紀以来、カランタニア（ケルンテンおよびシュタイアーマルク）を実質的に支配してきたバイエルン系の諸侯もまた、皇帝のイタリア遠征を積極的に支援した。だが、他方、当地におけるバイエルンの支配権は、彼らがときとして皇帝権に対抗する場合、背反の強力な足掛かりにもなった。こうした叛逆のベクトルを憂慮《ゆうりょ》した皇帝オットー二世は、九七六年、ケルンテンをバイエルンの権限から切り離す目的で、これを公国として独立させたのである。神聖ローマ帝国内において六番め、オーストリア域内では最初の独立公国の誕生であった。

ケルンテンの支配者が強大化することを嫌った皇帝は、公位を世襲させず、バイエルン系、シュヴァーベン系、フランク系など、複数の貴族の家門に交互に与えていた。さらに、ケルンテン公にあえて利得の多いヴェローナ辺境伯位を兼任させ、自領への関心を削ぐ一方で、ケルンテン公国内の土地については、その多くをみずから直接、聖界諸侯に寄進した。その結果、ケルンテン内では教会領が著しく拡大し、十一世紀に入る頃には、バンベルク大司教とザルツブルク大司教が、ケルンテン公に次ぐ広大な土地を所有するようになっていた。両大司教がそれぞれ支配の中心を置いたフィラッハとフリーザッハは、ケルンテンの経済的中心地としてめざましい発展を遂げることになる。とりわけ一一三〇年、ザルツブルク大司教エーベルハルト二世のもとで都市権を得たフリーザッハは、ケルンテン最古の都市として繁栄した。周辺に多くの鉱山を控えたフリーザッハには、大司教によって独自の貨幣鋳造権が与えられ、ここで打ち抜かれたフリーザッハ銀貨《プフェニッヒ》は、その後十五世紀に至るまで、オーストリア、ハンガリー一帯に広く流通したのであった。

だが、国内に聖界領が入り組むという特殊な現実は、中世初期、高位聖職者の任命権をめぐって皇帝と教皇庁が対立した聖職叙任権闘争と教会分裂の時代にあって、政治的にきわめて困難な状況をもたらすことになった。あくまで皇帝に忠実な公爵と、ローマ教皇の強力な支持者であった大司教が互いに領土を接し合うケルンテンは、このとき、まさに全ヨーロッパを揺るがせた聖俗の勢力抗争の縮図と化したのである。叙任権闘争は、実際、この地をしばしば激しい戦火に巻き込んだ。教皇グレゴリウス七世をローマから追放した皇帝ハインリヒ四世が、この政敵を支持した高位聖職者の首をつぎつぎと挿《す》げ替えたとき、位を追われたザルツブルク大司教ティエモは、一〇九二年、ケルンテン内の自領へ逃れ、フリーザッハの要塞に籠城した。皇帝派のウルリヒ公はすかさずこれを追い詰め、フリーザッハ城をめぐり数ヶ月間の熾烈な包囲戦が繰り広げられた。また、一一二一年、皇帝権の無謬《むびゅう》性を掲げて公国内の聖界領を脅かしたケルンテン公ハインリヒ三世が、ザルツブルク大司教コンラート一世と小競り合いを繰り返したすえに破門を突き付けられ、両陣営合わせて二〇〇〇人の兵士が見守るなか、馬毛で織った改悛《かいしゅん》懺悔《ざんげ》者の衣に身を包み、素足のまま跪いて許しを乞うた事件は、その後、「ケルンテンのカノッサ」として人口に膾炙した。

こうして既成権力を震撼させた異常事態に、司教区としての独立性を希求していたグルクもまた、敏感に反応した。強硬なイタリア政策が原因で教皇アレクサンデル三世と反目し合った皇帝フリードリヒ・バルバロッサは、一一七〇年、グルクの所有する全財産の不可侵を保証し、ザルツブルク大司教の権限を全面的に否定した。これを好機と見たグルク司教は教皇に背を向け、皇帝派へと立場を転じたのである。皇帝フリードリヒはとりわけ、ザルツブルクのアーダルベルト三世が皇帝による承認を仰ぐことなく大司教位に就いたことに深い怨恨《えんこん》を抱き、一一七四年にはついに宮廷裁判を招集してその廃位を申し渡した。しかし、裁判の決定を熱狂的に支持したグルク司教ハインリヒ一世が、みずからすすんでアーダルベルトの解任の儀を執り行なったとき、そのあまりに厚顔無恥な行動に対して、聖俗問わず誰もが呆然《ぼうぜん》としたという。教皇アレクサンデルはほどなくマインツ大司教に宛てて親書をしたため、グルク司教が教皇の許可を得ることもなく、しかも位階的に見て自身よりも上位を占めるザルツブルク大司教を解任するという行為の異常さを指摘し、厳しい警告を発した。一連のスキャンダルは、その後、教皇によるハインリヒの破門という、グルクにとってこの上なく苦い結果に終わることになる。

教皇と皇帝の権勢争いは、この事件を経た一一七七年、皇帝フリードリヒと教皇アレクサンデルの間に結ばれたヴェネツィアの和議によって一応の収束を見た。グルクでは、和議の直後、同司教区のザルツブルク大司教への帰属があらためて確認され、その独立への悲願にもここに事実上の終止符が打たれた。ケルンテン公と聖界諸侯との対立関係も、しだいに解消に向かう。だが、こうして約二世紀にもわたり、神聖ローマ皇帝とイタリアおよびローマ教皇との抗争に直接的な影響を受けつつ、公国としての統一性を欠いたまま、著しく不安定な状況に置かれ続けた経緯は、その後、近現代に至るまで、ケルンテンの政治風土のあり方そのものを本質的に規定する、決定的要因として作用したのである。

一一二二年、皇帝の命を受けてケルンテン公位に就いたシュパンハイム家は、この地における最初の世襲支配者となった。その後、八代にわたりケルンテンを治めたシュパンハイムの君主たちは、ザルツブルクおよびバンベルク大司教の影響力を懸命に抑えて、公国を統一するために尽力したが、当時のケルンテン公国領は、ヴェローナ辺境伯領との関係を解消され、縮小の一途を辿りつつあった。一二六九年にシュパンハイム家が断絶したのち、ケルンテンは、ティロルのゲルツ伯家による支配を経て、一三三五年、いよいよハプスブルク家領に組み込まれることになる。だが、この頃にはすでに、神聖ローマ皇帝位はイタリアとのつながりを弱めており、かつての「南方への門」は、ハプスブルクの君主たちの関心をいささかも惹きつけることがなくなっていた。ケルンテンはこのとき、シュタイアーマルク、クラインとともに、「内オーストリア」の一部を構成する、南部の辺境に過ぎなくなっていた。

ケルンテン公就任の儀と「君主の石」

イタリアなど外地に莫大な利権を得たケルンテン公が、代々、自領に対してさほどの関心を示さなかったことに加えて、国内ではつねに聖俗の諸勢力が複雑かつ激しく拮抗し合うという状況は、ケルンテン公国に絶対的権力の不在をもたらした。ほぼ二世紀にわたって続いた皇帝と教皇との勢力争いは、しばしば都市や農村を焦土と化したが、他方、君主による強大な統治が及ばなかったケルンテンでは、すでに古くから、地元の豪族や自作農民らがみずからの土地を治め、実質的な行政を担う習慣が根づいていった。クラーゲンフルトから北に五キロメートル、かつて古代ローマ人が都市ヴィルヌムを構えたカルンブルクの丘に立つ「君主の石」と、ここを舞台に行なわれたケルンテン公就任の儀式は、こうした環境のなかで形成された独自の民主的傾向の象徴にほかならない。

現在、ケルンテン州立博物館が所蔵する「君主の石」は、本来、ヴィルヌムの遺構に残されたコリント式円柱の台座部分であった。風習によれば、ケルンテン公の就任が決定すると、自作農民たちはこの柱礎の周囲に集って新たな君主を迎えた。厳《おごそ》かに正装した騎士と貴族をあまた従えた新公爵は、自身は粗末な農民風の装束を身に纏い、牧人の杖を手に、馬と黒毛の牡牛を一頭ずつ引いて、カルンブルクの丘を登ったという。柱礎のもとでは農民の代表が座してこれを待ち受け、人びとが見守るなか、公の身元をただし、公正な統治を行なう覚悟を問うた。

両者の間にはさらに、公爵がみずから連れ来た牛馬ならびに、七〇プフェニヒの貸借金と引き換えに農民から公国の土地を借り受けるという、一種の賃借契約が交わされる決まりとなっていた。この儀式のあとで、ケルンテン公はようやく農民服を脱ぎ捨て、貴族の式服に着替えることを許されたのであった。

農民代表の問いかけと公爵の返答は無論、儀典により細部にわたって規定された定型句に過ぎなかったが、この就任の儀が、人びとの独立精神と民主的志向を示す重要な表徴を含んでいたことは、いうまでもない。こうして最初に農民による承認を受けたのちに、ケルンテン公は付近の聖ペーター教会で神への宣誓を行ない、さらに丘を下ってツォルフェルトを目指した。ツォルフェルトには、「君主の石」と同様に古代ローマの柱の残片を組み合わせて構築された「君主の座」が、いまなお一〇〇〇年の風雨に耐えて佇んでいる。二つの座面を持つ大理石の椅子《いす》に腰かけた公爵は、あらためて地元貴族と相対し、彼らの忠誠の代償としてその支配権と既存の諸特権を認める「封土の儀」を執り行なったのであった。

ケルンテン公就任をめぐるこれら一連の儀式の起源は、一説によれば公国建国のときにまで遡るともいわれるが、その挙行が実際の史料に初めて記録されたのは、一一六一年、シュパンハイム家のヘルマンの即位のときであった。その後一三三五年、ハプスブルク家初のケルンテン公としてこの地に赴いたオットー陽気公もまた、古来の風習をわずかも違えず、カルンベルクから聖ペーター教会、ツォルフェルトに至る「君主の道」を歩んだ。皇家による全オーストリアの画一的支配を意図したハプスブルク家の家臣のなかには、象徴的な形ではあれ、独立農民の権限を認証するような儀典のあり方に危惧を表明する者も少なくなかった。また、オットーに付き添った貴族の間には、君主が農民の形《なり》をするという行為の象徴的な意味が理解できず、カルンブルクへの行列の異様さに純粋な驚きと疑問を呈する人びともあった。しかし、ケルンテン公の本来の立場を明徴するこれらの儀式は、結局、オットーののちなお約三世紀もの間、ハプスブルク家の宗主たちの間に連綿と伝承されることになる。

この間、宗教改革運動や農民叛乱に対する厳しい弾圧を経て、実際にはケルンテンの地元貴族、自作農民のかつての独自性は見る影もなく削がれていた。しかし、それでもなお、新たな君主を戴くたびに繰り返されたこの儀礼は、当地に特有の政治的精神性を人びとの記憶のなかに呼び覚まし、新たな意識として塗り重ねていったのであった。そして、一六六〇年、ハプスブルク君主国のヨーロッパ列強としての地歩を固めた皇帝レオポルト一世が、この伝統を初めて破って、独自の華やかなバロック的式典のもとにケルンテン公位を継いだことは、絶対主義の勝利を鮮やかに視覚化する事象となった。

都市クラーゲンフルトの繁栄

のちにケルンテンの州都となるクラーゲンフルトが辿った、他の主都とは一線を劃す特異な発展過程の背景にも、当地の人びとが抱いた政治的独立心を読み取ることができる。

クラーゲンフルト建設の起源は、いまも怪物リントヴルムの伝説によってまことしやかに語られる。クラーゲンフルトという地名の語源は、一般には都市を東西に横断するグラン河の浅瀬《フルト》、「グラン・フルト」に由来するとされるが、一方で、水害が多い土地柄から、スロヴェニア語で「嘆きの地」を意味する「ツェロヴッツ」をドイツ語訳した語であるとも（「クラーゲン〔klagen〕」は「嘆く」の意）、また、古来のロマンス語「ラークリウ」、すなわち「水辺の場所」から派生したともいわれている。これらの語源の可能性は、いずれも、現在のクラーゲンフルトの一帯が、古くは湿地帯であったことを示唆するものである。口承によれば、一二〇〇年頃、当地を支配したカラストなる貴族は、湿地の干拓と周辺の大規模な開拓のために、多くの人夫を遣わした。だが、霧に覆われた湖沼に入った男たちは、ひとりとして戻ることがなかった。沼地の奥深くには、全身を鱗《うろこ》で覆われ、鋭い爪と牙《きば》、そして巨大な翼を具えた飛竜、リントヴルムが棲み、近寄るものすべてを八つ裂きにして喰いつくしたのだという。苦慮を重ねたカラストは、住民らの知恵を借り、沼地の手前にこの上なく堅牢な塔を建て、そこに肥えた牡牛を逆鉤《あぐ》で繋ぎ止めて、怪物をおびき寄せることにした。まもなく獲物を襲おうとリントヴルムが姿を現わし、牡牛を丸吞みにするが、逆鉤に捕らえられてあたかも釣り針にかかった魚のようにもがき苦しみ、待ち伏せていた地元の勇者らによってみごと退治されたのだった。その後、無事に干拓された地にクラーゲンフルトが建設され、塔は本格的な城となる。公爵はこのとき、竜退治に尽力した住民に身分の自由を与えたと伝えられる。

かつて人びとを恐れおののかせた怪物リントヴルムは、今日ではクラーゲンフルト市のシンボルとして都市の紋章にも模《かたど》られている。また、一五八三年、都市名士たちの命で市庁舎前の広場、ノイアー・プラッツに築かれたリントヴルムの噴水は、耳まで裂けた口から滔々《とうとう》と水を吐き出し、いまも夏ごとに爽《さわ》やかな涼味を誘うのである。

だが、クラーゲンフルトの名は、実際には、伝説が伝えるよりも以前の一一九二年、すでに公式の史料に登場している。のちのケルンテン公ベルンハルト・フォン・シュパンハイムが、グラン河沿いの有利な立地に着目し、当地に市場町を置いたのがその起源であった。しかし、交易の中継地点としての役割を十分に果たしたとはいえ、十六世紀までのクラーゲンフルトは、フィラッハやフリーザッハが享受した本格的な都市文化の繁栄とは無縁な存在であった。

この鄙びた集落がやがて州都にまで成長するための最初の契機となったのは、一五一四年に当地を襲った大火災であった。燃え広がった火によって小都市はたちまちのうちに灰燼に帰し、誰もが町の再建を絶望視したという。時はまさに、相次ぐオスマントルコ軍の侵攻、そして、軍費確保を目的に導入された「トルコ税」が巻き起こした農民叛乱が、ハプスブルクの君主たちを深く悩ませた時代であった。これらの戦禍によってオーストリア南部全域の都市と集落が甚大な被害を被るなか、皇帝もケルンテン公もクラーゲンフルトの再建にほとんど関心を示すことはなかった。

だが、クラーゲンフルトが受けた未曾有の災難をまたとない好機とみなしたのは、ケルンテ

クラーゲンフルトのノイアー・プラッツに立つリントヴルムの噴水.

ンに領地を所有した地元貴族（領邦等族《ラントシュテンデ》）であった。ケルンテン領内には古来、修道院領が入り組み、ハプスブルク時代になってもなお、皇帝が直接の支配権を行使することがなかったため、貴族たちは当時、皇帝軍からの支援を一切受けぬまま対トルコ防衛戦を戦い抜き、また、農民叛乱を自力で鎮圧していた。他方、この頃、ケルンテン公が居城を構え、実質的な州都として機能したザンクト・ファイトは、領邦等族にたいする入城拒否権を保持したため、貴族たちは実質的な為政者でありながらどこにも本拠地を置けず、領邦議会（領邦単位の身分制議会）の開催場所を確保することすらままならない状況にあった。

混乱の時代のただなかにクラーゲンフルトが焼け落ちたとき、貴族たちはほどなく、ときの皇帝マクシミリアン一世に宛てて嘆願書をしたためた。彼らはここで、廃墟と化したかつての市場町をみずからの力で本格的な要塞都市として再建し、異民族の侵攻や暴徒の叛乱からこの一帯を守る防塁とすることを約したのであった。南部国境の防衛策にとって利するところの大きいこの申し出を、マクシミリアンは死の前年の一五一八年、公式の贈与証書を発して容認し、新生クラーゲンフルトを新たにケルンテンの州都と定めたのである。神聖ローマ帝国内の諸都市は、古くから聖俗諸侯の権力の及ばない皇帝の直轄地とされ、皇帝にとって大きな財源を提供したほか、領邦等族に対して皇帝権の絶対性を顕示するためのシンボルとしても機能していた。このような伝統のなかで、都市が備えるべきあらゆる経済的・政治的特権をいっさい留保することなく、皇帝みずから一都市をすべて地元貴族に委ねたケースは、帝国史においても稀に見る例外であったといわれている。

さらに、その一〇年後、マクシミリアンの二代のちのフェルディナント一世が、これまでザンクト・ファイトに置かれていた造幣廠《ぞうへいしょう》を新たにクラーゲンフルトに移し、貨幣鋳造権を無利子の貸借金一万フローリンと引き換えに都市に対して譲渡したことは、州都建造のための豊富な資金源を保証する結果となった。都市計画に当たって、貴族らは、当時の要塞建築の巨匠、イタリア出身のドメニコ・デラリオを招致する。その設計のもと、防禦施設のほか、ヴェルター湖およびグラン河から市内に水を引く最新技術の水路も整備され、クラーゲンフルトは、十六世紀末葉には、周囲に頑強な堡塁を構え、碁盤の目のような整然たる構造を備えた本格的な堡塁都市へと鮮やかな変身を遂げたのであった。

その後、クラーゲンフルトは、皇帝や聖界領主による干渉を受けない、オーストリア唯一の領邦等族都市として著しい繁栄をみた。市内には、貴族たちの権勢を象徴する壮麗な建造物が建ち並び、瀟洒な街並みが形づくられていった。また、その後、宗教改革ブームのなかで積極的に改宗に踏み出した都市の名士らは、一五八一年、オーストリア最大規模のプロテスタント教会を建立し、ケルンテンにおいて広く受容された新しい信仰の中心地を形成した。教会はその後、反宗教改革運動の過程でカトリック化されて現在の聖ペテロ・パウロ大聖堂に至るが、その建築の堂々たる佇まいは、ハプスブルク家の強圧的なカトリック政策にも決して動じなかった、かつてのケルンテン貴族の誇り高い精神を明徴しているといえるだろう。

さらに、一五九四年には、彼らの長年の悲願であった州庁舎《ラントハウス》が、市街の南東の広場、アルター・プラッツに面する一等地に完成を見た。左右対称をなす二つの塔を備えた回廊式の建物の内部には、州議会の議会室のほか、大広間や階段室など、君主の宮殿さながらの豪華な空間があまた設えられた。大広間の天井画には、フィラッハの画家ブルーメンタールの筆により、貴族らが皇帝マクシミリアンから都市贈与証書を手渡される場面が、誇り高く鮮やかに描き出されたのである。ブルーメンタールはさらに、下階の広間にケルンテンを支配するすべての家門の紋章を掲げた「紋章の間」の内装を仕上げ、土地の名士四七名の肖像画で回廊を華やかに飾った。このルネサンス風の州庁舎は、その後一七二三年に火災で焼け落ち、まもなくバロック様式の新しい建築として生まれ変わるが、改築に際して、「紋章の間」と都市贈与証書の天井

クラーゲンフルト，ケルンテン州庁舎の2階にある「紋章の間」．その入り口近くの暖炉の手前に，かつてケルンテン公就任の儀において重要な意味を担った「君主の石」の一部が保存されている．

画は、バロックの歴史画家、ヨーゼフ・フェルディナント・フロミラーの手で精密に再現されたのであった。とりわけ、高さ約一〇メートルの空間を、金箔《きんぱく》とフレスコで描かれた六六五種もの貴族の紋章が覆いつくす「紋章の間」は、今日、ケルンテンにおける紋章学研究の「生きた史料」として高く評価されている。夏でもひんやりと冷気を湛えた大理石の床に佇み、夥しく連なる絢爛たる家紋を見上げるとき、われわれはいまなお、当時のケルンテン貴族の独立精神と自治への高邁な意識を感じ取らずにはおれないだろう。

だが、ケルンテンにおける領邦等族の強大な権限は、その後、ハプスブルク家による中央集権化の過程で徐々に削がれ、ついに、マリア・テレジアの近代的行政改革を通じて決定的な終止符が打たれることになる。クラーゲンフルトにはウィーンの中央政府から行政官吏が派遣され、また、南部国境防衛を目的として、帝国軍の大規模な兵舎が設置された。さらに、一七八二年、ヨーゼフ二世のもとで、君主国南部一帯の統治がグラーツの行政府に集約されたとき、クラーゲンフルトはふたたび州都の地位を喪失することになった。

シンデレラ城の原型――ホッホオステルヴィッツ

クラーゲンフルトの北東約二〇キロメートル、ケルンテン屈指のランドマーク、ホッホオステルヴィッツ城もまた、歴史の流れのなかで醸成されたこの地の貴族の高い自意識を表徴する史跡である。

古来の巡礼地マグダレンスベルクの北側に切り立つ地上一七五メートルの断崖を、ほぼ四五度の角度を保ちながらぐるりと這《は》い上がるようにめぐらされた城壁、そして、岩の頂《いただき》に大小の塔を抱きつつ聢《しか》と聳える城館は、州中部の山間において息を呑むような奇観を生みだした。その幻想的なありさまは、今日に至るまで人びとの心を強く捉えてやまない。第二次世界大戦後、ヨーロッパを旅してケルンテンに足を止めたウォルト・ディズニーもまた、霧のなかに浮かび上がる城のピクチャレスクな壮観に目を奪われた。このときディズニーの心に深く刻み込まれたホッホオステルヴィッツのイメージは、ドイツのノイシュヴァンシュタイン城と並んで、のちにディズニーランドのシンボルとして人気を集める「眠れる森の美女の城」、さらには

ホッホオステルヴィッツ城．ディズニーの「シンデレラ城」のモデルのひとつといわれている．

「シンデレラ城」の構想の原点となったといわれる。白雲石《はくうんせき》の断崖絶壁と人為の城塞建築が織りなす奇想に富んだ絶景は、しばしばモン・サン＝ミシェル修道院と並び称され、世界遺産への登録も継続的に検討されている。

　地形的特徴と自然景観をも計算に入れながらみごとに構築されたホッホオステルヴィッツ城の起源は、十二世紀、ケルンテン公を世襲したシュパンハイム家の居城に遡るという。だが、城の歴史はほどなく、ケルンテンの地元貴族、ケーフェンヒュラー家とともに歩みを進めるようになる。ケーフェンヒュラー家の始祖が当地の公文書に最初に登場したのは一三九六年のことであった。その後、一族は貿易と鉱山業を通じて富を手にすると同時に、ハプスブルク家の寵愛を受け、軍人として、また廷臣として、その統治に大きく貢献した。一五二〇年代、プロテスタント信仰がケルンテンを席捲《せっけん》したとき、ケーフェンヒュラー家もいち早く改宗に踏み出したが、ハプスブルクの君主たちはなお、同家の人びとを重用し続けた。一五三三年生まれのゲオルク・ケーフェンヒュラーもまた、徹底したプロテスタント的教育環境のなかに幼少期を過ごしたが、長じて対オスマントルコ防衛戦で武勲を立てたのち、新教貴族としては異例ともいえる輝かしい経歴を歩んだのであった。すなわち、三十二歳にしてケルンテンの地方長官に任命されたゲオルクは、その後、皇帝フェルディナント一世およびマクシミリアン二世のもとで顧問官を、さらに、内オーストリア大公カール二世のもとでは式部官を務めることになったのである。

そして、ホッホオステルヴィッツに今日見るような造形を付した城主こそ、このゲオルクにほかならない。主要都市、クラーゲンフルトとザンクト・ファイトをそれぞれ南北に見下ろす城塞は、すでに一五四一年、ゲオルクの伯父クリストフがケルンテン長官に就いたことを機に、ハプスブルク家よりケーフェンヒュラー家に貸し与えられていた。当時、建設途上にあったクラーゲンフルトの都市計画を、長官が適切に監督できるようにとの計らいだった。しかし、その契約はすでに、貸与期間を男系断絶までとするなど、ケーフェンヒュラー家にとってきわめて有利な条件を定めていた。やがて、クリストフの死後まもなく、その息子ヨハンが皇帝の大使としてスペインに赴くことが決まると、城は甥ゲオルクの手に委ねられた。その頃、所領における鉱業の繁栄のほか、二度の婚姻によって莫大な資産を得ていたゲオルクは、一五七一年、カール大公よりホッホオステルヴィッツ城を買い取り、城塞はいよいよ正式にケーフェンヒュラー家の所有に帰したのである。

城の中庭にいまも残る大理石板に刻まれた、「みずからの家門を、そして何にもまして国家を防禦すべく、私財を擲ってここに城塁を築く」という一節が語るように、ゲオルクによる買収の意図は、オスマントルコ軍の度重なる侵攻の危機に備えて、古い城郭に本格的な改築を加え、州都を守る強固な要塞へと変身させることにあった。ケルンテン長官の座にあったゲオルクは、当時クラーゲンフルト再建計画を手掛けていたイタリアの城塞建築家、ドメニコ・デラリオをただちに招請した。彼の設計案に基づいて、中世以来の石城は、十六世紀のマニエリスム風構築によって強固に補強され、わずか数年のうちに、切り立つ岩壁と渾然《こんぜん》一体となった、きわめてユニークな建築構成体が誕生したのである。

こうして、ホッホオステルヴィッツ城はケルンテン最強の堅塁となり、のちのヨーロッパ建築史においてもしばしば、城塞建築の典型例として取り上げられてきた。だが、施主が当初想定したように、この城が実際にオスマントルコ軍との攻防戦の舞台となることはなく、本来の防御施設としての役割を果たすには、遥かのちの十九世紀、ナポレオン率いるフランス軍の攻撃を俟たなければならなかった。さらに、戦術上の発展から見ても、城が完成をみた十六世紀末には、堅固な石造の城塁建築はすでにその役割を終えつつあったという。しかし、麓に広がる平野に立ち、ホッホオステルヴィッツ城の得も言われぬ造形の妙に見入るとき、この城が、本来、ただ単に外敵を撃退すべき要塞としての機能を負わされたものではなかったことを、誰もが一目で見きわめることになるだろう。

難攻不落の城塞を建設するに当たり、施主のゲオルクは、建築物の細部にわたって、自身の知識と教養に満ちた精神が生んだ数多くの象徴的ファクターと着想を埋め込んでいたのである。たとえば、岩肌を辿って頂上へと至る城壁にあしらわれた一四ヶ所の門は、イエス・キリストが受難の道行で経た一四の場面を象徴している。異教徒を退散させるこの山城は、ゲオルクの構想のなかでは、まさしく巨大な巡礼山《カルヴァリエンベルク》としてイメージされていたのである。城壁に沿って急傾斜の道を登る者はみな、キリストが死の苦しみと恐怖に耐えつつ辿ったゴルゴタへの道の苦痛を追体験することになる。

さらに、各門には、峡谷に架かる吊り橋や、敵を欺《あざむ》く仕掛けの跳ね橋など、構造上の創意工夫が凝らされた。同時に、これら一四の門は、裾《すそ》野《の》から急斜面を城へと登る動線上に醸し出される、あたかもからくり絵のように変化に富んだ景観をも十分に計算に入れて築かれた。無敵の城塁の建築はまさしく、十六世紀に典型的な、奇想と寓意《ぐうい》に満ちた独自の美学によってひそかに支配されていたのだ。それはまさに、当時のケルンテンにおいて最大の権勢をほしいままにした貴族、ゲオルク・ケーフェンヒュラー自身が心に描いた夢幻の城の現実化であった。

ゲオルクが後裔に残した遺言は、彼がこの城を、ケーフェンヒュラー家の栄華を誇示するモニュメントとして捉えていたことを裏づけるものである。ゲオルクは子孫に対して、売買はおろか、婚姻による相続を含め、いかなる場合においてもホッホオステルヴィッツ城を他家に委ねることを厳しく禁じ、あくまでケーフェンヒュラー家の手で現状のまま保持することを命じたのであった。現世における美しさと強さの象徴として完成された城を、一族のアイデンティティとして継承したいというゲオルクの願望は、やがて子孫の間に確実に受け継がれていく。彼の死後まもなく、男爵位から帝国伯爵位に格上げされたケーフェンヒュラー家は、自家の正統性を顕示する目的で、一族の系図を繰り返し立派な絵図として描かせるようになる。そして、ホッホオステルヴィッツ城の威容はしばしば、木の枝になぞらえられて繁茂する家系図の中央に、誇らしげに配されたのであった。

ケーフェンヒュラー家の栄華は、ゲオルクののちも絶えることなく続いた。十七世紀の苛酷なプロテスタント弾圧の時代には一族の多くが国外に逃れたが、結局、政府の再カトリック化政策に従った人びとが引き続き家督と財産を守り続けた。その後の家門の繁栄は、オイゲン公とともに多くの戦争を勝利に導いた武将、ルートヴィヒ・アンドレアス、そして、マリア・テレジアからヨーゼフ二世の治世にかけ、三四年にわたってウィーン宮廷の式部官を務め、膨大な宮廷日誌をしたためたヨハン・ヨーゼフなど、ハプスブルク史の舞台を飾った多くの末裔たちが明徴するところである。

二つの世界大戦を経て、貴族制度がとうに廃止された今日もなお、ホッホオステルヴィッツ城はいまだケーフェンヒュラー家の私有財産として管理されている。先代のマックス・ケーフェンヒュラー＝メッチュは、文化財保護局からの支援を要請して永続的な保存修復計画をスタートさせる一方で、先祖伝来のこの建物に、新たに観光資源としての可能性を見出した。城には古城博物館のほか、レストランやコンサートホールが併設され、現在、マックスの死後、家族とともにスペインから帰国した息子カリのもとで、年間二〇万人を集める観光スポットとして人気を誇る。春には菜花《なばな》の黄に染まるケルンテン中心部の平原に、ディズニーのシンデレラ城さながらすっくと立つ山城の風情は、つねに旅行者の興味を惹きつけてやまない。その絶景に誘われて城壁の道を登り、城の内部に足を踏み入れる人びとは、半世紀以上にわたり隆盛をみたケルンテン貴族の系譜の一端に触れることになるのである。好奇心に満ちた彼らの姿を、七番めの門のアーチの上で、かつての城主、ゲオルクの胸像がいまも静かに見下ろしている。

ケルンテンを愛した孤高の皇女――マリア・アンナとエリーザベト修道院

だが、ケーフェンヒュラー一族のように帝国政治の世界で華々しく活躍するケースは、ケルンテン貴族の間ではむしろ例外であった。王宮を持たず、州庁舎を中心に据えて構築された州都クラーゲンフルトの平面図そのものが、ハプスブルクの君主とは疎遠なままに過ぎたケルンテンの歴史を象徴しているといえるだろう。ところが、当地がハプスブルク家領となって五世紀を経た十八世紀後半、ひとりの皇女がケルンテンの風土にこの上ない愛着を寄せ、やがてはクラーゲンフルトに終《つい》の棲家を構えたのである。マリア・テレジアの娘、マリア・アンナは、ケルンテンに居城を置き、小規模ながらもここに宮廷生活を営んだ、唯一のハプスブルク皇族であった。

父帝カール六世が世継に恵まれなかったため、女系継承を認める緊急の「国事詔書」を通じて女性として例外的に家督を継いだマリア・テレジアは、夫フランツ・シュテファン（神聖ローマ帝国皇帝フランツ一世）との間に男子をもうけることを切望していた。だが、その期待を裏切るかのように、結婚初期、女帝は続けざまに三人の女児を授かった。一七三八年生まれのマリア・アンナは、そのなかでただひとり、無事に長じた皇女であった。一六人の子どもたちのなかで最年長の姉となったマリア・アンナは、生来、男勝りの闊達《かったつ》な性格を具え、幼少時より、音楽や舞踊会、狩猟、冬の橇《そり》遊びなど、華やかな宮廷行事に率先して参加し、心ゆくまでこれらを楽しんだ。

だが、自身が残した自省録によれば、マリア・アンナは、十七歳で大病を患って以来、こうした世俗の享楽の虚しさを身にしみて感じるようになったのだった。若い皇女の世界観を決定的に転換させる直接の原因となったのは、劇症肺炎と高熱によってもたらされた脊椎《せきつい》の変形であったとも伝えられる。若くしてヨーロッパ各地の名家との間に縁談を定められた美貌の姉妹たちの間で、マリア・アンナは生涯にわたり、みずからの容姿に深い劣等感を抱き続けたという。病から快復したマリア・アンナはほどなく、父フランツ・シュテファンの深い愛情に支えられて、父の最大の関心事であった自然科学研究にともに勤《いそ》しむようになる。鉱物学と古銭学の分野ではとりわけ造詣を深め、現在のウィーン自然史博物館の礎となった夥しい蒐集物を、著名な鉱物学者、イグナーツ・フォン・ボルンの指導のもとに分類・整理し、帝室コレクションの図録作成にも大いに貢献した。

こうして一風変わった青春期を過ごしたハプスブルク皇女がケルンテンの地と運命的な邂逅を体験したのは、一七六五年夏のことであった。この年、マリア・テレジアは、三男レオポルト（のちの皇帝レオポルト二世）とスペイン王女マリア・ルドヴィカとの婚儀のため、夫と子ども、そして数百人の従者を伴なって、ウィーンからケルンテンを経由してインスブルックを目指した。遠路の途上、数日間を安らったクラーゲンフルトでは、碧《あお》い湖水と瑞々しい緑に囲まれた静かな環境が、マリア・アンナの心に強い印象を残したという。

南方の光に満ちた美しい景観とともに、この時、多感な皇女の心を捉えて離さなかったのが、当地のエリーザベト修道院であった。エリーザベト修道会とは、十七世紀半ば、病院の整備と病人の看護を目的としてアーヘンに設立された女子修道会で、クラーゲンフルトには一七一〇年に支部が開設された。女帝は州都滞在中、簡素な病院を営む修道会を、マリア・アンナのほか、皇太子ヨーゼフ、四女マリア・クリスティーナとともに視察したのであった。クラーゲンフルトのエリーザベト修道院は、グラーツの同会病院に感銘を受けた俗人、マリア・カティーニがザルツブルク大司教に懇願し、ここから派遣された四人の修道女とともにほぼ自力で立ち上げた施設であった。その後もパトロンに恵まれず、つねに食糧にも事欠く状況のなか、マリア・テレジアが訪問した一七六五年には、一二人の修道女が狭い病棟で大勢の病人の看護に当たっていた。修道院長はこのとき、君主に宛てて本格的な病院整備のための資金援助を求める嘆願書を用意したが、それを手交する間もなく、訪問は予想以上に短時間で切り上げられた。修道会の存続を左右すべきこの手簡を、院長はとっさに同行のマリア・アンナに託したという。そして、皇女はその夜、皇帝一家の宿泊先、ローゼンベルク伯爵邸で営まれた晩餐会の席上で、マリア・テレジアに手ずから文《ふみ》を渡し、病院に対する支援を自身も強く勧めたのであった。視察に当たり、実際に修道女たちの極端に倹《つま》しい暮らしぶりを目にしていた女帝は、嘆願書が、修道会そのものではなく、あくまで貧しい傷病者への救済を強く訴えかけたことに心をうたれ、一〇〇ドゥカーテンの寄付を即決したと伝えられる。

富裕な貴婦人に快適な老後の隠居場所を提供したウィーンやプラハの女子修道会からはほど遠く、文字通り身を粉《こ》にして病人のために献身する修道女らの生きざまは、宮廷育ちのマリア・アンナに新鮮な驚きを与えたに違いない。だが、修道院訪問からわずか数週間を経た八月十八日、レオポルトの婚儀を終えた直後に、最愛の父フランツ・シュテファンがインスブルックで客死するという悲劇に見舞われたとき、この驚嘆はさらに、深い共感と憧憬へと変化するのである。以後、マリア・アンナは首都の宮廷生活に対する関心を完全に喪失し、余生を隠逸することを切望するようになる。一七六九年、皇女はエリーザベト修道会女、ザヴェリア・ガッサーに書状をしたため、将来、母マリア・テレジアが瞑したのちは、自身の居所をただちにクラーゲンフルトに移す所存を告げたのであった。

この知らせに歓喜したのは、修道会の人びとだけには限られなかった。これまで皇家と所縁の薄かったクラーゲンフルトの住民、とりわけ上流階層や知識人たちは、マリア・アンナの転住が、この地方都市にハプスブルク宮廷文化の華やかな雰囲気を一抹《いちまつ》なりとも運び込むことを心から期待したのであった。皇女の決意を受けて、ウィーンからはさっそく宮廷建築家ニコラウス・パカッシが派遣され、七年後には、修道会の建物と棟続きに、簡素ではあるがハプスブルク一族の住家にふさわしい、庭付きの瀟洒な城館が完成した。そして、一七八〇年十一月末にマリア・テレジアが亡くなると、翌年四月、マリア・アンナはいよいよ憧れの地、クラーゲンフルトへと移り住んだのである。

クラーゲンフルト到着に際して、マリア・アンナはまえもっていっさいの華美な歓迎祝典を禁じていた。都市に入城した馬車はそのまま大聖堂前に乗り付けられ、降り立った皇女は高位聖職者らに伴なわれて祭壇に跪き、連禱《れんとう》の祈りを唱えた。クラーゲンフルトでの歳月を綴ったマリア・アンナの日記は、まさしく祈りと奉仕に捧げられたその晩年の生活を、細部にわたって蘇らせる。皇女は一日のほとんどを修道女とともに過ごし、手ずから病人の手当をすることも厭わなかった。マリア・テレジアは生前、嫁ぐことのならなかった長女に対して、プラハの婦人養老院長という名誉職を与え、二万グルデンの年金を保証していた。マリア・アンナはこの収入のほぼ全額を修道会に寄進し、慢性の資金不足に悩まされていた病院は、以後、みるみるうちに近代的な施設へと生まれ変わる。

だが、信仰上の内省を淡々と記した皇女の日記は、実際にはそのクラーゲンフルト生活のほんの一面を伝えるに過ぎない。エリーザベト修道会との強い連帯感のなかに暮らしたとはいえ、マリア・アンナには当初より、修道女としての誓願を立てる意向はまったくなかった。祈りの日々の合間には、ささやかではあれ、俗人としての愉楽の時間もまた、確実に存在したのである。一七八一年十月六日、ケルンテンで迎えた最初の誕生日の記録は、マリア・アンナの日常が、皇族らしい華麗な側面を決して欠くことがなかった事実を裏づけている。この日、地元貴族たちはこぞって近郊の所領をイルミネーションで飾り、クラーゲンフルトでは壮麗な仮設凱旋門が設置された。六〇人もの楽師が賑《にぎ》やかにファンファーレを奏で、多くの住民が歓声を上げるなか、夕刻には、仕掛け花火が皇女の名を薄暮のなかに美しく浮かび上がらせて、ウィーンの宮廷で日蔭の身を忍んできたマリア・アンナをいたく感激させたのであった。

さらに、修道院に隣接して建てられた城館にて、マリア・アンナは小規模ながらサロンを営み、地元名士や知識人たちと親しい交流を保ち続けた。とりわけ、亡父フランツ・シュテファンが熱心なフリーメーソンであったことから、当地のフリーメーソン団体の保護奨励にも熱心に取り組んだ。クラーゲンフルトでは、一七八三年、皇女の名に因んだ新たなメーソン結社《ロージェ》、「慈悲深きマリアンナのために」が設立を見ている。

こうして、マリア・アンナの存在は、南部辺境の僻邑《へきゆう》として中央の人びとの関心を惹くことがほとんどなくなっていたクラーゲンフルトの社会と文化に、いっとき、かつてない彩りを添えることになった。つねに弟妹との不仲が囁かれたマリア・アンナであったが、その転居を機に、マクシミリアン・フランツ、フェルディナントら、多くの大公が頻繁にクラーゲンフルトへと足を運ぶようになる。そして、これら皇族の来訪を祝って、州都ではその都度、華やかな歓迎式典やオペラ公演が開催されたのだった。

幸福とはいい難かった生涯の最後の一〇年間を、みずから選んだ南部の小都市に静かに過ごしたマリア・アンナは、一七八九年十一月十九日、奇《く》しくも聖エリーザベトの祝日の朝に、五一年の生涯を閉じた。その亡骸は、生前の指示に従って、ハプスブルク家の古来の埋葬法に依ることなく、簡素な葬儀ののち、修道会の礼拝堂内に葬られた。城館も含め、所有したすべての財産は、遺言により、エリーザベト会の付属病院に寄付された。

ケルンテンのスロヴェニア人

政治から文化に至るまで、あらゆる領域でオーストリアに激動をもたらした十九世紀は、ケルンテンの地においては格別に緩やかに過ぎていった。鉄道網の整備が帝国経済の隆盛を支えた時代、ウィーンとトリエステを結ぶ主要路線は、かつて南北貿易の交易路として栄えたケルンテンを逸《そ》れ、グラーツからマリボルへと向かって延びていた。一八五一年にクラーゲンフルトを訪れた首都の音楽評論家、エドゥアルト・ハンスリックは、都市のあまりに鄙びた雰囲気を、「波立つ文明の海のただなかに取り残された孤島のごとし」と書いている。

だが、ハプスブルク君主国を崩壊させた第一次世界大戦は、こうして国土の南にゆったりと横たわり、時を忘れて永い眠りをむさぼるライオンを、乱暴に揺り起こさずにはおかなかった。諸民族が互いに大量殺戮《さつりく》を繰り広げた大戦争は、南部の辺土に長い時間をかけて封じ込まれてきたさまざまな闘争的ファクターを、一気に呼び覚ますことになったのである。そのうち最大の火種となったスロヴェニア系住民の問題は、大戦直後から今日に至るまで、ケルンテンの政治史に暗い影を落とし続けることになった。

ケルンテンにおけるスロヴェニア人の歴史は古く、六世紀にこの地に到来したランゴバルド人がともに連れ来たとも伝えられる。その後、アヴァール人侵攻の折にはバイエルンと団結して戦い、やがてドイツ系住民と共存してここに定住した。ケルンテンの語源となった「カランタニア」は、もともと、スロヴェニア語の「コロタン（Korotan）」、あるいは「コロシュカ（Koroška）」から生じた地名であるともいう。また、「君主の石」を舞台に挙行されたケルンテン公就任の儀では、君主と農民代表との問答は、つねにドイツ語とスロヴェニア語の二ヶ国語でなされる倣いとなっていた。この慣習はまさに、スロヴェニア系住民の存在が、ケルンテンの社会において十分に尊重されていた事実の証左といえるだろう。

州南部の山間に集落を形成して暮らしたスロヴェニア人は、ハプスブルク政府にきわめて従順な民でもあった。十五世紀末、「トルコ税」導入に反撥する農民戦争の嵐がケルンテン全土を吹き荒れたときも、スロヴェニア系住民がこの叛乱に荷担することはほとんどなかった。宗教改革の時代にも、彼らはカトリック以外の信仰にまったく関心を示そうとはしなかったという。勤勉かつ柔和な人びとは、ドイツ系住民との間にいかなる対立も引き起こさず、スロヴェニア語を母語としながら同時にドイツ語も日常的に使用したため、その居住地帯において、ドイツ系、スロヴェニア系の間に明確な民族的・言語的境界線を定めることは困難であった。

ところが、古くから理想的な形でケルンテン社会のなかに共生してきたこのマイノリティの人びとは、第一次世界大戦を境に、一転、多数派であるドイツ系住民による激しい憎悪の対象となったのである。スラヴ系の住民を抱えたことから、ケルンテンもまた、シュタイアーマルクと同様、終戦と同時に、セルビア人・クロアチア人・スロヴェニア人王国による領土拡大計画の格好の標的となった。この新たなスラヴ人国家が独立宣言をすると、ほどなくして、多数の義勇軍部隊が国境を越えてケルンテン南部になだれ込み、役所や鉄道、郵便局などをつぎつぎと占拠した。これに対して首都ウィーンは一切の対策を講じようとしなかったため、イタリアやロシアの戦線から帰郷したばかりのケルンテンの人びとは、武器を置く暇もなく「郷土防衛団」を結成し、孤立したまま命がけの防禦戦を戦わざるを得なかった。

ケルンテンで繰り広げられた一進一退の武力抗争を睨《にら》みつつ、パリの講和会議では、スラヴ人連合王国の代表団が、ウィルソンが提唱した民族自決の原則を盾に、すべてのスロヴェニア人居住地域を自国の領土とするよう交渉を進めていた。一九一九年初夏、国境線の最終劃定作業に際して、彼らの要求は、ドイツ系住民が多数派を占めるクラーゲンフルト盆地全域にまで及んでいた。フランスがこれを全面的に支持したのに対し、すでに前年、独自の視察団を送って住民の民族・言語分布の現状を調査していたアメリカが強く反撥したため、戦後のオーストリアのあり方を決めたサン・ジェルマン条約の第五〇条により、ケルンテン州南部地域を対象に、新たな国家帰属を決める住民投票の実施が決定された。

住民投票の規定は二段階のステップを定めた。まず、フェルラッハ、アイゼンカッペル、ブライブルクを結ぶ州最南部をAゾーンとし、ここで住民がスラヴ人国家への帰属を選んだ場合のみ、クラーゲンフルト周辺のBゾーンで二度めの投票が実施されることになっていた。当時、Aゾーンはすでにスラヴ人連合王国の部隊によって完全に制覇されており、ドイツ系住民はことごとく公職を解かれていた。しかし、それにもかかわらず、一九二〇年十月十日、アメリカ、フランスをはじめ連合国による厳格な監視のもとに行なわれたAゾーンでの投票では、有効票三万七三〇三票のうちほぼ六〇パーセントに当たる二万二〇二五票がオーストリアを選択する結果に終わったのである。人びとの危惧とは裏腹に、州都クラーゲンフルトとその周辺が実際に住民投票の対象となることはなかった。ケルンテンはここに分割の危機を免れ、ほぼ全域が新生オーストリア共和国の一部として新たな時代をスタートさせた。

しかし、州土の分断は回避されたとはいえ、一九一八年からほぼ二年間にわたって続いたスロヴェニア人部隊との戦闘の体験、さらには、住民投票の結果によってはスラヴ人国家に併合されかねないという不安に苛まれた記憶は、ドイツ系の人びとの心に底知れぬ怨恨とトラウマを残すことになった。当時、Aゾーンにおいてスロヴェニア語を母語とする人びとがほぼ六割に達していたというデータから見ても、代々ケルンテンに定住したスロヴェニア人がオーストリアを強力に支持したことは明らかである。だが、ドイツ系の人びとは、もはやかつてのように、スロヴェニア系の隣人を親しい同胞として捉えることはできなくなっていた。サン・ジェルマン講和条約、そして新たなオーストリア共和国憲法もまた、民族的マイノリティの平等と諸権利をいち早く保障したが、実際の日常世界では、二つの民族グループは互いに反目を深めるばかりであった。スロヴェニア義勇軍と戦った「郷土防衛団」の兵士は英雄として賛美され、住民投票がオーストリアを選び取った十月十日は愛郷的記念日として熱狂的に祝われるようになった。こうした雰囲気にいたたまれず、戦後、ケルンテンでスロヴェニア語文化の保護・育成を担うはずの文化人たちは、多くが一九二〇年代のうちにマリボルへと居を移したという。

このようにして醸成された対立感情とルサンチマンは、やがてナチス支配のもとで、スロヴェニア系住民の強制移住計画という悲劇を生み出すことになった。一九三八年、ナチスドイツによるオーストリア併合は、人びとの心中にゆっくりと累積していた反スロヴェニア感情をたちまち顕在化させたのだ。一九四一年、ドイツ軍のユーゴスラヴィア侵攻を機に、ナチスによるマイノリティ政策は極端に先鋭化した。警察長官ハインリヒ・ヒムラーはこのとき、南ケルンテンの農村部を中心に、「反ドイツ的」スロヴェニア人二〇〇家族を強制収容し、その家屋敷の跡に、イタリア領南ティロルのカナルタールからドイツ系住民を入植させるという計画を公表したのであった。この強制移住計画は、翌一九四二年、いよいよ現実のものとなる。四月十三日、バス二二台、トラック二八台を伴なった警察大隊がクラーゲンフルトに到着し、翌々日にかけて一〇〇〇人あまりの人びとを強制収容所へと連れ去ったのである。

ケルンテンのスロヴェニア人は、この地においてもっとも故郷のためにつくした人びとであった。第一次世界大戦に際しては厳冬のイタリア国境戦を勇敢に戦い、また、戦後、スラヴ系義勇軍の攻撃の折にも、実は、多くのスロヴェニア系住民がケルンテンを守るために武器を取っていた。ナチス時代にも大ドイツ国の一員となることにさして抵抗を示すことなく、ドイツ兵としての徴兵にも従順に応じていた。だが、第二次世界大戦が終結し、命からがらケルンテンに帰郷したスロヴェニア系兵士の多くを待ち受けていたのは、愛する家族ではなく、見知らぬ人びとに占領され、変わり果てた自宅の姿であった。

ユーゴスラヴィア侵攻に伴なう厳しい民族弾圧、とりわけ強制移住の実行は、多くのスロヴェニア系住民の政治的スタンスを激変させた。ドイツ側で戦っていたスロヴェニア系兵士は、一九四一年以降、集団で前線を離脱して反ナチスのパルチザンと化し、南部国境の山岳地帯に身を潜めつつ、戦争末期のドイツ軍の作戦を攪乱《かくらん》し続けたのである。スロヴェニア人のパルチザン作戦は、オーストリアにおけるほとんど唯一の組織的、継続的な反ナチス・レジスタンスであった。そして、最終的に五〇〇人の処刑者を出したこの抵抗運動こそ、モスクワ宣言において「ナチスによる併合が「強制的なものであった」ことを示す証左として取り上げられ、戦後、オーストリアが主権国家として再生するための強力な布石となったのである。

二ヶ国語地名標識問題

第二次世界大戦後、オーストリアは、連合国による占領期を経て、新たに第二共和国としての一歩を踏み出した。イギリス占領下で比較的手厚い支援を受けてきたケルンテンは、一九六〇年代には、鉄鋼業、重工業を中心に、高度成長期に向けて順調に滑り出していた。しかし、こうして新しい時代が到来してもなお、不幸な歴史的過程を経て塗り重ねられた民族的憎悪と反感は、容易に拭い去られることはなかったのである。一九七〇年以降、四〇年にわたってケルンテンの社会をスキャンダルの渦《うず》に巻き込んだ地名標識をめぐる大論争は、まさに歴史的フラストレーションの噴出であり、ケルンテンの人びとの屈折した政治感情を、きわめて先鋭的な形で露呈させることになった。

かつてハプスブルク君主国においては、スロヴェニア人をはじめ、民族的マイノリティが集住する地域では、鉄道の駅名などをドイツ語とそれぞれの少数言語との二ヶ国語で表示することが定められていた。さらに、オーストリアを中立主権国家として樹立させた一九五五年の国家条約も、民族的・言語的マイノリティ保護政策のひとつとして、地名の二ヶ国語表示を義務づけたのであった。標識をめぐる闘争の最初の発端は、一九七〇年十月、住民投票五〇周年記念の祝日を前に、法が定めた二ヶ国語標識が実現しないことに業《ごう》を煮やしたスロヴェニア系過激派が、夜陰に乗じてドイツ語標識をスプレー塗料で塗り潰《つぶ》し、スロヴェニア語に書き換えた事件だった。民族主義の色を帯びた悪質極まりない行為に、ドイツ系の人びとは怒りを抑えることができなかった。

この事件は、確かに、政治家たちが標識問題をようやく本格的な議論の俎上《そじょう》に載せるきっかけを作ることになった。二年後の一九七二年七月にはオーストリア下院で「地名標識法」が成立し、ケルンテン州知事ハンス・ジーマは、州内においてスロヴェニア系住民が二〇パーセントを超える地区二〇五ヶ所を対象に、二ヶ国語地名標識を設置することを表明した。九月には新たな地名標識の設置作業が開始されたが、しかし、この措置は当然、ドイツ系住民の長年の怨恨に火をつけた。住民投票記念日の前夜、ドイツ民族主義を唱える住民集団がトラックを駆って二〇五の場所を隈なく回り、数時間のうちにすべての標識を引き抜いたのである。その暴挙の一部始終はジャーナリストによってレポートされ、「地名標識闘争」として大々的に報じられた。こうして、ケルンテン南部にひっそりと佇む集落の標識を狙ったテロリズム的行為は、オーストリア政府によるマイノリティ保護政策の致命的失態として取り上げられ、国際的な批判に晒されたのだった。

この事件を機に、オーストリア政府は「地名標識委員会」を立ち上げた。二ヶ国語標識設置の基準に遡って抜本的な検討が行なわれ、その一環として母語に関する国勢調査も計画された。さらに、一九七六年には民族集団法が連邦議会を通過し、この法律との関連で、あらためて州内九一ヶ所の二ヶ国語標識設置が承認されたのである。しかし、スロヴェニア系とドイツ系の住民感情の対立は、もはや精確な国勢調査の実施をも不可能にするほどエスカレートしていた。ケルンテンの地名標識問題は、その後、自由党のイェルク・ハイダーら、右翼政治家による外国人排斥《はいせき》運動の格好のアジテーション材料として利用され、オーストリアの内政に著しい混迷を引き起こすことになる。とりわけ、一九九九年にケルンテン州知事に就任したハイダーが、スロヴェニア語による地名表記の原則そのものを根本から否定する発言を繰り返したことは、連邦議会の決定から州行政があからさまに逸脱するという異例の事態を招き、全欧メディアを巻き込むスキャンダルへと発展した。

一触即発の様相を呈した標識問題は、結局、右翼政党のカリスマと化したハイダーの死を経て、二〇一一年、中央政府と州政府とスロヴェニア系住民代表の間で、スロヴェニア系住民が一七・五パーセントを超える二四の自治体、一六四ヶ所に二ヶ国語標識を設置するという原則があらためて確認されたことを機に、ようやく収束に向かった。だが、右翼政治運動とも複雑に絡み合いながら、一時は国際問題にまで発展した地名標識問題を振り返るとき、ここで争点となった標識が示す地名が、国境線はおろか、市町村の行政区域の境界線を標《しる》すものですらないことに、いま一度、注意を払うべきだろう。実際、多くの標識は、単に自治体内部の小集落の名を掲げたものに過ぎなかった。スロヴェニア人が住む南ケルンテンでは、たとえばブライブルク（ドイツ語）／プリベルク（スロヴェニア語）のように、古来、同一の集落がドイツ語名とスロヴェニア語名の両方で呼び慣わされ、住民たちは二つの名称を併用して暮らしてきた。このような長い伝統を受け継ぎながら、戦後、半世紀にわたって人びとが標識上のスロヴェニア語表記を頑なに拒絶してきた経緯は、ケルンテンにおける政治的民族感情がいかに複雑で困難なものであるかを象徴しているといえるだろう。地名標識の問題はこうして一応の解決に到達したが、その背後に横たわる感情的な憎悪とわだかまりが同時に解け去ったわけではない。ケルンテンの歴史と現在を考えるとき、この現実から目を背けるわけにはいかないのである。

オーストリアの精神分析学者で文筆家のエルヴィン・リンゲルは、ケルンテン人の精神性を、カーニヴァルの時期に菓子屋のウィンドーを飾る色鮮やかなケーキ、プンシュクラプフェンに譬えている。表面はバラ色の糖衣でいかにも甘やかに覆われているが、その下に隠された茶褐《ちゃかっ》色《しょく》の生地はラム酒を含んでずっしりと重い、というのである。茶褐色はナチズムを象徴する色であり、ラム酒は酩酊《めいてい》状態を暗示する。プンシュクラプフェンの比喩は、民族主義とナチズムの残滓《ざんし》をいまだに引きずり、冷静な政治的行動力を欠くという、現代のケルンテンに向けて発せられたこの上なく辛辣《しんらつ》な警句といえるだろう。

ケルンテンの美しい自然は、四季を通じて多くの人びとを魅了する。また、とりわけ戦後においては、文化・芸術の領域でも、ケルンテンはめざましい成果を上げてきた。なかでも、クラーゲンフルト出身の女性作家を記念するインゲボルク・バッハマン賞は、ドイツ語圏でももっとも権威ある文学賞であると同時に、候補者となった作家に自作の朗読を課していることから、他に例を見ないユニークな「文芸コンクール」として注目を集め、例年、公共放送局ORFがライブで審査の様子を世界中に伝えている。また、一九六九年、ウィーン・フィルのトランペット奏者、ヘルムート・ヴォビシュがフィラッハ近郊のオシアッハ修道院を舞台にスタートさせた音楽祭、「ケルンテンの夏」音楽祭は、いまでは毎年四万人もの観客を動員する人気イベントへと成長した。

しかし、景観と観光、文化活動が醸すあでやかな「バラ色の砂糖衣」の下には、中央から隔絶されて孤立した長い経験のなかで、黙したまま屈曲したケルンテン人の魂がいまなお潜んでいるのである。ナチスドイツを称賛する発言によって一度は辞任したハイダーをケルンテンの選挙民が熱狂的に支持し、州知事に返り咲かせたことは、ドイツをはじめとするEU諸国、そしてウィーンの中央政府にとって、まったく理解不可能な経緯であった。そして、ハイダーの死後も、ケルンテン州は右派政党にとって最大の支持基盤であり続けている。カリスマ性を纏ったハイダーに限らず、州の要職を占める右翼政治家の言動は、しばしば、永世中立国オーストリアに対する国際的評価を左右するようなスキャンダルを巻き起こしてきた。風光明媚な湖水地方、理想の保養地のポジティヴなイメージとはまさしく対照的に、ケルンテンが歩んだ特異な歴史的プロセスは、この地にいまなお、いわばオーストリアにおける政治問題の火薬庫として、予測不可能なリスクを負わせているのである。

Salzburg

第6章

ザルツブルク

大司教たちの夢の跡

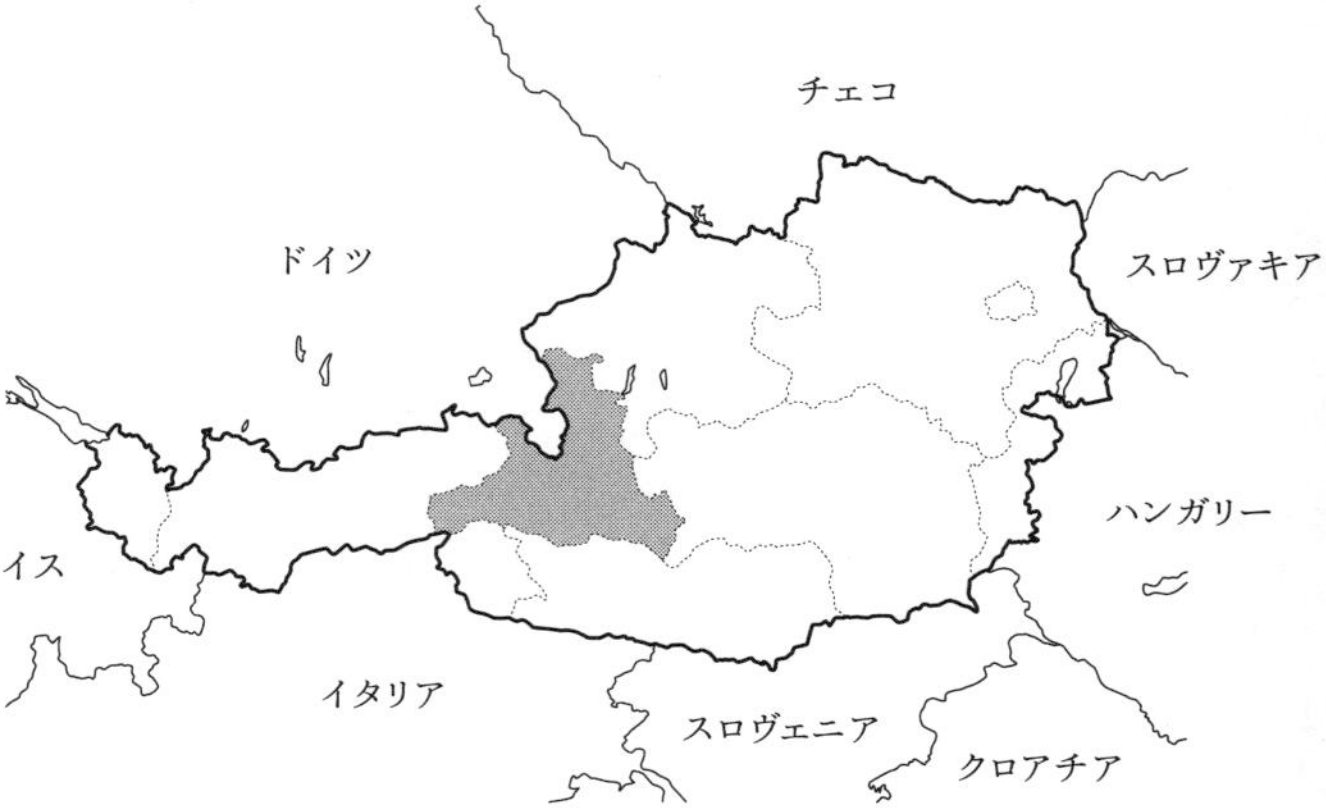

ザルツブルク　関連略年表

696	ルーペルト，聖ペーター修道院教会を建立
798	ザルツブルク，大司教区となる
1077	ホーエンザルツブルク城建設着工
1190	アーダルベルト３世，侯爵大司教を名乗る
1511	大司教コイチャッハによる市民リンチ事件
1587	ヴォルフ・ディートリヒ，大司教就任
1598	ザルツブルク大聖堂，火災により全壊
1669	メンヒスベルクの岩壁崩落事故
1731	大司教フィルミアンによるプロテスタント信徒の追放
1800	ナポレオン軍のザルツブルク侵攻
1803	ナポレオン，大司教領を廃止
1816	ザルツブルク，オーストリア領となる
1829	ザットラー，『ザルツブルクのパノラマ』公開
1918	マックス・ラインハルト，レオポルツクロン城を買収
1920	大聖堂前広場で野外劇『イェーダーマン』上演
1996	ザルツブルク市街の歴史地区，世界遺産登録

「世界景観」としてのザルツブルク

一八二一年、オーストリア皇帝フランツ一世（一八〇六年までは神聖ローマ帝国皇帝フランツ二世）はザルツブルクに行幸し、古来「小ローマ」と謳われたこの都市に九日間にわたって滞在した。快晴の夏の日々を上機嫌で過ごした皇帝は、地元で活躍する画家、ヨハン・ミヒャエル・ザットラーを召し出して肖像画を描かせたあと、翌日、街の南端に聳えるホーエンザルツブルク城砦に登っている。ここから眼下に見る景観のあまりの美しさに驚嘆したフランツ帝は、ふたたびザットラーを呼び寄せ、「ロマンティックな郊外部に囲まれた都市ザルツブルク」を一幅のパノラマ画として描き出すよう命じたのであった。

画家はその後八年の歳月をかけて、城砦からの眺望を約五×二六メートルのカンバス上にきわめて精緻に再現した。ザットラーはさらに、巨大な画面の両端を円筒状につなぎ合わせ、これを展示するため、専用の可動式円形ホールを設営した。一八二九年に公開された「ザルツブルクのパノラマ」は、砦の上に立つとき眼前に広がるのとそっくりの、三六〇度の景観を作り上げて人びとを瞠目させたのである。こうしてザルツブルク市民を熱狂に陥れたあと、ザットラーは息子を伴なって「パノラマ館」の公開巡業旅行に出立し、一八三九年の帰郷に至るまで、ヨーロッパ各地の話題を独占したという。

実際の景観を「切れ目なく描いた円筒状の絵」として再現する「パノラマ」が、一種のスペクタクルとして十九世紀のヨーロッパで大流行した経緯については、ベルナール・コマン『パノラマの世紀』にも詳しく紹介されている。ロンドンでもパリでも数多くの「パノラマ」が公開され、なかには、戦場など、特定の歴史的場景を描く作品や、高度な技術を駆使して画面が動く仕掛けを施したものさえ見られた。このような流行のさなかにあって、きわめて単純な手法で構成され、また、サイズの点でも比較的小さいザットラーの「パノラマ」が、およそ一〇年にわたって人びとの注目を集め続けたのはなぜなのか。

その理由はおそらく、ザットラーの作品というよりは、都市ザルツブルクそのもののなかにあったはずだ。この街が織りなす風景を、美術史学者ハンス・ゼードルマイヤーは「奇跡の景観」と呼んでいる。晴れた日にホーエンザルツブルク城砦に登る人はみな、このいささか大仰な表現をみずからの目で確認することになるだろう。遥かかなたには雪を戴いたアルプスの山並みと荒々しい奇岩、その合間に開けた緑の広野、豊かな水を湛えて澄み渡る湖、縦横に走る

メンヒスベルクから望むザルツブルクの旧市街とホーエンザルツブルク城.

街道と銀色に輝く大河。ここに現実の景色としてあるものは、まさに、遠景から近景へと連なる視野のなかに自然界のあらゆる要素が統括されるという、かつてブリューゲルが夢見た「世界景観《ヴェルトラントシャフト》」そのものにほかならない。そして、都市ザルツブルクは、この多様な表情を見せる自然の懐に抱かれるようにして、堂々たる相貌を誇示するのである。ロマネスクからバロックまで、あらゆる様式で華やかに彩られた教会や修道院、その足下に広がった眩いばかりの白亜の街並みが形づくる「小ローマ」と、周囲の野趣溢《あふ》れる山河との鮮やかなコントラスト、人智と自然のみごとなまでの調和こそ、世事に長けたパリやベルリンの観衆を釘づけにした、魅力の根源であったに違いない。

険しい山々に囲まれた壮麗な都市。十九世紀、風景に関する人びとの感覚が研ぎ澄まされつつあった時代にとりわけ珍重されたこの「奇跡の景観」は、偶然の産物などでは決してなかった。唯一無二の都市の表情は、ザルツブルクが体験してきた数奇な歴史の流れのなかで、ゆっくりと醸成されてきたのであった。

塩の聖人ルーペルト

のちに「塩の砦《ザルツブルク》」と名づけられるこの地に人類が定住するようになったのは、紀元前五〇〇〇年から紀元前四〇〇〇年頃であったといわれる。塩や鉱物など、豊かな地下資源が人びとを惹きつけ、紀元前四世紀にはすでにケルト人が集落を形成して、高度な文明を開いていた。その後、ローマ帝国がドナウ流域の南側を征服すると、この一帯もまたローマの属州となる。ローマ人はケルト人集落を核に都市ユヴァウムを建設し、最盛期にはその人口は一万五〇〇〇人に達していた。このユヴァウムこそ、のちのザルツブルクの起源である。だが、ローマ人とケルト人が共生したこの古代都市は、五世紀、西ローマ帝国崩壊とゲルマン諸民族の侵入に伴なって、いちど徹底的に破壊されている。

廃墟と化したユヴァウムにふたたび都市としての命を吹き込んだのが、ルーペルトであった。七世紀末にドイツ南部で権勢をふるったバイエルン公テオドは、キリスト教の布教を通じてドナウ中流域における支配力を強化しようともくろみ、この地域の伝道活動に熱心に取り組んでいたヴォルムス司教、ルーペルトに、ユヴァウムおよびその周辺地域を寄進した。六九六年、ユヴァウムに入ったルーペルトはただちに聖ペーター修道院教会を建立し、ともに当地に入った姪のエレントゥルディスには、南東の高台、ノンベルクに女子修道院を開設させた。これら二つの修道院は現在も存続しており、そのうちベネディクト派の聖ペーター男子修道院は、ヨーロッパ最古の修道院のひとつに数えられている。こうして、ローマ帝国の古都は、ルーペルトのもとで、キリスト教都市としての色彩を強く帯びていった。

さらにルーペルトは、長年の侵略と圧政に耐えて都市に残った少数のキリスト教徒を鼓舞し、周辺に点在する集落の人びとを積極的に迎え入れて、彼らにふたたび果樹を植え土地を耕すことを教えたという。ルーペルトはとりわけ、この地で古くから営まれてきた製塩業を組織化し、岩塩の採掘、製塩、流通システムの基礎を築いたが、これこそが、のちのザルツブルクのめざましい経済的繁栄のための重要な前提条件となった。当時、塩は単なる調味料というよりは、むしろ、肉や魚、乳製品をはじめ、あらゆる生鮮品を長期保存し、あるいは遠方に運搬するための、唯一かつ不可欠の「保存料」にほかならなかった。塩は「白い黄金」と呼ばれ、莫大な富をもたらす貴重な資源だったのだ。製塩業を都市の財源として確立したルーペルトは、やがて「塩の都」の守護聖人として崇敬され、後世の絵画や彫刻においては、しばしば塩樽《しおだる》を手にした姿で登場することになる。「ザルツブルク」という地名もまた、ルーペルトのもとでしだいに呼び慣わされてきたようだ。

ルーペルトののち、ザルツブルクはヨーロッパ中東部への伝道拠点として、カトリック世界における重要性を躍増させ、七三九年には司教区となり、さらに七九八年には大司教区へと昇格している。だが、ザルツブルクの歴史において注目すべき点は、その首長である大司教が、ローマ教皇を頂点とする教会ヒエラルキーの上部を占めただけでなく、やがては強大な世俗権力をも掌握するようになったという特殊な事情である。ザルツブルク大司教は中世を通じて皇帝や諸侯から多くの寄進を受け、またときには条件の良い土地をみずから買収して、その所領を著しく拡大した。これらの領地については、本来、皇帝によって納税等に関するさまざまな免除特権が認められていた。だが、カトリック世界のなかで徐々にその地位が上昇するに伴い、大司教はこの免除特権に甘んじることなく、裁判高権、関税権、やがては鉱業権から貨幣鋳造権に至るまで、領主として可能な限りの諸特権を、手段を選ばずつぎつぎと手中に収めていったのである。

こうして、一一九〇年、大司教アーダルベルト三世が公文書において初めて「侯爵」と呼ばれたのち、一二一八年以降は、「侯爵大司教」がザルツブルク大司教の正式な呼称として定着する。ローマ教会の最高位の使節であると同時に、世俗君主として所領を絶対的に統治するという、その特異な立場を明徴する肩書である。都市ザルツブルクを中心に、豊かな天然資源を擁する山岳地帯に広がる大司教領は、皇帝や他の世俗君主から一切干渉を受けることのない、独立した領邦として確立されたのだった。

市民との対立――レオンハルト・フォン・コイチャッハ

だが、大司教の絶大な権力は、何の障害もなく自明のものとして達成されたわけではない。このことは、今日なお都市のランドマークとしてその威容を誇るホーエンザルツブルク城砦が鮮やかに象徴するところである。あたかも都市を守る要塞のように聳え立つ丘陵、フェストゥングスベルクの頂に築かれたこの砦は、一〇七七年に建設が開始されてから一度たりとも敵の侵入を許したことがない、まさに難攻不落の城であった。三十年戦争の折、都市に攻め入ろうとしたスウェーデン軍は、この砦をひと目見るなり恐れをなして撤収したといわれている。しかし、大司教がこれほどまでに強固な砦を築造して身を守らなければならなかった敵とは、ヨーロッパが叙任権闘争や宗教戦争で揺れ動いた時代にザルツブルクと対立関係にあった皇帝や諸領邦、諸外国の軍隊だけではなかった。老獪《ろうかい》な外交手腕を通じて、都市を戦乱に晒す危機を巧みに回避することに成功してきた大司教は、他方、つねにみずからの専制支配に反撥する地元の市民や農民による騒擾と攻撃に備える必要があった。

一四九五年に大司教となり、ホーエンザルツブルク城砦の本格的な整備、強化を成し遂げたレオンハルト・フォン・コイチャッハは、都市市民との対立をきわめて厳しい形で先鋭化させた人物である。コイチャッハは就任以来、領主としての権力拡大に腐心し、領内における鉱業の振興を図る一方、過重な税を導入して住民を苦しめた。徹底した財政改革の結果、大司教の

ホーエンザルツブルク城の城壁に立つ，大司教コイチャッハのレリーフ．
コイチャッハ自身の幻視に基づいて制作されたと言われる．

資産は、やがては皇帝マクシミリアン一世に対して莫大な融資を行なうまでに増大した。統一通貨を持たなかった当時のハプスブルク君主国内で、コイチャッハが鋳造させた金貨がもっとも安定した貨幣として流通していた事実は、その経済力の確かさを裏づけている。

イタリアとの取引にも用いられたこれらの金貨には、葉つきの蕪《かぶ》を模ったコイチャッハの紋章が鮮やかに刻印されている。この蕪の紋章こそ、大司教自身の過去を物語るシンボルにほかならない。コイチャッハはケルンテンの富農の子として生まれ、口承によれば、農作を嫌い、聖職を志して家出しようとする息子の背中に、怒った父親が投げつけたのがこの蕪であったという。

コイチャッハとザルツブルク市民との長年にわたる激しい確執の背景には、大司教のこうした出自も微妙に関係していたらしい。アルプス交易路の交叉点に位置したザルツブルクでは、地元の名士たちが遠隔地貿易を通じて富を築き、都市市民としての強い自意識を形成しつつあった。当時の市長マッツペルガーをはじめ、多くの市民がイタリアとの交易を手掛け、ヴェネチアやミラノに営業所を構えていた。高度なイタリア文化、そしてかの地の都市貴族の精神性にアイデンティティを求めようとした市民たちにとって、農村の豪族出身のコイチャッハによる有無をいわさぬ暴政は、実に我慢ならないものだったのだ。

ザルツブルクではすでに一二八七年、ときの大司教ルドルフが、都市民同士の争いを調停する文書のなかで市民の自由および諸権利を認めており、一三六八年にはこれが「都市法」として明文化されていた。それにもかかわらず、コイチャッハが彼らの権利をことごとく無視したことは、まさに許し難い行為であった。市民たちは激しい抗議を続け、一五一〇年には皇帝に対して事態への介入を願う訴状を提出していた。

ついに皇帝マクシミリアンからの訓戒を受けるに至って、市民による反撥の封じ込めが容易でないと悟った大司教は、一五一一年、最終的な強硬手段に訴えた。年明け、市長マッツペルガー以下、市参事会員らのもとに、晩餐会への招待状を携えた大司教の使者が訪れる。一月二十二日夕刻、これに応えて正装姿でホーエンザルツブルク城へと赴き、「金の間」に通された市民たちは、背後で扉が閉ざされたとき、底知れぬ恐怖に襲われた。テーブルには豪華な器が並んではいたが、ナイフやフォークはどこにも見当たらず、皿の上には乾いて硬くなった一切れのパンだけが載せられていたのだ。ほどなく、武装した傭兵を従えてコイチャッハ自身が姿を現わした。年代記の記録は、遅れて到着したシュメッケンヴィッツなる参事会員が、「金の間」から漏れる激しい怒号と悲鳴を聞き、恐れおののいて街へ逃げ帰ったと伝えている。

長年の不和に怒りを募らせるあまり、いっさいの慈悲心を忘れたコイチャッハは、厳寒のなか、名士らを晴れ着姿のまま縛り上げて橇に乗せ、領土南東部の都市、ラートシュタットまで連行した。死刑執行人が同行していたことから見て、大司教は当初、ここで彼らを処刑する心積もりでいたようだ。だが、事件を聞きつけた市民たちの哀願を受け、結局、全員が解放されることになった。彼らのなかには、寒さとショックで落命する者もあったという。

かくして「蕪の大司教」は、みずからの絶大な権力をきわめて残忍かつ不快な形で都市住民に思い知らせることになった。事件ののち、市民は数々の特権を剝奪され、都市の自治権は著しく制限されていくのである。

市内の大司教館よりも城砦内の住居を好み、ほとんどの時間をホーエンザルツブルク城で過ごしたコイチャッハは、ある日、自分の身体がザルツブルクの上方高くに浮かび上がり、天空より都市に祝福を与えるという幻視にとらわれた。城砦の入り口近く、ゲオルク教会の外壁にいまも佇むレリーフは、この幻視をきっかけに彼自身が命じて制作させたものである。大司教に定められた正式な法衣に身を包み、右手を挙げて祝別するコイチャッハは、五〇〇年以上を経た現在もなお、自信に満ち溢れた表情で城砦に立ち、ザルツブルクの街を見下ろしている。大司教こそ、この都市を統治し、庇護し、祝福する唯一の権力者である。市民に対する悪名高いリンチ事件とともに、この繊細に仕上げられた彫刻もまた、このことを人びとの脳裏にしっかりと刻みつけたに違いない。

ヴォルフ・ディートリヒ——聖と俗の狭間で

こうして築き上げられた大司教の権勢を、その頂点において標《しる》しづけた人物が、ヴォルフ・ディートリヒである。叩き上げのコイチャッハとは対照的に、ヴォルフ・ディートリヒは生まれながらにしてすでに高位聖職者への道を定められていた。生家ライテナウ家はフォアアールベルクの小貴族であったが、彼の父がメディチ家の血を引くヘレーネ・フォン・ホーエンエムスを娶ったことを機に、教皇庁との間に密接な関係を持つようになる。ヘレーネの長男として生まれたヴォルフは教皇ピウス四世を大叔父に、ミラノ大司教カルロ・ボッローメオを伯従父に持ち、すでに十二歳にしてコンスタンツやバーゼルの教会参事会にポストを与えられていた。

いわば「聖職エリート」のヴォルフ・ディートリヒが初めてザルツブルクに姿を現わしたのは、一五七五年のことであった。新たにこの地の司教座聖堂参事会員に任命された弱冠十六歳の青年が大聖堂のアーチをくぐり入ったとき、人びとはその颯爽《さっそう》たる容貌に目を瞠ったという。大きな羽根をあしらったスペイン帽を斜に被《かぶ》り、当世風の長く華奢《きゃしゃ》な剣を携えたこの貴公子が聖職にあることをかろうじて示すものは、肩に羽織った黒色のケープだけであった。その後ほどなく、聖堂参事会員の職務を帯びたままローマ教皇庁の神学校に留学したヴォルフ・ディートリヒは、一五八七年、大司教に選出されてふたたびザルツブルクに呼び戻されることになる。わずか二十八歳での異例の抜擢であった。

若き大司教が最初に顕わしたのは、厳格な保守カトリックとしての一面であった。叙任式を終えるやただちにローマへ発ち、大司教として教皇を表敬訪問して忠誠を誓ったことは、内外でセンセーションを巻き起こした。これは当時完全に衰廃した習慣であり、神聖ローマ帝国皇帝ですら、戴冠時に教皇を訪ねることはもはやなくなっていたからである。さらに、ローマより戻ったヴォルフはその足で市庁舎を訪れ、ザルツブルクの市参事会員は今後全員カトリック教徒たるべしと定め、違反者は市外追放に処すと言い渡した。人びとはこの若者の暴君ぶりを苦々しく実感したのだった。

だが、ヨーロッパ各地の大都市に遊学し、若くして俗世の厳しさも快楽も知りつくしたヴォルフ・ディートリヒは、決して保守一辺倒の人物などではなかった。確かに、カトリック教会がプロテスタントの擡頭に悩まされ、反宗教改革運動が盛り上がりを見せた時勢のなかで、ヴォルフはときにはみずから大聖堂の説教壇に立ち、熱烈な説教を行なった。また、住民の信仰にもつねに目を光らせ、とりわけ、ザルツブルク市民の子女と領外のプロテスタントとの結婚を阻むために、持参金の国外持ち出しを厳罰をもって禁じようとした。その一方で、彼のもとでは、のちのレオポルト・アントン・フォン・フィルミアン大司教時代のように、新教徒の迫害が悲惨な結果に至ることは決してなかった。ルター派信仰が主として鉱山労働者の間に集中しており、彼らの信条がカトリック修道会の伝道師の手練をもってすら覆し得ないことを知ったヴォルフが、徐々に迫害の手を緩め始めたからある。鉱山労働者はすぐには補充困難な専門職であり、彼らが集団で国外に亡命すれば、領邦全体の経済に著しい悪影響が及びかねない状況を、若い君主は冷静に見抜いていたのだ。

ヴォルフ・ディートリヒは、稀に見る冷徹な現実主義者であった。富める者からは容赦なく税金を搾り取る一方、民衆を搾取して私腹を肥やそうとする徴税吏の不正には厳しい態度で臨んだ。ペストの脅威を前に隔離病棟を確保し、救貧活動にも熱心に取り組んでいた。また、市門の外に場所を定めて、市外の業者がここで肉を売ることを許可した。都市の基準を満たさない品質の劣った肉を、中下層の人びとの栄養源として安価で流通させるのがその目的であった。朱塗りの売り台に因んで「赤い屋台」と呼ばれたこの露店が売る肉は、しばしば「不味《まず》い食べ物」の代名詞として揶揄《やゆ》されたが、実際には、ナポレオン戦争期に至るまで、しばしば食糧難や物価高に苦しんだ庶民の飢えを癒すことになるのである。

ザルツブルク大司教の日々の暮らしを本格的な宮廷生活へと変化させたのもまた、ヴォルフ・ディートリヒであった。いまだ僧院風のしきたりを色濃く残した食卓の風儀を改めさせ、イタリアやフランスで彼自身が慣れ親しんだ、洗練されたマナーと料理を導入した。この頃、ザルツァッハ河で揚がった川魚はすべて、まず大司教館の生け簀《いす》に放たれ、もっとも生きのよいものが宮廷用として選《よ》られたのちに、初めて市場に運ぶことが許されたという。一六一〇年代になると、大司教館では、宮廷料理人、宮廷楽師から厩舎番に至るまで、年間一〇〇人を超える使用人が雇い入れられるようになった。

カトリックの要職を占める者に与えられた課題に全力で取り組む一方、贅沢な宮廷生活を何より好んだヴォルフ大司教の、その「世俗」への強い志向をもっとも明白に証するのが、ザロメ・アルトの存在であろう。市内の商人の娘、ザロメ・アルトに恋した大司教は、やがて彼女のためにアルテナウ城を建設し、一五人の子どもをもうけて夫婦同然に暮らしたのだ。独身を守るべき大司教のこのような逸脱行為は、当然、カトリック界からの激しい批判と警告を呼び起こした。ヴォルフ・ディートリヒはしかし、これに動じるどころか、一六〇九年には皇帝ルドルフ二世と直接交渉し、ザロメと子どもたちに首尾よく貴族の称号を取りつけたのだった。古代の神々の彫像が立つ美しい庭園を備えたアルテナウ城は、その後ミラベル宮殿と改称され、いまもザルツブルクの街に華やかな彩りを添えている。

こうして聖と俗の間を激しく揺れ動いたヴォルフ・ディートリヒの人となりを正確に理解するためには、当時の高位聖職者の位が内包した政治的、社会的な特殊性を念頭に置いておくべきだろう。膨大な領地と収入を伴う高位の聖職ポストは、実際には、メディチ家から小貴族ライテナウ家に至るまで、ヨーロッパの名家の息子たち、とりわけ家督を継げない次男以下の男子に対して提供されるべき椅子にほかならなかった。それは子どもたちの生活の手段であり、一族にとっては宗教界での発言権を確保するための布石でもあった。だが、当の子息たちにしてみれば、こうした進路は、信仰心に基づいてみずから選び取ったものでは決してなかった。したがって、彼らにとって、聖職者としての叙階とは、幼少の頃より馴染んだ世俗的な快楽からの断絶を意味する就職では断じてなかったのだ。

とりわけ、ザルツブルク大司教というポストは、元来、最高位の聖職であると同時に、世俗領主としてのさまざまな義務と特権を付されるという、極端な二面性を含んでいた。典型的なエリートの経歴を歩み、異例の若さで大司教位に就いたヴォルフ・ディートリヒが、統治に当たってむしろ世俗領主としての自覚を抱くようになっていたことは、彼自身が遺したイタリア語による手稿『君主について』が歴然と示すところである。その内容がマキャヴェッリ『君主論』に依拠していたことを、ここにあらためて指摘しておきたい。

「アルプスのローマ」の誕生

大司教に就任すると同時にヴォルフ・ディートリヒが着手した前代未聞の大都市計画もまた、明らかに世俗君主としての意識に強く裏打ちされていた。教皇シクストゥス五世のもとで古都ローマにつぎつぎと花開く壮麗なバロック建築に魅了されたヴォルフの目には、ロマネスクやゴシックの煤けた古い塔が林立するザルツブルクの街並みは、あまりにも陰鬱に映ったのかもしれない。ヴォルフはほどなく、アンドレーア・パッラーディオの流れを汲《く》む建築家、ヴィンチェンツォ・スカモッツィをヴェネチアより招き、大司教館の大規模改築から古い市壁の撤去、架橋工事に至るまで、都市像を根本から変化させるような壮大な計画に乗り出した。

ザルツブルクの外観をイタリアとバロックの色彩を通じて根こそぎ刷新したい。ヴォルフ・ディートリヒのこの切なる希望を実現へと突き動かしたきっかけは、一五九八年十二月十一日に起きた大聖堂の火災であった。この日、側廊の礼拝堂から出た小火がたちまち燃え広がり、大司教都市の象徴にして由緒ある歴史的建造物、ザルツブルク大聖堂が一夜にして焼け落ちたのである。教会・修道院関係者の誰もが恐慌状態に陥るなか、ヴォルフは、「燃えるものは燃やしておくがよい」と冷ややかに言い放ったという。

時代とともに改築を重ねた古めかしい大聖堂を本格的に建て直すこと、そして、聖堂を幾重にも取り囲むようにして無秩序に建つ家屋の群れを明るく華やかな広場に挿げ替えることこそ、彼の都市計画の真の眼目であった。大聖堂の火災は、そのために経るべき夥しい交渉や複雑な利権問題を否応なく一気に解消することになったのだ。火災の被害は甚大で、焼け跡の瓦礫《がれき》撤去だけで八年を要したと伝えられる。だが、鎮火後、ヴォルフ・ディートリヒはあたかも待ち構えていたかのように、ローマのサン・ピエトロ寺院をモデルとする新たな大聖堂の計画案を作成させ、ほとんど被害のなかった周辺家屋をおよそ六〇軒にわたって一挙に撤去した。大司教館を囲む一帯は、こうして、数ヶ月後には廃墟のような様相を呈するようになる。

この地に長く暮らした人びとの目から見れば、ヴォルフ・ディートリヒは一種の破壊神のように思われたことだろう。彼が抱いたあまりにも遠大な建築計画は、ほとんどがその在位中に完成されることなく、その悲願の大聖堂は次代の大司教を経て、一六二八年、パリス・ロドロン大司教時代にようやく献堂式を迎えたのであった。だが一方で、ヴォルフ・ディートリヒの建築熱と大胆なアイディアを通じて初めて、それまで中世の佇まいを色濃く残す山間の小都市に過ぎなかったザルツブルクが、輝くような華麗な街並みへと変身を遂げ得たのである。のちに「アルプスのローマ」あるいは「小ローマ」の異名を取ったザルツブルクの都市景観には、このいささかイタリアかぶれの大司教の趣味と美的感覚が、いまもしっかりと息づいている。

若くして権力の頂点に昇りつめ、あまりに奔放に統治したヴォルフ・ディートリヒは、最後もまた、決して平凡に終わることはなかった。一六一一年、塩の採掘権をめぐる隣国バイエルンとの争いに深入りし、敵国からの不意の派兵に直面してひそかに逃走しようとした大司教は、ケルンテンにて追手に身柄を拘束された。この時代にはすでに、ザロメ・アルトの問題等をめぐり、側近の間にも多くの敵ができていた。囚われの身のままザルツブルクに帰還したヴォルフは、司教座聖堂参事会によって即座に廃位され、その後の生涯をホーエンザルツブルク城の獄室で過ごすことになる。大司教の跡を襲ったのは、母方の従兄弟、マルクス・ジッティクスであった。

ヴォルフは生前、ザルツァッハ河右岸に立つセバスティアン教会の墓地内に自分の墓所として美麗な霊廟《マウソレウム》を建て、死後はこの場所にて四本の蠟燭《ろうそく》を掲げた六人の修道僧だけで簡素な葬儀を行なうようにと繰り返し指示していた。だが、一六一七年、その死に際して、後継者は本人の遺言を一顧だにせず、賑々《にぎにぎ》しい葬列を繰り出したのであった。バロック風の豪勢な弔《とむら》いは、みずからの手で幽閉した従兄弟に寄せるジッティクスのせめてもの敬意だったのか。それとも、その専横ぶりに対する強い嫌悪感の表われだったのか。いまとなっては知る由もない。

「石の街」ザルツブルク

都市の本格的な改造に着手したヴォルフ・ディートリヒに関して、後世の人びとはしばしばその「偏執狂的な建築熱」を指摘する。だが、ザルツブルクの歴史において、建築に熱を上げた大司教は彼ひとりに限られなかった。それどころか、十八世紀のヨハン・エルンスト・トゥーンに至るまで、歴代の大司教はほぼ例外なく建築活動に熱心に取り組んだといっていい。建物を築き、それを通じて都市像を幾分でも変化させることに、大司教たちはなぜこれほどまでに固執したのか。その背景には、司教領主が置かれた特異な立場が深く関わっていた。

この地の君主たる大司教と通常の世俗領主との決定的な相違は、大司教位が世襲によって継承され得なかった点にある。通常、大司教が亡くなると、貴族や高位聖職者をメンバーとする司教座聖堂参事会が招集され、彼らによる厳正な選挙を通じて後任者が選び出されることになっていた。ザルツブルクの参事会は古くから強い独立性と自律性を保持した誇り高き組織であり、神聖ローマ皇帝やハプスブルク家ですら、大司教の選出に際して決定的な発言権を持つことは叶わなかったという。こうした制度から、ポストと支配権を血族に引き継ぐことを許されなかった歴代の大司教が、自身の統治の証を建造物というモニュメントによって歴史のなかに懸命に刻みつけようとしたことは、当然の成行といえるだろう。ホーエンザルツブルク城砦の無数の門をくぐり抜けるとき、あるいはザルツブルク旧市街の迷路のような小路を行くとき、われわれはそこに各様の夥しい紋章を目にすることになる。大司教たちは、建物が落成し、また、改築が終わるたびに、それが自分の事業であったことを顕示しようと、それぞれの紋章を誇らしげに掲げさせたのである。

そして、ホーエンザルツブルクの築城に始まり、およそ六〇〇年もの間、大司教による絶え間ない建築活動を可能にしたのは、まさしく、この地における建材の豊富さであった。文化史家ヨハンナ・フォン・ヘルツォーゲンベルクは、「石切り場の真ん中に建った都市」という言葉によって、ザルツブルクの特徴を巧みに捉えている。都市周辺は古くから大理石や砂岩、石灰岩の産地として知られ、とりわけ、白と薔薇色が目にも鮮やかな、しかも耐久性に富んだ大理石は、ザルツァッハ河を経て、ミュンヘンからヴィリニュス（現リトアニアの首都）に至るまで、ヨーロッパ各地に運ばれていた。大司教の建築熱と飽くなき建設活動に、これら地元の石材が最高級の資材を提供したことは、いうまでもない。

なかでも、ヴォルフ・ディートリヒが完成を夢見た白く輝く大聖堂は、「石を穿《うが》って街を造る」というザルツブルクの都市建設の基本法則をもっとも典型的かつ興味深い形で示す事例である。優れた馬を所有することがステイタス・シンボルであった当時、ヴォルフは一三〇頭にも及ぶ名馬を収めるべく、市街の西端に接する丘陵メンヒスベルクの麓に巨大厩舎を築いていた。大聖堂建設用の石材は、ちょうどこの厩《うまや》の裏手の山腹から切り出されたのである。採掘作業は大聖堂の落成まで続き、山腹には巨大な穴が打ち抜かれていった。

のちにその跡地に着目したのが、ヨハン・エルンスト・トゥーン大司教である。かつての厩舎はすでに、同じく大司教の職を務めた義兄弟、グイドバルト・トゥーンによってフレスコの天井画や暖炉、観覧席があしらわれ、壮麗な冬季用馬場に改築されていた。これに隣接する石切り場の、荒い岩盤を露出させた野趣溢れる情景が、建築芸術に精通したヨハン・エルンストに夏季用馬場をイメージさせるまでに時間はかからなかった。やがて岩盤には九六の桟敷《さじき》が掘り抜かれ、一六九三年、夏の時期に大司教自慢の駿馬によるみごとな馬術を披露するための野外劇場が誕生する。この馬場はのちに「岩壁の馬術学校《フェルゼンライトシューレ》」と呼ばれ、現在はザルツブルク祝祭大劇場の一部となって、毎夏、その独特の情味で多くの観客を魅了し続けている。山から掘られた石が大聖堂を構築し、穿たれた山はまた都市の新たなモニュメントへと姿を変える。かくして「石の街」ザルツブルクは形づくられていったのである。

一方、大司教たちが精出して大理石を掘り、豪奢な建造物を造り上げたこの都市で、ごく普通の人びとが日々をどのように暮らしたのかを、現在の街の表情のなかに読み取ることは決し

「岩壁の馬術学校（フェルゼンライトシューレ）」．大司教グイドバルト・トゥーンが礫岩採掘場を改造して桟敷を造らせた．現在はザルツブルク祝祭劇場の一部として利用され，岩の桟敷側が舞台となり，向かい側に客席が設けられて，音楽祭期間中には，オペラのほか，オーケストラ公演などが行なわれる．

て容易ではない。ザルツァッハ河の右岸、シュターツ橋の袂《たもと》からカプチン修道院の丘陵を廻り込むようにして延びる道、シュタインガッセは、「石の街」の典型的な住居のありさまをそのままに保ちつつ、この土地特有の生活様式を伝えてくれる数少ない痕跡を留めている。車も通行できないほどの狭い小路には、十四世紀の家々がひしめき合うようにして建ち並ぶ。丘陵側の家屋は岩肌にのめり込むように傾《かし》ぎ、建物の間には所々で荒々しい岩壁が顔を覗《のぞ》かせる。一階や地下室には、いまも多くの家で壁面に岩が剝《む》き出しのまま残されているという。人びとはこうして、険しい岩を掘って住空間を確保し、石とともに生きたのである。

そして、ザルツァッハ河の対岸、メンヒスベルクの麓に建つ聖マルクス教会の碑にひっそりと記された一六六九年の岩壁崩落事故の記録は、彼らの生活がつねに危険と隣り合わせに営まれていたことをあらためて想起させる。二つの教会と一三軒の家屋を押し潰して二〇〇人以上の犠牲者を出したこの事故のほか、都市の年代記は、落石、落盤が引き起こした数多くの悲劇を伝えている。人口増加とともに、より多くの岩が掘られ、家々を支える岩盤が弱化したのがその原因であった。

大司教の冷血——プロテスタント迫害

この地に暮らす人びとの運命が、大司教領という特別な環境によっていかに決定的に左右されたのかをもっとも象徴的に示す事件が、一七三〇年代のプロテスタント迫害であった。前代未聞ともいえる迫害の規模と、新教徒が直面したあまりにも悲惨な境遇は、その後、ゲーテ『ヘルマンとドロテア』のほか、多くの文学作品の主題としても取り上げられることになる。

プロテスタント信仰は、他州と同様、ザルツブルクにおいても広く支持者を得るようになっていた。だが、大司教領内でカトリック以外の信仰が公に認められることはなく、新教徒に対する抑圧と迫害は、時どきの大司教によってさまざまな形で断続的に行なわれていた。しかし、ヴォルフ・ディートリヒに見たように、多くの大司教は、とりわけ経済的な影響を考慮して、迫害を徹底的に強行することはなかった。

ところが、一七二七年に大司教位に就いたレオポルト・アントン・フォン・フィルミアンは、就任と同時に、みずからの領地における「信仰上の浄化」を目標として掲げたのである。これを実現すべく、フィルミアンはまず、古くからザルツブルクの信仰と教育を支えてきたベネディクト派修道会の強い反対を押し切って、あえて、諸派のなかでもプロテスタント撲滅《ぼくめつ》にきわめて過激な形で取り組んでいたイエズス会を強引に導入した。イエズス会士の協力のもと、まもなく、新教をひそかに信奉していた人びとが洗い出され、逮捕・監禁、焚書など、容赦ない措置が取られるようになった。

一七三〇年前後の段階ですでに二万人を超えていたという大司教領内のプロテスタントが、フィルミアンによる急激な弾圧政策に激しく反撥したことは、いうまでもない。ポンガウ地方では一七三一年、ルター派の農民たちが塩樽に宣誓の三本指を差し入れ、相互に信仰心を確認し合って「塩の同盟《ザルツブント》」を結成した。これらの人びとはほどなく、レーゲンスブルクの帝国会議に宛てて、信仰の自由を求める趣旨の嘆願書を提出することになる。

新教の領民によるこの直訴は、フィルミアンにとってまさに好機となった。同年九月、大司教はルター派の中心人物数人を「叛徒」として捕らえ、ホーエンザルツブルク城の監獄に勾留する。続いて、十月末には領内のプロテスタント全員を「叛乱分子」と断じ、土地を持たぬ者は一四日以内、持てる者は半年以内に、例外なく大司教領から退去するよう命じたのである。

三十年戦争の終結から一世紀以上が経過し、信仰をめぐる闘争はすでにピークを過ぎていた。ザルツブルクのプロテスタント問題については、ローマ教皇も、厳しい処罰よりもむしろ、改宗への働きかけなど、穏便な対応策を望んでいたという。こうした状況のなかで、穏健派の介入をことごとく阻もうと、フィルミアンは早々に新教徒に対して叛逆罪を適用したのである。当時なお、ヨーロッパ内における宗教問題解決に基準を提供していた一六四八年のウェストファリア条約は、宗教的な対立をめぐって実力行使を行なう場合、三年間の猶予期間を定めていた。「領主への叛逆」という罪状は、この猶予を無効にするための巧妙な口実であったともいわれている。

追放令の執行は容赦ないものであった。農村部に入った兵士たちは、冬が近づくなか、プロテスタントの人びとをほぼ着の身着のままで叩き出したのだ。彼らは二〇〇人から三〇〇人のグループに分けられ、バイエルン国境へと連行されることになった。このとき、山岳部ではすでに降雪期に入っており、凍《い》てつく山道での移動の途上、約三分の一の人びとが命を落とした。こうして、翌年春までに、およそ二万二〇〇〇人の住民が強制的に国外移住を強いられることになる。わずか半年のうちにザルツブルク大司教領全体で一七七六軒の農場が主を失ない、とりわけ新教徒が集中したポンガウ地方の人口は六割がた減少した。これほどの人口流出が著しい経済的マイナス効果を及ぼしたことは、指摘するまでもないだろう。大司教領の産業と経済は、その後、十九世紀に至るまで、フィルミアンの愚行による痛手から立ち直ることはできなかった。

　そして、故郷を追われてさまよう二万もの大群衆は、当然、周辺各地に大きな衝撃をもたらした。追われ行く人びとは領内のカトリック信徒にも同情と哀れみをもって見送られ、途上の集落のなかには、教会の鐘を打ち鳴らして彼らを手厚く歓待する場所も少なくなかった。さらに、一七三二年二月には、新教国のプロイセン王、フリードリヒ・ヴィルヘルム一世が、彼らに対する無条件の受け入れと旅費支給を保障する特許状を発している。その背景に、国力増強を狙うプロイセンの人口政策的な意図が存在したことはいうまでもない。特許状発行ののち、多くの亡命者がプロイセン東部の農村に新天地を求めた。追放された新教徒たちの旅路は、プロイセンのほか、オランダから、遠くは新大陸にまで達している。

　人びとの外地での新たな生活が容易でなかったことは、想像に難くはない。だが、一七三一年の大迫害は、ザルツブルクに残った人びとの心にもまた、深い傷を残すことになった。約一世紀半を経た一八八一年、大司教の末裔に当たるレオポルディーネ・フィルミアン伯爵夫人は、嫁ぎ先のイタリアにて生涯を閉じる前、その莫大な財産をもとに、ザルツブルク出身の新教徒の子どもたちを対象とする奨学基金を設立した。夫人の遺言には、「多くのプロテスタントの家族を断絶と貧困に追いやった」大司教の暴挙を恥じ、一部なりともその罪を贖《あがな》おうとする意図が切々と語られていたという。また、第二次世界大戦後の一九六六年には、ザルツブルクのプロテスタント教区監督叙任式に招かれた大司教、アンドレアス・ローラッハーが、フィルミアンと同じポストを占める者として、迫害への深い慙愧《ざんき》の念を表明している。かつてカトリックの聖界領邦という特殊な環境が生み出した悲劇が、いまだ過去の記憶に留まり得ない問題であることは、これらの言説が何より明らかに物語るところである。

大司教領の終焉

こうしてザルツブルクの歴史に最大の汚点を残したフィルミアンののち、わずか四代の領主を経て、富と栄光に満ちた聖界領邦、ザルツブルク大司教領は、ヨーロッパ地図から永遠に姿を消すことになる。その歴史に終止符を打ったのは、フランス革命に続くナポレオン戦争であった。

一七九七年、ナポレオン軍はイタリア遠征の途上、大司教領内のルンガウまで到達し、ここで掠奪・破壊行為を繰り広げた。さらにオーストリア軍の敗北が決定的になった一八〇〇年十二月、フランス軍はいよいよザルツブルクに入城する。築城以来、何者にも侵入を許さなかったホーエンザルツブルク城砦もまた、ここに無血開城を見たのだった。フランス軍による占領は三年に及び、市内の教会、修道院はつぎつぎに接収されて兵舎や傷病兵院に姿を変えた。その後一八〇三年、ナポレオンはオーストリア皇帝フランツ一世の弟、フェルディナント大公に対して、みずから奪い取った領土、トスカナの代償としてかつての大司教領を与えることを約す。亡命先のウィーンにてこの決定を受けた最後の侯爵大司教、ヒエロニムス・コロレドは、ザルツブルクに関するあらゆる領主権の放棄を認容せざるを得なかった。これによりザルツブルク大司教は世俗領主としてのすべての財と特権を失ない、聖界領邦ザルツブルクはいよいよその七〇〇年の歴史に幕を閉じたのであった。

ヨーロッパを包んだ戦争と外交の激動は、ザルツブルクのその後の運命を大きく左右した。フランスおよび、これを支持するバイエルンとオーストリアとの間には熾烈な戦いが繰り返され、かつての大司教領は、戦局に応じて、その都度フランス、バイエルン、オーストリアの領土に組み込まれた。戦争後の一八一六年、ザルツブルクはようやくオーストリア領に落ち着くが、このときにはすでに、政治的にも経済的にもかつての輝きは完全に失なわれていた。皇帝フランツはこの一帯を行政上、上オーストリア大公領の第五郡として位置づけ、その郡都をリンツに置いたため、都市ザルツブルクは地方政治の中心からも完全に外されることになった。旧大司教領がオーストリア内で独立した行政地域としての地位を与えられるには、その後、一八五〇年を俟たなければならなかった。

このようにして、昔日の「小ローマ」は、わずか二〇年足らずのうちに寂《さび》れた地方都市へと凋落《ちょうらく》していった。フランス革命直前に一万七〇〇〇人を数えた都市の人口は、一八一七年には一万人近くまで落ち込んでいた。オーストリア併合直後の一八一八年には、あたかも衰退に追い討ちをかけるようにザルツァッハ河右岸の市街を大火が襲い、六四軒の家屋が消失する。しかし、ザルツブルクはもはや、かつてのヴォルフ・ディートリヒのごとく、街の大規模な復興にただちに着手すべき領主を欠いていた。ようやく廃墟に手が加えられたのは、一八四〇年代のことであった。

一八二五年にフランツ・シューベルトがザルツブルクから兄フェルディナントに宛ててしたためた手紙からは、昔日の華やかな都市生活について、もはやその面影すら読み取ることはできない。

……メンヒスベルクからは街の大部分を見渡すことができますが、立派な家屋や宮殿、そして教会が夥しい数で建ち並ぶさまに、私は驚きを隠すことができませんでした。ただし、そこにはほんの少数の住人が暮らすだけなのです。建物の多くは空き家のままですし、せいぜい一家族か、多くて二、三家族が生活しているに過ぎません。美しい広場にもこと欠きませんが、その敷石の間には草が生い茂っています。上を踏んで歩く人があまりに少ないからです。

オーストリア文化の再生――マックス・ラインハルトとレオポルツクロン城

シューベルトの書簡が伝えるザルツブルクは、「死都」のイメージを漂わせている。活気を欠いた街の雰囲気は、青白く聳える大理石造りの巨大な建造物との間にあまりにも不自然なコントラストを生み出していた。それはいわば、バロック建築をそのままの形で保存する、「博物館都市」の佇まいであった。

　その後、二重帝国期から第一次世界大戦に至るまで、オーストリアは現代史の激流に揉《も》まれ続けた。とりわけ世界大戦は多民族国家ハプスブルク君主国を最終的に解体し、オーストリアは、ヨーロッパの中央部に、弱小国家として取り残されることになった。かつて大帝国の首都としての威勢を誇ったウィーンでは、人びとは救いのない喪失感に苛まれていた。新生オーストリア共和国の将来を巡って激しい議論が戦わされ、政治的対立は本格的な武力闘争へと発展しつつあった。

　国家規模での激変のなかで、ザルツブルクという「アルプスの山腹にひっそりと立つ、時代に取り残されて眠り込んだような夢想的な小都市」（シュテファン・ツヴァイク）が、にわかに人びとの心を惹きつけるようになる。政治的緊張と外交危機、そして民族的対立が首都ウィーンの芸術界に暗い影を落としたとき、多くの芸術家・文化人が、古い時代の情緒を湛えたザルツブルクに一種の逃避所を求めたのだ。ウィーンの文筆家グループを蝕《むしば》む政治的派閥を嫌ってザルツブルク市街を見下ろすカプツィーナーベルクの山頂に隠棲しようとしたツヴァイクもまた、そのひとりにほかならなかった。この地に居を定めたときの印象を、作家は次のように述べている。「世界中から無視されたオーストリア国の、このちっぽけな街におけるほど、音楽界、演劇界の至人たちが成功裏に結集し合った例は、ヨーロッパでもほかに類を見ないだろう。都市ザルツブルクは、いままさに花開こうとしていた」。ツヴァイク邸でもまた、ブルーノ・

ワルターとアルトゥール・トスカニーニ夫妻、そしてマン家の人びとが、ともにお茶のテーブルを囲むのが習わしとなっていた。

そして、こうした変化の兆しのなかにあってなお一〇〇年の眠りをむさぼり続けた「小ローマ」をいよいよ覚醒《かくせい》させ、文化と芸術の聖地として蘇らせるために一種の仕掛人としての役割を果たしたのは、演出家・演劇プロデューサーのマックス・ラインハルトであった。ウィーン近郊の街バーデンに生まれ、ベルリンで演劇人として成功を収めたラインハルトもまた、しだいに政治色を強めようとする現代芸術のあり方に疑問と失望を感じていた。一九一八年四月十六日、のちに妻となる女優、ヘレーネ・ティミヒに宛てた一通の電報は、当時のドイツ演劇界で「帝王」と呼ばれたこの鬼才がザルツブルクに新たな本拠地を見出した瞬間を伝えている。「レオポルツクロン城の契約書に署名完了。この貴重な建物にふさわしい内装を施すことを神がお許しくださいますように」。

都市ザルツブルクの南端に建つレオポルツクロン城は、かのフィルミアン大司教が芸術を愛する甥のラクタンツに結婚祝いとして贈った宮殿であった。レクタンツは膨大な絵画を蒐集し、優れた芸術品で城内を飾り、豪華な内装の図書室には稀書が溢れた。だが、その死後、宮殿は荒廃し、大司教領解体後にはコレクションも散逸した。心ない人びとの間で売買が繰り返されるうち、家具や装飾品も撤去・売却され、昔日のバロック芸術の殿堂は、やがて保養ホテルやにわか成金の個人邸宅として使われるようになっていた。モダニズムに背を向け、独自の芸術の境地を追究したラインハルトは、白漆喰仕立ての清麗な外観をかろうじて保ちながら水辺に佇むこの宮殿を、みずからの棲家として選んだのだった。レオポルツクロン城と庭園、周辺の地所を買い取り、本格的な改築と修復作業を通じて大司教時代さながらの美神《ミューズ》の世界を再構築することが、彼にとっての当面の目標となった。

住居を自身の芸術観を表現する場と見なしたラインハルトに妥協はなかった。売却された美術品をあらゆる手をつくして買い戻し、ラクタンツの図書室の内装を伝える史料が存在しないと分かると、バロック建築の傑作として知られるザンクト・ガレン修道院図書館をモデルとして新たに図面を引かせた。「ヴェネチアの間」は、ドイツの宮殿の一室をそのまま移築したものである。また、庭の復元に当たっては、オーストリア各地のバロック宮殿から古代神の彫像が運ばれ、温室のオレンジの木はシェーンブルン宮殿の古木を買い受けた。城にふさわしい調度品を揃《そろ》えるために、地元の熟練指物師《さしものし》が雇い入れられ、どの家具にも十八世紀の様式が忠実に再現された。

こうしてかつての面影を取り戻したレオポルツクロン城は、ラインハルト自身のカリスマ性を通じて、やがてヨーロッパ社交界の中心として輝きを放つようになる。城主は舞台と同様、城での生活にも夢のごとき「演出」を施した。各界の著名人を招いた晩餐会では、フィルミアン時代に倣って夥しい蠟燭が灯《とも》され、幽玄な雰囲気のなか、モーツァルトの弦楽四重奏曲が奏でられたという。

だが、レオポルツクロン城の徹底した修復および、ここに営まれた華やかな社交生活は、一個人の趣味の領域に留まるものではなかった。ラインハルトが全財産を擲って目指したものは、まさに、当時失なわれつつあったバロック的文化そのものの復元にほかならなかったのだ。民族と政治的信条の対立が大帝国を瓦解させ、新たに生まれた共和国の存在をも根本から揺さぶろうとしていた当時、芸術家の多くが「旧き良きオーストリア」への回帰願望を抱くようになっていた。ハプスブルク帝国が栄華を極め、建築や絵画芸術が華やかに咲き誇ったバロック時代が彼らにとって郷愁《きょうしゅう》の的となったことは、当然の帰結であったろう。帝国崩壊とともに消滅の危機に立たされた文化的伝統を目に見える形で具現化し、残し、生かしていきたい。バロックの「博物館都市」ザルツブルクは、このように願う人びとに格好の舞台を提供したのであった。マックス・ラインハルトは、その実現過程を天才的な能力と感性を通じてみごとに演出したのである。

ザルツブルク音楽祭の誕生

マックス・ラインハルトはオーストリア文化の伝統、とりわけそのバロック的感性と演劇的要素を芸術的理想と見なし、生活様式のなかにこれを細部にわたって再現しようとした。その理念は、ザルツブルクでかねてから進行していた音楽祭の計画に彼が深く関与するようになったとき、いよいよ私的かつ個人的な次元を超えて、より公的なレベルで展開されることになる。

バイロイト音楽祭に倣い、モーツァルトを記念する音楽祭をザルツブルクで定期的に開催するというプランについては、すでに十九世紀末から熱心に議論されていた。一九一七年には、音楽祭専用ホールの建設を目指して「ザルツブルク祝祭劇場設立協会」が発足し、このときラインハルトも芸術顧問に指名されていた。だが、戦後の経済混乱と、スポンサーとなるべき諸機関の官僚主義に妨げられて、計画は一時、暗礁に乗り上げたかに見えた。しかし、翌年、ラインハルトがザルツブルクに居を移したことが、膠着した状況を変化させるための大きな転機となったのである。

音楽祭の計画は、ラインハルトのプロデューサーとしての想像力をおおいに刺激した。コンサートとオペラだけでなく、あらゆる芸術を総合するようなダイナミックなアイディアがつぎつぎと浮かんだ。同じく協会の芸術顧問で、ラインハルトの古くからの友人である作曲家リヒャルト・シュトラウス、そして作家フーゴ・フォン・ホフマンスタールが、その無尽蔵のアイディアに現実性を与えるための、よき相談役を務めることになった。

とりわけホフマンスタールは、ラインハルトの理想を真の意味で共有する人物であった。世紀末ウィーンを代表するこの作家は、当時のオーストリアが直面していた精神的危機を誰よりも鋭く感じ取り、そして、文化的伝統の復興こそ、この危機を脱するための唯一の手段であると考えていた。音楽祭は、人びとにみずからのアイデンティティを広く再認識させ、オーストリアの文化遺産を守り継ぐための、格好の機会を提供するはずであった。かつての文壇の寵児は、音楽祭開催の意義を訴える論説を意欲的に発表するようになる。こうして、ラインハルトがレオポルツクロン城を舞台に描いた世界観は、ホフマンスタールによる堅固な理論的・イデオロギー的裏打ちを得て、音楽祭というイベントのなかに昇華するときを迎えようとしていた。三人の芸術顧問には、資金繰りに悩む劇場建設計画の進行を待つつもりなど毛頭なかった。音楽祭を納める「箱」よりも、まず何かが演じられなければならなかった。伝統的な演劇文化を志向するラインハルトはここで、一九一一年にみずからベルリンで上演して大成功を見た戯曲『イェーダーマン』に目を向けた。古いイギリスの道徳劇『エヴリマン』にホフマンスタールが手を加え、ドイツ語劇として生まれ変わらせた作品である。演目が決まると、計画はすべての困難を乗り越え、不可能を可能に塗り替えながら、異例の速さで進行した。ふさわしい劇場がないことなど、何の問題にもならなかった。ラインハルトは大司教イグナティウス・リーデルから、大聖堂前の広場での野外上演許可をやすやすと取りつけていたのだ。さらに、シュトラウスとラインハルトの有力な人脈は、豪華なキャストとスタッフを無報酬で協力させることになった。

こうして、一九二〇年八月二十二日、ザルツブルク大聖堂を背景に『イェーダーマン』の公演が実現する。野外舞台は苦肉の策などではなかった。ラインハルトはこのとき、白く輝く大聖堂とバロックの街並みすべてを、作品のステージと見立てたのである。大聖堂から響くオルガンは作品にふさわしい荘厳さを加え、そして終盤、主人公の死の場面で、ホーエンザルツブルク城の上空を覆う雲から黄昏《たそがれ》のあえかな残照が差し込んだとき、広場を埋めた観衆はこの上ない感動に包まれていた。それはまさに、ザルツブルクが「劇場都市」となった瞬間であった。

この野外演劇公演こそが、ザルツブルク音楽祭の起源なのである。翌年からコンサートやオペラのプログラムも加わり、本格的な音楽祭の体裁が整えられていく。ラインハルトもまた、「岩壁の馬術学校《フェルゼンライトシューレ》」での『ファウスト』上演をはじめ、毎年、新たなプロジェクトに意欲的に取り組んだ。ただし、音楽祭がすべての障害を無条件に克服したわけではない。戦後の経済危機はつねに資金難という形でのしかかってきた。とりわけ、食糧不足と物価高が庶民を苦しめた時代に、高額のチケットを手にした外国人客が都市に押し寄せたとき、地元の反撥は頂点に達した。このような状況のもとで、市当局や州政府から積極的な援助を引き出すことはほとんど不可能であった。

その一方で、この音楽祭の意義を冷静な目で見つめていた人びともあった。一九二五年夏、ようやく軌道に乗りつつあったこのイベントについて、ウィーンの日刊紙『ノイエ・フライエ・プレッセ』は次のように伝えている。「オーストリアは調和と統一を求めて献身するという真の使命に向かってふたたび機能し始めた。現在困難に直面しているこの国で、ザルツブルク音楽祭は、われわれが喜びを持って心に抱くに値する対象なのだ」。ナポレオン戦争によって破壊の幕が切って落とされ、そして第一次世界大戦が徹底的に打ちのめしたひとつの旧い文化の真髄が、古色蒼然としたバロックの都を舞台に、確かに再生されようとしていた。一段と厳しさを増す政治的・経済的混乱のなかにあってなお、多くのオーストリア人がこのことをはっきりと認識していたに違いない。

しかし、政治が損なったものを芸術の力を通じて再生するというザルツブルクの夢は、まもなく暴力的な力で破壊される運命にあった。都市の南、国境を隔てたベルヒテスガーデンの高台から、アドルフ・ヒトラーがすでに懐疑と嫌悪の目で音楽祭の進行を見守っていたのだ。とりわけ、ラインハルトやホフマンスタールをはじめ、音楽祭を支えたブレーンの多くがユダヤ系の人びとであったことが、その反感を激しく煽《あお》った。やがてヒトラーはラインハルトを名指しで批判し、また、小都市ザルツブルクに反ユダヤ主義が伝播するにつれ、音楽祭は非難の集中砲火を浴びせられた。一九三七年、ナチスドイツによるオーストリア併合を目前に、ラインハルトはアメリカに亡命する。レオポルツクロン城は「アーリア化」の名目のもとに接収され、ザルツブルクがアメリカ軍の手に渡るときまで、ヒトラーの迎賓館として用いられることになった。音楽祭もまた、その本来の理念が無惨に踏み躙られ、ナチスの宣伝手段として利用しつくされたのである。

ラインハルトが創始した音楽祭の伝統がそれでもなお死滅することなく、この悲惨かつ厳しい時代を乗り越えて戦後みごとに息を吹き返したことは、何より、現在のザルツブルク音楽祭が証明するところであろう。わが国では一般に、最高水準のクラシック音楽公演、とりわけスター演奏家が結集する場として知られる音楽祭であるが、一ヶ月以上に及ぶ開催期間中には、マリオネットから現代舞踏に至るまで、さまざまなジャンルの芸術家たちがこの街に集い、その芸を競い合う。また、『イェーダーマン』はいまも、音楽祭のメインプログラムとして大聖堂前の特設舞台で演じられ、ラインハルトへのオマージュを呼び起こしている。いにしえより大司教の強大な権力によって築き上げられた「小ローマ」、ザルツブルクは、音楽祭を通じて芸術都市としての新たな役割を与えられ、アルプスの山間にその美しい街並みを抱きつつ、世界中の人びとを魅了し続けるのである。

Tirol

第7章
ティロル
翼をもがれたオーストリアの鷲

ティロル　関連略年表

1248　ティロル伯アルベルト，イン河，エッチュ河の流域を統一
1271　マインハルト２世下にティロルが独立領邦となる
1330　ティロル伯女マルガレーテ，ボヘミア王子ヨハン・ハインリヒと結婚
1363　ティロル貴族，誓約書によりハプスブルク家に忠誠を誓う
1489　のちの皇帝マクシミリアン１世，ティロル伯位に即く
1511　マクシミリアン１世，領邦特許状を公布
1584　インスブルック王宮教会のマクシミリアン霊廟完成
1703　スペイン継承戦争でバイエルン軍ティロル侵攻
1789　フランス革命勃発
1797　ナポレオン軍侵攻．シュピンゲスの戦い
1805　プレスブルクの和約，ティロルはバイエルン領となる
1809/10　ティロル義勇軍の決起，アンドレアス・ホーファーの処刑
1848　イタリア革命政府義勇軍，ティロル国境を侵略するが失敗
1861　イタリア王国の樹立
1916　ティロル義勇軍とイタリア軍がパスビオ山にて決戦
1919　サン・ジェルマン条約，南ティロルをイタリアに割譲
1940　ナチスドイツによる南ティロルのドイツ系住民の移住開始
1961　「火の夜」事件起こる

アイスマン「エッツィ」——五〇〇〇年前にアルプスを越えた男

一九九一年九月十九日。アルプスの夏のハイキングシーズンも終わりに近づいたこの日、好天に誘われ、エッツ渓谷《タール》の尾根、ハウスラプヨッホに沿ってトレッキングを楽しんでいたドイツ人ハイカー、ジモーン夫妻は、突如、眼前に現われた異様な物体に立ちすくんだ。それは紛れもなく、氷河のなかにわずかにその一部を露わにした人間の背中であった。冬季も登山客が絶えないこの一帯では、急傾斜の断崖から滑落し、雪が解ける頃、あるいは氷河に呑み込まれた場合には数年を経てようやく、遺体として収容される犠牲者は少なくない。ハウスラプヨッホでもただちに警察と救急隊が出動し、遺体収容の手続に取り掛かった。しかし、遺骸の全貌が明らかになるのを俟たずして、山岳警察はほどなくその作業を考古学者に引き継ぐことになる。エッツ渓谷の氷河に横たわっていたのは、不慮の事故に見舞われた現代のアルピニストではなかった。それは、遥か五〇〇〇年の昔、弓矢を装備し、熊毛と植物を編み合わせた冬靴を身につけてティロル西部のアルプスを渡ろうとした新石器時代の山人だったのだ。

この発見は世界中の考古学ファンを熱狂させ、氷のなかで五〇〇〇年の時を過ごした古代人のミイラは、「アイスマン」、あるいは発見地に因んで「エッツィ」の愛称で広く知られることになった。彼がいかなる目的で峰を渡ろうとしたのか、死因は何だったのか、また、どのような食物を口にしていたのか。「アイスマン」をめぐる議論と推測は、その発見から四半世紀を経たいまもなお絶えることがない。

「アイスマン」の発見は、地元ティロルの歴史にとっても画期的な出来事であった。峠を越える山人の存在は、ティロルにおける人類定住の起源をおよそ二〇〇〇年にも遡って書き換えさせることになったのである。耕作や酪農の営みが始まるよりも遥か以前、ここには高山がもたらす地の利を求めて人が住みつき、アルプスを南北に縦断しながら生活の手段を得ていた。とりわけ斧《おの》や矢尻など、「アイスマン」が備えた携帯品は、まさしく、一帯に豊かに埋蔵され、のちの君主に莫大な富をもたらした銅の採掘と精製が、はやくも紀元前三〇〇〇年頃に着手されていた事実を示す証にほかならない。

旧ハプスブルク君主国のいわば「後裔国」であると同時にアルプスの国として知られるオーストリアにあって、ウィーンが宮廷的伝統と芸術に彩られた都会的な側面を象徴するのに対し、「ティロル」という地名は山岳文化のイメージを惹起《じゃっき》するものだろう。州のほぼ全土をアルプス山脈に覆われ、居住可能空間《エクメーネ》がわずか一一・九パーセントという数値は、首都ウィーンから遠く西方に隔たったその立地とともに、山の辺境地帯という心象をあらためて想見させるかもしれない。だが、高度な銅製品を携えて峠道を歩いた「アイスマン」の存在は、辺鄙な山国の表象とはほど遠く、この地域が実際には太古の時代から、特異な地勢と豊富な資源によって人びとの関心を惹きつけ続けたことを強く印象づけるであろう。

東西に二七〇キロメートル、南北に一〇七キロメートルにわたって広がるティロル州は、中央アルプスが北部石灰アルプスに接して大きくうねる湾曲部に位置している。峻厳な景観は、アドリア海へと連なる大分水嶺と、それを挟むように走る無数の渓谷によって形成されるが、その地形を地図上に辿るとき、とりわけ目を惹くのは、三〇〇〇メートルを優に超える尾根の連なりの間に、あたかも隘路を穿ったかのように開けた二ヶ所の峠である。州中央南端のブレンナー峠（一三七〇メートル）、その西側のレッシェン峠（一五〇四メートル）は、まさしくアルプスが隔てた中欧と南欧とを連結する天然の門であり、なかでもブレンナー峠は、古代ローマ時代から現代に至るまで、ドイツとイタリアを結ぶ主要交通路として、政治的、経済的にきわめて重要な役割を果たしてきた。

さらに、一九一九年にイタリア国境が劃定される以前の「旧ティロル」領は、ブレンナー峠を越えてその南方、ブリクセン、メラーン、ボーツェンからドロミテ山脈にまで及んでいた。石灰質の岩山の間に緑の栗の木と果樹園が広がる南部ティロルは、地形も植生もアルプス以北とは鮮やかな対照をなし、また、ドイツ系、イタリア系、少数民族のラディン系の文化が混淆する、まさに「南方への玄関口」であった。北はイン渓谷にはじまり、南は遥かトリエントまで三角形をなして広がる旧ティロルの地図からは、この地域が自然的国境を大きく越えて、アルプスという「閾《しきい》」を挟んだ南北の広大な結節地帯であったことを明確に読み取ることができるだろう。

同時にティロルは、独特の地質と気象条件に恵まれ、豊かな地の利をもたらす領土でもあった。一六二六年、オーストリア大公レオポルト五世とメディチ家のクラウディアとの婚儀を記念して制作された寓意画は、歴代の君主にとってのティロル統治の魅力が、単にブレンナー、レッシェンという軍事・交通の要所の存在によってのみ裏づけられるものではなかったことを明徴している。アンドレアス・シュペングラーの手になる細密な銅版画の画面では、頂上に鷲《わし》を戴く三つの山が「祝いの凱旋門」をなし、その下ではそれぞれ、製塩業、果樹栽培と果実酒醸造、銀の採掘と精製が営まれて、この地につきることのない富を横溢させるのである。

かつて、南ティロルを含む旧ティロルの版図の形態は、しばしば、頭部を東に向け、両翼を力強く広げて飛び立つ鷲の姿に譬えられた。古代ローマ帝国に起源を持つ鷲のシンボルは、金の飾りを施されてティロル伯家の紋章となったほか、双頭の黒禽《こっきん》はハプスブルク家が家紋として長きにわたって掲げてきたシンボルである。東方へ向けて飛翔する鷲は、本来、西方領土を起点として東へと拡大していったハプスブルク君主国の統治の推移を鮮烈なまでに表徴するといえるだろう。実際、ティロルは、中世から近世にかけて、ハプスブルク家にとってきわめて重要な意味を持つ家領であった。スイス北部に位置した古来の本拠地を拡大し、イタリアへの要路を確保する目的で、歴代のハプスブルク君主はティロルをバイエルン公家（ヴィッテルスバッハ家）やルクセンブルク家の手から奪い取るために手段を選ばなかった。また、神聖ローマ帝国の帝位に即く以前、ティロル伯、オーストリア大公として当地を治めた皇帝マクシミリアン一世は、帝国統治の中心をこの地に置こうとさえ意図したのである。ハプスブルク家支配における特別な位置づけ、そしてそれがしばしばもたらした君主との緊密な連携は、やがてこの地に郷土をめぐる特殊な心性と深い愛国心を生み出した。このティロル独自のメンタリティは、十八世紀以降、君主の関心が東欧に向けられ、西方州がかつての政治的重要性を失なってもなお強く残存し、ナポレオン戦争からハプスブルク君主国崩壊へと向かう近現代史の流れのなかで、「オーストリア・アイデンティティ」の輪郭をはっきりと描き出すための、太い横糸を紡ぎ出すことになるのである。

ティロル伯領の誕生

ローマ帝国時代、ティロルのアルプスは属州ラエティアおよびノリクムを本国から隔てる自然の要塞として聳え立ち、レッシェン、ブレンナーがその南北の往来を支えていた。その後、一帯は、東ゴート王国の支配、カール大帝死後の分裂を経て、東フランク王国領となった。諸代の王たちがカロリング朝の伝統を踏襲してイタリア遠征を繰り返したことから、アルプスを越える峠の軍事的・政治的重要性は、この当時よりすでに強く意識されるようになっていた。とりわけ、九六二年のオットー一世以降、神聖ローマ皇帝がイタリアで戴冠するという典礼が定着すると、その存在価値はさらに増大する。皇帝の権力がいまだきわめて不安定な状況にあるなかで、君主にとっては、一切の軍事的脅威を受けることなく安全にアルプスを越えて戴冠の儀を終え、途上の要所で数ヶ月にわたり顕示的祝祭を繰り広げることが、最重要課題となったからである。だが、この頃のティロル周辺の領有関係は複雑を極めていた。山脈と渓谷が織りなす自然境界線を縫うようにして、この一帯には、バイエルン大公、シュヴァーベン大公、ケルンテン辺境伯をはじめとする貴族の所領が入り組み、なかでもバイエルンやシュヴァーベンの部族大公は、レッシェン、ブレンナーの通行権を盾にとって皇帝に対し公然と反抗することすらあった。

イタリアとの自由な往来を望んだ歴代の皇帝たちは、峠沿いの封土を徐々に回収し、特定の家門による世襲化を回避するために、自身の子孫を残さない聖界領主にこれらの土地を寄進していくようになる。その結果、十二世紀には、イン渓谷からガルダ湖に至る、のちのティロルほぼ全域が、トリエントおよびブリクセンの司教領となった。

だが、皇帝の思惑はまもなくみごとに裏切られることになる。切り立つ山に覆われた険しい土地をみずからの手で治め切れなかった司教らは、やがてこれらをふたたび封土として世俗領主に授けたのである。十二世紀を通じて、領主らは政略結婚や私闘《フェーデ》を繰り返してそれぞれ勢力範囲を拡大し、互いに争って実権強化を図った。この混乱の時代を経て、十三世紀になると、イン河流域から南東部のプスター渓谷を支配したバイエルン系のアンデクス伯、そして、メラーン近郊のティロル城に居を定め、トリエント司教領を中心にブレンナー、レッシェン峠とそれ以南を手中に収めたティロル伯が、二大勢力として割拠するに至った。

ティロル伯アルベルト三世は長女エリーザベトをアンデクス家に嫁がせており、一二四八年に同家が断絶すると、自身の相続権を主張してただちにアンデクス家領を自領に併合した。ここにようやく、のちのティロル州土の中心部に当たるイン河とエッチュ河の流域全体が、ひとりの君主のもとに統一されることになる。アルベルトの統一領土はこの年、公文書において「ティロル伯領」と記され、エッツ山脈の南の麓に立つ小城塞ティロルの名が、以来、この「山と渓谷の国」を指す新たな呼称として定着していったのであった。

しかし、アンデクス家断絶の経緯は、アルベルトにとっても決して他人事には止まらなかった。アルベルトもまた男子継承者に恵まれず、結局、新生ティロル伯領を、二人の娘の夫の手に委ねるよりほかなかったのである。長女エリーザベトの再婚相手となったバイエルン系の貴族ヒルシュベルク伯が北部イン河周辺を治めたのに対し、次女アーデルハイトを娶ったゲルツ伯マインハルトはティロル＝ゲルツ伯としてレッシェン、ブレンナーを含むティロル中央部を引き継ぎ、義父アルベルトが企図したティロルの統一支配の実現に全力を傾けた。

その子マインハルト二世はさらに、ティロル領の集権的統治という目標を冷静に見据えていた。父の死後一〇年あまりを経た一二七一年、弟アルベルトに旧領ゲルツを託し、ティロルの単独統治に着手したマインハルト二世は、バイエルン系貴族からイン渓谷周辺地域を段階的に買収したほか、本来服すべき封主であったブリクセン、トリエント両司教の直轄地をも徐々に蚕食していった。さらに、領内の一部でいまだ効力を持っていた代官や修道院の古い権限を整理し、新たに統一的な行政制度と裁判権を布こうとした。マインハルトがトリエント司教区本部から独自の貨幣鋳造権を勝ち取ったとき、ティロルはいよいよ独立領邦としての実質を整えることになる。

マインハルト二世のもとで、ティロルは主君から授けられた「封地」から、主権が保障された「領邦《ヘアシャフト》」へと昇格した。この中世の君主が、今日に至るまで「ティロル建国の父」と呼ばれる所以はまさしくここにある。だが、マインハルトとその所領の栄光の背後には、実は、個別の領邦を遥かに超越した帝国政治の力学が働いていたことを見逃してはならない。

マインハルトはかねてから、ハプスブルク家のルドルフに対して一貫して恭順の意を表していた。一二七三年、ハプスブルクの宗主として初めて神聖ローマ帝国皇帝に選出されたルドルフ一世が、東方を脅かすボヘミア王、オットカール・プシェミスルとの膠着戦にもつれ込んだときにも、マインハルトは皇帝軍支援のためにあらゆる出費を惜しまなかった。その忠誠心に応えるべく、ルドルフは、一二八六年、ティロルをバイエルン公国の権限から完全に切り離し、マインハルトを、主権を具えた帝国諸侯として正式に承認したのであった。だが、「貧乏伯」の誹《そし》りを受けながら皇帝位を手にし、これを機に全欧に勢力を広げようとしていたハプスブルクの君主は、すでに諸家との姻戚関係を権勢拡大の手段とみなすようになっていた。ティロル伯を諸侯に格上げしたルドルフは、この機に、マインハルトの娘、エリーザベトを長子アルブレヒトの妃として迎え入れた。アルブレヒトはのちに皇帝アルブレヒト一世として父の跡を襲うことになるが、この結婚こそが、ティロルとハプスブルク家を結びつける最初の契機となったのである。

「醜女」マルガレーテ——混乱の時代からハプスブルク支配へ

一二九五年にマインハルト二世が歿したのち、三人の息子たちは領土を分割せず、ルドルフ一世がマインハルトに与えたケルンテンとティロルとを合わせて共同統治を行なった。だが、オットー、ルートヴィヒは相次いで早世し、ボヘミア王ヴァーツラフの娘、アンナを娶っていた末子ハインリヒ六世は、ボヘミア王位をめぐるハプスブルク家、ルクセンブルク家との熾烈な抗争に執着してティロルの内政を蔑《ないがし》ろにした。領邦ティロルはしだいに弱体化し、ふたたびバイエルン公国からの干渉を受けるようになっていた。

ボヘミア王女アンナが子を残すことなく亡くなると、ハインリヒはほどなくブラウンシュヴァイク＝リューネブルク公女、アーデルハイトを二人めの妃として迎えた。しかし、二度めの結婚でも待望の男子は授からず、無事に成長したのは次女のマルガレーテただひとりであった。後世を案じたハインリヒは、マルガレーテをボヘミア王子ヨハン・ハインリヒ・フォン・ルクセンブルクと婚約させ、さらに、皇帝ルートヴィヒ四世と交渉して、ティロル＝ゲルツ家の女系継承権を認めさせていた。一三三〇年、インスブルックにて壮麗な婚礼が執り行なわれたとき、マルガレーテは十二歳、ヨハン・ハインリヒはいまだ八歳の誕生日を迎えていなかったという。

婚儀の五年後にハインリヒ六世が死去すると、十七歳のマルガレーテがいよいよティロルの統治に当たることになった。だが、若い女性君主の脆弱さは、かねてからティロルに強い関心を抱いてきたバイエルン公家とハプスブルク家にとってまたとない機会となった。とりわけバイエルンのヴィッテルスバッハ家から選出された皇帝ルートヴィヒには、マルガレーテとバイエルン公家の縁組を想定して女系継承を承認したという経緯があり、ルクセンブルク家からの婿入りに対しては深い遺恨を抱いていた。ハプスブルク家のアルブレヒト二世はこうした事情に乗じて皇帝に巧みに訴えかけ、ティロル北部をバイエルンに、南部およびケルンテンをハプスブルク家にあらためて授封させたのであった。宗主であるマルガレーテの手には、わずかに南ティロルの一部だけが残された。このような策謀を、ルクセンブルク家が黙して見過ごすはずもなかった。ヨハン・ハインリヒの兄で、当時はモラヴィア辺境伯としてボヘミア、モラヴィアを治めたカレル、のちの皇帝カール四世がただちにプラハから出兵し、ティロルは一年あまりの間、激しい戦乱に巻き込まれることになる。

他方、領土相続権をめぐる抜け目ない計算によって成立した政略結婚は、ティロルの地だけでなく、伯家最後の末裔、マルガレーテ個人にもまた、決して幸福をもたらしはしなかった。ヨハン・ハインリヒはすでに五歳のとき、一〇〇人を超える従者を伴なってティロルの宮廷に居を移していた。幼い婚約者は当初より互いに折り合いが悪く、夫婦となったのちもなお、子ども時代に繰り返された暴力的な諍いが絶えることはなかったという。そして、不幸な結婚に対する若い伯女の怒りと不満はやがて、領外の諸侯、とりわけボヘミア＝ルクセンブルク家による支配を嫌った地元ティロル貴族たちの反撥心と方向性を同じくするようになった。貴族らの支持を受けたマルガレーテは、一三四一年、ついに夫ヨハン・ハインリヒを国外追放するという勇挙に出たのである。この年の万霊節《ばんれいせつ》の夜、マルガレーテは番兵に命じて、狩から戻ったヨハン・ハインリヒを城門外に閉め出させた。不意を突かれた夫は激怒し、供の者とともに狂騒を繰り広げながら一帯を巡り歩くが、領内には誰ひとりとして宿を提供する者もなく、憔《しょう》悴《すい》したヨハン・ハインリヒは遥か北イタリアのフリウリまで馬を進め、アクイレイア大司教のもとに身を寄せたといわれている。

マルガレーテはさらに、ヨハン・ハインリヒとの間に子がなかったことを理由にこの結婚の無効性を主張し、翌年、皇帝ルートヴィヒの子、ルートヴィヒ・フォン・ブランデンブルクを夫として迎え入れた。この新たな縁組の背後に、皇帝とバイエルンの政治的利害が作用していたことはいうまでもない。だが、婚姻の秘跡《ひせき》をつかさどる教会と教皇庁は、この異例の再婚に猛然と反撥した。とりわけ教皇クレメンス六世は、マルガレーテの二度めの結婚を重婚として激しく弾劾し、当事者夫妻のほか、皇帝、そしてティロル貴族をも破門をもって罰しようとした。

バイエルンから有能な貴族を多く伴なって当地に入ったルートヴィヒは、さっそく行政、経済の再建に着手した。だが、この時期、竜巻や豪雨などの自然災害、それによる農作物の不作が相次ぎ、住民の間では、これをマルガレーテの重婚の罪に下った天罰とみなす迷信的な解釈が絶えなかった。また、地元貴族のなかにも、ルートヴィヒのもとでふたたびバイエルンの支配下に移行する領邦の未来を深く懸念する者が多くあった。一三四二年一月二十八日、ルートヴィヒがすべてのティロル領民を名宛人として交付した特許状には、領邦の自由と統一に対する保障を明文化することで、住民の警戒心と反感を払拭するという目的が込められていた。課税承認権、司法権、行政監督権を、住民代表機関である州議会の基本的権限として認めたこの特許状は、その後、皇帝マクシミリアンの「領邦特許状」(一五一一年)を経て一九一九年まで守り継がれた「ティロルの自由」の精髄をなす文書となった。

ティロル伯女マルガレーテの再婚をめぐる教皇庁の反撥の最大の要因は、実際には教義や道徳上の問題ではなく、バイエルン公と教皇との政治的な対立関係にほかならなかった。ヨーロッパ南北をつなぐ交通・交易の要地ティロルでバイエルン公が強引な婚姻関係を通じてふたたび地歩を固めようとするのに対して、教皇とルクセンブルク家は強硬手段に訴えてこれを攻め続けたのである。とりわけ教皇の後ろ盾を得た元夫の兄、カールはその後も執拗にティロルに派兵し、一三四七年、マルガレーテの居城、ティロル城を包囲した際には、撤収時に南部の都市メラーン、ボーツェンに火を放ってこれらを灰燼となした。

しかし、バイエルンと同様、この地を手中に収めることをかねてから熱望してきたハプスブルク家の方策は巧妙を極めていた。対立関係が膠着状態に陥るなか、アルブレヒト二世は一貫してティロル伯家とマルガレーテの立場を擁護しながら、その再婚を認めるよう、高位聖職者や教皇庁に対して根気よく働きかけ続けたのであった。一三五五年、教皇クレメンス六世が長年の宿敵、ルートヴィヒ四世を廃位し、代わってルクセンブルク家のカールがカール四世として皇帝位に就いたとき、マルガレーテとティロル伯家を包む険悪な空気はようやく変化を見せ始める。新皇帝カールは即位と同時にマルガレーテと和解し、さらに一三五九年、教皇庁がついにティロル伯女とルートヴィヒの結婚を正式に認可したのであった。そしてこのとき、長年の交渉者、ハプスブルク家の真の意図がいよいよその全貌を露わにすることになる。一七年の歳月を経てようやく正式の夫婦となったマルガレーテとルートヴィヒはすでに四人の子をもうけていたが、そのうち健やかに成長したのは次男のマインハルト三世ひとりであった。アルブレヒト二世の跡を襲って宗主となっていたハプスブルク家のルドルフ四世は、マインハルトと自身の妹、マルガレーテ・フォン・エスタライヒの間にたちまち縁談をまとめ上げた。婚儀に際してルドルフは、ティロル＝ゲルツ家の男系継承者が絶えた場合、ハプスブルク家に相続権を譲渡することに同意させ、証文まで取りつけたのである。

中央ヨーロッパ統治においてしだいにその政治的価値を高めていたボヘミアおよびハンガリーと西方領土とをつなぐ結節点、ティロルの地をわが手に掌握するというハプスブルク家の構想は、その後まもなく現実のものとなった。一三六三年初頭、二十歳にも達していないマインハルト三世が、二年前に亡くなった父、ルートヴィヒのあとを追うようにして不慮の死を遂げたのである。バイエルンはこの報を受けると、さっそく当地に兵を向け、ティロル併合に着手しようとした。ルドルフ四世もまた、時を違えずしてティロルに入り、南部の都市ボーツェンに地元の貴族を招集する。かねてからバイエルンに不信を抱いていたティロル貴族たちはここで、「聖俗、貴賤を問わずあらゆる住民の名において」ハプスブルク家への忠誠を誓い、その誓約書に手ずから印章を付したのであった。翌年二月、ティロルは皇帝カール四世によってあらためてルドルフに封土として授けられ、ティロルは正式にハプスブルク家の支配下に置かれた。バイエルンの激しい反撥と一部の反対派貴族を巧みに抑え込み、地元の諸身分から正式な承認を得た形でティロル領有を実現したことは、「建設公」と呼ばれるルドルフ四世の、オーストリア史における最大の功績であったともいわれる。他方、七〇年にわたって聖俗の政権争いに翻弄され続けたティロルの人びとにとっても、一三六三年の誓約書は、まさしく自身の手でハプスブルク家を領邦君主として選出したという、自由意思と愛郷心の象徴であった。これ以降、現代に至るまで、ティロルはハプスブルク家とオーストリアに対する強い帰属意識を保持し続けることになる。

ティロル＝ゲルツ家の血を引く最後の伯女となったマルガレーテもまた、一三六三年の誓約書に名を連ねていた。ルドルフはさらにこの年の秋、かつて皇帝ルートヴィヒより女系継承者として認定されたマルガレーテに対し、あらためてティロルに関する統治権の放棄を求めた。十一月にはティロル伯としてのマルガレーテの退位の式典が執り行なわれ、マルガレーテはルドルフの眼前ですべての家臣からその任を解いたのであった。ハプスブルクに反撥する地元貴族がティロル＝ゲルツ家の擁立を謀ることを恐れたルドルフは、その後、マルガレーテをウィーンに蟄居《ちっきょ》させ、ティロルへの帰郷を永久に禁じたという。現在のウィーン五区の「マルガレーテン」という地名は、彼女がここに与えられた終の住家に因むものである。故郷を離れた東の都で六年余りを過ごしたのち、マルガレーテは一三六九年秋、波乱に満ちた五十一歳の生涯を終えた。その墓石の一部はいまも首都のミノリーテン教会に残されている。

マルガレーテの異名、「マウルタッシェ」の由来は定かではない。しばしば「醜女《しこめ》」と訳される「マウルタッシェ」とは、元来、餃子《ぎょうざ》状の地元料理の名称であり、「マウル」が口吻《こうふん》を意味することから、マルガレーテを下唇《したくちびる》の垂れ下がった醜い女性として描いた図が多数残されている。ただし、これらがいずれも、マルガレーテ本人の死後数世紀のちに、想像によって描かれたものであることに注意を向けておきたい。「醜女」の誹りは、伯女の実際の容貌ではなく、その二度の結婚がもたらした混乱を疎《うと》んだ人びとが、古くこの地に言い伝えたものであろう。

皇帝マクシミリアン一世とティロル

十五世紀になると、ハプスブルク領の西部はドイツアルプスから北イタリアのポー河流域、さらにその西端はアルザス、ブルグントへと拡大し、ティロルはこれら西方領土における中心地となった。古来、イタリア政策の基地であったティロルは、フリードリヒ四世とその息子ジギスムントの治世には、西側への領土拡大の拠点としての機能を果たすようになった。とりわけ、一四二七年、インスブルックに生を享け、「オーストリア大公」として最初にティロルを治めたジギスムントは、ブリクセン大司教と争ってイン渓谷におけるその権益を削ぎ、ブレゲンツ伯をはじめとする他家の家領を巧みに併合して、その地固めを着実に推し進めたのであった。彼はまた、君主が各地を巡回して統治するという従来の慣例を改めて生地に居城を定め、インスブルックはここに事実上の州都となった。

メラーンからハルへと貨幣鋳造所を移して繁栄をもたらしたことから「金持公」の異名を取ったジギスムントの統治は、しかし、晩年になって徐々にその軌道を狂わせた。豪奢な宮廷生活を維持する資金に窮したジギスムントは、ティロル支配を熱望していたバイエルンからこの地を抵当にして金を借り、さらに、従兄に当たる皇帝フリードリヒ三世を欺いてその娘クンニグンデをバイエルン公子アルブレヒト四世に嫁がせたのである。この暴挙に虚を衝かれ、ハプスブルクによるティロル支配権喪失を危惧したフリードリヒは、一四八七年、メラーンに地元貴族を召集して州議会を開催し、あらためてハプスブルク家への忠誠を誓わせた。ティロルの貴族は、ここで、ジギスムントの権限を無効とし、皇帝とその子マクシミリアンを新たな君主として承認する。こうして一四九〇年、三十一歳のマクシミリアンが、ティロル伯としてインスブルックに迎えられることになったのである。

のちにハプスブルク家による世界支配の礎を築いたマクシミリアン一世にとって、ティロルは自身の手で治めた最初の領土であった。若き君主は、インスブルック入りと同時に、豊かな鉱山資源に依拠しつつ革新的な経済改革を導入し、叔父ジギスムントの乱脈財政を正した。その結果、バイエルンへの負債は数年のうちにすべて返済されたという。また、この地で試みられた行政の合理化、中央集権化は、その後の帝国改革の原型となるものであった。

マクシミリアンは一四九三年、亡き父の跡を継いで神聖ローマ皇帝に即位する。さらに翌年、ミラノ公女、ビアンカ・マリア・スフォルツァを二人めの妃として迎えたことを機に、皇帝の居城をインスブルックに置いたのであった。この婚儀を祝して造設されたバルコニー「黄金の小屋根」は、その名が示す通り、二五〇〇枚を超える金箔銅板をあしらった庇《ひさし》によって、いまも州都最大の名跡となっている。建設に当たってマクシミリアンが、その出窓をみずからあらゆる外交手段を通じて手中に収めた国々の紋章で飾らせたことは、壮大な領土覇権を思い描い

インスブルック，皇帝マクシミリアン１世ゆかりの「黄金の小屋根」.

た彼の野心の明確な表出といえるだろう。実際、マクシミリアンは、スイス、ネーデルラント、イタリア、スペイン、バルカン半島に至る全ヨーロッパを、自身の政治的視野に置いていた。

　そして、彼が本拠としたティロルは、まず地理的、地勢的に見て、その支配構想の中心に位置したのである。とりわけ一四九〇年代のインスブルックは、イタリアとドイツ、オーストリアを結んで整備され始めた郵便ネットワークの発着・積み替え地点としてきわめて重要な役割を果たすようになっていた。さらに、マクシミリアン自身が「しっかりと守られた岩塊の巣箱」と呼んだように、アルプスという天然の要塞に囲まれたインスブルックは、防衛上の観点からも首都として理想の条件を具えていた。マクシミリアンは、「この帝国の鞍《くら》に座して」諸国を統治することを望み、インスブルックをやがては神聖ローマ帝国の首都にしようと企図し

たのであった。

一方、ティロル住民の側では、あくまで州としての独自性を強く意識しながらも、バイエルンによる策謀につねに晒され続けた苛酷な体験から、ハプスブルク家とその統一領土を絶対的に支持する気風が根づいていた。そして、一五一一年にマクシミリアンが公布したティロルの「領邦特許状《ラントリベル》」は、君主と領民の間に形成された信頼と敬意のベクトルが交叉するところに成立したものにほかならない。防衛と兵役の基本条件を定めた「特許状」は、ティロルに対して他州に例を見ないほどの高度な「自由」を認めていた。ティロル住民はここで、州外での戦争に際して一切の兵役を免除される代わりに、自州の防衛についてはすべての責任を負うとされた。君主は州議会の同意を得ずしてティロルに参戦を強要できなかったが、他方、君主国の戦争がこの地に及んだ場合、ティロルは無条件で二万人の兵を供出し、さらに戦局によっては民間の成人男性全員を義勇軍として動員することが定められた。この特許状はまた、「騎士から農民に至るまで」、ティロルの領民全員に対して武装の自由を認めたのであった。この特許状の規定をもとに結成されたティロルの自警団《シュタントシュッツェン》は、第一次世界大戦まで、ハプスブルク君主国における最強の国境守備軍として機能し続けることになる。

マクシミリアンの「領邦特許状《ラントリベル》」は実際、その後約四世紀にわたって、ティロルとハプスブルク君主国の軍事上の関係を明確に規定することになった。スイス、バイエルン、北イタリア諸邦と国境を接したティロルは、この協定ののち、ヴェネチア、スイス盟約者団、そして十九世紀にはバイエルンと結んだフランスを相手とする厳しい争いに強力な兵力を提供し、そのたびに多大の人的犠牲を出すことになった。とりわけ南部国境防衛に関しては、ティロルは一九一八年に至るまで実に連戦不敗の功績を残したが、しばしば一般市民をも巻き込んだこれらの戦闘は、いずれも州議会と領民が自主的に兵力を提供して展開されたものであった。

三〇〇〇メートル級の自然の砦の内側に、勇敢な義勇軍という条件を得て、ティロルおよびその州都は言葉の真の意味における「岩塊の巣箱」となり、帝国防衛の最大の要所としての性格を具えていった。皇帝マクシミリアンは「領邦特許状《ラントリベル》」と前後して、インスブルックに三万人の兵士を武装させるに足る本格的な兵器庫を整備し、優れた砲弾鋳造工をこの地に集めて武器生産業を積極的に育成した。付近での豊富な銅の産出に支えられ、インスブルックの武器・砲弾鋳造はその後著しい発展を見せる。のちの対オスマントルコ戦において、インスブルック製の射程の長い重砲は、帝国軍にとって最大の武器となったといわれる。

「ハプスブルク家の金蔵」——シュヴァーツの銀脈と鉱山業

マクシミリアンをはじめ、君主の関心をティロルに強く惹きつけ、この地を帝国における最大の政治的・軍事的中心地へと発展させた経緯の背後には、アルプス山脈がその地下深くに蓄えた豊富な資源が決定的要因として作用していた。

インスブルックから三〇キロメートル東方に位置するイン渓谷の集落、シュヴァーツ周辺で最初に銀と銅の鉱脈が発見されたのは、一四一〇年頃といわれる。とりわけ需要が多かった銅は早くからヴェネチア商人らの注目を集め、採掘された粗製銅は、当初、オリエント産の織物や香辛料と等重量で取引されていた。やがて、資源の埋蔵量が人びとの予想を遥かに上回ることが知れると、イン渓谷の東側一帯にあまたの採掘場、精錬所が設置され、日夜、煌々と火が焚《た》かれるようになった。鉱物の物流は、古くからレッシェン、ブレンナーを中心に栄えた交易をさらなる隆盛へと導き、また、燃料への需要は新たに林業の勃興をもたらした。こうして、内外から多くの鉱山労働者を集めたシュヴァーツの人口は、一五〇〇年にはすでに二万人を超えるようになる。これは、当時のティロル全域の都市人口総数を大きく上回る数字であった。

皇帝マクシミリアンの叔父、ジギスムント大公が一四七七年にティロルの貨幣鋳造所をメラーンからハルに移転させたのも、近隣シュヴァーツでの銀生産を見込んでのことであった。新たな鋳造所の開設は、ヨーロッパにおける金の不足が深刻になるなかで、グルデン金貨と等価の貨幣を銀で鋳造して流通させるという革新的な構想に支えられていた。「グルディナー」と呼ばれたハルの硬貨は、まさしくヨーロッパで鋳造された最初の銀貨であり、のちの神聖ローマ帝国内で広く流通するターラー銀貨の起源であった。また、その高度な刻印技術、打ち出し模様の美しさは、ドイツの貨幣の歴史において特筆すべきものとしていまも評価されている。

止まるところを知らぬ勢いで成長を遂げるティロルの鉱山業にひときわ注目したのは、ドイツの豪商、銀行家らであった。ヨーロッパ経済が遠方貿易と資本に基づく新たな構造へと移行しつつあった当時、基準財としての銀の生産を支配することは、貨幣価値に対する直接的な影響力の掌握を意味したからである。ドイツのフッガー家やパウムガルトナー家は、十五世紀半ばにはすでに当地に支店を構えていた。そして、名実ともに帝国の名門諸家と比肩するべく、相次ぐ戦争や豪奢な宮廷生活に多大な出費を要したハプスブルク家は、シュヴァーツの銀の採掘権と引き換えに、とりわけフッガー家からほぼ無制限に資金を引き出すことができたのである。ティロル伯位に就いたマクシミリアン一世がバイエルンへの債務を比較的早期のうちに完済できたのも、フッガー家の財に支えられてのことであった。

他方、ジギスムントの財政腐敗を改めたマクシミリアンの代になっても、宮廷の日常習慣にはさして大きな変化は生じなかった。ことに、スフォルツァ家から娶った妃、マリア・ビアンカは、生涯にわたりイタリア風の華美な生活を好んだことで知られている。婚礼の支度品の目録では宝石類だけで十数頁が埋めつくされ、その日々の服飾を整えるために、絹織物専門の刺《し》繡《しゅう》・仕立業者がフランドルから呼び寄せられた。また、行幸に際しては、夥しい従者とともに、豹の手綱を引くムーア人の少女を好んで連れ歩いたとも伝えられる。マリア・ビアンカの負債は膨大な金額に達し、金に窮した皇帝は多くの債権者にやむなく現物をもって返済したといわれるが、現実にはその多くの部分がフッガー家によって賄われていたのであった。

こうして、フッガー家を介して無尽蔵の資金をもたらし、「帝室の金庫」「ハプスブルク家の金蔵」と呼ばれたティロルの銀鉱は、しばしば帝国政治においてきわめて政治的な要因として作用した。とりわけ、マクシミリアン一世の死後、その孫カール五世（スペイン王カルロス一世）に対抗してフランス王フランソワ一世が神聖ローマ皇帝候補として名乗りを上げたとき、ヤーコプ・フッガーは即金で五四万グルデンを拠出したという。潤沢な選挙資金を得たカールは、選帝侯七名全員の支持を得て皇帝位を守り抜き、彼のもとでいよいよ、中欧からスペイン、さらに新大陸に至る「世界帝国」が現実のものとなったのである。そして、ハプスブルク家の世界制覇を支えたこの桁《けた》外れの出費もまた、ほどなくシュヴァーツの銀によって補われなければならなかった。

皇家に貸した資金を銀によって相殺《そうさい》するという貸付事業は、フッガー家に法外な利益をもたらしていた。シュヴァーツの銀は、同家によって、実際の貸付金額に四〇パーセントを加えた額で商われたのである。十六世紀末にほぼ枯渇するまで、一〇〇年あまりのうちに二〇〇〇トンを超えたという銀の採掘総量は、その濫掘の凄まじさを十分に物語る数字である。シュヴァーツの銀は、フッガー家の交易ネットワークを通じて広くヨーロッパ各地の貨幣鋳造所や彫金工房へと運ばれた。たとえば、一五五六年、ハイデルベルク城内にプファルツ選帝侯オットー・ハインリヒが増築したオットハインリヒ館の豪奢な銀装飾も、すべてシュヴァーツ産の銀によるものであった。

その一方で、フッガー家による鉱山業への関与は、単に私利私欲の追求だけに終わることはなかった。一族は自身シュヴァーツに居を構え、イン渓谷一帯に最新の学芸文化の息吹をもたらしていたのである。とりわけ、一五二五年にアントン・フッガーがシュヴァーツに建設した邸宅は「フッガー城」と呼び慣わされ、イタリアやフランドルに学んだフッガー家の子弟らによって、ここにあたかも州都インスブルックの衛星都市のごとき高度な文化的交流が営まれた。皇帝カール五世より肖像画を依頼されたティツィアーノ・ヴェチェッリオもまた、ヴェネチアからアウグスブルクに向かう途上、しばしばこの館に滞在したと伝えられている。

また、フッガー家は、シュヴァーツのマリア被昇天教会に鉱山で働く人びとのための専用席を設け、祭壇画を寄進するなど、地元の採掘業、金属加工業の保護・育成にも努めていた。その商いの中心はあくまで銀の輸出にあったが、他方、銀加工品の注文を受けると、フッガー家は他所《よそ》の職人を頼ることなく、必ずシュヴァーツの工房にこれを仕上げさせたのであった。シュヴァーツはやがて高度な彫金・鋳造技術で全欧に知られるようになり、のちには皇家の食卓を飾ったハプスブルク家の紋章入り銀器や、皇族の甲冑《かっちゅう》の制作をも手掛けるようになっていた。そして、およそ八〇年のときをかけて構築され、ゴシック後期からルネサンスにかけてのドイツにおける鋳造芸術の真骨頂と呼ばれたマクシミリアンの霊廟もまた、州都近郊で培われた秀逸な技芸の伝統に支えられたものであった。

インスブルックの王宮教会とマクシミリアンの霊廟

インスブルックの中心部、大学のほど近くに建つ王宮教会の霊廟は、皇帝マクシミリアン一世とティロルとの深い所縁を今日に伝える芸術的遺産である。この地に深い愛着を抱いたマクシミリアンは、かねてから自身の墓をインスブルックに置きたいと望んでいた。晩年にはつねに死を意識し、棺を携えて巡幸した皇帝は、「過去の歴史に追憶をなさぬ者はことごとく、みずからを後世の記憶に残すこと能《あた》わず。弔いの鐘とともに忘却のかなたに消え去るのみ」という警句を残したと伝えられる。そして、墓所の構想は、彼自身のこの死生観を具現化するかのごとく、年を追って著しく壮大な計画へと発展した。一五〇〇年頃、すでにそれは、単にマクシミリアン個人の墓に止まることなく、後世にわたってハプスブルク家の栄華栄耀《えいがえいよう》、さらには古代ローマに発する皇帝権の名誉をも想起させるための、荘厳な記念碑のプランへと昇華したのであった。

マクシミリアンは一五〇二年、ミュンヘンの画家、ギルク・ゼッセルシュライバーをインスブルックに招き、自身が長年にわたって温めた理想と哲学を、具体的な設計図のなかに落とし込ませた。このとき生まれた最初の原案では、ブロンズに金メッキを施した王族の立像四〇体、古代ローマの皇帝たちの胸像三四体、さらに、ハプスブルク家所縁の聖人を模った小立像一〇〇体が、マクシミリアンの棺の四方を、葬列をなすようにして取り囲むことになっていた。なかでも、等身大を超える巨大な立像群は、父帝フリードリヒ三世、義父に当たるブルゴーニュ公シャルルなど、その直系の父祖とともに、フランク王国初代の王クロヴィス一世、さらには伝説上の君主であるアーサー王やディートリヒ・フォン・ベルンまでをも含むものであった。

インスブルック，王宮教会のマクシミリアン霊廟に佇むブロンズの立像群，「黒い人びと（シュヴァルツェ・マンダー）」.（図版提供：ティロル州立博物館　©TLM/Gerhard Watzek）

外周に配置された古代の皇帝と並んで、これらいにしえの王族の顔ぶれはまさしく、ルドルフ四世による「大特許状」以来、ハプスブルク家が熱烈に希求し続けた君主の理想と正統性を具現化したものにほかならない。

ゼッセルシュライバーの監督下に、一五〇九年にははやくも最初の大立像、ポルトガル王フェルナンド一世の鋳造が終わり、続いて聖人の小立像一九体が次つぎと完成を見た。霊廟制作のために設営された工房には、やがて彫刻家ペーター・フィッシャー（父）、画家デューラーをはじめ、ドイツ、イタリア、フランドルの錚々たる芸術家が優れた着想を持ち寄った。だが、一七四体に及ぶブロンズ像がなす巨大墓所の構想は、あまりに壮大に過ぎた。墓所の設営はその後、マクシミリアンの死を経て、彼自身の像が霊廟の中央に据えられる一五八四年に至るまで、優に八〇年あまりにわたって延々と続けられることになったのである。

マクシミリアンは当初、中世より伝わる「聖杯城」の理想に基づいて、墓所を独立した記念碑的建造物として完成し、州都近郊に置くことを意図していた。しかし、晩年になって多額の負債を抱えるようになると、当初のあまりに壮大な案に見切りをつけ、死の直前には、銅像群を生地ヴィーナー・ノイシュタットの聖ゲオルク礼拝堂に配置するよう指示したという。だが、しだいに夥しい数に達した鋳造作品をエンス河の遥か東へ運搬するための計画も立たぬまま、一五三〇年代には銅像の制作作業も一時中断することになる。

当初よりむしろ空想的な色彩を強く帯び、完成のための具体性を欠いていたこの墓所建設案にかつてない現実性を与えたのが、マクシミリアンの孫に当たる皇帝フェルディナント一世であった。宗派対立の時代のさなか、プロテスタントとの融和を図りつつも教育、文化の再カトリック化を強く望んだフェルディナントは、折しもインスブルックにフランチェスコ派修道院教会、のちの王宮教会の建設を進めようとしていた。この新たな教会寄進を機に、皇帝はすでにヴィーナー・ノイシュタットに安置されていたマクシミリアンの棺をここに移し、その周囲にブロンズ像を配置させて、新たに霊廟の形態を整えさせようとしたのである。

フェルディナント帝のこの指示こそが、現在のマクシミリアンの霊廟のあり方を決定することになった。フェルディナントのもとで新たな銅像の鋳造も再開されたが、しかし、王宮教会内に収められることで、マクシミリアンによる記念碑的な構想は、当然、大幅な縮小を余儀なくされた。ゼッセルシュライバーのもとで四〇体が考案されていた大立像の数は二八体にまで引き下げられ、一五五〇年に鋳型《いがた》から取り出されたクロヴィス像をもって最後の鋳造となった。また、銅像の新たな配置案は、それまで四〇年にわたり綿々と鋳られてきた夥しい小立像・胸像のほとんどを不要とみなしたため、その多くが作者不明の作品としてウィーンの帝室コレクションのなかに紛れ込むことになる。これらの像がインスブルックに還り、霊廟を見守る本来の場所に据えられるには、およそ四〇〇年後の一九三〇年を俟たなければならなかった。

今日、白い漆喰が清々《すがすが》しい印象を与える王宮教会の、その会堂の中央を飾るマクシミリアンの墓所の佇まいから、かつて皇帝が夢見た世界支配者の「記念碑的霊廟」の全容を知ることはもはやできない。宮廷の記録によれば、マクシミリアンは、自身の葬儀に際して、父祖の立像群の手に蠟燭を灯して弔われることを切望していたという。大立像の多くが右手に燭台を携えて立つ所以である。だが、そのたっての望みも叶えられぬまま、マクシミリアンは墓所の完成を俟たずして一五一九年に歿し、亡骸はヴィーナー・ノイシュタットの聖ゲオルク礼拝堂地下に埋葬された。王宮教会に置かれた大理石の棺は、遺骸を納めない記念碑墓《セノタフ》に過ぎない。このみずからの棺の上に、霊廟の奉納者として、神聖ローマ帝冠を戴いたまま両膝《りょうひざ》をついて合掌するマクシミリアンの銅像は、跪拝《きはい》の姿勢から見ても、当時の君主像としてはきわめて異色のものだともいわれている。また、それを囲んで立つ王族たちの像は、その威容から、ティロル方言で親しみを込めて「黒い人びと《シュヴァルツェ・マンダー》」（「マンダー〔Mander〕」は「男」あるいは「人」の縮小形）と呼び慣わされてきた。当初計画された四〇体が実現され得なかったとはいえ、二八体に及ぶ巨大な立像は、その大きさのみならず、それぞれに施された装飾や付属品《アトリビュート》の細部に至るまで匠の技が結晶し、制作当時からすでにヨーロッパ全土で広く耳目を集めた。マクシミリアンの死後、帝位を襲ったカール五世もまた、インスブルックの鋳造所に足繁く通っては、像の完成を見守ったと伝えられる。皇帝の視察にはしばしば皇太子フィリップも同行し、カールはみずからこの地の鋳造芸術の卓抜さを息子に説いて聞かせたという。若い同行者はのちにフィリペ二世としてスペイン王位に就き、一五六三年にマドリッド郊外でエル・エスコリアル修道院の建設に着手する。曾祖父の儚《はかな》い夢に終わったハプスブルク家の巨大墓所が、絢爛なエル・エスコリアルに王族の霊廟を置いたスペイン国王におおいに着想を与えたとする言説は、決して牽《けん》強付会《きょうふかい》とはいえないだろう。

オーストリア最後の砦——ティロルの忠誠心とナポレオン戦争

皇帝マクシミリアン一世の治世ののち、オーストリアは一転して戦乱の時代へと突入した。とりわけその孫、カール五世とフェルディナント一世は、ブルグントの継承権をめぐって、フランスとの間に熾烈かつ終わりの見えない戦争を展開することになる。また、十六世紀半ばを過ぎると、オスマントルコ軍がほぼ恒常的に帝国の東部国境に深刻な危機をもたらすようになっていた。ティロル住民は州外での戦いにおいては一切の兵役義務を免除されていたが、一三六三年のルドルフ四世に対する誓約書から一五一一年のマクシミリアンによる「領邦特許状《ラントトリベル》」に至るまで、長い時間をかけて培われたハプスブルク家にたいする敬意と忠誠心は、多くの勇敢な兵士を自発的にイタリアやウィーン近郊の戦場へと駆り立てることになった。一五二九年、オスマントルコによる最初のウィーン包囲戦において最後まで王宮門を守り抜いた名将、レオンハルト・フォン・フェルスもまた、ティロル出身の軍人であった。

一七〇三年のスペイン継承戦争においても、ティロルの義勇軍が決定的な役割を演じることになった。フランスと同盟したバイエルンの一万五〇〇〇人に及ぶ軍勢がローゼンハイムからイン河沿いに進軍し、ティロル北部の都市、クフシュタインを攻略したとき、帝国軍はなす術《すべ》もなく降伏し、インスブルックの無血開城を許した。しかし、バイエルンに対して古くから怨恨を抱くティロルの人びとは、決してこれに甘んじようとはしなかった。イン渓谷では、民衆が大規模な蜂起を起こして占領軍をたちまち撃退した。これと同時にブレンナー峠では、南ティロルの義勇軍が、南部国境を攻めようとしたフランス・バイエルン連合軍の進路を固く阻んだのであった。インスブルックのマリア・テレジア通りに立つアンナ記念柱は、七月二十六日、聖アンナの日にティロル住民の手で州都が奪回されたことを祝して建設されたものである。ティロル軍がほぼ単独で戦った防衛戦は、一三年間にわたって続いたこの国際戦争がオーストリア本土に及ぶ危険をみごとに防いだ。

当時、内政の強力な中央集権化を進めようとしたハプスブルク家の君主たちは、地方貴族の特権を象徴する各地の州議会の権限を軽視し、即位に際してもはやその承認と宣誓を受けようとすらしなかった。このような傾向に逆行して、一七〇四年、皇帝レオポルト一世はインスブルックで四〇年ぶりに州議会を召集し、さらに、他州では一度も州議会を行なわなかったカール六世もまた、その治世において二度にわたってティロル州議会を開催させている。これらはいずれも何らの政治的意義を含むものではなく、形式的、儀式的な召集に過ぎなかったとはいえ、ハプスブルク家の側でもまた、ティロル住民の皇家に対する深い忠誠心と軍事的功績に最大限に報いようと努めた痕跡が、一連の例外的措置にも十分に読み取れるであろう。

こうした歴史のなかで根づいた「他国からの軍事的暴力に対して徹底的に抗う」というティロルの精神性は、一七九六年に火蓋《ひぶた》が切って落とされた対仏戦争において、きわめて厳しい試練に立たされることになる。翌年、オーストリアの南の軍事拠点であったマントヴァを攻略したナポレオン軍は、フリウリを経由して北上、ハプスブルク領全土を手中に収めようとウィーンを目指した。マントヴァで敗れた皇帝軍が早々と撤退を始めたのに対し、ティロル義勇軍は即座に国境守備の態勢に入った。南部の小村シュピンゲスで対決したフランス軍と義勇軍は激しい銃撃戦を展開し、山間の集落をたちまち血の海と化した。このとき、村に住むラディン系の少女、カタリーナ・ランツが、スカートの裾を端折《はしょ》って村を隔てる墓地の壁上に立ち、侵入するフランス兵に向かって干し草用の熊手《くまで》を手に襲いかかったというエピソードは、ティロルの全住民が老若男女を問わず身を賭して郷土を守ろうとしたことを、ひときわ強く印象づけるだろう。通俗版画などのメディアに載って広く伝播した「シュピンゲスの少女」の雄姿は、その後一二年間にわたり膠着化するティロル解放戦争を通じて、人びとの心の支えであり続けた。戦況としてはティロル軍が劣勢に立ったといわれるシュピンゲスの戦いは、しかし、イタリアでの輝かしい勝利のあと、オーストリア南部の容易な征服を予想していたフランス軍を恐慌に陥れるには十分であった。ティロル義勇軍はその後、山岳の地形を巧みに利用して執拗な攻撃を続け、結局わずか数日のうちに南部の渓谷一帯から仏軍を退却させたのであった。この時期のティロルには、ナポレオン本軍ですら敵ではないという、勇猛な自負の気風が満ち溢れていたという。

だが、ティロル防衛戦の勝利は、帝国軍がイタリアやドイツ各地で喫した惨敗によって、結果的に無に帰することになる。一八〇五年、プレスブルクの和約において、オーストリアは、ティロルおよびコンスタンツ、ブライスガウの割譲を条件に、フランスと講和したのだった。だが、ティロルを手にしたナポレオンは、この地をバイエルンの手に委ねようと企図した。バイエルンはすでに一八〇三年からフランスと同盟し、ナポレオンによって選帝侯国から王国へと昇格させられていた。ティロルはここに、四五〇年間に及んだハプスブルク家の支配を離れ、ふたたび宿敵バイエルンの手に落ちることになったのである。

新生バイエルン王国の初代の王となったマックス・ヨーゼフ（マクシミリアン一世）は、選帝侯時代からすでに、啓蒙主義の理想を受け継ぐ合理的・近代的国政改革に着手していた。ティロル併合に際しては、当地独自の州法と特権に配慮することを新王みずからが約したとはいえ、バイエルン王国全土を対象として施行された新政策や法令については、例外は一切認められなかった。多くの修道院を閉鎖し、カトリックの伝統的信仰習慣を廃止させようとした宗教政策と並んで、この地にことさら激しい反撥を引き起こしたのは、徹底して厳格な徴兵制度の導入であった。ナポレオン軍はつねに多くの兵力を要しており、バイエルンは同盟国としてこれを供出しなければならなかった。一八〇九年三月、本来、外地での戦争に関して出兵義務を持たないはずのティロルにおいていよいよ徴兵が開始されたとき、バイエルン支配に対する人びとの不満が一気に火を噴くことになる。インスブルック近郊のアクサムスでは、召集命令を受けた若者が集団で逃走、それを追うバイエルン兵が住民グループから襲撃を受け、武器を奪われる事件にまで発展している。

徴兵の免除は、まさしく十四世紀に遡る「ティロルの自由」の伝統の根幹をなす要素であった。その侵害に対して住民がきわめて敏感に反応したという現象のなかに、対仏反撃の機会を窺っていたウィーンの帝国参謀たちはまたとない好機を見出した。首都からは頻繁に密使が送られ、オーストリア側からの全面的な支援を熱心に説いた。また、都市や集落には、住民の愛国心を鼓舞する内容のビラが広く流布するようになっていた。一方、ウィーンでは、ヨハン大公とティロル出身の歴史学者ヨーゼフ・フォン・ホルマイヤーとが、ティロルが武装蜂起した場合に提示すべき法的論拠を着々と整備していた。すなわち、「住民への従軍命令を含め、バイエルン憲法の当地への強硬な適用は、旧来のティロルの州法を遵守しないという点でプレスブルクの和約に違反しており、住民はもはやバイエルン王に恭順の意を示す必要はない」とするのが彼らの主張であった。これはまさに、蜂起に至った際、ティロル州民を「叛徒」として処罰させないための、権力者側からの配慮にほかならない。さらに宣戦布告の前夜、ヨハン大公は、ティロルがオーストリアの所領であるとして、その住民を同国の臣民と定めた親書に署名を施している。

アンドレアス・ホーファーとティロル解放の挫折

一八〇九年四月九日、オーストリアが再度フランスに宣戦布告すると、これに応えてティロル全土で州民が決起した。義勇軍と武装した民衆からなるティロル軍は、具体的な作戦も司令塔も欠いた遊撃的な戦力ではあったが、他方、強大な破壊力を具えており、四月十二日には自力でインスブルックを奪回し、翌日、ブレンナーを越えようとした四六〇〇人のフランス兵の侵攻をも阻止したのである。インスブルックでは、帝国軍とともにティロル入りしたホルマイヤーを中心に臨時の州政府が樹立され、チャストラー将軍率いる猟兵《りょうへい》連隊が後方を守った。

だが、ちょうどこのとき、バイエルンを攻めたオーストリア本軍はフランス軍に大敗を喫し、撤退を余儀なくされていた。この退却を待って、フランス軍は即座にティロル掃討作戦を開始する。一七九六年の開戦以来、執拗な抵抗を続けてきたティロル軍の存在は、すでにナポレオンの強い憤懣《ふんまん》を買っていた。このときバイエルンから侵入したフランス軍の間には、「ティロル住民は忠義を欠いたならず者」というプロパガンダが広く伝播し、怒りに燃えた兵士たちは、州都に至る行軍に際して村と集落を手当たりしだいに焼き払った。銀鉱の町シュヴァーツもまた、この襲撃で甚大な被害を受けている。こうして北部ティロルはほぼ制圧され、インスブルックはふたたびフランスの手に落ちた。

フランス軍が繰り広げた残虐行為は、当然、この地に新たな憎悪をもたらした。ホルマイヤーとチャストラーがいち早くウィーンに逃れたあと、残された義勇軍はいまだ仏軍の手が及ばない南部に結集し、祖国奪回に向けてあらためて団結を固くしたのであった。そして、ここでティロル人民の厚い信頼を得て義勇軍の指揮を執った人物こそ、ティロルの愛国的英雄として知られるアンドレアス・ホーファーにほかならない。

五月二十五日、州都を平定したフランス軍がひとまず作戦を終了し、当地を去ったという知らせを受けて、義勇軍はいよいよ決戦の時を迎えることになる。時機を狙っていたティロル軍総勢六〇〇〇人が、インスブルック南部の丘陵ベルクイーゼルと、北側のイン谷とに分かれて集結し、帝国軍の残兵およそ一二〇〇人とともに州都に奇襲をかけたのである。インスブルックを警備した五〇〇〇人のバイエルン兵が応戦したが、すでに敗色は明らかであった。こうして、ティロル義勇兵はまたもやほぼ自力でバイエルン軍を駆逐したのだった。

一般住民が自身の命を顧みることなく祖国のために武器を取り、劇的な勝利を得た経緯は、君主の心をも強く捉えた。皇帝フランツ一世は五月二十九日、疎開先のヴォルカースドルフ城からティロルの臣民に宛てて親書を送り、国を守り抜いた人びとの勇挙を讃えるとともに、決してふたたびティロルの地を他国に割譲せず、当地をオーストリアから分断するような平和条約には今後二度と署名しない、と誓ったのである。皇帝が手ずからしたためた親書の文面を目にして、アンドレアス・ホーファーはじめ義勇軍の荒武者は感涙《かんるい》にむせんだという。ティロルの勇士らはここにハプスブルク家に対する忠愛とオーストリアへの帰属意識を新たにし、ますます士気を高めたのであった。この「ヴォルカースドルフの親書」は、のちに至るまで義勇軍にとって解放戦争を戦うための重要なモチベーションとして機能し続けた一方、皇帝による現実離れした安易な誓約こそが、その後の停戦のプロセスで人びとに武器を置くタイミングを見失なわせ、より多くの人命を犠牲にする要因となったことも否定できない。

現に同年七月六日、ウィーン近郊ワグラムで一敗地に塗《まみ》れたオーストリアは、翌週にはフランスとの停戦協議に応じざるを得なかった。フランツ帝がティロルの再割譲を定めたツナイムの停戦条約に署名したのは、親書からわずかひと月あまり、七月十二日のことである。

オーストリアを停戦に導いたナポレオンの第一の目的は、フランス支配に強硬に抗《あらが》うティロル義勇軍の息の根を止めることにあった。オーストリア全軍をティロルから撤収させたナポレオンは、ほどなくルフェーヴル、ルスカからの精鋭部隊を各地に投入する。元帥ルフェーヴルに宛てて、「温情は無用。叛乱軍を早期に全滅させよ」と命じたナポレオンの司令書からは、難攻不落のティロルに対する抑え切れない苛立ちが見て取れるだろう。だが、ホーファーのもとでさらに結束を強めていた抵抗軍の戦力は、予想を超えて強大なものであった。州都周辺のティロル兵はこのときすでに一万五〇〇〇人に達しており、名将ルフェーヴルは八月十三日、ふたたびベルクイーゼルに戦線を張った義勇軍としばし勝ち目のない戦闘を交わしたのち、間一髪で拘束を免れて敗走の屈辱を舐《な》めたのであった。

フランス本軍を撃退したこの三度めの勝利は、各地で歓喜と熱狂をもって迎えられた。だが、オーストリアがすでにフランスとの停戦に入っていたいま、ティロルの自由を保障する後ろ盾はもはやなかった。こうした状況のなかで、ティロルの住民の間でにわかにカリスマ性を帯びるようになっていたのが、義勇軍と武装した民衆を指揮して戦い抜いたアンドレアス・ホーファーである。とりわけ、ホルマイヤーら、ウィーンから派遣された官僚たちがみなこの地を逃れたあと、新たに主導権を握るべき人物は、人望の点でホーファーを措いてはほかにはなかった。州議会からの強い要請を受けたホーファーは、八月十九日、新ティロル州政府を樹立するべくいよいよインスブルックに入城したのであった。歓声を上げながら集い来る民衆を前にして、ホーファーは飾らぬティロル方言で簡潔に演説し、ただ神と祖国と皇帝に感謝を捧げるよう説いたという。

いまやティロルの勇士となったアンドレアス・ホーファーは、解放戦争以前には、ボーツェン近郊の小村、ザンクト・レオンハルトで宿屋を営みつつ家畜を商って暮らしていた。その知識も経験も、ティロルの政治を主導するにはあまりに不十分に過ぎたことは、おそらくホーファー自身が誰よりも強く意識していたに違いない。国境守備の再検討や、のちに「ホーファー・プフェニヒ」と呼ばれるティロル独自の貨幣鋳造に着手する一方で、彼は、ウィーンの官房では、ウィーン政府と皇帝フランツに対して繰り返し支援と援助を乞い続けた。しかし、ウィーンの官房では、その回答を棚上げにしたまま、今後フランスに対抗する際にティロルに実際どれほどの利用価値があるのかについて、いつまでも非現実的な議論が繰り返されていたのであった。

さらに十月十四日、オーストリアがフランスの圧勝を認める形でシェーンブルンの和議が結ばれると、ティロルはあらためて正式にバイエルン領として定められた。この時になってもなお、オーストリア政府がこの割譲措置をティロルに通知しなかったことが、その後、著しい混乱と悲劇を招くことになる。多くの愛国者たちがいまだに「ヴォルカースドルフの親書」を信じ切り、新たな和議を誤報とみなしたからである。三たびティロル入りしたバイエルンとフランスの軍隊は、恩赦を約して降伏を呼び掛けるビラを撒いて回ったが、応じる者は少なく、むしろこの侵攻に対してふたたび武器を取ろうとする機運が各地に満ちていた。ティロル解放戦争は結局十一月半ばまで散発的に続いたが、義勇軍はいまだ、メラーン近郊でフランス兵一〇〇〇人を捕虜にするほどの力を維持していた。

だが、和議に基づいた恩赦の申し出を拒絶するティロル兵士はもはや愛国軍ではなく、国際秩序を乱す叛逆者に過ぎなかった。頻発するゲリラ戦を横目に、ナポレオンはいよいよ冷血な粛清に着手したのである。南部の都市や集落では、義勇軍の間で主導的役割を担った住民が見せしめとしてつぎつぎと残虐な手段で処刑された。しかし、ナポレオンの最大の標的がホーファーであったことはいうまでもない。愛国の士に追手が伸びることを危惧して、彼をウィーンに亡命させようと苦慮する人びとも多くあった。しかしホーファーの故郷ティロルに対する思いは断ちがたく、説得に一切応じようとはしなかった。

ティロル州内を転々としたホーファーは、一八一〇年一月、郷里にほど近いプファンドラーアルムの干し草小屋に潜んでいたところを密告されて捕らえられ、マントヴァの軍用刑務所に送られる。二月十九日、軍事裁判所がホーファーに銃殺刑を言い渡し、はやくも翌日未明に刑が執行されたのである。銃弾を受けて崩折れたホーファーが、皇帝フランツへの感謝の念を叫んで息絶えたという言説は、その後、首都ウィーンでも長く美談として語り継がれた。一方、最初の射撃で急所を外した狙撃兵に対し、傷の痛みに耐えながらも冷笑を浮かべ、「下手な弾を撃つな」と窘《たしな》めたとするエピソードは、おそらく、ホーファーも属したティロル射撃隊のプライドと腕の良さを強調すべく、後世の人びとの空想が描いたフィクションであろう。

アンドレアス・ホーファー処刑のニュースは、さまざまな逸話を伴なってたちまちヨーロッパ全土を駆け巡り、各地に大きな衝撃を与えた。ティロル解放戦争は、郷土史の視点からすれば、この地に古くから培われたあまりに熱心な愛国精神がもっとも厳しい結末を味わった事件であった。だが、その最大の犠牲者、ホーファーの存在が、一〇年にあまるフランス占領軍の圧政に苦しんだヨーロッパ全土の人びとの心にわずかながらも希望の光を灯し続けたことは間違いない。異国の支配に毅然《きぜん》と抗ったティロル解放戦争は、のちに、一八一四年の諸国民戦争へと至る明らかな歴史の伏線を形成していったのである。

アンドレアス・ホーファーの遺骸はその後、帝国猟兵連隊の将校らによってひそかに回収され、マントヴァから故郷ティロルへと移送された。ナポレオン失脚から二〇年を経た一八三四年、帝国政府はホーファーを「オーストリア帝国およびハプスブルク家のために戦った国家的英雄」として国葬を許し、棺をインスブルックの王宮教会に安置させた。この改葬は、ウィーン体制期にあって、民族主義と愛国主義を厳しく弾圧したメッテルニヒ政権のもとでは、きわめて異例の措置であった。葬儀に際して皇帝の命で制作されたホーファーの大理石像は、王宮教会の側廊に、黒い旗を掲げたまま いまも静かに佇んでいる。

ナショナリズムの暗雲——ティロルとイタリア

一八一二年冬、ロシア遠征に惨敗したナポレオンは、翌年、これを好機と見て立ち上がったオーストリア、プロイセン、スウェーデン、イギリスによる解放戦争にも敗れ、ついにエルバ島に送られることになる。その後、戦後処理を目的に開催されたウィーン会議は、まず何よりも、フランス軍が一〇年あまりにわたって攪乱したヨーロッパ大陸の国境と領土所有関係を戦前の状態へと回復する、「正統主義」を指針として掲げていた。この原則のもとで、一八一四年、ティロルはふたたび悲願のオーストリア帰属を果たしたのである。さらにこの戦後会議において、オーストリアは、南ネーデルラントをオランダに割譲する代償として、北イタリアの一部を獲得した。これらの地域は、新たにオーストリア皇帝を君主とするロンバルド＝ヴェネト王国となり、その北境をティロルと接することになった。

「イタリアへの門」としての役割を担ってきたティロル南部地域、すなわち南ティロルおよびトリエントには、ドイツ系の住民のほか、古来、イタリア系、そして少数民族のラディン系の人びとが定住し、互いに共存しつつ独自の文化を形成してきた。南ティロルの都市、ボーツェン（現ボルツァーノ）にみられる、建物の前に張り出した特徴的なアーケード建築（ラウベン）や、夕方から夜にかけてかぐわしい芳香とともに溢れんばかりに広場を埋めつくす果物市場などは、そのひとつの表われに過ぎない。

だが、ナポレオン率いるフランス軍の屈辱的な占領と圧政が各地で呼び覚ました民族的自意識は、ウィーン体制によって容易に抑制され得るものではなかった。とりわけ、ナポレオン戦争後、統一国家樹立を目指す民族主義者が活潑な運動を始めたイタリアでは、外交上の取引の結果として奪取されたロンバルディアとヴェネチアを、イタリア領として早急に「回復」することが、強く求められるようになっていた。なかでも急進的な独立主義者の間には、イタリア系住民を含む南部ティロル全体をもイタリアの一部とみなす考え方が普及した。ティロルのイタリア系住民のなかにも、イタリア独立運動に強く共感し、自身のアイデンティティをイタリアに求めようとするグループが現われた。

一八四八年春、民族主義、民主主義を弾圧するウィーン体制を打倒しようと各地で市民が決起したとき、イタリアではやくも革命政府が樹立され、北部イタリアのオーストリアからの独立と、新生イタリア王国への合併が宣言された。同時に、革命政府はロンバルディアとティロルを分かつ境界に派兵し、南部ティロル侵攻を目指した。ティロルではただちに七六〇人の義勇兵が招集され、それに六〇〇〇人のティロル自警団が加わった。ロンバルディア、ヴェネチアの義勇軍一万人が州境に迫ったが、ティロル兵は臆《おく》することなくトリエントを守り抜き、イタリア兵にこの地に一歩たりとも足を踏み入れることを許さなかった。一方、マントヴァを陥落させてロンバルディアをほぼ制覇し、一時はオーストリア軍を窮地に陥れたサルデーニャ軍は、一八四八年六月、三個師団を率いて現地入りしたラデッキー将軍によって完膚《かんぷ》なきまでに撃破された。ちなみに、ヨハン・シュトラウス一世による『ラデッキー行進曲』は、ハプスブルク家支配に対する北イタリアの武装蜂起をわずか五日のうちに捻《ひね》り潰したという、このときの将軍の武勇を讃えて作曲されたものである。

北イタリアでの動乱に対するオーストリアの無情な鎮圧は、のちに至るまでこの地に深いルサンチマンを形成することになった。一八四八年の市民革命を経て、ウィーンでは新皇帝フランツ・ヨーゼフ一世のもとに新絶対主義政権が樹立される。だが、イタリア・レジスタンスは、オーストリアとフランスおよびプロイセンの対立関係を巧みに利用しながら反撃の機会を狙っていた。両国の支援を受けたサルデーニャ王国は、一八五九年と一八六六年、相次いでオーストリアに宣戦布告して勝利を収め、ついにロンバルディアとヴェネチアを奪回して、いよいよイタリア統一を現実のものとしたのであった。

しかし、民族主義者にとっては、イタリア半島の政治的統一は決してその最終目標ではなかった。「未回収のイタリア」を標語として掲げた彼らは、イタリア人およびイタリア語使用者が居住する全地域を統一国家に併合すべきだと主張したのである。ティロル最南端に位置し、イタリア系住民が七割を超えたトリエント地方は、当然その対象とみなされた。さらに、十九世紀末には、トリエントの遥か北方、州中央部でティロルを南北に分かつアルプスの脊梁《せきりょう》を、まさにオーストリア・イタリアを分ける閾とみなす「自然国境論」が、広く支持を集めるようになっていた。

十九世紀の幕開け、民族主義とともにもたらされた激しい政治的変動は、こうして、ティロルをめぐる環境を劇的に変動させようとしていた。そして、第一次世界大戦の結果、ハプスブルク君主国が崩壊、分裂したとき、ティロルはいよいよ、ナショナリズムと列強外交が編み出す現代史の複雑な対立構造に激しく翻弄されることになる。

南ティロルの分断

一九一四年七月、サラエボ事件を機にオーストリアがセルビアに宣戦布告したことにより、第一次世界大戦の火蓋が切られた。オーストリア軍はただちに東部戦線に大量の兵力を投入し、ロシアとの激烈な戦いを展開することになった。ロシア戦線には、ティロルからも四万人以上が動員された。一方、未曾有の世界戦争が日増しに激しさを増し、膠着状態に陥るなか、イタリアはドイツ、オーストリアとの同盟関係を保持しながらも中立を守り、水面下で皇帝フランツ・ヨーゼフに接近を試みた。イタリア外交団はここで、軍事協力の可能性を匂わせながら、ダルマチア沿岸部、トリエステ、そして南ティロルの割譲を要求したのである。当初、これを頑なに拒絶した皇帝は、イタリア国内での参戦論の高まりにやがて強い危機感を抱くようになり、閣僚会議でトリエステをイタリアに引き渡すことを決定、さらにダルマチア、南ティロルに関しても交渉の余地があることを伝えた。

ところが、イタリア外交の方策は巧妙を極めていた。彼らはひそかに連合国側とも接触し、対立する両陣営から引き出せる利益を慎重に秤《はかり》に掛けていたのである。そしてついに一九一五年四月のロンドン条約において、連合国側からこれら三地域の「回収」に加えてティロルとの境界をブレンナー峠に定めるという好条件を得たイタリアは、はやくも五月には三国同盟を脱退、ドイツ、オーストリアに対して宣戦布告したのである。

宣戦布告と同時に、イタリアはティロル国境への激しい攻撃を開始する。この作戦はいうまでもなく、「未回収」のトリエントおよび南ティロルを軍事的に制圧することを目的とするものであったが、その背後では、ティロル州の成人男性がほぼ全員出征中という事情も十分に把握されていたといわれる。だが、数世紀にわたる防衛戦の経験と記憶は、ティロルの人びとをして、この戦況の劇的変化にきわめて敏速に対応させた。ティロル自警団所属の未成年者、年配者らが一夜にして結成した三万二〇〇〇人の国防部隊は想像を大きく上回る戦闘力を発揮し、「インスブルック散策作戦」と称するイタリア軍の侵略を、州都の遥か南の山岳地帯に押し留めたのであった。

一九一六年十一月、東部前線から召喚されたティロルの狙撃部隊《カイザーイェーガー》が国防部隊に合流し、パスビオ山を舞台にイタリア陸軍の狙撃隊と対決した至近戦は、第一次世界大戦においてもっとも激しく苛酷な戦闘のひとつに数えられる。オーストリア領トリエントとイタリアのヴィチェンツァ山脈との境界に位置するパスビオ山の峰で、両軍はそれぞれ標高二二〇〇メートルを超える岩盤上に陣地を構えて対峙した。だが、オーストリア陣に対して約三〇メートルの高度を稼いでいたイタリア軍は、地形上の利点に乗じて敵軍の動向を上方から巧みに読み、これを殲滅《せんめつ》しようとしたのであった。のちに、スパルタ軍が全滅した古代ギリシャの戦いに譬えて「南ティロルのテルモピレー」と呼ばれたパスビオ山の激戦で、オーストリア・ティロル軍は実に二万人以上の犠牲を出すことになった。しかし、それでもなお、オーストリアは翌年秋にはすでにドロミテ戦線を制覇し、イタリア軍は一九一八年の停戦に至るまで、一度も決定的な勝利をおさめることはできなかった。

だが、甚大な人的被害と引き換えに全力で国境を守り抜いたティロルの勇士たちにほどなく突きつけられた歴史のシナリオは、まさしくかつてのナポレオン戦争の悪夢を想起させるに十分なものであった。すなわち、南部国境守備戦の勝利は、オーストリアの敗戦という大局的な結果の前にはもはや何の意味をも持ち得なかったのである。

戦後のヨーロッパに新たな秩序と平和を構築するための基本方針として、アメリカ大統領ウィルソンが提示した「一四箇条の平和原則」は、秘密外交を禁じ、国家よりもむしろ各地に暮らす住民の利益を優先するべきだと強く訴えた。さらに、その第九条は、イタリアの国境について、民族自決の法則を基準とし、「明らかに認識可能な民族の境界線に沿って劃されるべし」と定めていた。これに依拠するなら、新たな国境線はトリエントと南ティロルの間に引かれるはずであり、ドイツ系、ラディン系住民が絶対的多数を占めた南ティロルのイタリア割譲は、まさしく現実味を欠いた仮定としか思われなかった。

しかし、イタリア国境の劃定は、実際の和平交渉では、事実上、「平和原則」の埒外《らちがい》の問題として解決されようとしていた。多数のイタリア人が居住することを理由にイタリアがかねてから自国の領土として要求してきたダルマチアを、連合国は、戦後樹立されたセルビア人・クロアチア人・スロヴェニア人王国（のちのユーゴスラヴィア王国）に割譲しようと企図した。ウィルソンは、その代償として南ティロルをイタリアに与えることで、その国際連盟設立への協力を求めたのだ。

敗戦国オーストリアが参加権を認められなかったパリ講和会議において、イタリア代表として交渉に当たったのは、強硬な南ティロル併合論者、エットーレ・トロメイであった。トロメイは、アメリカに対してダルマチア割譲がいかに多大な損失をもたらすかを力説しながら、他方、南ティロル問題にきわめて慎重な態度を示したフランスとも粘り強く折衝を重ね、ついに、新たな国境線をドロミテ山脈ではなく、その遥か北方、ブレンナーとレッシェン峠を結ぶ東アルプス山脈上に定めることで、各国の同意を得るに至った。

一九一九年九月十日、オーストリア共和国の初代首相、カール・レンナーがサン・ジェルマン条約に署名を求められたとき、その条文には、オーストリア＝ハンガリー帝国の消滅とともに、トリエントおよび南ティロルのイタリア割譲が、墨痕鮮やかに記されていた。だが、敗戦国の立場にあったレンナーとオーストリア代表団は、これに対する異議申し立ての権限をいっさい持たなかった。十月、レンナーがオーストリア議会において同条約の承認を発議したとき、これに抗議したティロル選出議員は、全員が議場を退出したという。

このようにして、中世においては帝国の中心として栄え、経済的、軍事的にハプスブルク君主国を支え続けたティロルは、その州土の半分を超える一万四一〇〇平方キロメートルをイタリアに割譲することになった。インスブルックより以前、実質上の州都としてティロルの行政をつかさどったメラーン、州名の起源となったティロル城、さらに、ティロル最古の都市で、司教座として信仰生活に大きな影響を与えたブリクセンも、いまやイタリアの一部となった。サン・ジェルマン条約は、かつてのハプスブルク君主国を分断し、その旧領土の多くをスラヴ系の新生諸国家に帰属させた。しかし、南ティロルの割譲は、民族自決の原則に沿ったこれらの措置とはその性質をまったく異にしていた。南ティロルは当時、住民の七〇パーセント以上がドイツ系であり、イタリア文化とはほとんど直接の接点を持たない地域であった。他方、これら南部一帯は、ナポレオン軍に対する解放戦争に際してホーファー軍の最後の砦となるなど、ティロル州の歴史とアイデンティティ形成においても決定的な役割を果たしていた。南ティロルの併合は、ウィルソンの「平和原則」とは裏腹に、敗戦国としてのオーストリアの不利な立場に乗じたイタリアの狡猾《こうかつ》な外交トリックの結果としてもたらされた悲劇にほかならなかった。第一次世界大戦後の「領土縮小」の過程で、南ティロル問題は、オーストリア人の心にもっとも深いトラウマを残すことになった。

イタリア・ファシズムとナチス支配

連合国によるあまりに苛酷な戦後処理は、ティロルの住民の間に根強い不満を引き起こした。すでに一九一八年、各州には新生オーストリア共和国への加盟宣誓書が求められていた。法的な拘束力を持たない形式的な宣誓書ではあったが、ティロル州は全国で唯一、その提出を頑として拒否し続けた。さらに、サン・ジェルマン条約がオーストリアとドイツとの合邦を禁じて

南ティロルおよびトリエントでは，イタリア併合後，かつてのティロル義勇軍との激戦地域にファシスト様式によるイタリア軍戦没記念碑が夥しい数で建設された．写真は，トリエント，パッソ・デル・トナーレの記念碑．（写真提供：小野祥子氏）

いたにもかかわらず、一九二一年、非公式の住民投票が行なわれ、ティロルでは八七パーセントの投票率で、住民の九八・五パーセントがドイツとの国家統合を支持した。州土分断のショックとルサンチマンが、のちのナチスドイツ支持への強力な基礎を作ったことに、疑問の余地はない。

他方、イタリア支配下の南ティロルの状況は、人びとが予想した以上に深刻なものとなっていた。一九一九年の和平条約に際してイタリア王が約したドイツ系住民の権利保障は、実際の行政や文化政策レベルでは、ほとんど顧みられることがなかった。とりわけ一九二二年、ムッソリーニ率いるファシズム政権が誕生すると、ドイツ文化の徹底的排除と強硬なイタリア化が導入されたのである。ドイツ系の人びとは公職から追放され、学校でのドイツ語教育、ドイツ語による授業も厳しく禁じられた。また、ボーツェンの市立劇場では、レパートリーからすべてのドイツ語作品が排除されることになった。ファシズム政権は、南ティロルとトリエントにおけるドイツ語文化を完全に死滅させようと企図したのだ。

イタリア化政策は、やがて文化と生活のあらゆる領域を脅かすようになった。建築においても「イタリア様式」が推進され、ボーツェンでは、この原則に従って、ドイツ・ゴシック式の装飾つき屋根が、イタリア・ルネサンス風の平屋根に改築された。ティロルの英雄、アンドレアス・ホーファーの立像は多くの都市で撤去され、家庭内に飾られていたホーファーの肖像、銅版画までもが没収の憂き目を見ることになった。

ファシズム政権下で南ティロル・トリエントの文化長官の座に就いたエットーレ・トロメイは、イタリア領ティロルで汎用されたドイツ語の地名を網羅的にイタリア語化する作業に着手した。トリエントのイタリア系家族に出自を持ち、幼少時からドイツ語との共存に違和感と反撥を抱いて育ったトロメイのやり方に、もはや容赦はなかった。街路や広場には新たなイタリア語名が付与され、道路標識がたちまちのうちにイタリア語に書き換えられた。「ティロル」の名すら消滅すべきだとされ、「南ティロル」は新たに「アルト・アディジェ（「アディジェ河〔ドイツ名、エッチュ河〕の上流域」の意）」と称されたのである。さらに一九二六年になると、トロメイは住民の氏名をイタリア語化する構想に達し、ドイツ語の姓名をイタリア語訳するための一覧目録を編むに至った。改名・改姓の強制は人びとをアイデンティティ喪失の危機に晒し、激しい恐慌に陥れずにはいなかった。だが、こうした政策に従わない者、あからさまに反撥する者を、イタリア政府は厳しく弾圧したのである。

強硬なイタリア化政策を推進する一方で、その限界を実感してもいたファシズム政権は、並行して、南ティロルへの大規模なイタリア人移住計画を開始した。なかでもトリエントとの境に位置したボーツェンには工業団地が造成され、夥しいイタリア人労働者が送り込まれたのであった。ボーツェンとその近郊は伝統的に果実・ワイン生産で知られ、地形的に見ても原料と製品の大量輸送を前提とする工業地帯には適していなかった。しかし、イタリア政府はこの事業に八〇〇万リラの公的資金を投じ、投資家向けに大幅な免税措置も講じたのであった。国内他地域からの人口投入によって、イタリア人比率の上昇を狙ったこの移住計画の結果、南ティロル全域で、一九一〇年にはわずか三パーセント（七〇〇〇人）だったイタリア系住民が、一九三九年には二四パーセント（八万一〇〇〇人）にまで増大した。

こうして、新たな国境によって引き裂かれた同胞の苛酷な運命を、ただ手をこまぬいて眺めるよりほかなかったティロル本土の人びとは、やがてナチスの擡頭を「強きドイツ人国家の再来」として歓迎し、ヒトラーに郷土再統一の期待をかけるようになる。一九三八年三月、ナチスドイツ軍のオーストリア侵攻を、ティロルの人びとはひときわ熱烈な歓呼をもって迎え入れたのである。

だが、チェコ、スロヴァキア、ポーランドなど、スラヴ諸国への侵攻の際にはつねに「ドイツ民族の地の奪回」を強く主張したヒトラーは、イタリア国境線については、オーストリア併合以前からすでに、ブレンナー・ラインをアルプスが劃した自然の境界として認め、その変更に積極的な態度を示すことはなかった。一九三八年五月、ヒトラーはローマを訪問してムッソリーニと会談し、両国はいよいよ「ローマ＝ベルリン枢軸」の構築に向けて動き出す。だがこのとき、二人の独裁者はブレンナー・ラインについては合意に達しており、一連の首脳会談において国境線変更が議題に上ることはついになかった。ローマからのニュースを固唾《かたず》を呑んで見守った南北ティロルの人びとの期待は、みごとに裏切られた。

ナチスドイツのオーストリア支配、ヒトラーとムッソリーニの同盟関係は、結果として、南ティロル問題をさらに複雑化させることになった。「イタリア領内にドイツ民族が孤立して居住する」という南ティロルの状況を、ヒトラーは、ナチスドイツによる「東方移住計画」の枠組のなかで強引に解決しようと考えたからである。ヒトラーとその参謀たちは、ドイツ軍の占領地域から非ゲルマン系住民を駆逐し、新たにドイツ人を入植させる構想を抱いていた。そして、南ティロルのドイツ系住民は、彼の目には格好の入植者候補として映ったのである。イタリアの人口政策への配慮から全員を移住させることはできなかったため、南ティロルのドイツ人は、ドイツ国籍を取得して大ドイツ国内に移り住むか、イタリア国籍のまま郷里に留まるかの選択を迫られた。実際の移住手続遂行のために、多くのナチス党員が現地入りし、各人の意思を確認してドイツ旅券を発行した。

こうして、イタリア・ファシズムとナチスドイツのアーリア至上主義との狭間に住民のアイデンティティと理性は激しく揺らぎ、ドイツへ旅立つ者と残存を選ぶ者との間に生まれた対立感情は、隣人や家族の絆を無残に引き裂いた。実際の移住は一九四〇年に開始され、第二次世界大戦の戦局悪化により移民計画が中断されるまでの半年あまりのうちに、七万人のドイツ系住民が、ケルンテンの旧スロヴェニア人居住区やポーランドへと居を移すことになる。戦後、ふたたびイタリア国籍を取得して郷里に帰還したのは、そのうち約二万人に過ぎなかった。

一九四三年、イタリアで反ムッソリーニ勢力によるクーデターが勃発し、イタリア王国軍が連合国に促されるまま降伏すると、ドイツ軍は南ティロルに侵攻した。南ティロルはここに、北部ティロルおよび他のオーストリア諸州から遅れること約五年、ようやく悲願のドイツ帰属を果たしたのである。しかし、それが住民にとって平穏な生活を意味するものでなかったことは、いまさら指摘するまでもない。とりわけ、北部イタリアにはドイツの支援を受けたムッソリーニのイタリア社会共和国が政府を構えたことから、連合軍はヒトラー＝ムッソリーニ枢軸を物理的に断ち切ろうと、両国をつなぐ橋梁地域、ティロルにその攻撃の目標を定めたのである。それまでほとんど戦禍を被らなかったティロルは、この年の夏以降、米英空軍の集中爆撃を浴びることになる。十二月二日にボーツェンが爆撃されたあと、翌年初頭にかけてインスブルックが二五回の空爆を受け、四五〇人が犠牲となった。州都インスブルックを中心とする交通インフラは、一連の空爆でほぼ壊滅状態に陥った。

大戦が末期に近づくにつれ、ティロルでは、反独レジスタンス運動に身を投じる住民や兵士が目立つようになる。インスブルックではすでに一九四五年春、市民が結成した秩序維持委員会がドイツ軍の残党を駆逐し、五月にアメリカ軍が州都に進軍したときには、主要な橋や幹線道路はほぼ彼らの手で復旧が終わっていた。その後、イギリス軍が東ティロルを制圧し、ティロルはいよいよ終戦を迎えることになった。

戦後からヨーロッパ統合へ——南北の地境・融和と対立

その後ティロルでは、アメリカ、フランス占領軍の主導のもとで、経済・産業インフラと同時に、民主的自治を立ち上げるための諸制度も徐々に整備されていった。また、一九四七年には、ナチスのもとでケルンテンに統合された東ティロルが、ふたたび州土に再編された。おおむね順調な復興の過程のなかで、人びとがほどなく南ティロルの行方に熱い視線を注ぐようになったことは、自明の展開といえるだろう。

一九四五年四月、ソヴィエト政権の肝煎りでふたたび共和国首相となったカール・レンナーは、ヨーロッパの和平交渉開始に先立つ一九四六年二月、はやくもスターリンに宛てて長文の陳情書をしたためた。かつてサン・ジェルマン条約に署名を強いられ、州土の分断を招いたことを深く悔いたレンナーは、ここで、南ティロルの回復が、オーストリアの復興のみならず、折しも深刻化しつつあった東西対立の均衡化にとってもいかに決定的な要点となり得るかを、切々と訴えたのである。

一方、パリ講和会議では、連合国はおおむね南ティロルのオーストリア返還に積極的な態度を見せていたという。しかし、終戦の間際まで枢軸国に属したイタリアは、厳しい和平条件を受け入れる代償として、あくまで当地の領有にこだわった。一九四六年九月、長い折衝ののちに調印されたパリ協定は、人びとの期待を大きく裏切って、ふたたび南ティロルのイタリア帰属を確認したのである。オーストリア側は条件として当地におけるドイツ系住民の自治権およびマイノリティの諸権利の保障を求め、イタリアもこれを了承した。

パリ協定は、南ティロルをめぐる新たな対立の始まりを告げるものとなった。新生イタリア共和国が、その国家再編の過程でオーストリアとの協約をことごとく反故《ほご》にしたからである。イタリア政府は、自治権の範囲をイタリア系住民の多いトリエントにまで拡大し、トレンティーノ＝アルト・アディジェ（トリエントと南ティロル）州における「マイノリティ」を、ドイツ系住民ではなく、ラディン系の人びとを指す語として定義するという奇計まで用いた。イタリア系住民の移住政策はファシズム時代と変わることなく続き、ドイツ語の公用語化も叶わなかった。イタリア政府はさらに、オーストリア側からの再三の抗議を「内政干渉」として拒絶し、一九六〇年、オーストリアの訴えを受けた国際連合が改善勧告を発してもなお、本質的な議論を巧みに回避して両国の外相会談を決裂に導いた。

戦前の悪夢の再来を体験した南ティロルの住民はしだいに先鋭化し、一九五九年には、イタリアからの分離独立を主張する急進派によって「南ティロル解放委員会」が結成された。一九六〇年代、泥沼化した南ティロル問題は、ファシズムに由来する建造物や記念碑を狙ったテロ行為という、暴力的な形をとって表面化するのである。なかでも一九六一年六月十二日、解放委員会のメンバーが中心となって計画した送電線切断事件、いわゆる「火の夜」事件は、いまなおオーストリア人が関与した史上最大規模のテロとして知られている。ティロルで古くから盛大に祝われた「イエス聖心の祝日」の夜、祭を祝う山のかがり火の点灯を合図に主要送電施設が一斉に爆破され、南ティロルだけでなく、北イタリア各地の工業地帯でも数日間にわたり送電が完全に停止させられた。このテロ事件は、人の殺傷を目的としていなかったにもかかわらず、イタリア政府から厳しく糾弾され、一〇〇人を超えた逮捕者のうち、一部が警察の拷問によって死亡するという悲惨な結末を迎えることになった。

一連のテロ、とりわけ「火の夜」事件は、メディアを通じて広く報道され、国際世論において、住民の心をこれほどまでに追い詰めた南ティロル問題の深刻さをあらためて強く印象づけることになった。その後、イタリア内相マリオ・スチェルバが、オーストリア政府との国家レベルの交渉ではなく、南ティロル住民との「直接対話」を開始したことは、まさに歴史的前進であったといえるだろう。この交渉の成果として、一九六四年、「南ティロルの自治権に関する一括法案」が成立するが、一三〇項目に及んだこの法案が、住民代表としての南ティロル人民党の審査を通じて実社会での実現と遵守を確認されるまでには、その後さらに五年の時間を要した。一九六九年、南ティロル地方議会での承認を経て、オーストリア・イタリア両国外相が自治権拡大問題の解決と終了を確認したことにより、南ティロル問題は国際・外交レベルにおいて一応の解決を見たとされる。トレンティーノ＝アルト・アディジェ州のボルツァーノ（南ティロル）、トレント（トリエント）は各々が独自の自治県となり、一九七二年、一括法案をもとに同州の新たな「自治権定款《ていかん》」が批准された。

ちょうどこの年の十月に、ティロル州知事、エドゥアルド・ヴァルンエーファーが発起人となって、ティロル、南ティロルのほか、ザルツブルク、フォアアールベルク、さらにドイツのバイエルン、スイスのグラウビュンデン、イタリアのロンバルディア等の代表を招致して「アルプス共同事業《アルゲ・アルプ》チーム」が創設されたことは、まさに象徴的な出来事だったといえるだろう。アルプスの山岳地帯を形成する四ヶ国、一〇地域の政治家や専門家が集い、環境、文化、経済に至るまで、アルプス地方特有の共通課題を議論する場として発足したこの国際会議は、国家という狭い枠組を超えた、新たな地域共生の可能性を強く意識した試みであった。

ヴァルンエーファーとティロル州政府は、すでに一九五九年、ヨーロッパの南北を連結する自動車専用道路、ブレンナー・アウトバーンの建設計画に着手し、その最大の要所、ヴィップタールを渡る地上一九〇メートルの「ヨーロッパ橋」が、はやくも一九六三年、「ヨーロッパでもっとも高い橋」として完成を見ていた。さらに一九七八年、フォアアールベルクとティロルを結ぶアールベルク・トンネルが竣工《しゅんこう》すると、ティロルはイタリアからの幹線道路をドイツへ、さらに、ウィーンを経て東欧へと接続するための重要な交通分岐点として、本格的な機能を果たすことになる。この時代には、人びとは十九世紀のナショナリズムの呪縛《じゅばく》から徐々に解放され、太古の昔よりこの地が担ってきた「ヨーロッパ南北の結節点」たる役割に、みずからのアイデンティティを見出すようになりつつあった。

一九九五年、オーストリアの欧州連合（EU）への加盟が問われた際にも、ティロルの人びとがもっとも強く意識したのは、当地の「南北の結節点」としての存在意義であった。自動車による物流の増加とともに、ブレンナー・アウトバーンの交通量は著しく増大していた。ティロルとは直接関係を持たない「通過車両《トランジット》」が当地に与える環境やインフラへの負荷は、すでに一九七〇年代から環境保護団体や市民の間に激しい議論を呼んでいた。EUへの加盟により、交通・物流が自由化し、「通過車両《トランジット》」とその弊害がさらに増大することが深刻に懸念されるなかで、それでも州民の六割が住民投票で加盟を支持したことはきわめて意義深い。南北に分断された州土を、アルプス、さらにヨーロッパというより広い地域の枠組のなかでふたたびつなぎ合わせることへの希望が、この選択の強い動機のひとつであったことは自明であろう。

だが、二度の世界大戦を経て複雑にもつれ、人びとの感情を傷つけてきた南ティロル問題は、ヨーロッパの経済統合や交通網整備の理想論によって容易に解決できるほど単純ではなかった。

実際、分離独立派によるテロ行為は、自治権定款批准から一五年あまりを経た一九八八年まで止むことがなかった。さらに、ＥＵに加盟したのちも、オーストリアの世論はイタリアの政治家による南ティロルに関する発言に敏感に反応し続けている。たとえば二〇一二年、ベルルスコーニに代わって首相の座に就いたマリオ・モンティが、南ティロルに対するオーストリアの保護供与国としての役割を「不要」とする考えを表明したことは、たちまち大きなスキャンダルへと発展した。

そしていま、ＥＵをその根本から揺るがせつつある難民問題においても、両国の対立感情はあからさまな形で表面化することになった。二〇一五年から極度に深刻化した難民危機のなかで、中東からギリシャ経由でバルカン諸国を通過してヨーロッパ入りするルートがギリシャによる強制送還措置などにより機能しなくなったことから、二〇一六年春以降、イタリアを経てＥＵ圏に入る難民の数が急激に増加した。これに対してオーストリアは、はやくも四月に改正難民法を成立させ、まさしくブレンナーのイタリア国境に入国管理施設とフェンスを設置すると宣言したのである。イタリアはこれを、ＥＵ圏内における通行の自由を定めたシェンゲン協定に抵触する決定として猛然と批判し、両国の対立がにわかに激しくなった。この議論の背景には、ヨーロッパ各国の難民に対するスタンスや受入能力の違いなど、さまざまな問題が複雑に絡み合っていることはいうまでもない。だが、ブレンナーの「自然国境」は、オーストリアにとってきわめてデリケートな境界線であり、かつてイタリアによって閉ざされたその扉を、いま難民に対して広く開け放てという要求は、一部のオーストリア人にとっては理不尽な要求として感情に障るものがあるのも事実であろう。太古の昔から、ヨーロッパの南北を隔てる閾としてあり続けたティロルの、その存在意義が、いま、激動の時代のなかであらためて問い直されているのかもしれない。

Vorarlberg

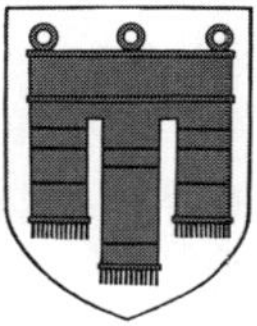

第8章
フォアアールベルク
西方への架け橋

フォアアールベルク　関連略年表

926　アレマン系の名士ウルリヒ，ブレゲンツ伯を名乗る
1079　ザンクト・ガレン修道院，都市ブレゲンツを破壊
1218　フェルトキルヒ建設
1337　モンフォール家，ハプスブルク家と永久盟約を結ぶ
1497　フォアアールベルク州議会の招集
1560　ホーエンエムスの城館建設
1741　アンゲリカ・カウフマン誕生
1811　ドルンビルンに機械紡績工場開設
1900　ヴィクトーア・ゾーム，シェサプラーナ頂上で新年を祝う
1906　ハンネス・シュナイダー，ツュールスにてスキー講座を開講
1918　第1次世界大戦終結．ハプスブルク君主国崩壊
1919　スイス併合の可否を問う住民投票の実施
1964　フッサハ事件

アルプスが分ける境域地帯

一九一六年初夏、病を得てボヘミアのマリーエンバートに療養しながら、底知れぬ憂鬱と不安にとり憑《つ》かれたフランツ・カフカは、六月十三日付の日記のなかで、重病人と医師とが交わす短い対話の情景を幻想している。

「助けは来ない」と病人はつぶやいた。それは問いかけというよりは自答に近いものだった。医者は分厚い医学書を開き……それをふたたび閉じながらいった。「助けはブレゲンツから来るのです」。患者が目を細め、懸命に考えを集中しようとするのを見て彼はつけ加えてやった。「フォアアールベルクのブレゲンツですよ」。「それは、あまりに遠い」と病人は答えた。

作家がこの日なぜ、唐突にブレゲンツとフォアアールベルクにいい及んだのか、その理由は明らかではない。しかし、カフカが書き留めたあまりにも絶望的なダイアログは、オーストリアにおいてフォアアールベルクが持つ「辺境性」を、読む者の意識のなかにあらためてはっきりと浮かび上がらせるのである。

首都として独自の州行政機能を備えたウィーンを除けば、フォアアールベルクはオーストリアでもっとも面積の小さい州である。しかも、国土の最西端に位置する州都ブレゲンツと首都ウィーンとの鉄道路線距離は、およそ七七〇キロメートルに及ぶ。ウィーンから見るなら、プラハ（二七八キロメートル）、クラクフ（四五五キロメートル）、ヴェネチア（六一二キロメートル）よりも遥かに遠く、ウィーン西駅からアルプスを横断してフォアアールベルクに至る汽車旅行は、ウィーン―ニューヨーク間のフライトよりもさらに長い時間を要するのだ。事実、オーストリア東部、とりわけウィーン周辺に暮らす多くの人びとにとって、フォアアールベルクとは、カフカが描いた重病人と同じように、馴染みのない、かなたに遠く隔てられた辺境をイメージさせる地名として響くだろう。

だが、その狭い面積から、州《ラント》の縮小形、「レンドレ」と名づけられるフォアアールベルクの特異性は、首都ウィーンとの物理的距離という単純な概念だけで説明できるものでは決してない。オーストリアの西部国境をなすこの地域は、地理、地質、生態系など、あらゆる点で他州とはまったく異なる特徴を具えている。ティロル州と同じく数多くの険阻な山々を抱えながらも、フォアアールベルクは単なる山岳地帯ではない。神奈川県の面積をわずかに上回る二六〇〇平方キロメートルあまりの境域は、南はジルヴレッタ山系、ピッツ・ブーインの断崖絶壁にはじまり、深い氷河と大小の峡谷を抱き込み、緑滴るライン渓谷を貫いて、その北端においては豊かな水を湛えたボーデン湖へと至るという、実に変化に富んだ地形と景状を凝縮している。

　とりわけ、モンタフォン山塊の両側で、険しい西アルプスが比較的なだらかな東アルプスと交叉し、切り立つ石灰岩の岩肌の下に砂岩層と始原岩層がひしめき合う景観は、中央ヨーロッパ最大の分水嶺が、確かにこの地に存在することを強く印象づけるのである。ここを境界に、東側ではすべての河川がドナウ河を経て黒海に流れ込み、他方、西側ではライン河から北海へと注いでいく。さらに、日照と通風に恵まれたライン渓谷が、標高二五〇〇メートルを超える高山の間を縫うように入り組む複雑な地形は、温暖な湿地性気候が万年雪に隣接するという、気候学的にも稀に見る特異な環境を作り出し、その結果、ヨーロッパの動植物分布帯もまた、ここに瞭然と分かたれることになる。

　穏やかなライン河畔地域と厳しい高山地帯の共存こそ、フォアアールベルク最大の特色であるが、地図上にその地形を辿るとき、アルプス山脈という自然の境域が、国境線と重なるどころか、オーストリア領の内側で「小さな州《レンドレ》」を他から明確に切り離していることに気づくだろう。首都ウィーンからあまりにも遠く隔たっているだけではない。隣接するティロル州とさえこの山嶺によって厳然と離隔され、鉄道トンネルと急峻なアールベルク峠道によってかろうじて連結されているに過ぎないのだ。一方、ライン河の三角洲とボーデン湖を通じてバイエルン、リヒテンシュタイン、グラウビュンデンへと緩やかに開けた独特の地勢が、この地域をむしろドイツやスイスへと違和感なく結びつけることは、誰の目にも明らかであろう。

地形を無視して引かれた国境線と、国土のなかで他地域から隔絶された、いわば絶境のようなありさまは、フォアアールベルクがこれまでに歩んだ歴史の、その特異な道のりを象徴するものにほかならない。とりわけ、さまざまな自然・地理条件によって織りなされた、ヨーロッパを東西南北に分かつ境界地帯としての特質は、「小さな州《レンドレ》」をときとしてあまりにも厳しい形で世界史の荒波に晒すことになったのである。

ヨーロッパ史の十字路

ローマ帝国による征服以前から、フォアアールベルクには、オーストリアの他地域とはまったく違った歴史的環境が作り出されていた。すでに紀元前五世紀前後、この一帯にはエトルリア系のラエティア人による定住が確認されている。まもなく、ケルト系のブリガンティア族が侵入、都市ブリガンティア（現ブレゲンツ）を建設してラエティア社会をケルト化していくが、ラエティア人独自の文化的伝統はその後も途絶えることがなかった。ローマ帝国の拡大期には、ティロル以東の諸地域が属州として早くからその統治下に入ったのに対し、ラエティア人はその支配に激しく反撥し、紀元前一五年に征服されるまで独立を持続したという。

五〜六世紀、ゲルマン民族の大移動の時代には、ローマ文化を継承しようとする東ゴート王国がラエティア人に庇護を与えることになる。その一方で、フランク王国との厳しい対立関係に陥った東ゴート王テオドリックは、敵国の拡大を阻む防衛線を張る目的で、フランク軍によってマイン河およびネッカー河の流域から撃退されたアレマン人を、フォアアールベルクに積極的に入植させた。その結果、この地域にはやがて、イタリアおよびロマン系文化を引き継ぐラエティア人と、ゲルマンの一部族であるアレマン人とが融合し、バイエルン系・スラヴ系の流れを汲んだ他のオーストリア諸地域とは本質的に異なる、レート・アレマン系という独自のアイデンティティが形成されることになる。

東ゴート王国滅亡後、フランク王国の勢力下に置かれながらも、この地を直接統治したのはレート・アレマン系の名士たちであった。なかでも、アレマン人の血を引くウルリヒ六世は、都市ブレゲンツを中心にラエティア系の南部山岳地帯とアレマン系のボーデン湖畔を領土としてまとめ上げ、九二六年にはみずからブレゲンツ伯を名乗って権勢をほしいままにした。

だが、ヨーロッパを南北に結ぶ動脈路の結節点に立ち、さらに、ドイツからスイスに至る水路交易の最大の要所をなしたボーデン湖に接するという立地条件は、これら地方貴族による支配権をつねに根本から揺るがすことになる。とくに、ドイツ王オットー一世がイタリア政策に着手すると同時に、この地域を縦断するアルプス街道には、ことさらに大きな政治的意味が与えられるようになった。険しい峠を越えて皇帝領と教皇庁とを直接連結する、いわば「橋梁地帯」としてのフォアアールベルクは、こののち中世から近世初期にかけてヨーロッパを吹き荒れる政治的・宗教的闘争の、直接的影響下に置かれ続けた。

とりわけ、十一世紀後半以降の聖職叙任権闘争、そして、国王および皇帝を、世襲ではなく有力な諸侯のなかから選出するというドイツ独自の制度が招いた勢力抗争の時代は、フォアアールベルクの貴族や都市を、長期間にわたって壮絶な戦いの渦中に巻き込んでいく。叙任権闘争において一貫してローマ教皇を支持したブレゲンツ伯ウルリヒ一〇世は、皇帝派のザンクト・ガレン修道院から激しい軍事攻撃を受け、一〇七九年にはブレゲンツおよびボーデン湖周辺の一帯が焦土と化したばかりか、ブレゲンツ伯自身もまた、身柄拘束の憂き目を見ることになった。

モンフォール伯の盛衰とハプスブルク支配

十二世紀にウルリヒ一門の男系が断絶すると、その最後の末裔、エリーザベトを娶ったテュービンゲン家が領土を継ぎ、やがて、かつてのブレゲンツ伯の直系として、新たにモンフォール伯を名乗るようになる。初代のフーゴ・フォン・テュービンゲン二世が、相次ぐ戦乱で荒廃したブレゲンツを再建したのに続いて、その息子、フーゴ・フォン・モンフォール一世は一二一八年、モンタフォン山系を貫いて流れる急流、イル河とライン河との合流地点に第二の都市としてフェルトキルヒを建設し、その周辺一帯でのブドウ栽培とワイン醸造を促進することにより、みずからの領土に安定した経済的基盤を築いた。フェルトキルヒはその後、アルプスを越え、イタリアを経てエルサレムを目指す十字軍行進路の、最大の要衝としても繁栄した。十字軍遠征を熱烈に支援したフーゴ・フォン・モンフォールは、フェルトキルヒを基点とする峠道の途上に、兵士や巡礼者を飢えと寒さから守るための施設として、ヨハニター修道院を建立している。

こうしてモンフォール伯フーゴは、旧ブレゲンツ伯に倣ってフォアアールベルク全域を統一支配しようと企図し、領内に分有されていた市場権、裁判権など、さまざまな権益をつぎつぎに掌握していった。しかし、ちょうどこの時期、ボーデン湖南部一帯では、ドイツ領内での覇権と皇帝位をめぐって、多くの家門が激しい闘争を繰り広げようとしていた。なかでも、湖の北東に位置するシュヴァーベンを拠点に権勢を拡大し、一一三八年即位のコンラート三世以降、五代にわたって皇帝の座をほぼ独占してきたシュタウフェン家にとって、家領の南方からイタリアへと至るかつてのラエティア地方の重要性は、イタリア政策上から見ても無視することはできなかった。この地における統一権力の成立を阻もうとするシュタウフェン家が、ほどなくモンフォール伯との深刻な対立関係に陥ったことは、当然の成行といえるだろう。

しかも、シュタウフェン家とそのライバル、ヴェルフェン家の勢力争いに翻弄される一方で、十三世紀に入ると、モンフォール家は長子相続制を廃止して複雑な分家を繰り返すようになった。折しも一二五四年、皇帝コンラート四世が急逝したのち、ドイツでは大空位時代が到来していた。ドイツ諸侯の権力闘争がますます激しさを増し、複数の皇帝候補が相対峙した当時、モンフォール一族は各家が不和のなかにそれぞれ対立勢力を支持して分裂し、領土も権力もさらに細分化されていく。古来のアレマン系の流れを汲む地元随一の名士でありながら、歴史の激流のなかで十四世紀にははやくも実質的な支配権を失ない、十八世紀末までにはそのすべての分家が断絶することになった。

モンフォール家の弱体化にとって最初の決定的要因となったのは、一二七三年、ハプスブルク家、ルドルフのドイツ皇帝選出であった。ここに、二〇年に及んだ大空位時代が終結すると同時に、ハプスブルク家はヨーロッパ列強の一員となった。スイスに所領を持つ弱小伯爵家に過ぎなかったハプスブルク家は、ここで支配の地盤を固めるべく皇帝権の強化に取り組み、新たにオーストリア、ボヘミアに広大な領土を獲得した。ルドルフ以降、ハプスブルク家は、これら東方の領地を基盤に、由緒ある名門諸侯と権勢を競うことになる。その過程で、フォアアールベルク一帯は、新たな本拠地オーストリアと、スイス北部に位置した旧来の家領、さらにはのちに姻戚関係で結ばれるブルゴーニュやロートリンゲンとをつなぐ重要な中継地帯として、同家の支配者たちの強い関心を集めたのであった。

大空位時代にモンフォール一族が蚕食していたフォアアールベルク内の皇帝直轄領は、この地を重視するルドルフのもとにすべて回復され、以後、モンフォール各家は、ハプスブルク家から領地や交易路の管理を委託された代官として、かろうじてその地位を保持したのであった。さらに一三三七年、自治権と自由を守ろうとしてハプスブルク家支配に激しく反撃するスイス諸州の脅威を前に、同家とモンフォール一族の間に永久盟約が交わされた。モンフォール一族はここで、ハプスブルク家に対する無条件の軍事的協力を約することにより、独立した軍事権と外交権を完全に喪失する。フォアアールベルクにおけるハプスブルク家の実質的統治権を明文化した永久盟約は、こうして、アルプスが区切る東境界線の外側との「不自然な結びつき」を決定づけた。この地勢と国境線との不一致こそが、のちに至るまで、「小さな州《レンドレ》」が辿る運命を定めることになるのである。

これに続いてハプスブルク家は、零落した地方領主から主要な都市や市場を相次いで買収し、ときには豪族同士の抗争を巧みに利用しながら、結局、一三六三年から一五二三年までの一世紀半あまりのうちに、アールベルクからボーデン湖までの地域をほぼすべて手中に収めることになった。分家や内紛によって細分化されたかつてのブレゲンツ伯領は、こうして、独立主権を持つことのない、ハプスブルク皇帝の直轄領として、ふたたび統一されていくのである。

ホーエンエムスの宮廷文化――地域的アイデンティティの継承

ハプスブルク君主国による領土拡大政策の標的とされながらも、フォアアールベルクには、その後もなお、時代とともにドイツ的なアイデンティティを濃厚にしていくハプスブルク家とは異質の、独自の文化と精神性が守り継がれていた。十六世紀になって、ハプスブルク家との良好な関係を後ろ盾に急成長を遂げた名士、エムス家が、ホーエンエムスを舞台にしばし繁栄させた宮廷文化は、政治的側面では早期に力を削がれた当地の貴族たちの間に連綿と受け継がれた、古来の精神的伝統を鮮やかに象徴するものであった。

エムス家、のちのホーエンエムス伯爵家は、モンフォール家に次ぐ名門であったが、とりわけ十三世紀後半以降、代官となってハプスブルク家に忠誠をつくす一方、盗賊騎士としても暗躍し、莫大な富を蓄えていったという。十五世紀にはメディチ家と姻戚関係を結び、同家のジョヴァンニ・アンジェロがピウス四世としてローマ教皇に就任したことを契機に、聖界においても強い影響力を獲得した。エムス家からはのちに、ヴォルフ・ディートリヒ、マルクス・ジッティクスという、二代のザルツブルク大司教が輩出している。

こうした家門繁栄の過程で、ホーエンエムス家は、ラインの三角洲の南西端に位置する集落、ホーエンエムスを宮廷所在地と定め、その整備に着手した。一五六〇年にはイタリア人建築家マルティーノ・ロンギが招聘され、まもなく、庭園、動物園に池や噴水も備えた本格的なルネサンス式城館が落成する。その完成までの過程を見守った一族のなかでも、とりわけカスパー・フォン・ホーエンエムスは、村落だったホーエンエムスを市場町へと格上げして、ラテン語学校、印刷工場、硫黄泉《いおうせん》の保養所などを設け、宮廷都市の文化的施設整備に努めたのである。さらに、イタリア貴族に倣った贅沢な宮廷生活に確かな経済基盤を確保する目的で、カスパーは富裕なユダヤ人を積極的に招き入れた。その結果、古くからユダヤ人差別の激しかったフォアアールベルクで、ホーエンエムスにはその例外的な定住が進み、やがてユダヤ人ゲマインデやシナゴーグが置かれるほどになった。

有力な貴族勢力に欠け、宮廷生活の伝統が根づくことのなかったフォアアールベルクに突如として開花した、ホーエンエムスの華麗な宮廷文化。その急激な展開は、実際、当地の地域的伝統に深く結びついた固有の精神性によって強固に支えられていたのだった。一六一六年、カスパーの命を受けてヨハン・ゲオルク・シュレーが編纂し、当時最新の印刷技術を駆使して上梓《じょうし》された『エムス年代記』は、その理念の輪郭を今日に伝える貴重な史料である。『年代記』は、エムス家当主の視野から試みられた歴史記述の一形式であった。ホーエンエムスはもとより、アールベルクからボーデン湖、ジルヴレッタ山系、ライン渓谷に至る一帯各地の歴史と習俗が詳細に綴られるなかで、とりわけ注目すべきことは、書き手がこれらの地域について、オーストリアの一部として当時定着しつつあった「フォアアールベルク」という地名を意識的に回避して、一貫してローマ時代の「ラエティア」を称している事実である。エムス家の起源を、あくまでエトルリア系のラエティア人に求める見方とともに、こうした態度は明らかに、レート・ロマン文化を志向することで、自身をゲルマン的なハプスブルク家から差異化する、明確な意識の表われと見ることができよう。

さらに、『年代記』に付された「ラエティア」の地図は、かつてのブレゲンツ伯領を俯瞰《ふかん》しつつ、「エムス国」と題されている。このいわば架空の境界図は、一帯をみずからの手で小国家として治めたいという、エムス家の政治的野心の表徴であった。実際、カスパーは、ファドゥーツ（現リヒテンシュタイン）、ドルンビルンなど、域内の経済・産業上の要所をつぎつぎと買収して所領の拡大を狙い、やがては侯爵領へと昇格させたいと望んだといわれている。

だが、カスパーが夢想した「エムス国」は、当時のヨーロッパ政治の実情から見れば、およそ現実性を欠いた、まさに砂上の楼閣に過ぎなかった。三十年戦争を前にフランスとの対立を深めつつあったハプスブルク家にとって、その領土の西端に、フランス文化に通底するロマン系アイデンティティを掲げた独立国家の形成を許すなど、到底受け入れられる選択肢ではなかったからである。

こうして、ハプスブルク家から政治的にも文化的にも独立した「地方国家」の理想は、儚くも徒夢《あだゆめ》に終わった。カスパーののち、エムス家は、極度の奢侈生活も影響して急激に凋落し、領地も徐々に解体されていく。そのかつての宮廷所在地、ホーエンエムスは、ラインの旧流とブレゲンツァーヴァルトへと連なる丘陵に挟まれた、都市と呼ぶにはあまりにも狭小な街である。古いルネサンスの家並みを残した市街は、いまでは、夏の音楽祭「シューベルティアーデ」の期間を除けば、もはやほとんど賑わいを見せることもない。しかし、十七世紀、エムス家がこの地を舞台に展開した豊かな文化は、その後二十世紀の住民投票に至るまで続く、ハプスブルク・オーストリアからの分離志向の形成過程において、重要な里程標となったことを忘れてはならない。

民主的伝統と植民政策

中世以来、地元貴族が十分な勢力を伸ばすことができず、大土地所有制度も定着しなかったという特殊な状況は、一方で、都市住民や農民層に強い発言権を許すことになった。数世紀にわたりフォアアールベルクを舞台に中央ヨーロッパの支配権を争った名門諸侯にとって、これらの人びとはつねに、戦費と兵力の供給源としてきわめて重要な役割を果たしたからである。さらに、一三七五年、都市フェルトキルヒ買収に見るように、ハプスブルクの君主たちもまた、地元豪族の権勢を抑えて各地域をオーストリアに統合していく過程で、住民の支持と協力を取りつけるために、彼らに対して最大限の自治権と自由を保障せざるを得なかった。

その結果、フォアアールベルクには、早い時期から民主的な地方自治の伝統が根づくことになった。州議会の前身ともいえる「フォアアールベルク同盟」ははやくも一三九一年に成立し、その後、正式な州議会は一四九七年に招集されている。各地域の代表によって構成されたという点では他州の議会と変わるところがなかったが、フォアアールベルク議会の最大の特色は、そのメンバーが全員、都市市民と農民の代表によって占められ、貴族や聖職者をひとりとして含まなかったことである。固定した州庁舎を設けず、議会が交互にブレゲンツとフェルトキルヒの市庁舎で開催され続けたことも、この地における分権精神の表われといえる。州議会は課税と徴兵に関して実質的な決定権を持ち、ハプスブルク宗主は開催のたびに、同家への協力を条件に各地にさまざまな特権を容認した。

こうして、のちに至るまで「小さな州《レンドレ》」のいわば土地の精神《ゲニウス・ロキ》となる民主的精神性のひとつの背景として、峻険な山嶺に囲まれた地勢のなかで古くから展開された植民活動の歴史を見過ごしてはならないだろう。ラインの三角洲を中心とする肥沃な土地を抱える一方、全面積の八割以上を高い山と深い森に覆われたフォアアールベルクで、領土拡大を狙う領主たちは、これら人跡未踏の地をみずからの支配下に収めるべく、競って熱心に植民政策に取り組むことになった。そして、豊かな森林資源と狩猟の可能性に恵まれながらも、つねに厳しい自然環境と戦うことを強いられた入植者に対して、領主はほぼ例外なく、すすんで最大限の優遇措置を与えようとしたのであった。

たとえば、ボーデン湖の南東に広がる森林山岳地帯、ブレゲンツァーヴァルトでは、十一世紀、ブレゲンツ伯がキリスト教布教を兼ねてその開拓に着手した。伯爵家の血縁に当たる修道者、ディエドとイルガが、一〇八〇年前後、山間のアンデルスブーフに修道院を建設し、その後、これを核としてしだいに集落が形成されたのであった。樹海を切り拓き里を築く人びとには、当初よりごくわずかな課税がなされただけで、裁判権のほか、贖罪金《しょくざいきん》をめぐる権限など、多くの特権が委ねられていたという。住民たちはやがて、中心地ベッァウ郊外に木造の参事会館を建設し、行政、裁判、州議会への代表選出に関して一種の直接民主制を実践するようになっていった。参事会館の跡地にはいまも、十九世紀まで続いた「森の共和制」を記念する石碑が立っている。

一方、フォアアールベルク域内で最後まで手つかずのまま残された、イル河流域最大の難所、ヴァルザータールでは、ようやく十四世紀になって、皇帝派の諸侯に対する最後の抵抗を試みたモンフォール伯が、ヴァリス（ヴァルザー）人による入植を進めていた。頑強で戦闘能力に優れたヴァリス人を定住させることにより、モンタフォン山地北部における兵力強化を企図したのである。傭兵としての協力を求められたヴァリス人は、バター、子羊など、わずかな酪農産物の現物納付と引き換えに土地を与えられ、賦役労働からも免除されたばかりか、結婚や移動の自由、自衛権をも含む異例の寵遇を享受することになった。ブレゲンツァーヴァルトの森の住人と同様、ヴァリス人もまた、早期において高度な民主的自意識を身につけ、斧と草刈鎌を交叉させた紋章を自身のシンボルとして掲げた。彼らはその後、前人未到の深い谷間へと居住地を拡大し、やがて、ジルバータールからクライネス・ヴァルザータールにかけて、フォアアールベルクでもっとも険しい一帯を制覇していくのである。

出稼ぎの伝統

権力からの自立と自由をもたらした自然環境の厳しさは、他方では、入植地における人びとに苦難に満ちた日常生活を強いた。とりわけ、ヴァリス人の暮らしは、「遊牧農民」の異名を

ホッホヨッホ山からシュルンス，ジルバータールの谷間への眺望.

取るほど過酷なものであった。標高二〇〇〇メートルを超える高山の山腹と谷間に切り拓いた居住地では、耕作の可能性など望むべくもない。彼らにとっての生活手段は、ほぼ放牧と牧草栽培に限られていた。春から夏にかけて、里から出発してより標高の高い高原放牧地へと、牧草を刈り入れながら家畜を追って順次移動を続けたヴァリス人の生活様式は、剝き出しの岩肌の狭間に突如、美しい緑の牧草地が開けるという、この地方特有の幻想的な景観を生み出すことにもなった。

もともと多産系といわれるヴァリス人は、こうして、ヴァルザータール一帯の入植地において、限られた食糧生産と漸増する人口との、あまりにも極端な不均衡状態に直面させられた。そして、十八世紀末の工業化まで絶え間なく続いたこのアンバランスは、やがてこれらの地域に出稼ぎ労働の習慣を定着させたのである。ヴァリス人集落では、もともと、成人男性のほぼ一割が傭兵として外地に赴いていたという。しかし、三十年戦争ののち、経済状況の悪化と傭兵に対する需要減少に伴って、女性も含め、全人口の二〇パーセントから地域によっては約半数が、季節労働者として故郷を離れるようになっていった。その行先はスイスやドイツ南部に止まらず、イタリア、オランダ、フランスなど、言語文化の境界線を越えてヨーロッパ中部全域に及び、仕事の内容もまた、農場での収穫作業から手工業、建設労働まで多岐にわたった。

フォアアールベルクの山岳地帯から、毎年、危険を伴なう峠道を越えて来る出稼ぎ者は、極端な重労働にも屈しない頑健さと勤勉さから、ヨーロッパ各地で広く知られるようになる。なかには、六枚歯の鋭利なスライサーを携帯して各戸を回り、塩漬け用のキャベツを手早く刻んで賃銭を得た「モンタフォンのキャベツ切り」のように、晩秋から冬にかけての一種の風物詩となり、オランダからハンガリーまで、それぞれの土地で心待ちにされる人びとすらあった。

だが、仕事を求めて離郷したのは、大人たちだけではなかった。山間に位置する貧しく人口過多の村々では、古くから、子どもたちを夏の間、軽度の労働に就かせるため、シュヴァーベンなどの比較的近い土地へと送り込むことが慣例となっていた。これらの児童労働はしだいに組織化され、十九世紀になると、シュヴァーベン地方の豊かな農村に「子ども市場」を成立させることになる。毎春、ヴァルザータールやモンタフォンの集落から、六～十六歳の子どもたちが大人に同伴されることなく徒歩でシュヴァーベンへと向かい、目的地の「市場」に集められた。ここで、豪農を中心とする「雇用主」が、家畜番や家事労働など、目的に応じて子どもたちを選び取ったのである。「市場」と称しながら、この制度はむしろ、子どもの養育費を一時的に節減する「口減らし」としての意味を持っていたようだ。子どもたちは、食事や衣料を支給されたほかは、わずかばかりの賃金を得たに過ぎず、秋の訪れとともにふたたび集団で故郷を目指したのである。「子ども市場」が人道的見地から非難され、撤廃に至るのは、ようやく二十世紀半ばのことであった。幼くして親元を離れ、見知らぬ土地での労働に従事した「シュヴァーベン行きの子ら」の悲哀については、リヒャルト・バイトルら、みずから幼少期に児童労働を体験した郷土作家による自伝的作品が、細部にわたって伝えるところである。

固有の地形と産業構造のなかで、幼い子どもをも巻き込みながら継承された出稼ぎ労働の長い伝統は、のちの時代に起こるアメリカに向けた大規模な移民現象において、確実な伏線となっていたはずである。この地の人びとは、職を求めて大西洋を渡ることに対してほとんど抵抗感を抱くことはなく、早くから新たな可能性として新大陸へと関心を向けたという。フォアアールベルクがアメリカ大陸に送り出した移民の数は十九世紀半ばにピークを迎え、多い年には年間三〇〇人という、人口比率から見ればハプスブルク君主国内でも極端に突出した数値に達したのであった。

長期にわたる国外就労は、当然の結果として、経済面だけでなく文化的・精神的レベルにおいてもまた、スイス、ドイツをはじめ、就労地域との強い連帯意識を醸成し、それがやがてこの地における「非オーストリア的アイデンティティ」として昇華することになる。

アンゲリカ・カウフマン——遍歴の女流画家

労働の機会を求めて国境を越え、各地を巡り歩いたのは、山岳地帯の民衆だけではなかった。貴族や宮廷が芸術保護者としての役割を果たし得なかった反面、ルネサンス期以降、フェルトキルヒ、ブレゲンツを中心に自由な雰囲気に満ちた高度な都市文化の発展を体験したフォアアールベルクからは、数多くの芸術家が輩出した。そして、十八世紀前半のミラノで活躍したフェルトキルヒ出身の画家、ジャコモ・フランチェスコ・チッパー（通称イル・トデスキーニ）に代表されるように、パトロン不在の故国を捨て、遠く異郷の教会都市や宮廷所在地へと移り住むことこそ、彼らに等しく定められた共通の運命であった。

一七四一年に生を享けたフォアアールベルク屈指の芸術家、アンゲリカ・カウフマンもまた、この宿命を帯びつつ波乱の生涯に一歩を踏み出した。長じてゲーテから絶賛を受け、哲学者ヘルダーや詩人クロプシュトックとも交友を結んだ女流画家、カウフマンは、「小さな州《レンドレ》」出身の数多くの文化人のなかで唯一、厳密な意味での国際的名声を博した、花形的な存在にほかならない。

のちに全ヨーロッパを舞台に活躍するカウフマンがその幼少期に身を置いたのは、古くから

アンゲリカ・カウフマンの故郷，シュヴァルツェンベルク．緑の丘陵の合間に，うろこ状の小さな木片で覆われた外壁の美しい民家が佇む．

この地に伝わる徒弟制度的、職人的な環境であった。ブレゲンツァーヴァルトの小集落、シュヴァルツェンベルクに生まれた父、ヨハン・ヨーゼフは、春から秋にかけて各地を巡り歩いて教会の壁画・天井画を制作し、冬の訪れとともに帰郷するという、フォアアールベルクの芸術家に典型的な移動生活を営んでいた。そして、もっぱら建物の内装画の制作に携わり、ときにはその修復も手掛けた父親がおのずから具えた職人的な慣習と精神性こそ、女性であるカウフマンに、当時としては例外的な形で職業画家としての将来を切り拓かせることになったのであった。

アンゲリカ誕生ののち、男子に恵まれることなく妻を亡くしたヨハン・ヨーゼフは、早くから長女を後継者と定めて、自身の知識と技を伝えようとしていた。コモ湖畔のヴァルテッリーナで過ごした少女時代、カウフマンはすでに、イタリア婦人が開いた私塾で読み書きやフランス語を学ぶかたわら、顔料の混合、カンバス張りなど、職人的な基礎技術を父によって厳しく叩き込まれたのである。

他方、父ヨハン・ヨーゼフにとって第一の顧客であったヨーロッパ各地の上流階層との交流が、カウフマンに、従来とはまったく異なる新たな社会文化的役割を負わせることになった。十八世紀半ばのヨーロッパでは、宮廷の絶対主義的世界観とその儀式ばった風習がしだいに廃れ、代わって貴族や市民のサロンが新しい文化のスタイルを織りなそうとしていた。サロンという私的で親密な空間のなかで個人的な交際と心情が希求されるようになると、やがて芸術家に関する考え方も大きく変化する。芸術家とはもはや、施主やパトロンにひたすら服従し、その意のままに作品を仕上げる「職人」ではなく、神から特別な能力を与えられ、みずからのオリジナリティと直感に従って創作する「天才」とみなされたのであった。こうした風潮のなかで、父とともに各地を巡り、すでに十二歳にして油彩作品を仕上げたカウフマンは、行く先々で「神童」としてもてはやされることになる。

カウフマンの才能をなかでも高く買ったのが、ロンバルディア総督として北イタリアのハプスブルク領を治め、そのかたわら美術蒐集家としても広く知られたカール・ヨーゼフ・フィルミアン伯爵であった。一七六〇年、ミラノの自邸で開いたサロンにカウフマン父娘を迎えたフィルミアンは、その後、この若い「天才少女」に対してあらゆる支援を惜しまなかった。カウフマン父娘は七年にわたってイタリアを遊歴するが、フィレンツェ、ウフィッツィにおけるメディチ家のギャラリーをはじめ、彼らが各地で未公開の貴重なコレクションに自由に出入りし、心ゆくまで素描や模写に専念できたのは、フィルミアンのとりなしゆえのことであった。

この時期、在イタリアの英国人グループから多くの注文と称賛を得たことから、父娘はまもなく渡英を決意する。そして、一七六六年以降、活動の本拠地となったロンドンで、カウフマンはいよいよその経歴の頂点へと昇りつめたのだ。感傷主義が時流を支配しつつあったなか、彼女の優美で繊細な筆致は、人びとの心を捉えて離さなかった。カウフマンはやがて、英国王室からも愛顧を受け、また、一七六九年に開設された王立芸術院《ロイヤル・アカデミー》の設立メンバーに指名されるなど、当時の画家として最大限の名声を得たのであった。

だが、画期的な成功の陰で、彼女は、芸術家仲間からのはかり知れない嫉妬、そして、女性に対する不当な差別と戦い続けなければならなかった。栄光と同時にいくつかの苦渋を味わったのち、画家はイギリスに永住の地を見出すことなく、一七八一年、遅い結婚を機に、ふたたびイタリアに居を移したのであった。

この年、ロンドンからローマを目指したカウフマンは、その途次、父親の郷里、シュヴァルツェンベルクに立ち寄り、以後、急速に故郷との精神的つながりを強めていく。父ヨハン・ヨーゼフの制作旅行の途上、たまさかスイスのクールに出生したカウフマンは、それまでシュヴアルツェンベルクに特段の絆を覚えていたわけではなかった。十六歳のとき、父の助手として小教区教会の壁画制作に参加すべく初めてこの村を訪れた少女カウフマンは、汚れた服装の羊飼いとともに食卓を囲む習慣に対して、むしろ露骨な嫌悪感を表わしたほどであった。一七八一年、ほぼ一ヶ月に及んだ滞在は、この時以来、ほぼ四半世紀ぶりの帰郷だった。老いた父とともに伯父や従兄弟、親族を訪ね、村の名士、ヨーゼフ・アントン・メッツラーと交流を深めたカウフマンは、これを機として、のち一八〇七年、六十六歳でローマに歿するまで、彼らとの間にたえず夥しい文通を交わすようになる。みずからの仕事と成果について詳細に報告し、親類の近況を尋ね、その安否に心を砕いたばかりではない。カウフマンはさらに、メッツラーに依頼して村と周辺の土地に投資を行ない、その死に際しては財産の多くの部分をシュヴァルツェンベルクとその所縁の人びとに遺贈したのである。病に斃れた一八〇二年、かつて父の助手として内装に携わった小教区教会に寄贈した自作のマリア像は、現在もその中央祭壇を厳かに飾っている。

帰郷の翌年の一七八二年、一人娘を教育し、画家としての活動を支え続けた父、ヨハン・ヨーゼフが他界した。その直後に彼女が描いた民族衣装の自画像は、この時期にカウフマンの心のなかで進行した特異な郷土意識形成の過程を象徴する作品として、きわめて興味深い。ブレゲンツァーヴァルト地方にはいまも、光沢のある漆黒の麻布に細かい襞をあしらった、美しい伝統装束が伝えられている。カウフマンは自画像を好んで描き、少女時代の一七五七年には、すでに同様の民族衣装を着けた作品も手掛けている。だが、パレットを手に画家としての強い自意識を露わにしたかつての肖像とは対照的に、一七八二年の自画像には、煌びやかな装身具はもちろん、画業を表わす小道具も一切登場しない。年齢を重ねた飾り気のない真剣な表情で見つめる素朴な構図のなかに、画家はおそらく、自己との静謐《せいひつ》な対峙の時間を求めたのであろう。そこに表われたものは、フォアアールベルク人、ブレゲンツァーヴァルト人としての郷土意識への確かな回帰であった。

世界的成功を収め、時代の寵児となった芸術家が、父親の郷里に過ぎなかった小村に対してこれほどまでに強い帰属意識と愛郷心を抱いたことは、注目すべき現象であろう。生涯でわずか二度、延べ二ヶ月足らずをこの地に過ごしたカウフマンは、現在、真の意味での郷土芸術家として位置づけられている。その不屈の精神、そして全欧にわたる広い活動範囲を、ヨーロッパ文化の交叉路であったフォアアールベルク独自の精神性に結びつけようとする郷土史家すらいる。油彩画、銅版画、デッサンを含めて、今日確認できるだけでも一五〇〇点以上に及ぶカウフマンの作品は、多くが外地に散在し、フォアアールベルク州立博物館はそのうちわずか数点を所蔵するのみである。だが、シュヴァルツェンベルクでは、一九八六年、郷里への想いを募らせた巡歴の画家を記念するために、この地方特有の古民家を生かして「アンゲリカ・カウフマン博物館」が開設され、毎夏、その作品を各地から借り集めて開催する回顧展を恒例の事業としている。かつて一〇〇オーストリア・シリング紙幣を飾った女流画家は、こうして、フォアアールベルクの地域史において、いまなお欠くことのできない中心的役割を演じ続けるのである。

変わりゆく辺境――繊維産業の勃興と工業化

ボーデン湖畔など一部の例外を除き、フォアアールベルクのほぼ全域を長期にわたって覆ってきた経済、産業の沈滞は、民衆層から芸術家に至るまで、住民の多くに流離の生活を強いることになった。この慢性的低迷の最大の原因は、実は、山岳・森林地帯が擁した豊かな資源や天産物が十分に活用され得ないという事情にあった。当地の気候と豊富な水資源は、たとえば、亜麻栽培および麻布生産・加工業、皮革製造業などに対して、限りない発展の可能性を開いていた。しかし、フォアアールベルクでは、これらの前提条件を最大限に利用し、本格的な産業として立ち上げるための資本と人材が、決定的に欠如していたのであった。

この状況がようやく変化を見せ始めたのは、十八世紀半ばになってのことである。最初のきっかけは、農民に原材料を前貸しして加工させる、いわゆる問屋制家内工業を営んでいたスイスの繊維業者たちが、その対象地域をドイツ南部からさらにフォアアールベルクへと拡大したことであった。余剰の労働力を抱えた農村や集落が、問屋制にとって格好の受け皿となったことはいうまでもない。やがて地元の資本家も参入して、ライン河流域を中心に、多くの住民が、農業のかたわら紡績・機織《はたおり》に携わる手工業者として動員されていったのである。

こうして定着した繊維加工業は、マニュファクチュアの段階を経て、まもなく本格的な機械生産の段階へと到達する。一八一三年、地元企業家、ローレンツ・ロームベルクがドルンビルンに開設した最新鋭の機械紡績工場は、未曾有の工場建設ブームの先駆けに過ぎなかった。フォアアールベルクでは、その後一八七〇年までの半世紀あまりのうちに、三一件の紡績工場、二三件の織物工場をはじめ、一〇〇を超える繊維工場がつぎつぎに設立されたのである。これはまさに、産業革命が世界を席捲するこの時代に、かつての僻陬《へきすう》が、スイスから北イタリア、南ドイツの繊維・服飾産業を支える有力な後背地としてめざましい成長を遂げた過程を詳明するデータといえるだろう。

工場制機械工業の急激な発展のなかで、フォアアールベルクは、安価な労働力と十分な用地という好条件を具える反面、石炭資源に恵まれなかったことから、エネルギー面において決定的な限界を抱えていた。険しい地形ゆえに、唯一の燃料源である木材の運搬にも制約があり、一時は他所へと工場を移転させる企業家も跡を絶たなかった。だが、他方、一部の資本家たちは、フォアアールベルク固有の地形に着眼し、ここに新たなエネルギーの可能性を探り当てようとしていた。とりわけ、産業革命を身近に体験し、最先端の産業技術に精通したイギリスやスコットランド系の資本家たちは、ヴァルガウの地勢にいち早く目をつけた。そこではモンタフォン山塊の深い谷間で、ライン河支流のイル河が激しい急流をなしている。一八三七年、スコットランド貴族、ジョン・ダグラスが、ヴァルガウのテューリンゲンに水力を利用した紡績・機織工場を建設したのを皮切りに、工業化の波は、その起点であったラインの三角洲からイル河畔の峻険な山間のさらに奥地へと、漸次伝播していったのである。いまだ手工業的な色合いを残したライン地方とは対照的に、ヴァルガウ周辺において特徴的だったのは、蒸気機関など、新たな技術が矢継ぎ早に採用されたことである。同じくテューリンゲンにおいて、スイス系企業、エッシャー社が一八三九年に導入した水力タービンは、まさしくハプスブルク君主国初の試みとなった。

オーストリアのなかでもっとも早期に、しかも稀に見るほど急速な工業化を体験したフォアアールベルクは、その当然の帰結として、すでに十九世紀前半から、現代につながるような社会問題や、環境汚染問題にも直面させられていた。ブレゲンツ近郊、ハルトで操業したジェニー＆シントラー社の織物工場では、はやくも一八三七年、不当な労働条件の撤回を求める本格的なストライキが繰り広げられたという。だが、企業家たちによる積極的な新技術の投入、とりわけエネルギー開発への取り組みは、この地域にめざましい生活上の便益をもたらしたのであった。たとえば、フィリップ・ライス、グラハム・ベルによる電話の発明を受けて、一八七九年、ドルンビルンの企業家、オットー・ヘメルレが工場内の連絡用に導入した内線電話は、支社間の外線通話ネットワークを経て、やがて隣州ティロルとの電話回線に応用され、この技術がさらに、二十世紀を俟たずしてドルンビルンに市内電話網を整備することになる。また、電力エネルギーに強い関心を抱き、多種多様な家電製品の開発も手掛けたフリードリヒ・ヴィルヘルム・シントラーは、自社工場の電化を達成したのち、余剰電力をブレゲンツほか、周辺自治体に提供するようになった。このことが契機となって、フォアアールベルクは、その僻遠の立地にもかかわらず、きわめて早期において電力供給網の確立に成功したのである。

このときに始まった電力生産は、やがて「小さな州《レンドレ》」の経済を根底から支える主要産業部門へと発展する。一九〇五年、ブレゲンツ周辺への電力供給を目的に発足した発電所組織は、まもなくフォアアールベルク発電会社となって、国内各地のほか、ドイツ、スイスに向けても送電を開始した。面積と土地活用が限定されたフォアアールベルクに、こうした「電力輸出」は莫大な外貨収入をもたらすことになった。さらに、とりわけ近年では、自然との共生のなかで豊かな水資源が生み出す再生可能エネルギーが、「エコ電力」のひとつのモデルとして全欧からの熱い注目を集めている。

第二の産業――登山、スキー、ツーリズム

恒常的な人口流出を余儀なくさせられるほど厳しい経済・産業構造が十八、十九世紀を境に一変し、フォアアールベルクはやがてオーストリア国内でもっとも富裕な地域へと変貌する。そして、こうした変化の過程は、繊維およびエネルギー産業のほか、十九世紀以降、目を瞠る勢いで発展、成長を遂げた観光業を措いては語れないだろう。

フォアアールベルクを縦横に走るアルプスの切り立つ山々が、人間の生命と生活を脅かす厳

しい自然環境の象徴としてではなく、この地方特有の景観として初めて肯定的に捉えられたのは、十八世紀になってのことである。自然界のなかに万有の法則を求め、自然と人間の共存を希求した啓蒙主義の新しい自然観が伝播するにつれて、モンタフォンの険しい峠道は、イタリアを目指す旅人に強いられた著しく困難な移動路に止まらなくなっていた。「世界を見晴るかすもっとも美しい鳥瞰図」をひと目見ようと、二〇〇〇メートル級の高峰を踏破する旅行家が続出し、フォアアールベルクの山岳のみごとな景色は、彼らによる旅行記、ガイドブックを通じて全ヨーロッパに伝えられていった。

十九世紀になると、アルピニズムの流行に伴なって、山に登ることそのものを目的とする登山者が、スイスとの境域に横たわるレティコンやジルヴレッタ山塊の高峰をつぎつぎと登攀《とうはん》するようになる。植民以来、何世紀にもわたって環境との苛酷な戦いを強いられ続けた地元の人びとにとって、危険を冒して断崖絶壁を攀《よ》じるアルピニストの行動は、一方では、二十世紀に至ってもなお、まさに狂気の沙汰《さた》としか映らなかった。一九六一年に冬のアイガー北壁初登頂を果たし、フォアアールベルクが生んだ最大の登山家として知られるトニー・ヒーベラーは、少年時代、父のザイルを手にツィンバ峰（二六四三メートル）に登高したとき、学友をはじめ、周囲の激しい非難と嘲笑《ちょうしょう》の的になったことを、感慨をもって回想している。だが、他方、年間数千人の登山者が訪れるようになると、フォアアールベルクでは、彼らを受け入れるためのさまざまな環境が着々と整えられていったのである。一九二〇年代には、シェサプラーナ峰

（二九六四メートル）の登山基地、ブラント周辺だけでも三〇人以上の地元登山ガイドが活躍していた。ブラントではすでに一八九八年、宿泊業者らの主導で、集落全域での電化が達成された。都市部に先立つ電力導入は、きわめて早期において組織化された、この地域の観光業の現実を象徴する出来事といえるだろう。

しかし、モンタフォンをはじめ、南部山岳地帯における観光業発展の決定的要因となったのは、何よりも、十九世紀末に始まるスキー・ブームであった。この頃、登山者の間では、あえてアルプスが深い雪に包まれる冬季を選び、元来、豪雪地方での移動手段であったスキーを装着して山に登る人びとが現われた。ブレゲンツに生まれ、オーストリアにおけるアルペン・スキーのパイオニアのひとりに数えられるヴィクトーア・ゾームが、一九〇〇年、仲間とともにシェサプラーナ頂上にて新年を祝ったニュースは、ほどなくアルピニストたちの話題を独占した。

さらに、スキーが登山から切り離され、雪の斜面での滑降そのものに主眼が置かれるようになると、ブレゲンツァーヴァルトからモンタフォンにかけての独特の地形がスキーヤーの関心を強く惹きつけた。かつて人びとが牧草地を切り拓いた険しい岩壁の合間に広がるなだらかな斜面が、彼らにとって格好のゲレンデを提供することになったのである。とりわけ、州東端のツュールスとレッヒを結ぶ標高差一〇〇〇メートルに及ぶダウンヒルは、アルプス有数の「夢のコース」として、今日なおスキー愛好家の憧憬を集めている。

アーネスト・ヘミングウェイが愛したシュルンス．冬はスキー・リゾート，夏はトレッキングの拠点として，いまも多くの観光客を集めている．

こうして早くからスキーヤーが集ったフォアアールベルクでは、この新しいスポーツをさらに発展させるための設備が着々と整備されていく。ツュールスでは一九〇六年、ゾームの弟子ハンネス・シュナイダーが、のちにティロル、ザンクト・アントンに設立される最初のスキー学校に先駆けて、はやくも本格的なスキー講座を開いていた。その翌年には、シュヴァルツェンベルクにほど近いベデレで、オーストリア初のスキー・リフトが開通している。一九二五年の冬、妻と友人ドス・パソスを伴なってシュルンスに滞在したアーネスト・ヘミングウェイがスキーに魅せられ、『日はまた昇る』の改稿をいっとき措くほど、銀世界での滑降に深く耽溺《たんでき》したとき、フォアアールベルクはすでに、ウィンター・スポーツの中心地として確固たる地位を確立していたのだった。かつて住民に対して極限の生活を強いた自然環境が、現代になって新しい余暇習慣を生み出し、いまなおフォアアールベルクに膨大な観光収入をもたらし続けていることは、まさしく歴史の不可測性といえるのかもしれない。観光産業は、繊維関連業、エネルギー産業を大きく引き離して、第一の主力産業部門となっている。フォアアールベルクを訪れる観光客の数は年々増え続け、二〇〇八年から二〇〇九年には、スキーシーズンだけで五〇万人を突破して、過去の記録を更新したという。現在、ヨーロッパ屈指のウィンター・リゾートとなったレッヒやツュールスの優雅な佇まいのなかに、数百年前に同じ場所で繰り広げられた半耕半酪の厳しい日常生活の痕跡を辿ることは、もはや難しいだろう。

オーストリアのなかの「非オーストリア」

東アルプスの山嶺が区切る自然の境界線。フランスのアルザス地方、スイス、北イタリア、リヒテンシュタインに共通するアレマン的な言語と文化のアイデンティティ。伝統的な労働力流出とあまりに急激な工業化が象徴する、特殊な経済・産業の発展過程。これらの諸要素は、長い時間を経て、フォアアールベルクの住民の間に、ハプスブルク＝オーストリアからの明白な分離志向を形成していくことになった。

とりわけ、一七〇〇年前後を境とするハプスブルク家の政策転換は、人びとの意識を中央政府に対する強い反感へと翻させる誘因となった。この時代、多くの戦いでフランスに圧倒されたハプスブルク家は、その領土拡大政策の標的を西方から東ヨーロッパへと転換させ始めた。これに伴なって、ヨーロッパ西部への「橋梁地帯」、フォアアールベルクが、もはや以前のような強い政治的関心を集め得なくなったことは、当然の帰結であった。一七〇二年、皇帝レオポルト一世がこの地域をザンクト・ガレン修道院に売り渡そうと計画した事件は、フォアアールベルクが当時、帝国にとっていかに無用な存在となっていたかを明示している。長年の宿敵、ザンクト・ガレンによる支配を嫌った州議会は、この時、皇帝に二〇〇万グルデンの補償金を提供することでからくもこれを阻止したという。

いずれにしても、ハプスブルク君主国において、フォアアールベルクは単にティロルの背後に控えた狭小な「辺境の地」としての意味しか持たなくなっていた。十八世紀に進行した中央集権化の過程は、かつてフォアアールベルクの州議会が誇った特権と自由を事実上停止しただけではない。ナポレオン戦争によるフランス占領期、バイエルン統治期を経て帝国崩壊に至るまで、フォアアールベルクは行政区としての独立性すら喪失し、長期にわたってティロル行政府の管轄下に置かれたのである。ティロルから分離、独立し、独自の自治体としての自立性を回復することこそが、フォアアールベルクの人びとが近代を通じて抱き続けた悲願にほかならなかった。そして、このように長い時間のなかでゆっくりと醸成された「反オーストリア意識」は、第一次世界大戦直後、にわかに巻き起こった「スイス併合論」、さらに一九一九年の住民投票において、大きなうねりとなって顕現したのであった。

一九一八年十一月、最後の皇帝カール一世の国事不関与声明によってハプスブルク君主国が崩壊し、戦後オーストリアの再構築が国際議論の俎上に上ろうとしていたまさにそのとき、フォアアールベルクでは、はやくも住民たちが戦後処理の主導権を握ろうと始動していた。マルクス主義の影響を受けた青年教師、フェルディナント・リートマンを中心に発足した「スイス併合キャンペーン」は、この地が持つレート系・アレマン系起源、文化的・地理的現状および、古くからの民主的伝統を理由に、フォアアールベルクをオーストリアから切り離し、独自の自治州《カントン》としてスイスに併合する構想の整合性を強く主張したのである。ライン河畔のルステナウに始まった住民運動はほどなく三〇の市町村へと飛び火し、翌年二月までに全住民の七〇パーセントの賛成署名を得てさらに過熱していった。

他国への併合を安易に議論することに消極的な態度を示していた当時の州会議も、あくまで非公式な活動とはいえ、これほど強い支持を集めた署名運動をもはや無視することはできなくなった。こうして、いよいよ一九一九年五月十一日、スイス併合の可否が住民投票を通じて問われる運びとなったのである。市町村ごとに行なわれた投票では、ほとんどの地区で賛成票が九〇パーセントを上回り、なかにはフェルトキルヒ近郊のデュンサーベルクのように、一〇〇パーセントに達した地域さえあった。住民の八割以上がスイス国民としての戦後再出発を希望するという特殊な状況は、当地の人びとがもはや社会的にも文化的にもオーストリアにアイデンティティを持ち得なかったことをきわめて衝撃的な形で表わしている。とりわけ、出稼ぎから工業化に至るまで、この地の経済はつねにオーストリア領外の地域との連携のなかに活路を見出してきた。戦後、これらのエリアとの間に国境線が区切られれば、繊維業はじめ、地場産業の好況はもはや望めないことを、誰もが明確に意識していたのである。

民族自決の原則に従ってスラヴ諸国がつぎつぎに独立し、かつての巨大帝国のまさに「残骸」として残されたオーストリアをいかにして新生国家として立ち上げるかという困難な議論のなかで、結局、フォアアールベルクにおける住民投票の結果は、最後まで現実的な問題として議題に上ることはなかった。外交の局面では、オーストリアが背負った莫大な戦後賠償金の問題、さらに、あくまで永世中立国としての立場から他国への内政干渉を回避しようとするスイスの態度が、その実現を困難にしていた。また、ウィーンの中央政府内では、新しいオーストリア国をこれ以上縮小・弱体化させたくないという、首相カール・レンナーの断固たる意志も大きく作用したといわれている。いずれにせよ、スイス併合案は十分な議論と検討を俟つことなく闇へと葬られ、その後、第二次世界大戦後に至るまで、二度にわたって共和国が樹立される過程のなかで、フォアアールベルクのオーストリアへの帰属は既定の前提として扱われることになった。

しかし、住民投票の挫折は、フォアアールベルクにおける分離意識を払拭することには決してならなかった。一九六四年の「フッサハ事件」は、その後も失なわれることなく現代まで引き継がれ、地熱のように溜め込まれた分離志向の、もっとも過激な表出にほかならない。政府とオーストリア国鉄の肝煎りで新たに建造されたボーデン湖の輸送船が、地元の提案を無視し、かつての首相に因んで「カール・レンナー号」と命名されたとき、二万人を超えるデモ隊がフッサハ港の進水式会場へと押し掛け、投石などの暴力行為のすえ、その船名をペンキで「フォアアールベルク」と書き換えたのであった。ウィーンの一部のメディアは、逮捕者まで出したこの事件を、国政の舞台で繰り広げられていた社会党と保守派・国民党との拮抗状態と関連づけた上で、地方で進行する政治的保守化の表徴として激しく批判した。

それからのち、一九八〇年に州政府への分権を求めて巻き起こった「プロ・フォアアールベルク運動」もまた、政治史の領域では、ヨーロッパの地方政治における右傾化の萌芽として扱われることが多い。ここに関わった政治家の戦争責任問題など、これらの出来事が内包する戦後ヨーロッパ史の数々の難題から目を背けることは決して許されないだろう。しかし、その一方で、一連の事象の背景には、オーストリア的アイデンティティへの強引な同化吸収に激しく反撥しようとする、古くから受け継がれた精神的ベクトルが強く作用していたこともまた、十分に認識しておかなくてはならない。

オーストリア中・東部の人びとがフォアアールベルクについて想起する「遠さ」とは、単純に、首都からおよそ八〇〇キロメートルにも及ぶその実距離によってもたらされる感覚ではない。この地域はオーストリア国内で唯一のアレマン語使用地域であり、アレマン語の影響を強く受けた独特の訛は、方言のヴァリエーションが豊富といわれるオーストリア国内でも、きわめて特異な位置を占めている。家屋の様式や食物などの生活文化が、むしろスイスやリヒテンシュタインに深く通じるものであることは、この地を初めて訪れる旅行者ですら身近に実感させられるだろう。国土の西端に位置する「小さな州《レンドレ》」の地理と歴史が醸成してきた「非オーストリア性」は、しかし、こうしてフォアアールベルクの特殊な側面を際立たせると同時に、オーストリアという国そのものがその内部に秘めた著しい多様性をきわめて的確に例証して見せてもいるのである。

第9章
ウィーン
異文化が交叉するミクロコスモス

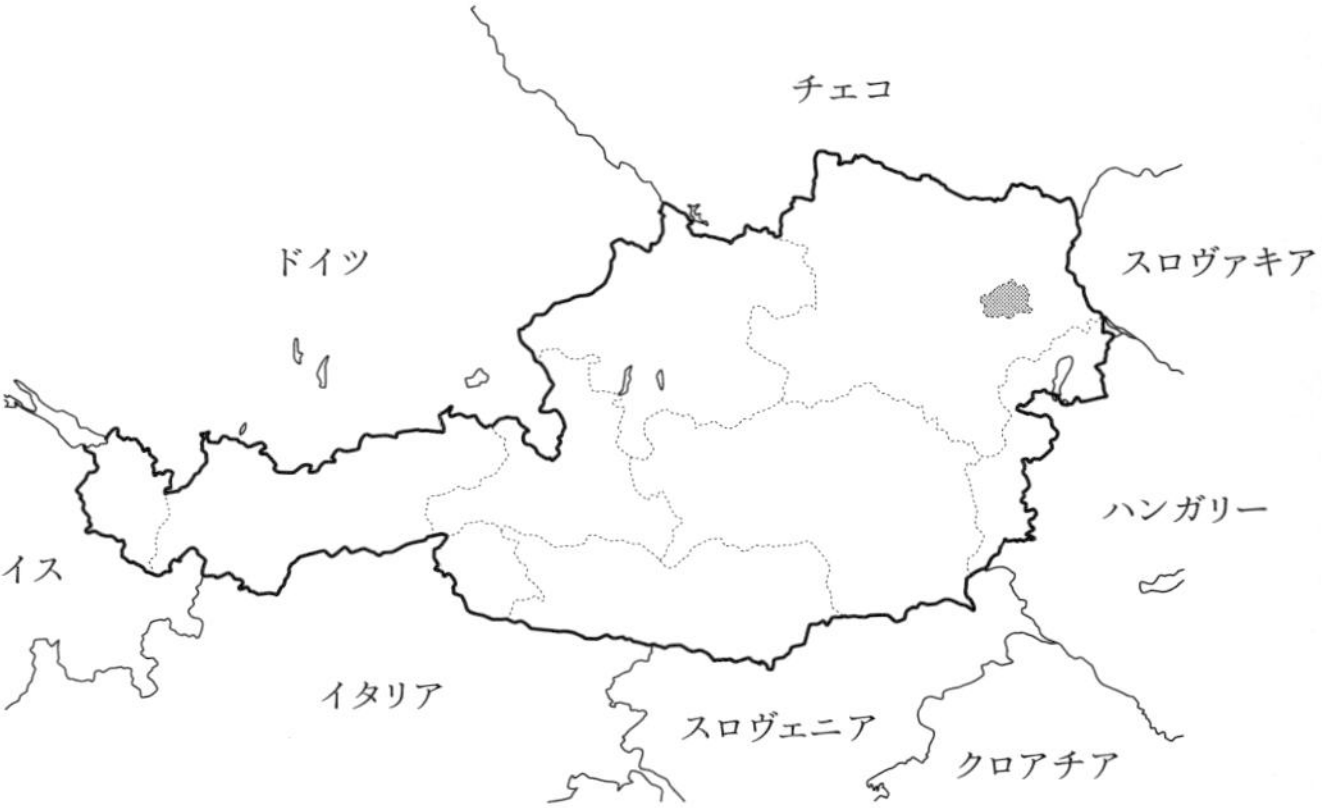

ウィーン　関連略年表

171　ローマ皇帝マルクス・アウレリウス，ヴィンドボナ滞在
740　聖ルプレヒト教会建立
1147　シュテファン聖堂の献堂
1278　ルドルフ１世，ウィーンに都市法を付与
1469　ウィーンに司教座が設置される
1551　イエズス会の導入
1529　オスマントルコ軍による第１次ウィーン包囲戦
1679　ペスト大流行
1683　オスマントルコ軍による第２次ウィーン包囲戦
1707　皇帝ヨーゼフ１世，公営質店を開設
1805/09　ナポレオン軍によるウィーン占領
1857　皇帝フランツ・ヨーゼフ，都市計画を導入
1918　第１次世界大戦終結．ハプスブルク君主国崩壊
1921　ウィーン，連邦州として独立
1938　ヒトラー，ウィーン入城，オーストリア合邦宣言
1996　シェーンブルン宮殿と庭園群，世界遺産登録
2001　ウィーン歴史地区，世界遺産登録

マルクス・アウレリウス帝が愛した砦、ヴィンドボナ

ドナウ河とウィーンとの麗《うるわ》しい結びつきを歌い上げたヨハン・シュトラウス二世の合唱用ワルツ『美しく青きドナウ』は、一五〇年にわたって演奏を重ねるうちに、「ドナウ河畔の都市、ウィーン」という鮮やかなイメージを形成し、定着させることになった。だが、しばしば皮肉をもって指摘されるように、ドイツのシュヴァルツヴァルトに発する清流は、川幅を広げながらおよそ八〇〇キロメートルの距離を流れたのち、ウィーン盆地に達する頃にはすでに土色の濁り江と化し、「青きドナウ」の面影はもはやどこにも求め得ない。さらに、歴史的市街地がドナウ河に面して佇むレーゲンスブルクやブダペストとは異なり、ウィーンの旧市街は実際にはドナウ本流から五キロメートルほど隔たっており、この意味で、ドナウ河畔の都市を標榜することと自体、厳密にいえば誤謬ということになる。

ドナウの水運を利して発展を遂げたウィーンでは、市街地と本流との間隙を補うために、南に向かって流れる細い支流の一つを古くから運河として利用してきた。これが現在のドナウ・カナール（ドナウ運河）である。旧市街の北端を走るドナウ・カナールは、単に船舶運輸の結節路として機能してきただけでなく、ドナウ河の水辺の息吹を都市に伝えるために、いまなお重要な一役を担っている。ちょうど現在、観光遊覧船が停泊する付近では、往時には夥しい艀《はしけ》が行き来し、水運の便を利して各地からもたらされる豊かな物資をつぎつぎに陸揚げしていた。運河に架かるザルツトーア橋の名は、その昔、荷揚げされた塩《ザルツ》が、ここにあったザルツトーア市門から市内へと運ばれたことをいまに伝えている。この付近には十九世紀までウィーン最大の魚市場が存在し、水運と漁業に携わる人びとが集って昼夜活気が絶えることがなかったという。

かつてドナウの魚市場が営まれたモルツィン広場《プラッツ》から市内の広場、ホーアー・マルクトへの道筋は、まさしく塩や魚がいにしえのウィーンの食卓へ至った経路ということになる。もともとこの一帯に魚料理店が多く見られた所以も、ここにある。そして、古い静かなウィーンの佇まいを幾分か残すこの街路、マルク・アウレル通りは、その名を通じて、太古にまで遡る都市の起源を、人びとの記憶に呼び起こすのである。

マルク・アウレルとは、第一六代ローマ皇帝、マルクス・アウレリウス・アントニヌスのドイツ語読みである。紀元一六九年、ローマ軍団は、ドナウ沿岸地域におけるゲルマン系・東方系異民族との激しい争いを鎮定する必要に迫られていた。時の皇帝、マルクス・アウレリウスは、早期に戦乱を収めるため、ただちに現地に向かってみずから軍団を指揮し、北東部属州ノリクム、パンノニアの軍事拠点、カルヌントゥムに三年の月日を過ごすことになった。作戦を練るうち、ドナウ河沿いに戦略上有利な駐屯地を求めた皇帝は、一七一年、ドナウを渡河して砦の街ヴィンドボナに入ったといわれる。このヴィンドボナこそ、のちのウィーンの構造的基礎となる古代ローマの小都市にほかならない。

マルク・アウレル通りという街路の正式な命名がなされたのは、時代を遥か下って一八八六年のことである。だが、市街の北東側の入り口に位置するその起点は、古来、マルクス・アウレリウスが都市ヴィンドボナに入城した地点として言い伝えられてきた。一九二五年の『ウィーン新聞』に掲載されたエッセイ記事によれば、市門に到着したマルクス帝は、歓喜してこれを迎えるヴィンドボナの住民から贅沢な菓子のもてなしを受け、その味に魅了されて当地を自身の居留地に決めたのだという。このエピソードの真偽のほどは知れないが、いずれにしても皇帝はヴィンドボナをことのほか好んだ。その後も属州平定に奔走したマルクス帝は繁くここに滞在し、一八〇年、病を得て当地に歿したのであった。

ローマ五賢帝のひとりに数えられるマルクス・アウレリウスは、幼少の頃からストア派の哲学に親しみ、古代ギリシャの民主制に理想を見出していた。ハドリアヌス帝により幼くして人格と能力を認められ、帝位継承者に定められたものの、自身は強力な皇帝権を嫌悪したといわれ、即位に際してはあえて義兄弟のルキウス・ウェルスを共同統治者に定めたほどであった。平和と民主制に飽くなき憧憬を抱きながら、混迷する属州情勢に翻弄されて絶え間ない戦争の道を強いられたマルクス帝は、マルコマンニ人との激戦のさなか、自身のために哲学的覚書を記し始めた。ギリシャ語でしたためられた思索ノートは、皇帝の死後、『自省録』として編まれ、今日に至るまで優れた哲学書として広く読み継がれている。

著作の二巻めには、マルクス帝自身の手跡で執筆地として「カルヌントゥム」と記されているが、実際にはこの書の大部分はヴィンドボナで書かれたという説もある。ウィーン郷土史家の多くは、実際、この名著を、当地で著された最初の書物として位置づけている。世界支配者であるよりもむしろひとりの哲人であることを好んだマルクス・アウレリウスは、その一節で、「人の一生は瞬く間に過ぎ、事物の本質は川のごとく絶え間なく流れる」として、世の儚さと宇宙の永遠性を対比した。森羅万象の真髄を川の流れに譬えたとき、書き手の眼は、あるいは、波ひとつない穏やかな水面に空を映して滔々と流れ行くドナウの大河を見つめていたのかもしれない。

ウィーン――東の砦、境界の都市

マルク・アウレル通りが行き着くホーアー・マルクトの地下からは、のちにローマの司令官の館が発掘され、現在、ほぼそのままの形で維持された構築物が、古代ローマ博物館として一般に公開されている。マルクス帝が住まい、『自省録』をしたためた場所も、おそらく、この館の一室にあったのだろう。さらに、その後の考古学的研究を通じて、ローマの都市ヴィンドボナは、このホーアー・マルクトを中心に、現在のティーファー・グラーベン、ナーグラーガッセ、グラーベン、ローテントゥルム通りの四本の街路が囲む区域をその立地としていたことがわかっている。

ヴィンドボナを舞台に営まれた豊かな日常生活の細部は、古代ローマ博物館の展示物からも詳細に読み取ることができる。当地の住民はローマ本国と同様の浴場を持ち、またブドウを栽培してワイン醸造を手掛けていた。しかし、こうした暮らしの細部に目を奪われるあまり、この小都市がローマ帝国において果たした本来の役割を忘れてはならない。すなわち、ヴィンドボナは、その五〇キロメートル東に威容を誇ったローマ軍団の大規模駐屯地、カルヌントゥムを後方支援すべく建設された軍事都市であり、具体的には、北東の境域に迫ってローマの平和を脅かすゲルマン系諸民族から属州を守るための、一種の要塞として構想されたものであった。

そして、ローマ時代に定められた「境界を守備する要塞都市」という役割は、ヨーロッパ世界の成立を経て、その後、中世から近現代に至るまで、この街に永く引き継がれることになる。すなわち、かつてローマ人とゲルマン民族が鬩ぎ合った一帯は、のちに、ドイツ人とマジャール人、カトリックと改革派、さらにはキリスト教とイスラム教が相争う地点としての歴史を歩んだのであった。ヨーロッパ大陸を東西に走る主要水運路のドナウ河と、北海、バルト海からイタリア、ギリシャ、さらに黒海を結ぶ琥珀街道が交叉するという立地は、交易の利だけでなく、同時に、多数の民族や宗派グループの間に展開される激しい抗争の危険性をももたらすものであった。

十世紀にオーストリアを初めて統一的な領土として治めたバーベンベルク家は、王宮やシュテファン大聖堂など、現在のウィーンの多くのランドマークに礎石を置き、この地に首都としての体裁を整えることに力を注いだ。開祖ルイトポルト一世が、のちのオーストリアの前身、東方辺境地区を神聖ローマ皇帝オットー二世より授かって以来、一族はこの領土を、寄進や婚姻相続、買収など合法的かつ平和的な手段を通じて徐々に拡大した。それにもかかわらず、オーストリアの始祖ともいえるバーベンベルク家の君主たちは、首都と自領を異国の君主や侵略者から守るために、つねに戦いを強いられなければならなかった。こうした宿命は、ハインリヒ強公、アーダルベルト無敵公、エルンスト勇敢公など、彼らが当時から呼び慣わされた異名からも十分に窺い知れるだろう。

ハプスブルクの君主たちもまた、しばしばこの要塞都市の支配権をめぐって他の君主らと争い、ときとして砦の外に閉め出される屈辱を味わわなければならなかった。「貧乏伯」ルドルフ一世は、一二七三年、フランクフルトでドイツ王として戴冠したのち、宿敵ボヘミア王オットカール・プシェミスル（オットカール二世）の手中にあったウィーンに凱旋しようと望んだ。しかし、オットカールを熱烈に支持する都市名士らは市門を固く閉ざし、新たな君主に一歩たりとも市中に足を踏み入れることを許さなかった。さらに二世紀を経た一四六二年、皇帝フリードリヒ三世は、陰謀を企てた弟のアルブレヒト六世によって妃と子を市内の王宮に軟禁されたまま、なす術もなく市壁の外に佇むことになった。このときもまた、皇帝の門外追放事件に、アルブレヒトと結んだ市民たちの直接的な関与があった。

こうして、多数の権力のベクトルが交錯するこの境界都市では、君主の権限はつねに現実的な危機に晒され続けたのである。一二七八年、オットカールを駆逐したルドルフが、首都住民の支持を得ることを目的に、市民の自由と自治権を認めて付与した都市法は、この状況を危惧する後継者によってはやくも二〇年後の一二九六年には停止されなければならなかった。そして、からくも謀叛の危機を脱したフリードリヒ三世、さらにその子マクシミリアン一世が、世相が安定してもなお居城をウィーンに定めようとしなかったのは、まさしくこの砦の都市が深く内包した紛争の危機と政治的不安定性ゆえのことであった。

塔と鐘楼の街

ウィーン市内には、都市を一望する眺望スポットがいくつかある。シェーンブルン庭園のグロリエッテ、エレベーターで昇れるシュテファン大聖堂北塔、あるいは、靄《もや》が出ていなければ、市の北西部の丘陵、カーレンベルクからも、首都のパノラマを眺めることができる。高い場所に立ってウィーンの街を鳥瞰するとき、あまたの宮殿のマンサード屋根と並んで、まずわれわれの目を惹くのは、市街全域の随所で宙を貫くように立つ教会の塔であろう。十七世紀にマテウス・メーリアンが制作した都市景観図と比べてみると、建物がひしめき合う市街に塔と鐘楼が林立する都市像には、その後四世紀のうちにさほど大きな変化は起きていないように思われる。

ウィーン市内には、いまもなお、およそ四〇〇のカトリック教会と修道院が存在するという。そして、塔を戴く教会建築が古くから都市の景観を特徴づけてきたという事実は、教会、とりわけカトリック信仰がウィーンの歴史においていかなる役割を果たしてきたかを示唆するのである。

この地に最初にキリスト教信仰をもたらしたのもまた、ローマ人であった。ローマの人びとは本来独自の神々を信仰していたが、紀元二世紀の頃には、すでにローマ軍団のなかにもキリスト教信仰が伝播するようになっていた。対マルコマンニ人の戦闘で第一二軍団を率いた将軍ドナートゥスも、キリスト教徒として知られる人物である。一七二年七月、灼熱《しゃくねつ》の猛暑のなか、その軍勢がウィーン近郊のマルヒフェルトにおいて兵糧攻めに遭ったとき、神が彼の祈りを聞き入れて恵みの大雨を降らせたというエピソードは、現在もなお、奇跡の物語としてキリスト教世界で広く語り伝えられている。

だが、ローマ帝国時代以降、「境界の都市」が体験した民族大移動の混乱は、想像を絶するほど凄まじいものであった。ヴィンドボナの建造物や水道施設と同様、この地におけるキリス

旧市街の北端に立つ聖ルプレヒト教会．ウィーン最古の教会とも言われる．ドナウ運河側との高低差は，かつて都市を隔てた市壁の存在を想起させる．

ト教信仰の痕跡もまた、つぎつぎに去来した諸民族によって完膚なきまでに破壊しつくされ、根づいたばかりの信仰文化はほぼ根絶やしも同然の状態に陥った。結局、フランク王国がゲルマン諸民族を統合してのちの八世紀、キリスト教をここに再度定着させるために、西方のバイエルン、ザルツブルクからあらためて布教がなされなければならなかった。

ウィーン最古のキリスト教会とされる聖ルプレヒト教会は、初期の布教の経緯を鮮やかに伝えている。飲食店で賑わうシュヴェーデン広場からドナウ運河の河岸通りを十数メートル西へ進むと、古い市壁の一部が一段高いテラス状の段地をなして残っている場所がある。その際《きわ》に迫り出すようにして建つ、いかにも古色蒼然とした建物が、聖ルプレヒト教会である。ヴィンドボナ内にあったローマの神殿の上に築かれたという言い伝えの真偽は定かではないが、その位置はちょうどかつてのヴィンドボナの東端に位置し、古代都市の構造体を基礎に建築されたことに疑いの余地はない。

ルプレヒトとはルーペルトの別称であり、この教会はまさしく、あのザルツブルクの「塩の聖人」、ルーペルトを守護聖人とする聖堂にほかならない。十六世紀の人文学者、ヴォルフガング・ラツィウスの『ウィーンの歴史』によれば、ザルツブルクに聖ペーター教会とノンベルク女子修道院を建立し、彼の地にキリスト教を定着させた聖ルーペルトが、その後ウィーンに入り、七四〇年に当教会を献堂したのだという。ただし、聖ルーペルトはすでに七一八年、ヴォルムスに歿しており、実際には、彼がエンス河を東岸に渡ってウィーンまで足を延ばすことはなかったようだ。

聖ルーペルト自身による献堂のエピソードは、後世の口承のなかに生まれた伝説に過ぎない。しかし、御堂の北壁にいまも塩壺《しおつぼ》を手に佇む聖ルーペルト像は、ウィーンにおけるこの最初の教区教会が、ザルツブルク大司教区の東方への布教活動の一環として成立したことを示唆するのである。聖ルプレヒト教会の最初の礎石が置かれた八世紀、ウィーンはいまだアヴァール人やマジャール人による侵略の危機に晒されていた。ドナウ下流域一帯を管轄布教地域としていたザルツブルク司教にとって、混迷するウィーンに教区と教会を確立させることは、異民族の脅威を排除するための安定要因を築くとともに、ボヘミア、モラヴィアなど、さらに東に位置した地域のキリスト教化を効率よく進めるための、重要な拠点形成を意味していたのである。

その後、オーストリア辺境伯とバイエルン公を兼任したバーベンベルク家のレオポルト四世がバイエルンで権勢を誇ったパッサウ司教に土地を寄進し、市内に教会建設を許した。このことから、ウィーンは新たにザルツブルクからパッサウ司教の管轄下へと移る。こうして一一四七年に建立されたのがシュテファン聖堂で、聖シュテファンはパッサウの守護聖人であった。現在のような錚々たるゴシックの威容を誇るにはさらに数世紀を俟たなければならなかったとはいえ、この移管に伴なって、ウィーンの教区教会は、同年、新たにシュテファン聖堂に定められた。

だが、ハンガリー王国がキリスト教国となり、オーストリアがバーベンベルク家のもとで統一されてもなお、ウィーンは依然として布教管区としてパッサウ司教の支配下に置かれ続け、聖職者の任命もパッサウよりなされた。バーベンベルク家からオーストリアを引き継ぎ、都市ウィーンをことさら寵愛したボヘミア王オットカールは、この地にザルツブルク、パッサウと同等の司教座を置くことを熱望したという。また、シュテファン聖堂に新たに南塔と長堂を増設し、大聖堂としての改築作業に先鞭をつけたハプスブルク家の「建設公」ルドルフ四世は、大司教座設置をめぐって教皇庁とも交渉を開始していた。しかし、世故に長けた君主たちといえども、その希望は実現されることなく、ウィーンは、ハプスブルク家の宮廷所在地となって以降もなお、長く一教区の地位に甘んじ続けなければならなかった。多くの民族や侵略者の去来が、いまだ政治的安定を遠ざけ続けたからである。結局、ウィーンが独自の司教区となってパッサウ司教の支配から脱し、シュテファン聖堂が念願の司教座教会となったのは、ようやく一四六九年、フリードリヒ三世の時代になってのちのことであった。

十五世紀後半に至るまで、ウィーンは結局、ヨーロッパにおけるカトリック信仰の要地とはなり得なかったのである。この経緯は、異民族や東方国家との衝突地点であった当地が、バーベンベルク家、ハプスブルク家によって平定されてのちもなお、ローマ教皇庁や西方の諸侯から見れば一貫して不穏な「境界の都市」であったという事情を、明快に裏づけているといえるだろう。そして、危機をはらむ辺境のイメージは、一六八三年にオスマントルコ軍が撃退されるまで、完全に払拭されることはなかった。

カトリック都市ウィーン

最古の教区教会だった聖ルプレヒト教会からシュテファン大聖堂まではおよそ七〇〇メートル、ローテントゥルム通り沿いに歩けば一〇分足らずの距離である。一三六・四メートルの南塔を擁して首都随一のランドマークとなっているシュテファン大聖堂から、さらにグラーベン、コールマルクトを通って王宮の方向に向かうと、ペーター教会、アウグスティン教会、ミヒャエル教会が、またコールマルクトからヘレンガッセを北へ進むと、ミノリーテン教会、ショッテン教会が、小路を曲がるごとに多彩な建築様式で飾られた荘厳な姿を現わして、鳥瞰したときの「塔の街」のイメージをいきいきと上書きする。

これらの御堂の歴史を繙《ひもと》くなら、君主たちがみずから修道会を招致し、私財を投じて建立したいきさつを知ることになるだろう。ウィーンでもっとも美しい広場、フライウングに立つショッテン教会は、ドイツ語で「ショッテン」がスコットランドを意味する通り、一一五五年、バーベンベルク家のハインリヒ・ヤソミルゴット（ハインリヒ二世）がスコットランド（一説にはアイルランド）の修道僧に寄進した教会がその起源であった。また、のちに長くハプスブルク家の王宮つき礼拝堂として用いられたアウグスティン教会は、一三二七年にフリードリヒ美王がアウグスティン修道会を招いて建てたものである。さらに、その墓所に歴代のハプスブルク君主の亡骸を預かるカプチン教会は、一六一八年、マティアス帝の妃アンナが遺言を通じてカプチン修道会に遺した土地と建物に由来する。こうした縁起からは、異民族、そしてのちの時代にはフス派をはじめ異宗派がひしめき合った東の境界都市を首都とするに当たって、君主たちがローマ教会との緊密なつながりを懸命に追求し、それを目に見える形で具現化しようとした努力の痕跡がはっきりと読み取れるだろう。とりわけ、祈りのなかに真の信仰のあり方を求めつつ、伝道と布教活動、宗教教育に熱心に取り組んだ修道会の導入は、ウィーンという都市が長い間置かれてきた混迷の状態に、最大の安定要素をもたらすものであったに違いない。

だが、君主たちが見据えていたのは、異民族との対峙と摩擦《まさつ》だけではなかった。十六世紀以降、プロテスタントの擡頭と新旧の宗派対立が新たな混乱をもたらしたとき、ハプスブルク家はさらに多くの寄付・寄進を行ない、カトリック教会との絆を強めようとしたのである。ロマネスクや初期ゴシックに起源を持つ多くの教会が、この時期、漆喰と大理石に飾られたバロック様式の大規模改修を経て、華やかな変身を遂げた所以である。フェルディナント一世が一五五一年に首都に招き入れたイエズス会をはじめ、君主の後ろ盾を得た各派の修道会は、救貧活動や病院の運営、女子教育など、幅広い慈善活動を通じて、首都市民の心を強く捉えようとした。イエズス会が修道会学校で定期的に上演した宗教劇は、宮廷劇場のオペラかと見紛うばかりの華やかな舞台で観る者を魅了し、ほどなく都市における最大の娯楽のひとつとして定着したのであった。

このようにして、ハプスブルク家が宗教改革の時代を通じて貫いたスタンスは、首都の市民生活のなかにもカトリックの信仰習慣を深く根づかせることになった。当時の旅行記の記述によれば、十八世紀になる頃にはほぼ毎日のように市内のどこかの教会が街路に祝祭行列を繰り出し、また、日々執り行なわれる礼拝の回数は、数ある教会と礼拝堂を合わせれば、一日に延べ九〇回を優に超えたという。貴人が通うミヒャエル教会やペーター教会周辺で、日曜日の朝方、ミサに向かう馬車が大渋滞を引き起こしたことは、ウィーンの人びとの信心深さを象徴する現象として、プロテスタント圏の多くの文筆家が半ば冷笑を込めて報じている。

同時代史料の記録は、独立した司教区となって二世紀あまりを経たウィーンが、かつてザルツブルク、パッサウの布教管区であったことを微塵《みじん》も感じさせないほどに、徹底したカトリック都市となっていた事実を明らかにする。それはいうまでもなく、あまたの鐘楼が都市像を彩るという建築や景観上の特色に止まらず、人びとの信仰心や生活習慣など、いわば社会の精神性をも含めてのことであった。

現代のウィーンでは、カトリックに帰依する人びとが全人口のおよそ三〇パーセントまで減少している。だが、古くからの信仰習慣は、日常生活の細部にふとその記憶を蘇らせるのだ。たとえば、コーヒーのカプチーノの名がカプチン修道会に由来することは周知の通りだが、ウィーンのカフェでは、「カプツィーナー」とは別に、「フランツィスカーナー」という、泡立てミルク入りコーヒーにホイップクリームをのせて仕上げる淹《い》れ方がある。これらは本来、修道会のマントの色から名づけられたもので、ウィーンの人びとは濃いこげ茶色のカプチン会と、やや薄色のフランチェスコ会の僧衣の色味の微細な違いに譬えながら、コーヒーに加えるミルクやクリームを加減したのである。いまもカフェのメニューの定番をなしている二種の飲み物は、かつて、あらゆる会派の夥しい修道僧たちが俗人に交ざって市街を行き来した時代の名残をいまに留めるのである。

オスマントルコとウィーン

ウィーンはまさしくコーヒーの街として知られる。「カプツィーナー」や「フランツィスカーナー」をはじめ、ウィーン風コーヒーには、豆の種類や焙煎《ばいせん》の方法ではなく、淹れ方やミルクの量、合わせるリキュールや生クリームによって、十数種類ものヴァリエーションがあるとされる。そして、コーヒーという飲み物とウィーンの所縁を辿るなら、われわれは、やはりその「境界の都市」としてのあり方に行き着くことになる。

一四五三年、メフメト二世率いるオスマントルコ軍はコンスタンティノープルを陥落させ、ローマ帝国の後継として一〇〇〇年の歴史を長らえたビザンツ帝国を崩壊させた。その後、拡大するイスラム教帝国、とりわけ西方進出を目指すスルタンの野心は、ヨーロッパの諸侯君主たちにこの上ない脅威を与えることになった。しかし、この新たな外交情勢に関して、ハプスブルク家とウィーンの人びとは、他地域とはまったく異なる体感を抱いていた。オスマントルコ軍の脅威が西欧の人びとにとっていわばヴァーチャルなレベルに止まったのに対して、「境界の都市」ウィーンにおいて、東方の領土と地続きのバルカン半島、アナトリア半島の危機は、まさしく肌に迫る問題だったからである。実際ウィーンは、西欧の主要都市のなかにあって唯一、一五二九年と一六八三年、二度に及んでオスマントルコ軍による直接の包囲を受けることになる。

一五二九年夏、メフメト二世の曾孫、スレイマン一世の軍勢は、ハンガリー経由で一路ウィーンを目指した。九月八日、現在のブダペストの西側、オーフェン陥落の報が入ると、ウィーンは著しい恐慌に陥った。都市は四年前、大火にあって市街の三分の一以上を消失し、市民はその打撃からいまだ回復していなかった。迫り来る異民族の大軍に守りを固める覇気もなく、多くの住民は早々に市外逃亡の道を選んだという。結局、一五万のオスマントルコ軍に対して、ニコラス・サルム伯爵率いる一万七〇〇〇人のドイツ人とスペイン人の傭兵隊がウィーン守備の任に就くことになる。

ショッテン修道院前のフライウング広場から、オーストリア内務省の建物に向かって延びる細い道、シュトラウホガッセには、第一次オスマントルコ包囲戦についての言い伝えが数多く残っている。そのひとつが、この小路がフライウングに交わるところ、ハイデン・シュスと称する小広場にまつわるものである。最初にトルコ軍が都市に迫った当時、この地点には中世以来の市壁があり、市域を守っていた。口承によれば、十月一日に包囲戦が始まってほどなく、この壁に穴を掘って市内潜入を試みたトルコ兵がいた。これを発見した守備軍はすぐさまその兵士を射殺

ハイデン・シュスにいまも残るトルコ人騎馬像.

し、亡骸をミイラにして、馬や武器一式とともに市壁際に建つ家の角に晒したという。のちにこのミイラに代わって砂岩製のターバンの騎馬石像が置かれるようになり、その下部には「ここより異教徒（「ハイデン」）を射撃（「シュス」）せし」と記した大理石板が掲げられた。ただし、現在ここに立つ騎馬像は一八五一年製で、プレートも、かつてドナウ支流がここを流れたことにしか触れていない。

興味深いのは、同じシュトラウホ・ガッセに、類似の伝奇が存在することである。すなわち、日々早朝に製パン作業を開始する親方と徒弟が、未明に地下トンネルを掘って市内に達しようとしたトルコ兵の作戦を鶴嘴《つるはし》の音で察知し、その作戦を未然に阻止したという有名なエピソードで、このパン店の立地が、やはりシュトラウホ・ガッセであったとされる。

いずれも史料的な裏づけの取れない、他愛のない口碑であることは確かだが、他方、二つの伝説は、第一次ウィーン包囲の真実の一端を伝えてもいる。ウィーンを攻めたスレイマン一世軍は多勢ではあったが、その作戦は決して十分とはいえなかった。とりわけ、大砲七〇門を構えながら、装備した火薬は都市を一斉砲撃するにはおおいに不足していた。オスマントルコ軍の砲撃は主としてケルントナー市門付近に集中し、市壁の一部の破壊に成功したが、その他の地点では、元来彼らが得意とした坑道戦に訴えざるを得なかったのである。都市を守る市壁の随所、とくに王宮エリアへと至る要所のシュトラウホ・ガッセ付近において、坑道を掘るトルコ兵が捕獲される事件は、おそらく頻発していたに違いない。

皇帝軍の劣勢で、一時は首都陥落が危惧された第一次ウィーン包囲戦は、開戦からわずか二週間後にあっけなく終結する。十月十四日の夕方に降り始めた霙《みぞれ》は、夜半には雪に変わっていた。予期せぬ冬の到来に怖じ気づいたスレイマンは撤収を即断し、トルコ軍はほどなく包囲を解いて、郊外地域に掠奪の限りをつくしながら南へ退却したのであった。ウィーンの人びとは、この季節はずれの冬将軍の訪れを、ローマのドナートゥス軍団に降り注いだ驟《しゅう》雨《う》に次ぐ「神の恩寵」として、後世に語り継ぐことになる。

ただし、この結末も都市に真の安寧をもたらすことはなかった。十月二十日に遅れて到着したプファルツ選帝侯の援軍は、もはやスレイマンの軍勢を追撃することはできなかった。天候の推移によっては敵軍逆襲の恐れも拭い切れず、さらに、数年以内にオスマントルコが再襲撃をかける可能性が、現実的な危機として人びとの気持ちを翳らせたのである。一五二九年のトルコ襲来を機に、ウィーンでは、中世風の市壁と防御施設の大規模改修が始まった。市壁上には一〇ヶ所の稜《りょう》堡《ほ》が建設され、その周辺には外からの砲撃に備えて数十メートル幅の斜堤が築かれた。「境界の都市」はこうして、いよいよ要塞の街としての外観を整えていったのである。

フランツ・ゲオルク・コルシツキー異聞

だが、スレイマンの再襲撃を恐れた人びとの不安は、当面は杞《き》憂《ゆう》に終わった。トルコ軍がふたたびウィーン盆地に宿営を張るのは、それからおよそ一世紀半後、一六八三年になってのことだった。このとき、第一九代皇帝メフメト四世の治世下、すでにオスマントルコ帝国は斜陽の時代を迎えようとしていた。国勢回復の最後のチャンスを宿敵ハプスブルク家との戦争に見出そうとした大宰相カラ・ムスタファは、同年三月、一五万人の兵を擁してアドリアノープルから西進を開始したのだった。

二度めのオスマントルコ危機に際しては、ヨーロッパでは、これをキリスト教圏全体の脅威として捉えようとする見方が主流となっていた。ウィーンはまさしく「キリスト教信仰を守る神聖な砦」とみなされ、ローマ教皇インノケンティウス一一世は各国に広く支援を呼び掛けて、みずから莫大な支援金を供出した。皇帝レオポルト一世は、ドイツ諸侯、ポーランド王の協力を得て軍を綿密に組織し、包囲された都市に立て籠もる都市守備軍を辣腕《らつわん》軍人エルンスト・リューディガー・シュタルヘンベルク伯爵の指揮に、そしてドナウ河からウィーンの森にかけて前線を張り、トルコの包囲軍を背後から攻める攻撃部隊を名将ロートリンゲン公カール五世の指揮にそれぞれ委ねた。

しかし、七月初頭にドナウ右岸まで迫ったカラ・ムスタファ軍の威力は想像を絶するものだった。敵軍をドナウ対岸へと退却させるロートリンゲン公の最初の作戦は失敗し、皇帝軍は虚しく左岸に押し戻された。七月十四日、優勢を保ったまま首都包囲を完了したオスマントルコ軍は砲撃を開始し、八月前半までには王宮付近の二つの稜堡を破壊して、他の箇所にも坑道地雷によって壊滅的な被害を与えるに至った。とりわけ王宮にもっとも近いブルク稜堡では、瓦礫が徐々に内側まで掘り進められ、九月三日には市壁の際までトルコ兵が入り込んでいたという。ウィーンはいまやトルコ軍と石壁一枚で隔てられ、この市壁に新たに坑道が穿たれるのはもはや時間の問題であった。

きわめて危機的な状況のなかに、包囲戦はおよそ二ヶ月間に及んだ。市内ではすでに食糧が不足し、また、暑さと衛生状態の悪化から痢病《りびょう》が蔓延して多くの死者を出していた。オスマントルコの巧妙な坑道戦はあらゆる予断を許さず、シュタルヘンベルク伯は、敵軍の市壁突破と市街戦という、最悪のシナリオに備え始めていた。他方、ロートリンゲン公は、郊外のワイン区域《フィアテル》の丘陵に陣を張り、ドイツ諸邦とポーランドからの援軍到着をじりじりと待ちながら、都市解放のための突撃の機会を窺っていた。

都市が完全に封鎖された状況のなかで迎えたこの極限の持久戦を、多少なりともオーストリアにとって有利な方向へと展開させるために、いわば歴史の裏舞台でひと知れずみずから大役を買って暗躍した人びとがいた。シュタルヘンベルク伯とロートリンゲン公は、オスマントルコ軍の占領地域とその外側に広がるブドウ畑、距離にしておよそ三〇キロメートルを隔てて向き合っていた。二人が都市解放に向けて作戦を密にするためには、この危険地帯を横断して情報を運ぶ伝令の存在が不可欠であったのだ。

ウィーン包囲戦のさなか、命を賭して都市と郊外部を往復した人びとの記録はあまたある。

なかには、鶏や卵などの食料を、市壁越しに運び入れようとした無謀な若者もいたという。だが、市の内外の情報伝達を担って走り回ったのは、多くは南東欧に出自を持ち、平時よりトルコとの外交・交易に伴なう通訳に従事していた人びとであった。トルコ語が堪能なばかりでなく、かの地の文化・風習にも通じた彼らは、時には実際にトルコ人に扮《ふん》して市壁を越え、危険な任務を果たした。

そして、伝承によれば、かのフランツ・ゲオルク・コルシツキーもまた、こうした包囲戦のスパイのひとりであったという。ポーランド人のコルシツキーは、八月十一日にシュタルヘンベルク伯より伝令の命を受けた。まさに薄氷を踏むような特務に就くに当たり、司令官が報酬の希望を尋ねたところ、コルシツキーは、「自分はただ市民としての当然の義務を果たすだけだ」と、毅然と答えたと伝えられる。特使は翌日の深夜、ショッテン市門から出発したものの、悪天候のため道を見失い、トルコの陣営に迷い込む。ターバンで変装したコルシツキーがここで鉢合わせしたのは敵軍の司令官で、雨に濡れたあまりに惨めなその姿に、哀れみから宿営のテントに招き入れられ、熱いコーヒーを振る舞われた、というエピソードは、無論後世に加えられた虚構である。コルシツキーはともあれ無事にロートリンゲン公のもとに達し、さらにその返答を携えて市内に戻った。このやりとりこそが、九月十二日、ポーランド王ヤン・ソビエツキの援軍を受けた皇帝軍の華々しいウィーン解放戦、そしてカラ・ムスタファ軍のベオグラードへの撃退につながった、というのが口碑の常套句《じょうとうく》となっている。勝利戦ののち、コルシスキーは褒美としてトルコの宿営跡に残された「謎《なぞ》の緑の種」を手に入れ、これをもとにウィーン初のカフェハウスを開店したというのが、その伝説の周知の結末である。

コルシツキーという無名の人物にまつわるこのあまりに有名な英雄譚は、実際にはそのほとんどの部分がのちに創作されたフィクションに過ぎない。フランツ・ゲオルク・コルシツキーは、信頼できる史料によれば、一六八〇年から八二年にかけて、通訳、あるいはオーストリアのスパイとして、ウィーンとコンスタンティノープル間を少なくとも五回にわたって往復していた。一六八二年には両国の情勢からすでに戦争を予見する発言をしており、また、その存在がトルコ側に知れ過ぎていたため、一六八三年以降はこうした職務に就くことに困難をきたしていたともいう。したがって、かりに包囲戦時にシュタルヘンベルク伯が伝令に任命したとしても、本人が任務を拒否した可能性も否めない。さらに、ウィーンにおけるコーヒーとカフェ文化の元祖仕掛け人として語られるコルシツキーは、実際にはコーヒーとは何の接点も持ってはいなかった。ウィーンで最初にコーヒー店を営んだのは、アルメニア人のヨハネス・デオダトであり、コルシツキーがコーヒーをめぐる営業活動に関わった記録はどこにもない。

実際のコルシツキーは、包囲戦時に市内に留まったまま、おそらく通訳として都市防衛軍に貢献していた。その報償として、戦後、ウィーン市長から市内に家屋を与えると約されたが、この約束が長く果たされなかったため、市当局に対して訴訟を起こし、一六九四年、極貧のうちにこの世を去っている。

ウィーンをイスラム教徒による占領の危機から救った一六八三年九月の都市解放戦は、その後、輝かしい勝利の歴史として、想像と創作を交えつつさまざまに語り継がれることになる。その過程で、包囲された都市と郊外を行き来した伝令たちのエピソードもまた、ロートリンゲン公やオイゲン公らの武勇伝の間に細い横糸として編み込まれていったのである。

一七八三年にウィーン包囲戦一〇〇周年を迎えたとき、首都では多くの記念出版物が上梓された。これらの書物のページを繰るなら、ピアリスト修道会士で年代記作家、ゴットフリート・ウーリッヒをはじめ、多くの作者たちが、コルシッキーの英雄的行為と、最初のコーヒー店が開店するまでの経緯をまことしやかに語り上げる饒舌さに目を奪われるであろう。その記述から見るに、コルシッキー伝説は、戦争ののちおよそ一世紀のうちに、デオダトや、あるいはその他の伝令、スパイたちのエピソードと混同され、一部は創作が加えられて醸成されていったものと推測できる。皇帝軍のために危険を冒して務めた伝令たちには、トルコ軍が野営地に残した雑多な品物を商う特許が与えられたため、彼らのなかには、実際、コーヒーを供して生活を立てようとする者が多くいたのかもしれない。ちなみに、ヨハネス・デオダトもまた、包囲戦中、同様の任務を負って暗躍した人物のひとりであった。

東方世界との境界地点に位置したウィーンでは、中東起源のコーヒーは、すでに包囲戦より前の時代から広く知られていた。だが、皇帝レオポルトがデオダトに付与したコーヒー店営業許可が一六八五年一月十七日付であり、その後、特許を得て同種の店を開くケースが爆発的に増加したというデータは、当時はまだエキゾティックな色合いを帯びていたこの飲物が、包囲戦の直後から、デオダトのような類の人びとを介して住民の間に急速に普及していったプロセスを裏づけている。

オスマントルコ軍による包囲戦は、ウィーンの歴史におけるまさしく最後の異民族侵入であった。この戦争でのオーストリアの勝利は、オスマントルコ帝国のヨーロッパでの権勢を急激に弱化させ、この後まもなく、皇帝レオポルトはハンガリーからトルコの影響を払拭して、この地をハプスブルク家の完全支配下に置くことに成功する。オーストリアにもウィーンにも、ここに、侵入者の脅威から解放された平和な時代がようやく訪れたのであった。

ウィーン包囲戦とその後のコーヒーおよびカフェハウスの普及は、歴史の大きな転換点をなした事件と、それによってもたらされた人びとの生活様式の変化を鮮やかに象徴するものであろう。コーヒーという嗜好品《しこうひん》を人びとが市街の店で楽しむ習慣は、やがて、店内で新聞・雑誌を読み、仲間と会話を楽しむような新しい行動の理想を生み出していく。それは、都市で営まれる生活のあり方と質が、侵略の危機から解放された安寧の時代を背景として、まったく違った局面へと発展しつつあったことを示す表徴に違いない。

「パイアケス人の国」――美食の街ウィーン

二度のオスマントルコ軍侵攻を体験した十六世紀半ばから十七世紀後半にかけての一五〇年

間は、都市ウィーンにとって、いわばこの上ない苦難の時代であった。十六世紀、ドイツ宗教改革はこの地においても確実に新教徒を増やしたが、ハプスブルクの君主による優柔不断な対プロテスタント政策は、市内に深刻な宗派対立を生み出し、しばしば富裕で有能なプロテスタント系住民の大量流出へとつながった。

さらに、十六〜十七世紀に全ヨーロッパで猛威をふるったペストは、トルコ襲撃に備えて周囲に強固な防御施設を固めたウィーンで、容赦なく牙をふるうことになる。厚い市壁に囲まれた市内は採光も通気も悪く、井戸水はつねに澱《よど》んでいた。ウィーンは十六世紀の一〇〇年間に七度に及ぶペスト流行を体験し、そして一六七九年にぶり返した悪疫は、史上最悪の被害をもたらした。同時代史料では死者七万人を出したと言われるが、実際の死者数はおよそ一万二〇〇〇人程度で、都市はここに人口の三分の一を失なったことになる。ウィーンでカリスマ的人気を誇った説教僧、アブラハム・ア・サンクタ・クララは、「ウィーンの街でもその周辺でも、なすことといえば、死者を持ち上げて運んで墓まで引き摺り、土に埋めてやることよりほか何もなかった」と書いて、疫病の凄まじさをいまに伝えている。

こうして、相次ぐ伝染病流行や宗派対立、戦争の苦難を耐え忍ばなくてはならなかったとはいえ、すでに十二世紀以来、首都および宮廷所在地としての長い発展過程を歩んできたウィーンには、その一方で、外国からの旅行者が思わず息を呑むような、豊かな都市生活の場面も確かに存在したのである。一四三八年にウィーンを訪れたアエネアス・シルウィウス・ピッコロミニ、のちの教皇ピウス二世は、旅先から友人に宛てた書簡のなかで、驚きをもって次のように記している。

日ごと大量の食料品が都市にもたらされるさまは、言語を絶するほどである。卵やザリガニを一杯に積んだ馬車が市場に横づけし、小麦粉、パン、肉、魚、家禽など、ありとあらゆる食べ物が夥しい量で運び込まれる。しかも、夜の帳《とばり》が降りる頃になると、この山のような食糧はすっかり買いつくされて、何ひとつ残らないのである。……当地では（ワイン用の）ブドウの収穫期は四〇日に及ぶが、ブドウの房を満載した三〇〇台の馬車がブドウ畑を二、三往復せずに過ぎる日など、一日とてない。

ウィーンはのちにドイツ語圏随一の「美食の街」として知られるようになるが、ピッコロミニの手記は、食の贅沢がすでに十五世紀よりこの地に根づいていたことを示す記録にほかならない。そして、この高貴な旅行者が心底驚嘆するように、ウィーンの美食は、ときとして度を超した奢侈へと流れることがあった。十七世紀半ば、皇帝レオポルト一世は、重商主義的な観点と同時にキリスト教的なモラルの点からも、住民のあまりに奢《おご》った食生活を憂慮し、食事の時間や皿数を制限する法令を繰り返し発令した。だが、法文の効果は薄く、業を煮やしたレオポルトは、ついに独自の官署を立ち上げて、役人たちに市街を巡回させ、住民の台所に立ち入って料理の内容を査閲させたという。可能な限り国内産の食材を使うよう指導するのがその主目的だったと言われるが、実際に鍋や皿の中身まで検査する行為は、「皿覗き《ヘーフェル・グッカー》」として人びとの大反撥を買った。台所査察の制度はまもなく廃止されたとはいえ、このとき生まれた「皿覗き《ヘーフェル・グッカー》」の語は、「人の食べているものを知りたがる行儀知らず」を揶揄・冷笑するウィーン特有の表現として、いまなお日常会話に頻繁に登場する。

ときとして政府の介入を要するほどに、あまりに豊満なウィーンの食の世界は、実際には、ハプスブルク家の領土形成の過程と密に関連しながら、徐々に醸成されていたのである。もともとその家領であったスイス、オーストリアの一帯は、八割以上を山岳が占める地域だった。しかし、十四世紀以降、ボヘミア、ハンガリー、北イタリアを支配下に収めるにつれて、ハプスブルク家と首都ウィーンには、豊かな食糧供給の後背地が整えられていくことになる。

ニーダーエスタライヒからハンガリー平原へと緩やかにつながる平野部は、稀に見る豊饒な穀倉地帯であり、ウィーンは、戦時を除いては、小麦の不足に悩まされたことはほとんどなかった。また、ハンガリーは上質の食肉牛を産し、十九世紀までは、牛たちは生きたままウィーンまで追われ、市内で競りにかけられてから屠《ほふ》られるのが倣いであった。同様に、アルプスはさまざまな乳製品を、ドナウ河は川魚を、都市周辺の小農園は鶏や卵を豊富に供給した。さらに、ヨーロッパ交易の重要な結節点としてこの地に展開された人の往来が、各地の特産品をもたらすこともあった。イタリアから到来する行商人が携えたサラムッチ（サラミ）は、その代表的な一例に過ぎない。

こうして、ピッコロミニが鮮やかに描写したように、ウィーンの市場には日々、帝国各地から豊かな食料品が溢れかえらんばかりに供給されたのであった。料理女たちは早朝から広場に駆けつけて先を争って新鮮な肉や野菜を買い求め、やがて、徒弟や使用人までもが普段から肉料理を摂るような食習慣が定着していったのである。

メールシュパイゼ——多文化が織りなす甘味の世界

食の贅沢がウィーンの精神性の一部をなすほど深く定着するプロセスには、当地で営まれたハプスブルク家の宮廷生活もまた、強い影響を与えていた。王宮の食卓には、日々、市民には手の届かない高価な香辛料や食材をふんだんに使った料理が並んだが、そのなかでも、首都の食文化に決定的な作用を与えたのは、まさしく砂糖と菓子であった。

ウィーンの菓子製造の歴史は、フェルディナント一世に遡る。十五歳までスペイン宮廷に過ごしたフェルディナントは、一五二二年、オーストリア大公としてウィーン入りすると、服装から儀式の作法、馬術に至るまで、スペインの荘厳な宮廷文化をこの地に本格的に導入した。ウィーンの宮廷は、以降、すっかりスペイン風の作法によって染め上げられたが、無論、食文化もまた、その例外ではなかった。

何皿もの決まったコースからなる贅をつくした宮廷料理のほか、フェルディナントは幼少時より砂糖菓子やあまたのペストリーの甘味にも親しんでいた。ウィーンに居を移すに当たって彼は、スペインおよび、父フィリップが治めたネーデルラントより、数人の菓子職人を招致したのであった。オランダ出身のマティアス・デ・ヴォスが、ウィーン初の宮廷菓子職人として知られる所以である。自身の居城として改築・整備を命じた王宮に、フェルディナントが菓子職人専用の出入口を設けたことは、甘味に対する皇帝の思い入れを明徴しているといえるだろう。ちなみに、現在、ウィーンの王宮の北西翼に残る「菓子職人用階段」と呼ばれる小さな入口は、のちの十七世紀にレオポルト一世が宮殿増築に際して新たに設置したもので、フェルディナントのそれは、現在のスイス宮の中庭側にあったといわれる。

ウィーンでは、一四三二年にオーストリア大公アルブレヒト五世（のちの神聖ローマ帝国皇帝アルブレヒト二世）がヴェネチアからの砂糖の輸入を禁制として以来、砂糖は贅沢な輸入品として流通の道を断たれ、薬局と薬剤師だけが、薬草入りのキャンディなど、砂糖加工品の製造・販売を許可されていた。しかし、フェルディナントのもとで菓子製造の梃入れが行なわれたことで、市内には特許を受けて砂糖菓子や焼菓子を扱う業者が現われ始めた。彼らは主として宮廷と貴族を顧客とし、祝宴用のコンフェクトやペストリーを供給して、首都人の味覚を魅了した。

他方、宮廷料理の伝統とは別に、オーストリアには古くから、穀物と乳製品を主原料に用いた滋養ある料理が数多く伝えられていた。元来、山岳部や農村において鍋ひとつで調理されたこれらは、各地からの人的流入とともに首都に伝えられると、卵やレーズン、アーモンド等を加えられ、より洗練された料理へと姿を変えていった。そして、十八世紀に入り、砂糖の価格が徐々に下がり始めたとき、宮廷の砂糖菓子と地元の素朴な滋養食とが絶妙に混合され、アレンジされて、やがて「メールシュパイゼ」（「メール」は小麦粉、「シュパイゼ」は食べ物の意）という独自のカテゴリーを形成するのである。

小麦粉の量を抑えて泡立て卵でふわりと柔らかく仕上げ、砂糖で甘味をつけたメールシュパイゼは、冷やして調製するケーキ類とは区別して、通常は一皿の料理として、温かい状態で供される。マリア・テレジアの宮廷では、肉料理、魚料理と同様に、メールシュパイゼはコースのなかの独立した一皿として出されていた。そこには、甘く味つけしたカスタードソースやクリームチーズを詰めたパイのほか、いまでいうパスタのようなものも含まれていたという。メールシュパイゼが、元来は菓子ではなく、小麦粉を用いた料理全般を指したことが、ここからも推測できるだろう。

メールシュパイゼは美食に慣れた首都の住人を夢中にさせ、現代に至るまで、ウィーンっ子のソウル・フードのひとつに数えられている。研究者によって三〇〇とも五〇〇ともいわれるその歴史的レシピの一部は、いまなお、伝統的なレストランやカフェのデザートメニューを賑わしている。

そして、ウィーン以外ではほとんど使われることがなく、標準ドイツ語の話者には理解が及ばないといわれるそれらの名称は、多くのメールシュパイゼの起源について饒舌に語るのである。たとえば、ウィーン風のクレープはフランスのそれよりももったりと厚く焼き、「パラチンケン」と呼ばれるが、これはハンガリー語の「パラチンタ」から派生した語である。同様に、プラムジャムを渦状に巻き込んだスイートロール「コラッチェ」は、この菓子がボヘミアからもたらされた経緯を示唆する。さらに、メールシュパイゼの代表格、シュトルーデルは、日本語でしばしば「パイ」と訳されるが、絹紙のように薄いこの生地にはバターが含まれない。通常のパイのイメージとは程遠いこのユニークな生地は、コーヒーと同様に中近東起源で、本来は薔薇水やオレンジウォーターを加えて薄く伸ばすものだったといわれる。

メールシュパイゼのあまりにも豊饒な世界は、すでに中世から形成されてきたウィーンの贅沢な食文化のあり方を垣間《かいま》見せてくれる。同時にそこには、ウィーンという都市が背負ってきた「境界」という性質もまた如実に反映されている。「美食の都」として賞賛され、また時に批判されたウィーンの食卓は、華やかな宮廷文化が及ぼす影響のもと、ハプスブルク家が支配した広大な領土がもたらす豊かな食材と、さらには、ここに去来したあまたの民族集団による多様な食文化とが交叉するところに形成されたものにほかならない。ウィーン料理の本を手に取り、南東欧諸地域にルーツを持つさまざまな伝統料理に目を通すとき、われわれは、民族や言語が出会い、融合する多文化都市としてのウィーンの歴史を意識せずにはおれない。

「ドロテアおばさんの店」——愉楽の街の「避難所」

美食の追求は、生活において何よりも心地よさ《ゲミュートリッヒカイト》を志向するウィーン人の心性のひとつの表われに過ぎなかった。宮廷都市、カトリック都市として、古くから祝祭やスペクタクルの舞台となったウィーンでは、ありとあらゆる見世物や娯楽が、人びとの最大の関心事であった。十八世紀、啓蒙君主ヨーゼフ二世が皇家の御領地、プラーターを公共緑地として一般に開放すると、ここを舞台に、気球の公開飛行や花火など、新しい娯楽の催しが展開され、都市の話題を集めた。また、郊外の民衆劇場や、動物を追い立てる「駆り立て猟」の円形劇場は、連日満員の観客を集めた。

ウィーンの住民のあまりに愉楽に満ちた暮らしぶりを目の当たりにして、禁欲的なモラルを抱く北方ドイツの旅行作家はみな、一様に目を瞠り、眉をひそめている。上流階級の貴人たちばかりか、若い小姓や小間使い娘までもが、着飾ってプラーターを散策し、花火見物に通う。彼らはいったいその資金をどこから得るのだろうか。旅行記のなかで自問した作家たちが、必ず答えとして皮肉を込めつつ指摘するのが、公営質店の存在であった。

ベルリンの文筆家、フリードリヒ・ニコライは、その大部の旅行記のなかで、ウィーンの公営質店について詳述した。実際に現場に足を運んだニコライは、質流れ品の展示札を検分し、どのような品物がいかなる理由で担保に入れられたのかを列挙している。謝肉祭時分に宮廷舞踏会に潜り込むため、衣装と貸し馬車を調達すべく質入れされた金時計。プラーターの花火見物費用を捻出したいあまりに手放された絹繻子《しゅす》製の正装用スカート。富くじの掛け金を得るために持ち込まれたダイヤカットの耳飾り。ニコライのリストには、首都の住人が、貴賤にかかわらず、歓楽のための支払いに窮したとき、躊躇《ちゅうちょ》なく公営質店に解決の道を見出したことがはっきりと見て取れるだろう。

一般の人びとを対象に、身の回り品を担保として現金を貸す質店の歴史は、十五世紀イタリアに遡るといわれる。その多くはフランチェスコ派修道会によって経営され、目的は庶民を高利貸しの手から守ることであった。ただし、ウィーンにおける導入は比較的遅く、設立には一七〇七年を俟たねばならなかった。

十七世紀末、レオポルト一世は、第二次ウィーン包囲戦以来、深刻化していた住民の貧困化に対処する目的で、救貧院の建設を命じていた。そして、救貧院のいわばカウンターパートとしてここで同時に計画されたのが、公営質店にほかならない。皇帝と側近たちは、中流市民が生活費を金貸しから借りて破綻するという悪循環に歯止めをかけるため、国家政府と州政府が担保による少額貸付を行ない、その利潤を救貧院の経営に当てるという社会政策の構想を立てたのである。生活に窮した住民が手放す品々の利子と競売利益を、さらに貧しい人びとの救済資金に当てるという制度が、今日の視点からすれば公正さに欠けるものだったにせよ、この経緯は、公営質店という発想のルーツが、前近代の慈善的公共政策にあったことを明示している。

救貧院と公営質店の計画は次代のヨーゼフ一世に引き継がれ、一七〇七年三月、ケルントナー市門にほど近いアンナガッセに、いよいよウィーン初の質店が開業することになった。設立当初はほとんど利益が上がらなかった公営質店だが、マリア・テレジアが家督を継ぐ頃には著しく繁栄し、その夫フランツ・シュテファンが神聖ローマ皇帝戴冠のためフランクフルトに赴いた際には、皇帝夫妻に旅費を提供するほどだったともいわれている。

さらに、夫妻の子、ヨーゼフ二世は、啓蒙主義的スタンスから、公営質店にとりわけ深い関心を寄せた。ヨーゼフはしばしば、一般市民と見紛う形姿に扮し、お忍びで質店を訪れては、その実際の業務を視察したと伝えられる。アダム・フリードリヒ・ガイスラーのヨーゼフ伝によると、皇帝は古い帽子を携えて帳場に向かい、査定係から質入れをにべもなく断られたという。自身のこの体験をもとにヨーゼフは、査定額二グルデン以下の価値の低い品物も担保として受け入れるよう規定を改定させ、貴顕の人士の社会的評判を守るため、匿名での利用も可能にした。さらに、アンナガッセの建物をあまりに手狭に感じた皇帝は、自身の修道院廃止政策によって一七八二年に廃院となっていたドロテア修道会の建物に格好の移転先を見出した。ヨーゼフ二世のイニシアティヴで、質店が現在のドロテアガッセにて新たに営業を開始したのは、一七八八年のことであった。

十八世紀末ウィーンで活躍した演劇人で、当時の社会を風刺と諧謔を込めて評したヨアヒム・ペリネは、質店について次のような言葉を残している。

当地の公営質店は、まさしく聖母マリアの祈りがいうところの「哀れな罪人の避難所」である。謝肉祭で（身銭を切り過ぎて）少しばかり出血したところで、この質店が傷に当てる格好の絆創膏《ばんそうこう》になって癒してくれるのだ。

自身もその上得意であったと言われるペリネの警句は、公営質店の存在が、まさしくウィーン人特有の軽佻浮薄《けいちょうふはく》な生活態度を助長していたことを暗示しようとしている。

だが、ヨーゼフ時代のドロテアガッセ移転以来、二十世紀に至るまで「ドロテアおばさんの店」という隠語で親しまれた公営質店は、現実には、文芸の世界で描かれたほど、住民の歓楽や娯楽と密接に結びついていたわけではない。この公的機関が、中流市民の貧困化と経済破綻を未然に回避するという設立当時の社会政策的な目的を、その後一九三〇年代まで一貫して果たし続けたことに、あらためて注意を向けておきたい。関連の公文書データに目を移すなら、担保受け入れ件数が爆発的に増大した時代が、いずれも、オーストリア経済史における深刻な恐慌期に一致することがわかるだろう。ナポレオンが都市を占領した一八〇五年から一八一三年、未曾有の株式大暴落に見舞われた一八七三年、さらに第一次世界大戦末期から共和国時代初期にかけての一九一八年から一九二〇年は、いずれも国家経済が破綻の危機に見舞われ、住民の生活が直接的に脅かされた困窮期であった。

とりわけ一九一八年前後には、ドロテアガッセの倉庫は、衣服や家財など、価格のつけられないような粗悪品で溢れかえり、公営質店の経営そのものが窮地に陥ったという。採算を度外視して、市民の生活の支えとなるべくあらゆる物品を担保として引き受ける方針は、この機関が公営の形態で、なおかつ、強い社会政策的意識をもって営まれたという特別な条件のもとでこそ実現し得るものであったことは、いまさら指摘するまでもない。

公営質店からオークションハウスへ

公営質店では、設立当初より、期限までに買い戻されない担保についてはその都度競売にかけ、希望者に売却していた。そして、従来、地元の古物商らによる競り売りに終始していた競売の領域に組織の新たな活動領域を見出そうとしたのが、一八八九年、州総督としてこの機関を監督したエーリヒ・フォン・キールマンセッグ伯爵であった。二十世紀に向かう新しい時代にあって、急速な近代化を求められた公営質店の改革に取り組んだとき、彼は、貸付業務と並行して、競売部門と貴重品保管部門を組織化し、拡大する構想を立てたのである。なお、後者の部門は、のちに銀行業務へと発展することになる。

改革の過程で、十六世紀に由来する古めかしい修道院建築が、新しい業務部門、とりわけ本格的なオークションにはまったくそぐわないことに批判の矛先が向けられた。これを受けて、一八九八年、旧屋舎の建て替えが即決され、依頼を受けた建築家エミール・フェルスターが、現在見るような優雅な初期バロック様式の設計図を完成させたのであった。内部には、大規模な美術オークションを意識して、競売ホールや豪奢な展示室が整備され、一九〇一年の落成以降、公営質店は新たに「ドロテウム」の名で呼ばれるようになる。

しかし、あくまで個人への担保貸付を主要業務としていた公営質店が、名実ともに本格的なオークションハウスへと生まれ変わったのは、ようやく第一次世界大戦後のことであった。君主国崩壊と共和国の樹立は、皮肉にも、ドロテウムの競売活動をフル回転させることになる。社会制度の急激な変革に伴なって著しい財政的危機に陥ったかつての高位貴族の家具や調度、芸術コレクションがつぎつぎとここに持ち込まれ、査定にかけられたからである。

なかでも、一九三〇年、デューラーやヒエロニムス・ボッスの真作を所蔵したユダヤ系銀行家、アルベルト・フィグドーアの個人コレクションの競売を手掛けたとき、ドロテウムは世界中の熱い注目を集めることになった。この頃には、競売部門は美術工芸の専門家を擁し、ファクシミリや写真つきの詳細な競売カタログを編纂・発行するようになっていた。これらの図録は、戦間期に散逸した君主国の芸術コレクションについて、その詳細を伝える重要な史料としていまも高い評価を得ている。

こうしてヨーロッパ大陸最大のオークションハウスとしての地位を確立したドロテウムは、しかし、ほどなく暗黒の歴史を体験することになる。一九三八年、ナチスによるドイツへの併合とともに、まず、その運営組織からユダヤ系の人びとが徹底的に排除された。さらに、ホロコーストとナチスドイツのアーリア文化政策の進行が、かつての公営質店に、芸術の「アーリ

かつての公営質店，ドロテウムは，現在，ヨーロッパ屈指のオークションハウスとして高い評価を受けている．

ア化」を主導するという新たな役割を付与した。すなわち、強制収容所に送られた富裕なユダヤ系家族が所有した財産、とりわけ家具や美術作品が、国家による没収を経て、ここで競売にかけられ、ドイツ系の買い手や美術館に売却されることで「アーリア化」されたのであった。

このあまりにも厳しい運命は、現代のドロテウムにきわめて重大な責任を負わせることになる。二〇〇一年に完全民営化され、現在も国際的なオークションハウスとして年間二万件を超える美術品、家具、宝石等の競売を執り行なうドロテウムは、アートの世界での華やかな活動の陰で、ホロコーストの犠牲者、接収された美術品の元所有者との対話と交渉をもとに多額の補償金の支払わなければならなかった。ナチス時代のドロテウムの活動と負うべき責任については、いまなお現代史家たちによる綿密な調査が続いている。

ハプスブルク家伝来のコレクションに礎を置く美術史美術館をはじめ、あまたの優れた美術館、博物館を誇るウィーンにおいて、世界第一級のオークションハウス、ドロテウムの存在は、芸術都市としてのその機能とイメージをより強化するために、いまなお大きく貢献している。バロック時代の民衆的な都市生活の営みのなかで生まれた公営質店が、近代化の時代に華麗な美術品競売組織へと変身し、その後、ナチスドイツへの併合という暗黒時代を経て、過去の責任を苦痛をもって回顧するプロセスは、まさしく、オーストリアの歴史そのものが歩んだ明暗を象徴しているといえるだろう。

リングシュトラーセ――記念碑化する都市空間

異民族侵入に備えて周囲に強固な防御施設をめぐらすという構造を、ウィーンは十九世紀半ばまで保持し続けた。十八世紀末には東方におけるオスマントルコの勢力はすでに見る影もなく衰退し、他方、一八〇五年、ナポレオン軍の侵攻に際しては、王宮前の稜堡は砲撃を受けておよそ一時間半のうちに崩壊させられていた。だが、近代の戦術においてはもはや何の機能も果たさないことが証明されたとはいえ、かつてトルコから都市を守った防壁を撤去する決断は、容易になされるものではなかった。

十九世紀前半のウィーンは、建物が密集する旧市街の周囲を、幅四〇〇メートルの緑地となった斜堤がドーナツ状に取り巻き、その外側に郊外部の市街が広がるという、特徴的な構造を呈した。斜堤の並木と稜堡に置かれた小庭園は独特の田園牧歌的雰囲気を醸して市民に愛されたが、その一方で、外側への拡大を市壁に阻まれた旧市街では、年ごとに生活環境の悪化が深刻化していた。

いまだ十六世紀以来の市壁を抱え、中世都市風の佇まいを残したウィーンに一気に新風を吹き込んだのは、一八四八年の三月革命収束後に弱冠十八歳で即位した皇帝フランツ・ヨーゼフ一世であった。一八五七年十二月二十五日、皇帝は『ウィーン新聞』紙上に一通の親書を掲載させた。のちに多くの市民からクリスマスプレゼントに譬えられたこの勅令は、都市を取り巻く防禦施設を撤去して、その跡地に、環状道路リングシュトラーセおよび、首都にふさわしい壮麗な公共建築を建造するという、未曾有の都市計画の導入を命じたものであった。

この都市計画は、その後一九一〇年代まで、約半世紀をかけて変更を加えながら実現され、これによって、幅五七メートル、全長四キロメートルの環状道路を中心とする現在のウィーン中心部の外観がほぼ完成したのである。新市街区の建設において特徴的だったのは、道路を挟んで建設されたさまざまな建築物がいずれも過去の歴史的様式を再現する形で設計されたことであった。たとえば、もっとも完成が早かった宮廷歌劇場（現ウィーン国立歌劇場）には、演劇文化が栄えたルネサンス期、そしてオペラが最初の隆盛を見たバロック時代の建築様式が折衷《せっちゅう》して用いられた。続いて、新市庁舎には、都市自治の最盛期、中世ドイツのゴシック様式が、帝国議会の議事堂には民主制の象徴としてギリシャ様式が、さらに学問の殿堂であるウィーン大学にはイタリア・ルネサンス期様式が採用されたのである。

建築史においてのちにしばしば「歴史的様式の博物館」「張りぼてのポチョムキン都市」として激烈な批判を浴びせられる、このあまりにユニークな建築様式の扱い方は、しかし、十九世紀ウィーンの都市計画にとっては、ある意味必然的なスタンスでもあったのだ。基礎の部分も含めていうとすでに太古の時代から都市を守った市壁を取り壊し、その上に築かれる新市街は、消えゆく市壁が見つめ続けてきた歴史の流れを幾分なりとも視覚化し、見る者の胸に想起させるという機能を負わされたからである。

実際、計画スタートから二六年後の一八八三年、ウィーンはオスマントルコ包囲戦二〇〇周年を迎えることになった。市庁舎をはじめ、都市計画に関連する多くの建造物が、日程を無理に調整し、突貫工事を遂行してまでこの年の九月に合わせて竣工式や落成式を祝っていることからも、皇帝フランツ・ヨーゼフを筆頭に、当事者たちが二〇〇年前の出来事を明確に意識していたことは確実であろう。かつてカラ・ムスタファ軍が市内に向けて激しい砲撃を行なったまさにその地点に、いまや壮麗な建物がつぎつぎに姿を現わそうとしていた。それらは、オスマントルコ襲来後二世紀を経て、ウィーンにとっての新たな存在意義となった文化と芸術の理想を結晶させたものであり、二〇〇年の時を超えて、繁栄を極めたウィーンの「勝利」を具現化する記念碑でなければならなかった。

とりわけ、環状道路を挟んで新市街と旧王宮エリアとを結ぶ「帝室フォーラム」の構想は、まさしくハプスブルク家の権勢を視覚化する目的で計画されたものであった。新市街側には、帝室コレクションを収める二つの博物館（美術史美術館、自然史博物館）が相似形をなしてルネサンス様式で建てられ、両者を隔てる小庭園の中央にはマリア・テレジアの像が築かれた。この像の正面には古くからの王宮門が残され、そこを潜ると、堂々たる円柱の新古典様式による新王宮（現オーストリア国立図書館）が姿を現わす。

美術や博物学の分野で熱心に蒐集されたコレクションは、皇族たちの美的・学術的な関心と同時に、この世の森羅万象を所有することで世界支配の象徴を構築したいという、何世代にもわたる願望に支えられたものであった。こうした過去の象徴物を体系化して収めた保管所の間に国母マリア・テレジアがあたかも歴史の管理者であるかのように座し、その見据える視線の先に現在の皇帝一族が暮らす居城がある。新市街の建造物を手掛けた建築家がアイディアを出し合って計画した「帝室フォーラム」は、ローマの「皇帝たちの広場」に範を取りながらも、ハプスブルク家の栄華の歴史を過去から現在への流れのなかで想起させる、壮大なモニュメントにほかならなかった。かつての市壁と稜堡を跨いでつながる「帝室フォーラム」は、古くは異民族の侵入に脅かされつつ守りの戦いを強いられた都市ウィーンが、それを克服したのち、やがて全南東欧地域に君臨する輝かしいハプスブルク君主国の首都として隆盛を極めていく過程を明徴するという、重大な政治文化的象徴を含みつつ着工された。だが、本来、旧市街側において、博物館群と同様の相似形をなすはずだった新王宮の西翼は、いまも未完のままである。その完成を俟たずして、オーストリアとウィーンは、現代史の激流に呑み込まれることになったのである。

一九三八年三月十五日、英雄広場――内側から来た侵略者

「帝室フォーラム」が鮮やかに象徴した王朝による揺るぎない絶対支配の理想は、政治のあり方としてすでに時代に逆行したものになっていた。とりわけ、民族も言語も異なる諸地域を一人の君主のもとに治めようとするハプスブルク家の意図は、時とともに各地で大きな齟齬と摩擦を生むようになった。そして、その不協和音を激しい断末魔へと変えたのが、一九一四年のサラエボ事件にほかならない。ハプスブルク君主国は第一次世界大戦を引き起こし、そして四年後には地図上から消滅することになる。

それに伴なって、ウィーンは、輝かしい君主国の帝都から新しい小共和国の首都へと、その役割を縮小させた。数世紀にわたり、政治、経済、文化、芸術における唯一無二の中心地だった都市は、いまや、社会不安に苛まれた新生国家の、いわば「形ばかりの首都」になり下がった。しかも、保守的な傾向が強いオーストリア国内において、左派の社会民主党が圧倒的な支持を得て政治を牛耳るこの首都は、他州の人びとの憎悪を掻《か》き立てずにはいなかった。さらに、一九二一年、国内の人口バランスを主たる理由として、ウィーンがニーダーエスタライヒ州か

ら切り離され、全国で唯一、一都市でありながら独自の州政府を構成するようになったとき、この「嫌悪され、疎外された首都」の図式は、いよいよ決定的なものとなったのだった。

しだいに悪化する経済状況と長引く物価高、民族国家として独立した周辺諸国の共産化、そして、互いに対立を深め、ついに市街戦をも引き起こした社会民主党とキリスト教社会党の抗争。未来が見えない状況のなかで、人びとは、オーストリアという国のアイデンティティそのものを自問するようになっていた。オーストリアの存在意義とは何か。ドイツ人の国でありながら、ドイツであってはならないのか。

その問い掛けに、あまりにも暴力的な解答の可能性を突きつけたのが、アドルフ・ヒトラーであった。第一次世界大戦後のサン・ジェルマン条約はドイツとオーストリアの合邦を禁じていたが、ドイツへの帰属意識は時とともに国民の間で強い思いへと変わっていた。そして、こうした世情に乗じてナチスドイツが国際条約を破ってオーストリア併合に向けて動き出したとき、ドイツに心を向けた多くのオーストリア人は、これを心底から歓迎したのである。

オーストリア制圧作戦を発動させたアドルフ・ヒトラーは、一九三八年三月十三日、いよいよ首都ウィーンに入城した。その二日後、かつて「帝室フォーラム」の中心として構想された王宮前の英雄広場で彼が行なった「オーストリア合邦宣言」演説の歴史的写真と映像は、当時の人びとの精神状態をも明快に映し出すものである。「私自身の故郷であるオーストリアを、ドイツ国に合邦」することを強い口調で宣したヒトラーの前を、リングシュトラーセの建造物の優雅なシルエットを背景に、魅入られた様子の数万人の市民が立錐の余地もないほどに埋めつくしている。その演説の妙は、これほどまでに人の心を強く捉えるものであったのだろうか。

ヒトラー自身が演説で明言したように、彼はまさしくオーストリアに生を享けた同国人であった。一九〇七年には芸術アカデミーを受験するためにウィーンを訪れ、不合格通知を受け取ったのち、失意のうちにしばらくこの街をさまよっている。こうした経緯からも、ヒトラーにとって「合邦宣言」は首都への凱旋を意味していたに違いない。だが、古代ローマ時代以降、二〇〇〇年に及ぶ歴史のなかで、数多くの君主や支配者がこの地に凱旋入城を果たしたなかで、この独裁者ほどに異質な主張を持って都市の門を潜った者はいないだろう。彼がこのとき高らかに謳い上げた「ひとつの民族、ひとつの国家、ひとりの総統」のスローガンは、古くから多くの民族やさまざまな国の徒が相互に行き交い、共存したこの辺境の砦にとっては、その歴史的本質を根本から否定するような、まったく受け入れ難いパロールであった。

ヒトラーという「国内から来た侵略者」による侵攻を通じて、多様な民族と言語、文化が交叉する「境界の街」としてのウィーンの歴史に、ひとまず長い休止符が打たれることになった。彼によってもたらされた悪夢のような十数年間を経て、冷戦からベルリンの壁崩壊、難民の時代へと、まったく新しい展開を見せる現代史の流れのなかで、ウィーンがふたたび、あまたの国家と民族、言語と文化をつなぐ結節点としての役割を果たすようになるまでには、この「合邦」のトラウマを克服するための長い時間と努力が必要となったのである。

おわりに

「物語オーストリアの歴史」を、九つの連邦州が秘めた郷土の歴史をつなぎ合わせて構築する。この一風変わったアイデアが生まれたのは、二〇〇五年秋のことであった。前著『ハプスブルクの文化革命』(講談社)を上梓してまもなく、中央公論新社の松室徹さんとお会いする機会を持ち、オーストリア、あるいはウィーンについての本を作れないか、という話になった。ちょうど十八世紀ウィーンの研究に取り組んでいた筆者にはいくつか提案できるテーマがあったが、松室さんの希望は、関連書籍がすでに多く手に取れるようになったいま、類書のない、ユニークな本を世に問うことだった。「連邦州からみたオーストリア」という構想に達するまで、二時間ほどをかけて話し合ったことをいまも記憶している。

このときから、オーストリアをめぐる筆者の長い「旅」が始まった。研究調査でウィーンを訪れるたび、図書館、文書館のみならず古書店にも足繁く通い、地方出身の知人らからもじっくりと話を聞いた。各州について、ただ通史をなぞるだけでなく、「物語」というタイトルにふさわしい、その地に生きる人びとの気質や生活の息づかいをも伝えるようなトピックを探して、一九六〇年代に出版された各地の旅行雑誌の記事をも渉猟した。

「旅」に出てまもなく気づかされたのは、長年オーストリア研究に携わりながら、これまで自分がいかに「ウィーン」と「ウィーン的なるもの」を基準にしてこの国の歴史にアプローチしていたか、という誤謬であった。そして、それぞれの州の視野から見るオーストリアが、これまで想像もしなかったような新鮮な一面を見せることに、しばしば驚嘆させられもした。

本書を手に取り、スタンダードな「オーストリアの歴史」を彩る巨星たち、例えばモーツァルト、ベートーヴェン、フロイトやクリムトについての記述がほとんどないことに対して、奇異の念を抱かれる読者もあるかもしれない。ここでは、「中央」で活躍した著名人の紹介をあえて差し措き、代わって、個々の連邦州に特有の環境のなかで生まれ育ち、活躍し、いわば郷土の文化人として高く評価されていまも親しまれる人物を取り上げるよう努めた。わが国では一般にまだほとんど知られていないペーター・ローゼッガーやアンゲリカ・カウフマンらの生き方と作品を通じて、わずかなりとも「地方史から見るオーストリア」の面白さを伝えることができれば、筆者にとってはたいへん嬉しいことである。

また、時系列の記述ではないだけに、読者にとっては、時代の流れを繰り返し辿るような感覚を拭えない部分があるかもしれない。オスマントルコ軍の侵攻や宗教改革のように、複数の州において重要な意味を持つトピックについては、事件の経緯説明も含め、重複的な記述を回避するよう細心の注意を払ったが、あまりにも固有なアプローチを取ったばかりに生じた難点が、他にも残されている可能性は否めない。広く読者の皆様からのご教示をいただければ幸いである。

さて、九つの州をめぐる筆者の「旅」は、結局、予想以上の長旅へと発展した。それぞれが独自の歴史的発展過程を歩んだ各州について、心性史にも関わるような文献、資料をひとつひとつ掘り起こすのは、極度の労力と根気を要する仕事だった。また、「旅」の途中には、筆者の心を翳らせるようなこともいくつかあった。自身の一時的な体調不良に加え、本書の仕上がりを楽しみに待ってくれた父を亡くしたことも、何ともやりきれない出来事であった。

その一方で、原稿の進行とともに、研究者として、オーストリアとの繋がりが徐々に深まっていく感覚を肌身に覚えたことは、何にも代えがたい体験だった。二〇一八年の夏、最後のウィーンの章を手がけたのは、ザルツブルク音楽祭の最中であった。首都の聖ルプレヒト教会についての記述にたいへん苦労した日の夕、聖ペーター教会にて、ロジャー・ノリントン指揮、カメラータ・ザルツブルクによるモーツァルト『ハ短調ミサ曲』を聴いた。まさしく、ルプレヒト、すなわち塩の聖人ルーペルトが建立した、ザルツブルク最古の修道院教会である。日中の作業で消耗し切って、やや朦朧《もうろう》とした状態で堂内に足を踏み入れて着席し、ふと顔を上げると、舞台が設えられた祭壇の脇に、金箔を施された木彫の聖ルーペルトが、塩樽を抱え、まるで執筆に悪戦苦闘する筆者を哀れむかのように、うっすら微笑みを湛えて佇んでいた。他愛ない偶然ではあるが、ここに至るまで、本書の企画も含めて、ひとつの国と地域の研究にこれほど長い年月をかけて取り組んできた幸せに、思いを致した瞬間であった。

企画がスタートしてから一四年の月日が経過したと思うと、遅々として進まなかった作業に内心忸怩《じくじ》たるものがあるが、その間、本書を完成させるために、多くの人たちのお力をお借りすることになった。ウィーン大学での博士論文の指導教官だったハンネス・シュテクル名誉教授は、章が進むごとに、次の章の基礎文献情報をメールで教示し、現地でも会うたびに調査についてあれこれと世話を焼いてくれた。また、ウィーン技術博物館研究員のフーベルト・ヴァイテンスフェルダー博士、ウィーン美術史美術館の絵画修復家、イナ・スラマ氏、オーストリア学術アカデミーのチベット学者、故ヘルムート・クラッサー教授は、ケルンテンやフォアアールベルクについて、出身者でなければ知り得ないような貴重な情報を惜しみなく提供してくれた。そして、図版用の写真撮影は、美術史学者、フィリップ・ヴォレル博士の協力なしには実現しなかったであろう。本の執筆に直接お世話になったこれらの方々に、この場を借りて心より御礼を申し上げたい。

さらに、原稿を本にする過程で最初の手稿に目を通し、表記の統一、誤字脱字を綿密にチェックしてくれた元ゼミ生の杉野慶貴さん、南ティロル、パッソ・デル・トナーレの貴重な写真を提供してくださったユニティ受講生の小野祥子さんにも、ここに深謝を申し述べたい。最後になったが、いつまでも原稿を仕上げることのできない著者をつねに暖かく見守って、途切れがちに提出される各章に根気よく目を通し、鉛筆を入れてくださった中央公論新社の松室徹さん、膨大な量に膨れ上がった原稿を新書にまとめるための作業をしっかりとサポートしてくださった小野一雄さんに、特別に深い感謝の意を表したい。

二〇一九年三月　ウィーン六区マリアヒルフにて

山之内克子

のシリーズのなかで，オーストリアは旧ハプスブルク領のスラヴ諸国との関連において論じられている．
大津留厚『ハプスブルクの実験——多文化共存を目指して』（増補改訂版，春風社，2007）
19世紀から20世紀にかけてのハプスブルク君主国とその統治形態を，「多民族国家」という視点から分析する．初刊は1995年．
広瀬佳一，今井顕編著『ウィーン・オーストリアを知るための57章』（第2版，明石書店，2011）
オーストリアに関して，政治，外交，歴史，社会，音楽から人々の日常生活に至るまで，各分野の専門家がトピックごとに紹介する．初刊は2002年．
増谷英樹，古田善文『図説 オーストリアの歴史』（河出書房新社，2011）
「オスタリキ」に遡るオーストリアの歴史を，豊富な図版とともに概観する．とりわけ第1次世界大戦から現代にかけての時代を詳しく扱っている．
大津留厚，水野博子ほか編『ハプスブルク史研究入門——歴史のラビリンスへの招待』（昭和堂，2013）
ハプスブルク研究に携わる研究者が結集し，地理的，民族的，文化的にきわめて複雑な構成体であったハプスブルク君主国を，時間軸，空間軸を横断しつつアプローチを試みた実験的な研究書．
浮田典良，加賀美雅弘ほか『オーストリアの風景』（ナカニシヤ出版，2015）
地理学者の著者が，オーストリア各地の主要な都市と集落を自らの足で歩き，各地の特色を写真とともに記録する．邦語文献のなかで唯一，連邦州ごとにオーストリアを扱った特筆すべき書物．
岩崎周一『ハプスブルク帝国』（講談社現代新書，2017）
ハプスブルク君主国に関する最新の包括的通史．スイスのハビヒツブルク城に遡るハプスブルク家の起源から，2011年のオットー・フォン・ハプスブルクの死まで，王朝史に終始することなく，政治，社会，文化を広く論じる．

君主国の最後の約100年を内政とナショナリズムを中心に論じた，ハプスブルク君主国研究の草分け的な書.

ゲオルク・シュタットミュラー（丹後杏一訳）『ハプスブルク帝国史——中世から1918年まで』（刀水書房，1989）

ハプスブルク家の擡頭から1918年までを，政治・外交を中心に平易に論じた1冊.

バーバラ・ジェラヴィッチ（矢田俊隆訳）『近代オーストリアの歴史と文化——ハプスブルク帝国とオーストリア共和国』（山川出版社，1994）

1815年から1980年代に至る近現代史を俯瞰．第1・第2共和国時代に記述の重点が置かれているのが特徴的な書物.

リチャード・リケット（青山孝徳訳）『オーストリアの歴史』（成文社，1995）

ケルト人，ローマ帝国の時代から第2共和国までを扱ったコンパクトな概説書.

アラン・スケッド（鈴木淑美ほか訳）『図説 ハプスブルク帝国衰亡史——千年王国の光と影』（原書房，1996）

ウィーン会議にはじまる君主国崩壊の過程を，比較的平易な筆致で描いた著作.

エーリヒ・ツェルナー（リンツビヒラ裕美訳）『オーストリア史』（彩流社，2000）

ウィーン大学歴史学科で長年教鞭を執ったツェルナーによる優れた体系的通史．先史時代から1988年までを扱い，詳細な参考文献，地図のほか，バーベンベルク家，ハプスブルク家のきわめて精確な系図を付している.

ロビン・オーキー（三方洋子訳）『ハプスブルク君主国1765-1918——マリア＝テレジアから第一次世界大戦まで』（NTT出版，2010）

マリア・テレジア時代から崩壊に至る約150年間の君主国を，近代的政治イデオロギーとナショナリズムの展開を中心に分析した大著.

②日本語による主要関連書

江村洋『ハプスブルク家』（講談社現代新書，1990）

ハプスブルク家の「揺籃期」から皇帝フランツ・ヨーゼフまで，主な人物と歴史をたどった王朝史．わが国における「ハプスブルク・ブーム」の火付け役となったロングセラー.

加藤雅彦『図説 ハプスブルク帝国』（新装版，河出書房新社，2018）

ハプスブルク家とその勢力圏の歴史を，11世紀からベルリンの壁崩壊まで，多様な画像を通じて解説する．初刊は1995年.

加賀美雅弘『ハプスブルク帝国を旅する』（講談社現代新書，1997）

現代の国境によって分断されたかつての大君主国各地を当時の旅行書をもとにしてめぐる，人文地理学者の視点からのユニークな書.

南塚信吾編『ドナウ・ヨーロッパ史』（山川出版社，1999）

山川出版社「世界各国史」の1冊．世界史の基礎文献として知られるこ

読書案内

巻末に文献リストを編むにあたり，欧米語による専門書や学術論文，あるいは，すでに入手困難な古い書物を列挙することはあえて避け，本書の読者が実際に手に取りやすい日本語の著作を中心に紹介しておきたい．

また，全体のバランスを保つために，オーストリア史の領域で絶対的多数を占めるウィーン関係の文献・書物は割愛した．

【オーストリアにおける「オーストリア史」のスタンダードワーク】

Herwig Wolfram（Hg.），Österreichische Geschichte, 15 Bde., Wien 1994-2006

ウィーン大学歴史学科とUeberreuter社の共同プロジェクトとして，1996年の「オーストリア建国1000年」を機に企画された，15巻構成の通史．各時代をそれぞれの第一人者が執筆し，先史時代から1990年までをカバーしている．

Johann Rainer（Hg.），Geschichte der Österreichischen Bundesländer, 9 Bde.（bisher erschienen 7 Bde.），Wien 1981-2003

オーストリアで出版された最もコンパクトでわかりやすい各連邦州の歴史シリーズ．優れた歴史書の刊行で知られた出版元のVerlag für Geschichte und Politikが2006年にVeritas社に買収されたため，「ケルンテン」と「シュタイアーマルク」の巻が未刊に終わっている．

Peter Pleyel, u.a., Das Geschichte Österreichs, 6 Bde., Wien 2002-2003

ローマ帝国時代からナチス占領期までのオーストリア史を，豊富な図版とともに平易にまとめた一般向けの6巻シリーズ．

【日本語で読めるオーストリア史】

①邦訳書

ハンス・コーン（稲野強ほか訳）『ハプスブルク帝国史入門』（恒文社，1982）

オーストリア帝国成立から崩壊までの政治史を概観．宰相メッテルニヒの政治覚書から最後の皇帝カールによる国家改造布告まで，詳細な史料解題を付し，一時期，わが国のハプスブルク研究者にとってバイブル的存在となった．

A. J. P. テイラー（倉田稔訳）『ハプスブルク帝国1809-1918――オーストリア帝国とオーストリア＝ハンガリーの歴史』（筑摩書房，1987）

オーストリア歴代君主一覧

【オーストリア皇帝】

ハプスブルク＝ロートリンゲン家		
フランツ１世	1804～35	
フェルディナント１世	1835～48	
フランツ・ヨーゼフ１世	1848～1916	
カール１世	1916～18	

ハプスブルク家		
マクシミリアン1世	1493～1519	神聖ローマ皇帝・ティロル伯
カール1世	1519～21	神聖ローマ皇帝カール5世，スペイン王カルロス1世
フェルディナント1世	1521～64	神聖ローマ皇帝，ハンガリー王
マクシミリアン2世	1564～76	神聖ローマ皇帝
(内) カール2世	1564～90	
(上) フェルディナント2世	1564～95	
ルドルフ5世	1576～1612	神聖ローマ皇帝ルドルフ2世
マティアス	1612～19	神聖ローマ皇帝
(上) マクシミリアン3世	1612～18	
(上) レオポルト5世	1619～32	
(上) フェルディナント・カール	1628～62	
(上) ジギスムント・フランツ	1662～65	
フェルディナント3世	1619～37	内オーストリア大公(1596～)，神聖ローマ皇帝フェルディナント2世
フェルディナント4世	1637～57	神聖ローマ皇帝フェルディナント3世
レオポルト1世	1657～1705	神聖ローマ皇帝，ケルンテン公
ヨーゼフ1世	1705～11	神聖ローマ皇帝
カール3世	1711～40	神聖ローマ皇帝カール6世
マリア・テレジア	1740～80	
ハプスブルク＝ロートリンゲン家		
ヨーゼフ2世	1780～90	神聖ローマ皇帝
レオポルト7世	1790～92	神聖ローマ皇帝レオポルト2世
フランツ2世	1792～1835	神聖ローマ皇帝，オーストリア皇帝フランツ1世

オーストリア歴代君主一覧

ハプスブルク家		
ルドルフ１世	1278～82	神聖ローマ皇帝
アルブレヒト１世	1282～1308	神聖ローマ皇帝
ルドルフ２世	1282～83	
ルドルフ３世	1298～1307	
フリードリヒ１世（美王）	1308～30	
レオポルト１世	1308～26	
アルブレヒト２世	1330～58	
オットー（陽気公）	1330～39	ケルンテン公
レオポルト２世	1339～44	
ルドルフ４世（建設公）	1358～65	
（アルベルト系）		
アルブレヒト３世	1365～95	
アルブレヒト４世	1395～1404	
アルブレヒト５世	1404～39	神聖ローマ皇帝アルブレヒト２世
ラディスラウス・ポストゥムス	1440～57	ハンガリー王ラースロー５世
（レオポルト系）		
（内）（上）レオポルト３世	1365～86	
（内）ヴィルヘルム	1386～1406	
（内）エルンスト（鉄公）	1406～24	
（上）レオポルト４世	1386～1411	
（上）フリードリヒ４世	1411～39	

【オーストリア大公】

ハプスブルク家		
フリードリヒ５世	1439～93	神聖ローマ皇帝フリードリヒ３世
アルブレヒト６世	1446～63	
（上）ジギスムント（金持公）	1439～90	
フニャディ家		
マティアス・コルヴィヌス（正義王）	1485～90	ハンガリー王・ボヘミア王マーチャーシュ１世

オーストリア歴代君主一覧

オーストリア辺境伯／公／大公／皇帝を示した．太字は本書に登場する人物．（内）は内オーストリア公／大公，（上）は上オーストリア公／大公．分割統治・共同統治などにより複数の君主が存在した時期もある．「兼任・歴任した地位」は基本的に本書で言及したものに限った．

【オーストリア辺境伯】

	在位年代	兼任・歴任した地位
バーベンベルク家		
ルイトポルト１世	976～994	
ハインリヒ１世	994～1018	
アーダルベルト	1018～55	
エルンスト	1055～75	
レオポルト２世	1075～95	
レオポルト３世	1095～1136	
レオポルト４世	1136～41	バイエルン公
ハインリヒ２世（ハインリヒ・ヤソミルゴット）	1141～56	オーストリア公ハインリヒ２世

【オーストリア公】

バーベンベルク家		
ハインリヒ２世	1156～77	シュタイアーマルク公
レオポルト５世	1177～94	
フリードリヒ１世	1194～98	
レオポルト６世	1198～1230	
フリードリヒ２世（好戦公）	1230～46	
ツェーリンゲン家		
ヘルマン１世	1248～49	
フリードリヒ１世	1250～51	
プシェミスル家		
オットカール２世（オットカール・プシェミスル）	1251～78	ボヘミア王

【マ行】

【タ行】

【ナ行】

【ハ行】

【カ行】

【サ行】

人名索引

山之内克子（やまのうち・よしこ）

1963年（昭和38年），愛媛県に生まれる．早稲田大学第一文学部卒業．同大学大学院文学研究科修士課程修了．ウィーン大学精神科学部経済社会史学科博士課程修了（Ph.D.）．現在，神戸市外国語大学教授．専門は近代オーストリア史．

著書『ウィーン』（講談社現代新書，1995年）
Bürgerliche Lesekultur im 19. Jahrhundert, WUV-Universitätsverlag, 1998.
『啓蒙都市ウィーン』（山川出版社，2003年）
『ハプスブルクの文化革命』（講談社選書メチエ，2005年）ほか

訳書『第九』（ディーター・ヒルデブラント著，法政大学出版局，2007年）
『人生の愉楽と幸福』（ミヒャエル・ノルト著，法政大学出版局，2013年）ほか

物語《ものがたり》 オーストリアの歴史《れきし》
中公新書 *2546*

2019年 6 月25日発行

著　者　山之内克子
発行者　松 田 陽 三

本文印刷　暁 印 刷
カバー印刷　大熊整美堂
製　本　小泉製本

発行所　中央公論新社
〒 100-8152
東京都千代田区大手町 1-7-1
電話　販売 03-5299-1730
　　　編集 03-5299-1830
URL http://www.chuko.co.jp/

Published by CHUOKORON-SHINSHA, INC.
Printed in Japan　ISBN978-4-12-102546-3 C1222

中公新書刊行のことば

いまからちょうど五世紀まえ、グーテンベルクが近代印刷術を発明したとき、書物の大量生産は潜在的可能性を獲得し、いまからちょうど一世紀まえ、世界のおもな文明国で義務教育制度が採用されたとき、書物の大量需要の潜在性が形成された。この二つの潜在性がはげしく現実化したのが現代である。

いまや、書物によって視野を拡大し、変りゆく世界に豊かに対応しようとする強い要求を私たちは抑えることができない。この要求にこたえる義務を、今日の書物は背負っている。だが、その義務は、たんに専門的知識の通俗化をはかることによって果たされるものでもなく、通俗的好奇心にうったえて、いたずらに発行部数の巨大さを誇ることによって果たされるものでもない。現代を真摯に生きようとする読者に、真に知るに価いする知識だけを選びだして提供すること、これが中公新書の最大の目標である。

私たちは、知識として錯覚しているものによってしばしば動かされ、裏切られる。私たちは、作為によってあたえられた知識のうえに生きることがあまりに多く、ゆるぎない事実を通して思索することがあまりにすくない。中公新書が、その一貫した特色として自らに課すものは、この事実のみの持つ無条件の説得力を発揮させることである。現代にあらたな意味を投げかけるべく待機している過去の歴史的事実もまた、中公新書によって数多く発掘されるであろう。

中公新書は、現代を自らの眼で見つめようとする、逞しい知的な読者の活力となることを欲している。

一九六二年一一月

世界史

e2

2050 新・現代歴史学の名著 樺山紘一編著
2223 世界史の叡智 本村凌二
2253 禁欲のヨーロッパ 佐藤彰一
2409 贖罪のヨーロッパ 佐藤彰一
2467 剣と清貧のヨーロッパ 佐藤彰一
2516 宣教のヨーロッパ 佐藤彰一
1045 物語 イタリアの歴史 藤沢道郎
1771 物語 イタリアの歴史 II 藤沢道郎
2508 貨幣が語る ローマ帝国史 比佐 篤
2413 ガリバルディ 藤澤房俊
2152 物語 近現代ギリシャの歴史 村田奈々子
2440 バルカン—「ヨーロッパの火薬庫」の歴史 M・マゾワー 井上廣美訳
1635 物語 スペインの歴史 岩根圀和
1750 物語 スペインの歴史 人物篇 岩根圀和
1564 物語 カタルーニャの歴史 田澤 耕

1963 物語 フランス革命 安達正勝
2286 マリー・アントワネット 安達正勝
2466 ナポレオン時代 A・ホーン 大久保庸子訳
2529 ナポレオン四代 野村啓介
2027 物語 ストラスブールの歴史 内田日出海
2318 2319 物語 イギリスの歴史(上下) 君塚直隆
2167 イギリス帝国の歴史 秋田 茂
1916 ヴィクトリア女王 君塚直隆
1215 物語 アイルランドの歴史 波多野裕造
1420 物語 ドイツの歴史 阿部謹也
2304 ビスマルク 飯田洋介
2490 ヴィルヘルム2世 竹中 亨
2434 物語 オランダの歴史 桜田美津夫
2279 物語 ベルギーの歴史 松尾秀哉
1838 物語 チェコの歴史 薩摩秀登
2445 物語 ポーランドの歴史 渡辺克義
1131 物語 北欧の歴史 武田龍夫

2456 物語 フィンランドの歴史 石野裕子
1758 物語 バルト三国の歴史 志摩園子
1655 物語 ウクライナの歴史 黒川祐次
1042 物語 アメリカの歴史 猿谷 要
2209 アメリカ黒人の歴史 上杉 忍
1437 物語 ラテン・アメリカの歴史 増田義郎
1935 物語 メキシコの歴史 大垣貴志郎
1547 物語 オーストラリアの歴史 竹田いさみ
2545 物語 ナイジェリアの歴史 島田周平
1644 ハワイの歴史と文化 矢口祐人
2442 海賊の世界史 桃井治郎
518 刑吏の社会史 阿部謹也
2451 トラクターの世界史 藤原辰史
2368 第一次世界大戦史 飯倉 章
2546 物語 オーストリアの歴史 山之内克子

中公新書

現代史

f3

- 27 ワイマル共和国　林　健太郎
- 478 アドルフ・ヒトラー　村瀬興雄
- 2272 ヒトラー演説　高田博行
- 1943 ホロコースト　芝　健介
- 2349 ヒトラーに抵抗した人々　對馬達雄
- 2448 闘う文豪とナチス・ドイツ　池内　紀
- 2329 ナチスの戦争 1918-1949　R・ベッセル　大山　晶訳
- 2313 ニュルンベルク裁判　A・ヴァインケ　板橋拓己訳
- 2266 アデナウアー　板橋拓己
- 2274 スターリン　横手慎二
- 530 チャーチル（増補版）　河合秀和
- 1415 フランス現代史　渡邊啓貴
- 2356 イタリア現代史　伊藤　武
- 2221 バチカン近現代史　松本佐保
- 2538 アジア近現代史　岩崎育夫

- 2437 中国ナショナリズム　小野寺史郎
- 1959 韓国現代史　木村　幹
- 2262 先進国・韓国の憂鬱　大西　裕
- 1763 アジア冷戦史　下斗米伸夫
- 1876 インドネシア　水本達也
- 2143 経済大国インドネシア　佐藤百合
- 1596 ベトナム戦争　松岡　完
- 2330 チェ・ゲバラ　伊高浩昭
- 1664 1665 アメリカの20世紀（上下）　有賀夏紀
- 1920 ケネディ―「神話」と実像　土田　宏
- 2140 レーガン　村田晃嗣
- 2383 ビル・クリントン　西川　賢
- 2527 大統領とハリウッド　村田晃嗣
- 1863 性と暴力のアメリカ　鈴木　透
- 2479 スポーツ国家アメリカ　鈴木　透
- 2540 食の実験場アメリカ　鈴木　透
- 2504 アメリカとヨーロッパ　渡邊啓貴

- 2381 ユダヤとアメリカ　立山良司
- 2415 トルコ現代史　今井宏平
- 2163 人種とスポーツ　川島浩平

中公新書

言語・文学・エッセイ

j1

433	日本語の個性	外山滋比古
533	日本の方言地図	徳川宗賢編
2493	日本語を翻訳するということ	牧野成一
500	漢字百話	白川静
2213	漢字再入門	阿辻哲次
1755	部首のはなし	阿辻哲次
2534	漢字の字形	落合淳思
2430	謎の漢字	笹原宏之
2341	常用漢字の歴史	今野真二
2363	外国語を学ぶための言語学の考え方	黒田龍之助
1880	近くて遠い中国語	阿辻哲次
1833	ラテン語の世界	小林標
1971	英語の歴史	寺澤盾
2407	英単語の世界	寺澤盾
1533	英語達人列伝	斎藤兆史
1701	英語達人塾	斎藤兆史
2086	英語の質問箱	里中哲彦
2165	英文法の魅力	里中哲彦
2231	英文法の楽園	里中哲彦
1448	「超」フランス語入門	西永良成
352	日本の名作	小田切進
212	日本文学史	奥野健男
2285	日本ミステリー小説史	堀啓子
2427	日本ノンフィクション史	武田徹
563	幼い子の文学	瀬田貞二
2156	源氏物語の結婚	工藤重矩
1787	平家物語	板坂耀子
1798	ギリシア神話	西村賀子
1254	ケルト神話と中世騎士物語	田中仁彦
2382	シェイクスピア	河合祥一郎
2242	オスカー・ワイルド	宮崎かすみ
275	マザー・グースの唄	平野敬一
2404	ラテンアメリカ文学入門	寺尾隆吉
1790	批評理論入門	廣野由美子

中公新書

芸術

k1

- 1741 美学への招待 佐々木健一
- 2072 日本的感性 佐々木健一
- 1296 美の構成学 三井秀樹
- 1220 書とはどういう芸術か 石川九楊
- 1938 カラー版 フランス・ロマネスクへの旅 池田健二
- 1994 カラー版 イタリア・ロマネスクへの旅 池田健二
- 2102 カラー版 スペイン・ロマネスクへの旅 池田健二
- 118 フィレンツェ 高階秀爾
- 385 386 カラー版 近代絵画史（増補版）（上下） 高階秀爾
- 2052 印象派の誕生 吉川節子
- 1781 マグダラのマリア 岡田温司
- 1998 キリストの身体 岡田温司
- 2188 アダムとイヴ 岡田温司
- 2369 天使とは何か 岡田温司
- 2425 カラー版 ダ・ヴィンチ絵画の謎 斎藤泰弘
- 2232 ミケランジェロ 木下長宏
- 2292 カラー版 ゴッホ〈自画像〉紀行 木下長宏
- 2513 カラー版 日本画の歴史 近代篇 草薙奈津子
- 2514 カラー版 日本画の歴史 現代篇 草薙奈津子
- 2478 カラー版 横山大観 古田亮
- 1827 カラー版 絵の教室 安野光雅
- 1103 モーツァルト H・C・ロビンズ・ランドン 石井宏訳
- 1585 オペラの運命 岡田暁生
- 1816 西洋音楽史 岡田暁生
- 2009 音楽の聴き方 岡田暁生
- 2395 ショパン・コンクール 青柳いづみこ
- 2325 テロルと映画 四方田犬彦
- 1854 映画館と観客の文化史 加藤幹郎
- 2247 2248 日本写真史（上下） 鳥原学

中公新書

地域・文化・紀行

t1

- 285 日本人と日本文化 司馬遼太郎 ドナルド・キーン
- 605 絵巻物に見る日本庶民生活誌 宮本常一
- 201 照葉樹林文化 上山春平編
- 799 沖縄の歴史と文化 外間守善
- 2298 四国遍路 森　正人
- 2151 国土と日本人 大石久和
- 2487 カラー版 ふしぎな県境 西村まさゆき
- 1810 日本の庭園 進士五十八
- 2511 外国人が見た日本 内田宗治
- 1909 ル・コルビュジエを見る 越後島研一
- 246 マグレブ紀行 川田順造
- 1009 トルコのもう一つの顔 小島剛一
- 2169 ブルーノ・タウト 田中辰明
- 2032 ハプスブルク三都物語 河野純一
- 2183 アイルランド紀行 栩木伸明
- 1670 ドイツ 町から町へ 池内　紀
- 1742 ひとり旅は楽し 池内　紀
- 2023 東京ひとり散歩 池内　紀
- 2118 今夜もひとり居酒屋 池内　紀
- 2326 旅の流儀 玉村豊男
- 2331 カラー版 廃線紀行―もうひとつの鉄道旅 梯　久美子
- 2290 酒場詩人の流儀 吉田　類
- 2472 酒は人の上に人を造らず 吉田　類

中公新書

地域・文化・紀行

t 2

560	文化人類学入門（増補改訂版）	祖父江孝男
2315	南方熊楠《みなかたくまぐす》	唐澤太輔
2367	食の人類史	佐藤洋一郎
92	肉食の思想	鯖田豊之
2129	カラー版 地図と愉しむ東京歴史散歩	竹内正浩
2170	カラー版 地図と愉しむ東京歴史散歩 都心の謎篇	竹内正浩
2227	カラー版 地図と愉しむ東京歴史散歩 地形篇	竹内正浩
2346	カラー版 地図と愉しむ東京歴史散歩 お屋敷のすべて篇	竹内正浩
2403	カラー版 地図と愉しむ東京歴史散歩 地下の秘密篇	竹内正浩
2335	カラー版 東京鉄道遺産100選	内田宗治
2012	カラー版 マチュピチュ―天空の聖殿	高野　潤
2327	カラー版 イースター島を行く	野村哲也
2092	カラー版 パタゴニアを行く	野村哲也
2182	カラー版 世界の四大花園を行く	野村哲也
2444	カラー版 最後の辺境	水越　武
1869	カラー版 将棋駒の世界	増山雅人
2117	物語 食の文化	北岡正三郎
596	茶の世界史（改版）	角山　栄
1930	ジャガイモの世界史	伊藤章治
2088	チョコレートの世界史	武田尚子
2438	ミルクと日本人	武田尚子
2361	トウガラシの世界史	山本紀夫
2229	真珠の世界史	山田篤美
1095	コーヒーが廻り世界史が廻る	臼井隆一郎
1974	毒と薬の世界史	船山信次
2391	競馬の世界史	本村凌二
650	風景学入門	中村良夫
2344	水中考古学	井上たかひこ